U0956721

大学生创新创业基础与实践

主　编：杨殿生　李雪霞

参　编：杨　沁　吴晓婷　吴艳萍

熊金凤　刘智健　潘津津

武汉理工大学出版社

·武　汉·

内 容 提 要

本书以提高大学生的创业综合素质、拓展他们的创新思维、培养其创业能力为目标，将创新创业相关知识点分为创新创业基础和创新创业实践 2 个模块，共 21 个任务，包括树立问题意识、培养创新兴趣、创新创业思维训练、头脑风暴、提高问题分析和解决能力、创业综合经营管理、创业运营实战技巧模拟、撰写创业商务计划书、路演与答辩等内容。书中将课程思政贯穿始终，坚持校企共建，突出理论与实践结合，力求内容创新、直面热点，在满足学生现阶段学习需要的同时，服务于学生未来创新创业发展的需要。

本书语言简洁、案例新颖，既可作为高等院校创新创业教育的通用教材，也可作为企业继续教育的培训教材，还可以作为拓宽视野、增长知识的自学用书。

图书在版编目（CIP）数据

大学生创新创业基础与实践 / 杨殿生，李雪霞主编. 武汉 ：武汉理工大学出版社，2025. 1. -- ISBN 978-7-5629-7095-8

Ⅰ. G717.38

中国国家版本馆 CIP 数据核字第 2024RB9117 号

项目负责人：马首鳌　　责 任 编 辑：马首鳌
责 任 校 对：吴正刚　　排 版 设 计：楚江图文
出 版 发 行：武汉理工大学出版社
地　　址：武汉市洪山区珞狮路122号
邮　　编：430070
网　　址：http://www.wutp.com.cn
经　　销：各地新华书店
印　　刷：武汉邮科印务有限公司
开　　本：787mm×1092mm　1/16
印　　张：19.25
字　　数：517千字
版　　次：2025年1月第 1 版
印　　次：2025年1月第 1 次印刷
定　　价：49.00元

凡购本书，如有缺页、倒页、脱页等印装质量问题，请向出版社发行部调换。

本社购书热线：027-87384729　87391631　87165708（传真）

· 版权所有，盗版必究 ·

前　言

在当今这个日新月异的时代，创新创业已成为推动社会进步和经济发展的重要力量。对于大学生而言，拥有创新创业的意识和能力，不仅意味着在未来的职业道路上将拥有更多的选择和机会，更是一种实现自我价值和社会价值的重要途径。

然而，创新创业并非一蹴而就，它需要扎实的理论基础、丰富的实践经验以及不断的探索和创新精神。为了帮助大学生更好地掌握创新创业的核心知识与技能，我们编写了这本《大学生创新创业基础与实践》。全书分为创新创业基础和创新创业实践 2 个模块，创新创业基础模块中任务设计按学习目标、学习导入、任务布置、知识要点、素质训练、典型案例等内容来编排，符合学生认知规律，有利于提高学生学习兴趣。创新创业实践模块中任务设计融入“双创大赛”商业计划书撰写、路演技巧训、PPT 和视频制作，有利于调动学生的参与度，强化大学生综合素质。

本书旨在为大学生提供一个全面、系统的创新创业学习平台。书中配有教学短视频、案例、PPT、试题库等多样化教学资源，还引入“学创杯”全国大学生创业综合模拟大赛使用的贝腾创业之星软件平台，依托京东数字商务产业学院模拟创业，是一本非常优秀的“双元”合作教材。我们相信，通过本书的学习，大学生们将能够更加自信地面对未来的挑战，勇敢地追求自己的创新创业梦想。同时，我们也希望本书能够成为广大有创新创业意向的社会人士的宝贵参考读物，共同推动创新创业事业的发展。

本书由杨殿生、李雪霞任主编，负责全书的内容设计、总纂定稿。杨沁、吴晓婷、吴艳萍、熊金凤、刘智健、潘津津参与编写，具体分工如下：刘智健编写模块一 创新精神；吴艳萍编写模块一 创新思维；吴晓婷编写模块一 创新技术；熊金凤编写模块一 创新能力；李雪霞、杨沁、潘津津编写模块二 创业大赛。

在编写过程中，编者参阅了国内外众多专家、学者的著作，在此一并表示感谢！

鉴于编者能力水平有限，书中如有不妥之处，敬请各位专家与读者批评指正。

编　者

目　录

模块一　创新创业基础

【课程思政引领】

知识导学：认知创新

“综合国力竞争说到底是创新的竞争。要深入实施创新驱动发展战略，推动科技创新、产业创新、企业创新、市场创新、产品创新、业态创新、管理创新等，加快形成以创新为主要引领和支撑的经济体系和发展模式。”——2015 年 5 月 27 日习近平总书记在浙江召开华东 7 省市党委主要负责同志座谈会的讲话

当前，创新趋势不断发展，国家倡导创新，公众追求创新。大学生作为即将步入社会的群体，需要有不断创新的意识和创业的动力。与此同时，大学毕业生的数量每年都在持续增加，导致就业压力不断增大，社会竞争更加激烈。因此，培养大学生的创新创业能力尤为重要。然而，高校在培养大学生创新创业能力方面仍然存在很大问题。高校人才培养必须立足于社会现实和学生实践，采取相应的教学方法，最大限度地为大学生创新创业能力的发展提供有利条件。此外，还必须优化高校培养学生创新创业能力的方式，特别是注重正确树立大学生的创新创业思想和互联网思维观念。

什么是创新？

创新作为一个概念，是指个人或组织对全新的产品、流程和想法进行概念化，或以新的方式处理现有的产品、过程和想法的过程。

一个人如果一辈子只做别人做过的事，或者只按照别人使用过的方式去做事，自己的成长与发展就会永远落后于别人。一群人也是一样，如果仅仅是重复做事，那这一群人也就会永远是一个落后的群体。

在现实世界中，一家公司可能会追求许多不同类型的创新，这些通常与单个产品、内部流程或工作流或业务模型直接相关。一些公司甚至将这三者结合起来，努力在适应不断变化的市场的同时引领增长。

苹果公司是一个很好的例子，它在多个关键时刻有效地拥抱了创新。例如，在 20 世纪 90 年代，该公司濒临破产，但通过与长期被视为敌人的微软合作，成功渡过了危机。这一举措有效地塑造了苹果公司的整个企业哲学，并导致了 iMac 的推出，这是该公司的一个重大转折点。

然而，这对苹果公司来说只是一个开始，由此开启了一个创新冒险的时代，这导致了许多人认为是当今生活必需品的科技产品的发明，包括 iPod、iPhone、Apple Watch、iPad 等，音乐软件 iTunes 的发明有效地重塑了整个音乐行业。

【研究交流】

创新意识的作用与价值

创新意识是指一个人具备不断尝试、探索和发现新的方法和思路的意愿和能力。它在个人和组织层面上都具有重要作用和价值。

以下是创新意识的一些作用和价值：

- 推动个人成长：拥有创新意识的个人更有可能在自我学习、发现和解决问题方面取得成功。这种意识能够激励个人更加主动地探索新事物，尝试新的方法和技术。
- 促进企业创新：创新意识在企业中也是非常重要的。拥有这种意识的员工更有可能在工作中发现和解决问题，提出新的想法，推动企业创新。
- 增强竞争力：在一个竞争激烈的市场中，创新是企业取胜的关键。创新意识的存在可以帮助企业不断推出新产品和服务，提高市场竞争力。
- 促进社会进步：创新意识可以带来新的科技、新的工作方式和新的思维方式，从而推动社会不断进步。

总之，创新意识可以促进个人和组织的成长和发展，提高竞争力，推动社会进步。因此，它是一个非常重要的素质。

如何增强创新意识？

以下是一些增强创新意识的方法：

- 学习新知识：保持学习新知识的态度和习惯，扩展自己的知识面，了解最新的技术和趋势，从中寻找新的灵感和想法。
- 尝试新事物：不断尝试新事物，包括新的思维方式、新的工作方式和新的技术。这可以帮助我们探索新的想法和可能性。
- 提出新的想法：在工作中或生活中积极提出新的想法和解决方案，这可以帮助我们锻炼创新能力和创造力。
- 与他人交流：与他人交流和分享自己的想法，可以从中得到反馈和启示，开阔自己的思路。
- 鼓励冒险：不要害怕失败，鼓励自己和他人冒险尝试新的事物和创新方案。失败也是一种学习和成长的机会。
- 注重实践：将想法付诸实践，不断尝试和测试，通过实践来验证想法的可行性和有效性。

总之，增强创新意识需要不断学习、尝试、交流和实践。只有通过不断的探索和实践，才能不断提高自己的创新能力和创造力。

任务一　树立问题意识

21 世纪是一个以科技创新为核心的全面创新时代，对人才素质提出了更高的要求。习近平总书记在 2021 年两院院士大会和中央人才工作会议中都明确提出了“四个面向”：面向世界科技前沿、面向经济主战场、面向国家重大需求、面向人民生命健康。四个面向理清了 21 世纪第四次工业革命背景下教育的发展方向。要加强创新人才教育培养，把教育摆在更加重要位置，全面提高教育质量，注重培养学生创新意识和创新能力。习近平总书记指出：“问题是创新的起点，也是创新的动力源。”推动创新必须坚持问题导向，通过发现问题、筛选问题、研究问题、解决问题，不断推动社会发展进步。《中共中央国务院关于深化教育教学改革全面提高义务教育质量的意见》中特别强调提升智育水平，着力培养认知能力，促进思维发展，激发创新意识。

从心理学的研究中知道，创新思维是从问题中、丰富的知识与体验中产生的，一般要经历四个阶段：问题、酝酿、豁朗、验证。要获得创新思维就必须了解它的基本构成：形象思维、直觉思维、批判性思维、创新人格与语言能力。批判性思维的核心是质疑、反思，质疑的基本表现是问题意识。问题是思维的起点。爱因斯坦曾说过，“提出一个问题往往比解决一个问题更重要。”批判就是在问题上重新建构，对问题的所有相关内容进行反思批判，找到问题的根据，用新的事实作为问题的支撑。因此说批判性思维是创新思维解决问题的基础，没有批判就没有创新。

正如美国心理学家和教育家布鲁纳所说的那样，“好的问题是那些引起思维困惑的、颠覆显而易见或权威‘真理’的，或是引起不一致观点的问题；好的问题能引出有趣的和可选择的其他观点，要求我们在发现和维护答案的过程中聚焦于推理过程，而不只是关注答案的‘对’与‘错’；好的问题将激发已学知识、生活体验与当前学习内容之间的意义关联；好的问题可以而且确实需要重复出现，每次出现都使我们获益匪浅；好的问题使我们重新思考我们认为已经理解了的东西，并能使我们举一反三。”总之，最好的问题不仅能够促进对某一特定主题单元的内容理解，也能激发知识间的联系与迁移，当然也会促成思维能力的提升与创新。

【任务探究】

【任务 1】 寻找身边的问题

寻找身边的问题是锻炼创新能力的好方法，因为身边的问题通常更贴近我们的生活，更容易引发我们的共鸣和注意。以下是一些寻找身边问题的方法：

- 观察周围：注意观察周围的环境和人们的行为，发现可能存在的问题或痛点。
- 倾听他人：与他人交流时，关注他们的需求和不满，寻找可以解决的问题。
- 分析工作流程：对自己的工作流程进行分析，寻找可以优化的地方和可能存在的问题。
- 搜集信息：通过阅读书籍、新闻和研究报告等途径，了解最新的趋势和技术，发现可能存在的问题和需要解决的挑战。
- 参加活动：参加各种活动和会议，与各行业的专业人士交流，了解行业的发展趋势和存在的问题。

总之，寻找身边的问题需要我们关注周围的环境和人们的需求，通过观察、倾听、分析、搜集信息和参加活动等途径，寻找可以解决的问题，从而锻炼我们的创新能力和解决问题的能力。

【研究交流】

【案例 1-1】 iPhone 颠覆手机行业

iPhone 的发布在手机行业里可以说是一个颠覆性的事件。它的设计、功能和用户体验都创造了新的标准，引领了手机行业的变革。

在 iPhone 之前，手机大多采用物理键盘和复杂的操作方式，用户体验较为烦琐。而 iPhone 采用了全触摸屏幕的设计，通过简洁直观的界面和手势操作，极大地提高了用户的体验感受。此外，iPhone 还引入了许多新的功能和应用，例如智能语音助手 Siri、高清摄像头、移动支付系统等。这些功能和应用都为用户提供了更加便利和高效的使用体验，进一步提升了 iPhone 的竞争力。

除此之外，iPhone 还采用了全新的商业模式，通过与运营商的合作和 App Store 的开放，创造了一个全新的生态系统，使得用户和开发者之间的交互变得更加紧密和便捷。

总之，iPhone 的推出在手机行业里是一个颠覆性的事件，它的设计、功能和用户体验都创造了新的标准，引领了手机行业的变革，并在此后成为了手机行业的佼佼者。

【案例 1-2】 谷歌颠覆网络广告

谷歌在网络广告领域的崛起可以说是另一个颠覆性的事件。谷歌通过搜索引擎和广告平台的整合，实现了精准的广告投放和测量，引领了网络广告的发展。

谷歌的广告平台 AdWords 可以根据关键词、地理位置、受众群体等多种因素进行广告投放，同时还提供了强大的测量和优化工具，使得广告主能够更加精准地投放广告，同时获得更高的投资回报。

此外，谷歌还通过 AdSense 平台向网站和应用开发者提供了广告收入分成的机会，吸引了大量的网站和应用接入其广告平台。

除了广告平台，谷歌还在搜索引擎领域不断创新，通过搜索算法和人工智能技术，提高了搜索结果的质量和准确性，使得广告投放的效果更加精准和高效。

总之，谷歌在网络广告领域的崛起是另一个颠覆性的事件，它通过整合搜索引擎和广告平台，实现了精准的广告投放和测量，引领了网络广告的发展，并成为广告行业的领军企业之一。

【案例 1-3】 淘宝颠覆零售业

淘宝作为中国最大的电子商务平台之一，通过创新的商业模式和科技手段，颠覆了传统的零售业。它打破了传统实体店的地域限制和时间限制，使消费者可以在任何时间、任何地点购买商品。此外，淘宝还提供了海量商品选择，消费者可以方便地比较价格和质量，找到最适合自己的商品。

淘宝还通过引入社交元素，建立了强大的信任体系，使得消费者可以更加放心地进行网购。此外，淘宝还不断优化物流和支付体验，让整个购物流程更加便捷和高效。

总的来说，淘宝的出现和发展带动了整个电子商务行业的蓬勃发展和创新，对零售业的颠覆和改变起到了重要的推动作用。

【案例 1-4】 特斯拉颠覆汽车行业

特斯拉作为一家革命性的电动汽车公司，在汽车行业上具有颠覆性的影响。它不仅仅是一家制造电动汽车的公司，而是重新定义了整个汽车生态系统。以下是特斯拉颠覆汽车行业的几个方面：

- 电动汽车技术：特斯拉在电动汽车技术方面取得了重大突破，其电池技术和充电基础设施都是业界领先的。特斯拉电动汽车具有零排放、低噪声、高效能等多项优点，使得消费者更加关注环保和健康。
- 自动驾驶技术：特斯拉努力实现着自动驾驶技术的商用化，一定程度上提高了驾驶的安全性和便利性，并且提升了路况监控、自主泊车等方面的智能水平，开创了智能出行的新纪元。
- 营销策略：特斯拉通过直接面向消费者销售，摒弃了传统汽车行业的中间商和经销商模式，降低了成本并为用户提供了更加良好的购买体验。

总的来说，特斯拉推动了汽车产业的技术升级和创新，通过科技手段实现了环境保护和可持续发展的目标，助力了汽车行业的转型和变革。

【案例 1-5】 滴滴颠覆出租车

滴滴作为一家互联网出行公司，通过引入大数据和智能技术，颠覆了传统的出租车行业。以下是滴滴颠覆出租车行业的几个方面：

- 科技驱动：滴滴通过智能调度、精准匹配等技术手段，提高了出行的效率和用户体验。同时，滴滴还通过大数据分析，对出行需求和城市交通进行预测和优化，使得整个出行生态更加智能、便捷。
- 安全保障：滴滴采用多重安全保障机制，比如身份验证、司机背景核查、实时行驶轨迹监控等，使得乘客在使用滴滴服务时更加放心和安全。

- 价格透明：滴滴采用定价透明的模式，消费者可以清楚地看到费用构成和计价规则，避免了出租车行业中的“黑车”和“绕路”等问题。
- 创新发展：滴滴不断扩大服务范围，推出多种出行方式，包括顺风车、出租车、豪华车等，让用户有更多的选择。另外，滴滴还在智慧交通、智慧物流等方面进行布局和创新，推动着整个出行领域的发展。

总的来说，滴滴通过技术创新和服务升级，颠覆了传统出租车行业，让出行更加便捷、安全和高效。同时，也推动了出行领域的变革和创新。

【知识梳理】

1.1 问题意识的含义

问题意识是指个体或群体在认识和处理复杂事物过程中，主动发现问题、思考问题、解决问题的能力和态度。问题意识是一种思维方式和方法，是通过对周围环境、社会状况、自身经验等进行分析和思考，发现其中的问题，进而寻求解决方案的能力。具有问题意识的人可以从日常生活、工作学习等各方面察觉到问题，能够主动思考、提出问题，并且探究解决问题的方法。拥有问题意识的人能够更好地适应社会发展和变化，积极应对各种挑战和困难，具备了一定的创新和竞争优势。在教育和培养方面，问题意识也被视为一种重要的能力，需要通过培养学生的观察能力、分析能力、判断能力等来增强他们的问题意识。

中国历代教育家都重视学生问题意识的培养，孔子认为，“疑是思之始，学之端。”“学而不思则罔，思而不学则殆。”他既高度评价问题意识在思维和学习活动中的重要作用，又重视学、思结合。孟子认为，“尽信书，则不如无书。”强调和倡导个体的怀疑精神。南宋哲学家陆九渊认为，“为学患无疑，疑则有进，小疑则小进，大疑则大进。”进一步对问题意识在学习中的作用进行了深刻而又辩证的阐述。在国外，杜威“人人做中学”教育思想非常强调设置问题情境、在情境中提出问题，从而形成了具有影响力的“探究—发现”式学习方法。布鲁纳在批判继承杜威教育思想的基础上，提出“发现学习”模式和理论，他主张让学生个体主动发现，而不是被动地接受。总之，问题意识的培养就是在教学活动中激发学生探究发现问题的欲望，着眼于发展学生的心智能力，尤其是培养学生的创造力。

1.2　如何培养问题意识

以下是一些培养问题意识的方法：

（1）多角度思考：要培养问题意识，需要从更多的角度思考问题。对于同一个问题，可以从不同的角度进行分析，探究其根源和原因，以及可能产生的影响和后果。在平时的学习、工作、生活中，可以尝试从不同的视角看待事物，以提高问题发现的能力。

（2）关注细节：在日常的生活、工作中，应该关注细节，留意周围的变化。有些问题可能隐藏在细节之中，通过注意观察和收集信息，能够更容易地发现问题。

（3）提问技巧：合理的提问可以引发思考和讨论，激发人们的问题意识。因此，需要学习提问的技巧和方法，如开放性问题、封闭性问题、追问等，并且经常和身边的人进行讨论和交流，从中获得启示。

（4）多学习：增加知识面、学习新技能也有助于培养问题意识。不断拓展自己的知识和技能，可以帮助我们更好地认知和理解世界，提高发现问题的可能性。

（5）实践和反思：实践是检验是否具有问题意识的一个重要方法。在实践中遇到问题，需要及时反思和总结，找到问题所在，并尝试通过不同方法解决问题，以便更好地锻炼自己的问题意识。

（6）培养创新思维：创新思维是发现和解决问题的关键。要培养问题意识，需要注重培养创新思维，鼓励自己尝试新思路、新方法，希望能够寻求更优解，不断提升自己的解决问题的能力。

【实践训练】

【训练 1-1】　你心目中完美的手机

以下是一些小组讨论的建议和话题，旨在帮助您和小组成员讨论心目中完美的手机。

（1）外观设计：可以讨论不同的颜色和材质，以及最佳的外形尺寸和手感。

（2）硬件配置：可以讨论不同的 CPU、RAM、存储和屏幕等硬件配置，以及个人化设置的可行性。

（3）拍照系统：可以讨论相机的分辨率、光圈、变焦等特点，以及是否需要特殊的摄影模式。

（4）电池续航时间：可以讨论如何有效地延长电池寿命，例如采用更先进的电池技术、增加省电模式等。

（5）用户界面设计：可以讨论如何设计一个简单易用、用户友好的界面，以及如何提供丰富多样的应用程序。

（6）防水防尘：可以讨论如何防止灰尘和水进入手机，以保护主板的安全。

（7）AI 技术的应用：可以讨论如何利用 AI 技术提高用户体验，例如基于语音识别的助手、智能推荐系统等。

（8）安全措施：可以讨论如何加强手机的安全性，例如代替数字密码的生物识别技术、可靠的数据加密和保护机制等。

（9）市场竞争：可以讨论如何在激烈的市场竞争中脱颖而出，以及如何有效地营销产品。

以上这些话题，可以激发小组讨论的热情，并启迪出更多关于完美手机的想法。在讨论的过程中，也可以鼓励小组成员提出自己的创意或者质疑，以促进交流和思考的深入。

【训练 1-2】 大学生生活中的痛点

以小组讨论的形式可以从以下几个面探讨大学生生活中的痛点：

（1）学业压力：可以讨论大学生们常常遭遇课堂作业、考试的压力以及如何调整自己的心态和学习方法。

（2）生活费用支出：可以探讨如何管理自己的消费，从而尽可能地减少不必要的开支和浪费。

（3）人际关系的挑战：可以讨论如何应对同学间的冲突、人际关系的复杂性以及如何建立积极的人际网络。

（4）兼职工作和实习机会：可以讨论如何寻找兼职工作和实习机会，以及如何有效地规划自己的时间和资源。

（5）健康问题：可以讨论如何应对体育锻炼不足、饮食和睡眠不规律等健康问题，以确保身体和心理的健康状况。

（6）心理压力：可以讨论如何有效地应对心理压力，例如学业压力、社交焦虑等，以及如何寻求帮助和支持。

（7）时间管理：可以讨论如何合理安排自己的时间，以避免时间浪费和任务拖延等问题。

（8）学习资源紧缺：可以探讨如何获取更多的学习资源，例如相关书籍、教辅资料、学术论坛等。

任务二 培养创新兴趣

【任务探究】

【任务 2】 创新创业从兴趣开始

德莱顿（John Dryden）有句至理名言：“大智和大愚只有一步之遥。”爱因斯坦说：“兴趣是最好的老师。”如果把这两句话结合起来理解，可获得的启示是：创新与人的天赋有内在的必然关联，而兴趣恰好是发现自己天赋、特长和施展才华的一把“钥匙”。理论和实践反复证明，兴趣是创新的动力源泉，兴趣让创新者从中享受无限的快乐。另外，从人的发展看，只有兴趣，才能使创新与自我实现达到最完满的统一。

大学生作为思想最活跃的群体，往往有新奇的想法，他们的创造力往往富有想象力。在产品设计、创意方案策划和解决方案中，奇思妙想经常出现，提供新的方法和新思路。即使有些想法不切实际，也可能是未来发展的趋势和方向。在这个年龄，他们往往有很强的创造力和创新能力，我们应该支持和鼓励大学生。

史蒂夫 · 乔布斯（Steven Jobs）系美国苹果公司创始人，前 CEO。乔布斯传奇的一生，源于他研发了诸多影响世界的数字产品与技术，如第一代苹果电脑、Macintosh 电脑、第一部全电脑制作动漫、iPad、iPod、iTunes Store、iPhone 等。微软联合创始人保罗 · 艾伦这样评价乔布斯：“一个无与伦比的科技潮流先驱和导演者，他懂得如何创造出令人惊叹的伟大产品。”乔布斯的成功在于，他找到了自己的兴趣且全身心地投入其中。

创新创业是一项非常有挑战性的工作，需要投入大量的时间、精力和资源。如果你没有内在的兴趣和热情去驱动，那么可能很快就会失去动力并且失败，因此从兴趣开始是非常重要的。

首先，你可以思考自己的兴趣爱好以及对哪些领域有浓厚的兴趣，这有助于你发掘出可以进行创新创业的方向。例如，如果你对音乐有着浓厚的兴趣，可以思考如何将音乐与科技结合起来，创造更好的音乐体验；如果你对读书有着浓厚的兴趣，可以思考如何创新地激发人们的阅读兴趣等。

其次，你可以关注目前市场上存在的问题，并思考如何通过创新和创业来解决这些问题。这需要你有一定的市场洞察力和判断能力，在了解市场需求和竞争环境的基础上，寻找到切实可行的商业机会。

最后，兴趣和创新创业并不是孤立存在的，还需要不断学习和积累相关的知识和技能，以提升自己的创新和创业能力。你可以通过阅读相关的书籍、参加学习班和拓展业务时寻找专业的顾问等方式来提高你的能力。

总之，从兴趣开始是非常重要的，因为兴趣将会是你最大的动力源泉。但是仅仅拥有兴趣并不足以让你成功，你还需要持续学习、开拓思维、寻找并解决市场上存在的问题，才能够实现创新创业的目标。

【研究交流】

【案例 2-1】 满足大众需求的创业者——郭敬明

郭敬明是一位备受关注的创业者和作家，他以其敏锐的商业洞察力和精湛的创意才华而著称。他的创业成功源于对年轻人文化需求的洞察和满足，以及对新兴市场的把握。

郭敬明在“小时代”系列小说和电影中，将青春、时尚、梦想等元素巧妙地融入故事情节中。针对年轻人的文化和心理需求，打造了一个极具吸引力的品牌，成功地走进了年轻人的生活，并吸引了大量忠实的读者和观众。

可以说，郭敬明的创业成功源于对大众需求的深入洞察和满足，他用自己独特的方式创造出一个新兴市场，并打造出一种新的消费主张。同时，他也不断地创新和突破，不断推出更多具有影响力的创意作品。这些经验和成功案例为其他创业者提供了有益的借鉴和启示。

【案例 2-2】 连续创业者——王兴

王兴是中国知名的创业者，他曾先后创办过多家成功企业，其中最著名的是中国最大的本地生活服务平台——美团。在王兴的带领下，美团在短时间内迅速崛起，成为中国本土的互联网巨头之一。

王兴在创业道路上的主要经验和特点包括：

- 对市场和用户的深入洞察：无论是之前创办的手机社交应用“来往”，还是后来的美团，王兴都从市场和用户需求的角度出发，深入了解和研究，打造出受欢迎的产品和服务。
- 对于技术和创新的追求：王兴在早期就非常注重技术研发和创新，开发出了许多产品和功能，使得产品和服务更具有竞争力和差异化。在美团的成功中，技术和数据分析也发挥了重要作用。

- 能够合理分配资源和管理团队：王兴在管理方面比较开明，他注重团队文化建设和员工激励，也非常注重资源的分配置，使得公司能够在有限的资源下，实现最大的效益。

总之，王兴的成功源于多年来的一系列创业经验和作为连续创业者的特点，他深入洞察市场、关注技术和创新，并且能够合理管理团队和分配资源。这些经验和特点值得其他创业者借鉴和学习。

【案例 2-3】“不务正业”——黄恺

黄恺是中国知名的创业者和投资人，他曾先后创办了多家互联网公司，并在很短时间内取得了巨大成功。他的成功也在一定程度上来自他“不务正业“的特点。

黄恺“不务正业”的主要表现在：

- 广泛接触和涉猎：黄恺喜欢尝试各种新的事物，并广泛与不同领域的人建立联系，从而获得更多的经验和资源。这种涉猎和交际能力成为他在创业过程中获取资金、资源和用户的重要手段。
- 对于创意和趋势的敏锐感知：黄恺对于行业趋势和消费者需求有着较高的洞察力，他能够准确把握市场和用户的关注点，开发出符合潮流和消费者需求的产品和服务。
- 坚持原创和独立思考：黄恺注重原创和创新，总是尝试去发现新的商业模式和产品形态。他认为创造性的想法才能为企业带来可持续的竞争优势。

黄恺的“不务正业”一方面体现了他的个人兴趣和特点，另一方面也是他成功的重要原因之一。他通过广泛接触和涉猎，敏感地洞察行业趋势并坚持独立思考，最终创造出了多个知名互联网公司。

【知识梳理】

2.1　兴趣是创新的开端

兴趣是创新的开端主要体现以下方面：

爱因斯坦说：“兴趣是最好的老师”，创新与人的天赋有内在的必然关联，而兴趣恰好是发现自己天赋、特长和施展才华的一把“钥匙”。理论和实践反复表明，兴趣是创新的动力源泉，兴趣让创新者从中享受无限的快乐。另外，从人的发展看，只有兴趣，才能使创新与自我实现达到最完满的统一。

著名科学家、诺贝尔物理学奖获得者杨振宁在一次演讲中，与 300 余位科学家和中科大师生分享了他对科研创新的看法。他认为在创新方面，个人兴趣尤其是早年兴趣，常常扮演了非常重要的角色，兴趣是创新之源、成功之本。杨振宁谈到世界上多个著名科学家的故事，他们的成功均与早年兴趣有关。1905 年，著名科学家爱因斯坦在 26 岁的时候，就写出了狭义相对论论文，这是人类历史上非常大的、观念上的革命。为什么一个 26 岁的年轻人，能做出这样的成果呢？杨振宁说，其实爱因斯坦还在读书的时候，在给女友的信中就透露他对电动力学产生了浓厚的兴趣，而这个电动力学，就是后来狭义相对论这一革命性理论的重要基础。

兴趣可以激发好奇心和求知欲。一个人对某个领域或事物有浓厚的兴趣，通常会付出更多时间和精力去深入了解和研究相关信息，从而引发好奇心和求知欲。这种好奇心和求知欲往往会促使人们发现一些新的思路和突破口。

兴趣可以激发创意和创新。当一个人对某个领域或事物有浓厚的兴趣时，他往往会从自己的角度、经验和思考出发，提出一些富有创意的想法和方案。这些创意和方案通常能满足市场和用户需求，从而促进了创新的发生。

综上所述，兴趣作为创新的开端，可以激发好奇心和求知欲，同时也能够激发创意和创新。这些因素都能够帮助企业或个人在市场竞争中获得更大的优势，并最终实现商业成功。

2.2 兴趣是成功的基石

兴趣是人们活动强有力的动机之一，它能调动起人的生命力，使大家热衷于自己的事业而乐此不疲。人对自然产生兴趣，就能引发出对事物的体验，对问题的思索；人对生活产生兴趣，就能因好奇而实践，因验证而发现。古往今来，许多成就辉煌的人士，他们的事业往往萌生于青少年时代的兴趣中，沿着兴趣开拓的道路走下去，找到了自己事业成功的路径。

兴趣是成功的基石，这是因为一个人对某个领域或事物有浓厚的兴趣往往会让他更加有动力、更加专注，进而不断学习、挑战和创新。具体来说，主要表现在以下几个方面：

（1）兴趣让你更加专注和有动力：当人们对某个事物或领域感兴趣时，他们通常会给予更多的关注和精力，更有动力地去探索和研究。他们会变得更加专注于自己所热爱的领域，在其中花费更多的时间和精力去学习、实践和创新。

（2）兴趣让你更加耐心和坚韧：如果一个人对某个领域或事物有浓厚的兴趣，那么他就会更加有耐心和坚韧，去不断地尝试、改进和探索。这种耐心和坚韧意味着他们能够忍受一定的风险和挫折，并逐步迈向成功的道路。

（3）兴趣带来更多的创造力和创新思维：当人们从内心热爱某个事物时，他们往往会在其中发现更多的想法和创新点。这种创造力和创新思维是由于人们对自己所热爱的事物有更深入的了解和思考，从而为创新提供了更多的可能性。

因此，兴趣是成功的基石，它可以让人们更加专注和有动力，更加耐心和坚韧，同时也能够拥有更多的创造力和创新思维，在市场竞争中取得更大的优势，并最终获得成功。

2.3　兴趣是创新创业的动力

兴趣是创新创业的动力之一，因为兴趣可以激发人们的创造力和创新精神，使他们更加专注、有动力和有耐心地追求自己的创新创业梦想。

具体来说，兴趣是创新创业的动力主要表现在以下几个方面：

- 兴趣可以激发创新思维：一个人对某个领域或事物有浓厚的兴趣，通常会从自己的角度、经验和思考出发，提出一些富有创意的想法和方案，并在其中寻找切入点，从而推动创新的发生。
- 兴趣可以提供源源不断的动力和激励：一个人从事自己感兴趣的领域或事物往往会感到乐在其中，并且具有持续干下去的动力和激励。这种动力和激励可以帮助创业者不断尝试创新，并最终实现创意的落地。
- 兴趣可以促进个人的成长和发展：当人们深入研究并从事自己感兴趣的领域时，不仅可以提高自己的专业水平和技能，而且还可以调整自己的思维方式和精神状态，从而更好地适应创新的挑战和创业的压力。

因此，兴趣是创新创业的动力之一，在创新、创业中起到了重要的推动作用。创新者和创业者们需要在自己感兴趣的领域中寻求机会，坚持不懈地努力创新，并将兴趣转化为行动的动力，最终实现个人和社会的价值。

2.4　好奇心是创新的源泉

好奇心代表了人们对未知领域、新事物和未被探索的领域的兴趣和渴望，同时也代表了人们不断追求新知识、新体验和新想法的精神。

在科学家座谈会上，习近平总书记多次提到“好奇心”。他指出：“科学研究特别是基础研究的出发点往往是科学家探究自然奥秘的好奇心。”“好奇心是人的天性，对科学兴趣的引导和培养要从娃娃抓起，使他们更多了解科学知识，掌握科学方法，形成一大批具备科学家潜质的青少年群体。”在基础研究和创新型人才培养中，如何突破底层认知局限、激发个体创造性思维是一个至关重要的问题。好奇心是创新型人才的典型特征，也是基础研究的出发点和原动力。

创造性思维是具有开创意义的思维方式，能够开拓人类认识的新领域和新成果，它是多种思维方式的结合，尤其是发散思维、聚合思维和直觉思维。好奇心是创造性思维的源泉，探索和研究未知事物的心理倾向促使人们不断求新求异，发现和提出新的问题，并积极探索解决问题的方案。

【实践训练】

【训练 2】　选择自己最喜欢或最擅长的事情向其他人介绍

（1）选取自己最喜欢或最擅长的事情，例如摄影、烘焙、健身等。

（2）确定公开演讲的时间和地点，可以是线下的活动，也可以是线上的直播。

（3）设计演讲内容，包括但不限于：

- 简单介绍自己选择的事情，包括其定义、意义以及背景知识。
- 分享自己在这方面的经验和技巧，可以介绍自己的创作过程、做法或者是一些独特的心得和体验。

- 向听众展示一些自己的成果，如精美的照片、精致的糕点等。可以适当地分享制作过程的细节，让人更加感受到你的专业水平。
- 解决听众可能会遇到的问题或困难，如解答烘焙中的常见问题，给出提升摄影技巧的建议等。
- 带领听众实际操作，例如示范如何使用相机，亲自教学健身动作等。
- 准备演讲所需的道具和工具，例如：制作幻灯片、准备展示照片的投影仪、摄影器材或家庭烘焙需要用到的材料等。

（4）检查并测试所有设备和道具是否正常，确保在演讲中不会出现意外情况。

（5）在演讲开始前进行练习和彩排，可以适当修改演讲内容，提高演讲效果。

（6）在演讲时充满激情和自信地介绍自己最喜欢或最擅长的事情。可以适当与听众互动，解答他们的疑虑，并且展示你的专业水平，激发听众的兴趣和热情。

（7）结束演讲后，收集听众的反馈和建议，以便于更好地改进和提升。

这样的实战训练旨在帮助您展示自己的专业能力和技能，同时也能加强自身的表达能力和自信心，为将来的发展打下更为坚实的基础。

任务三 思维与创新思维

【课程思政引领】

从辩证统一的角度分析思维，分别从逆向思维、发散思维以及联想思维三个方向出发，让学生学会从创新的思维底层逻辑出发，坚持创新创业的初心，有针对性地找到问题，以问题为导向，开展思维训练，锻炼平时思维思考方式，让学生从思想上引导行为模式，从根本上转变思维方式，实现全方面、全方位改变，实现“传道、授业、解惑”。

【知识梳理】

根据辩证统一的角度来分析，思维体现了客观事物的本质，具有规律性的关系，这种联系反映出一种客观的概况和间接性的关系。而创新思维又是一种体现创新能力的思维方式，同时也是开展创新性活动的关键点或者元素。要培养学生积极的求知力、主动的探索力、开拓的创造力、敏锐的观察力，必须遵循学生个体的发展规律，积极引导，开启创造性思维。

3.1 认知篇

20 世纪初，第一辆 T 型车诞生，它改变了人们出行的方式，从马车到机动车，完成划时代的转变，福特公司依靠创新的产品不断发展壮大。随着时代发展，更加节能、更加轻便、更加好看的汽车逐渐出现，但是福特公司的汽车还保持着原来的状态，既笨重又耗油，特别是废气排放量大，跟当时的环境治理要求以及石油供应情况完全不符合，因此其他品牌的汽车后来居上，慢慢取代福特公司在消费者心中的地位，导致福特公司一度濒临破产。

如果把创新能力比作一种“新的生产函数”，那么建立创新能力的相关要素，就是相对应的生产要素或者生产条件，又或者两者的组合。如果把创新的能力或者行为，比作创造财富的能力或者赋予财富资源的能力，那么创造出新的资源或者财富的行为就是创新，因此凡是能够改变目前的财富模式或者财富资源的行为，就是创新。从以上可以看出，创新是一种从内向外的有效的变革，能让个人或公司在竞争中保持优势。

3.2 进阶篇

创新思维往往要从不同的视角出发，以一种新颖、超常规或反常规的方式去思考问题，突破常规思维，从而提出有社会价值、独到的思维见解。

1. 思维基本特征

1）思维具有概括性和间接性两种特征

思维的概括性是指，在大量事物的基础上面，对这些事物进行有逻辑的思考或者分析，再从中找出它们之间的联系，或者共同的特征，或者共同的规律，在此基础上加以总结概括，体现了事物的普遍性规律，这种规律人们能从事物的表面还有外在特征认知可以总结出来。

思维的间接性是指，当无法通过外在特征或者事物表面的普遍性规律得出结论时，就需要借助一定的工具，或者一定的媒介，或者一定的知识经验，对事物进行客观分析的行为，它体现了事物的特殊性的规律。

2）思维的两种特征的区别与联系（见表 3-1）

表 3-1　思维的两种特征的区别与联系

特征	区别	联系
概括性	能抽取同一类事物的共同的本质特征和事物间的必然联系来反映事物	都具有概括性经验，都具有丰富的知识
间接性	不能直接把握不在眼前的事物，需要借助于某些媒介物与头脑加工来反映事物	

2. 思维的分类

思维的分类可以从三个角度出发：

（1）从抽象性的角度分析，思维可以分为直观行为思维、具体形象思维、抽象逻辑思维共 3 种，详情见表 3-2。

表 3-2　思维的分类（一）

分类	概念	特点	例子
直观行为思维	通过接触外界事物后，最直接产生的行动、感知、想法，这种思维方式主要来自感知与动作之间的协调，直接与物质活动相联系的思维	最初的思维感知，运动思维	用运动员的技能和技巧训练小孩的思维
具体形象思维	将无形的东西用具体、可直观看到的表象表现出来，常见于文艺创作中，将情感等借助于鲜明、生动的肢体动作或者服装、饰品等表现出来的思维	具现化	文艺创作
抽象逻辑思维	通过概念、判断、推理等形式进行的思维方式，也是目前人类运用最广泛的思维方式	基本的逻辑思维能力	逻辑分析

（2）从目的性的角度分析，思维可以分为上升性思维、求解性思维、决断性思维共 3 种，详情见表 3-3。

表 3-3　思维的分类（二）

分类	概念	特点	例子
上升性思维	利用获得的个别经验，以此为起点，通过多年经验总结得出的一种普遍性的认知，但是不具有指导性	常见于日常生活经验得出的思维	生活小妙招
求解性思维	围绕问题，依靠现有的知识，在问题和知识之间展开思维，构建桥梁，最终解出问题	常见于问答环节	数学题解答
决断性思维	通过实验过程或者实验结果判断出来的思维形式。整个环节中都贯穿着具体性、发展转化、综合平衡三条原则	常见于实验环节	实验研究

（3）从智力品质的角度分析，思维可以分为再现思维、创造思维共 2 种，详情见表 3-4。

表 3-4　思维的分类（三）

分类	概念	相同点	不同点
再现思维	依靠过去的记忆，通过已经学习的知识、经验用依葫芦画瓢的方式，直接运用的思维	都依赖过去的经验、知识和记忆	依葫芦画瓢，不变通
创造思维	依赖过去的经验和知识，但是不是直接运用，而是把这些东西通过分析后，综合组织而形成全新的东西		分析总结经验，再形成全新的东西

从思维技巧的角度分析，思维可以分为归纳思维、演绎思维、批判思维、集中思维、侧向思维、求异思维、求证思维、逆向思维、横向思维、递进思维、想象思维、分解思维、推理思维、幻想思维、组合思维、辩证思维、综合思维共 17 种，详情见表 3-5。

表 3-5　思维的分类

分类	概念	特点
归纳思维	根据具体的事物总结出一般规律和共性的思维方式	归纳总结
演绎思维	根据事物的一般规律，推出个别事物也具有相同的规律的思维	演绎推理
批判思维	一边品评和批判自己的想法或假说，一边进行思维	批判思维包括独立自主、自信、思考、不迷信权威、头脑开放、尊重他人等六大要素
集中思维	从多种资料中，找到合乎逻辑的联系或者对多种方案加以研究，从而找到一种解决办法	从多个汇总到一点
侧向思维	从其他领域得到启示的思维方法	利用“局外”信息来发现解决问题的途径的思维
求异思维	同一个问题探求多种答案	由原点向四周发散
求证思维	用自己掌握的知识和经验去验证某一个结论的思维	求证思维的结构包括论题、论据和论证方式
逆向思维	从反面想，看看结果是什么	反向思考
横向思维	从与之相关的事物中寻找解决问题的突破口	围绕同一个问题从不同的角度去分析
递进思维	从目前的一步为起点，以更深的目标为方向，一步一步深入达到的思维	多步分析
想象思维	在已知材料的基础上经过新的配合创造出新形象的思维，是由此及彼的过程	在联想中思考
分解思维	将一个问题分解成多个部分，再找出其中的关系得出答案	拆分
推理思维	通过判断、推理去解答问题	逻辑思维

续表 3-5

分类	概念	特点
幻想思维	可以在人脑中纵横驰骋，也可在毫无现实干扰的理想状态下，进行任意方向的发散，从而构成了创造性思维的重要组成部分	脱离现实性
组合思维	通过对若干要素的重新组合，产生新的事物或是创意	不同事物的组合
辩证思维	以变化发展视角认识事物的思维方式，通常被认为与逻辑思维相对立	运用辩证法的规律
综合思维	综合思维就是多种思维方式结合起来运用	多种思维方式的运用

3. 创新思维的重要特征

创新思维的重要特征包括思维的流畅性、思维的变通性以及思维的独创性，详情见表 3-6。

表 3-6 创新思维的特征

特征	概念	关键词
思维的流畅性	在单位时间内发散的量越多，流畅性越好	单位时间
思维的变通性	思维在发散方向上所表现出的变化和灵活	变化、灵活
思维的独创性	思维发散得新颖、新奇、独特的程度	新奇、独特

4. 创新思维的特点

创新思维具有五大特点，分别是联想性、求异性、发散性、逆向性以及综合性。

1）联想性

根据事物相关性的规律，发现事物之间可以找到相关性，并让其具有一定的联系性。那么如何找到这种联系呢？通常情况下，使用联想的方式，通过自然联想法，举一反三、触类旁通，很容易将表面不相关的事务联系起来，这种联想得出的结论就是创新的目的。联想思维方式也是日常中常见的方法，尤其在创新思维中非常常见，同时也是容易取得成功的方式。其中最关键在于采用这种方式是否是积极主动、有效地运用。

2）求异性

有科学家认为，当科学研究的工作进行到最后一直无法突破时，这时候就需要采用极端的方式，来观察是否有特别的情况出现。因为人们习惯性的思考方式，或者对权威具有信服的心态，或者习惯性遵循习俗等，考虑事物的极端情况或者特殊情况，就显得尤其重要。一般来说，在初期阶段，求异性关注现象与本质、形式与内容的不一致性。打破常规，观察是否有特别的情况，一般能找到解决方法。

3）发散性

人们常说“天马行空”，就是指人们的思维具有无限的特点，尽管人的行为方式可能因为社会生活中的种种客观因素而受到限制，但是思维却具有无限广阔的天地，这是任何社会活动或法律都难以界定或者限制的。发散性思维就是从某一点出发，任意发散，这种思维方式既无一定方向，也没有一定范围的约束，但一定是具有独到见解或出乎意料的意见，并且是能够采用的有效的思考结果，才是具有创新思维的思考方式。其最终是能够产生众多的可供选择的方案、办法及建议，以此来解决一些似乎无法解决的问题。

4）逆向性

在日常生活中，惯性思维方式是最常见的思维方式。比如在每天上班、上学的路上，不需要思考，就会让你的行为遵循长久形成的路线进行。又或者解决问题时，会不自觉地采用长辈或者前辈教授的方法来解决问题。然而这种思维方式常常会阻碍我们创新性思考和开始创新思维活动。在这种情况下，我们可以采用反向思考的方式，有意识地从我们常用的思考方式出发，反向寻找解决方法。

5）综合性

将事物的各个部分、侧面和属性按照它们内在的、必然的、本质的联系起来，把握事物的本质和规律的一种思维方法就是综合性思维，它并不是机械地相加的思维方法。

5. 创新思维的主要形式

创新思维形式是多种多样的，只有真正理解、掌握它的多样性，才能在实践中灵活运用。常见的创新思维形式通常有以下一些说法，详情见表 3-7。

表 3-7 创新思维的主要形式

分类	概念
延伸式思维	借助已有的知识或前人的经验探求未知的事物，从已知向未知推进，丰富和完善原有知识体系的思维方式
扩展式思维	通过拓展研究事物的范围而获得新知识，使认识扩展的思维方式
联想式思维	将观察到的现象与目标结合起来，加以联想，获得新知识的思维方式
运用式思维	通过研究具体事物的本质和规律，获得新的认识的思维方式
逆向式思维	通过原有结论倒过来思考，从固定思维方式反向思考，获得新的认识的思维方式
幻想式思维	通过对现有理论和物质条件分析，幻想出不可能成立的某些事实或结论，获取新的认识的思维方式
奇异式思维	通过对事物进行超越常规的思考，获得新知识的思维方式
综合式思维	通过多种思维方法对事物分析的过程中，获取新知识的思维形式

3.3 高阶篇

1. 分析创新思维的主要障碍

你是否也看过一个视频，视频里买奶茶的人都从门口跳 3 步，跳到柜台前，可以免费领杯奶茶。如果是你的话，你会怎么做？

创新思维是什么？创新思维最根本就在于“新”，那么什么是“新”？“新”一字就在于超越，超越现有认识和现存事物。目前主要的障碍有：从众心理、权威心理、经验心理、传统心理、书本心理。

1）从众心理

什么是从众心理？让我们来看一个故事：一天你在街上路过，看到这条街上的人都抬着头看向天空，你很好奇，于是也看向天空，想找出大家在看什么。看，你是否也成为看天空的一员。就这样，进入这条街的人，都在看天空。那么问题来了，你在看什么，为什么看，谁最先看的？

在心理学中，有一种人特别喜欢流行款式，为什么呢？因为“流行=好看”“大众选择的=不会错”，其实这也是一种从众心理。

从众心理是心理障碍中最常见、最重要的一种。它就是随大流、跟随大众，别人有，我也有；别人学什么，我也学什么。从众心理严重体现在往往只注重跟随，而忘记思考，没有自我的认知和是非对错的判断，从众的人就是我们常常说的没有主见、缺乏独立思考的人。

造成这种现象的原因主要是在人类社会进化过程中，从古至今，上下五千年的历史进程，往往个性、独立的人，必须匹配一颗强大的心脏，不然容易被人忽略、排斥。因为人的群居习性，为了更好地融入社群，获得强烈的安全感，都会不自觉地按照“少数服从多数”的准则来行动，以此避免受到其他人的攻击。这种现象也存在动物世界中，特别是群居动物，为了维持群体的安定和谐，必须分工合作，并且保持对某些个体的高度一致性。

这种现象是否像你骑着车来到红绿灯前，正好红灯了，本来应该停的，可是大家都骑着车向前冲，于是你也跟着冲，这样一种随大流思维，就是从众定势，或屈服于群体的压力，或认为随波逐流没错，往往这种人因为思维缺乏独立性，才难以产生出创造性思维。

让我们来做个测试：你打算去坐电梯，站在电梯口，等了好一会儿，这时电梯下来了，门一开，发现电梯里的人，每个人都蹲着，你搭电梯上去的过程中，你会怎么做？请遵循你第一反应回答。

从上述分析中，可以得出结论：缺乏独立思考、强大内心的人，其实是不利于创造的。不自信、好钻牛角尖、过于自信等都会在一定程度上影响你的思维，阻碍创新。

2）权威心理

你是否听过“听我的没错”“老师没说过”“这是某某教授说的”等话语呢？相信有些人是听从的，也有些人不愿意听从，但是会被“镇压”下去，这就是权威思维。在你的成长或社会生活中，会经常遇见的思维方式。

例如，1769 年蒸汽机被发明出来，但是直到 1825 年火车才首次运行，这是为什么呢？主要原因是著名科学家瓦特多次出面否认火车出现的可能性，“连大科学家都否定的东西那一定会有问题”这种思维，导致火车的出现比蒸汽机的出现晚了 50 多年。

盲目、迷信，缺乏独立思考能力，这些都是权威思维中常常出现的现象，比如“地心说”也是持续了很长时间。

权威思维有两种形式：政治权威和知识权威。政治权威主要体现在法律和权利方面，这是人与人之间关系的产物，再通过信念及道德使人自觉或被迫服从。那什么是知识权威呢？这些多见于老师和专家中。比如人类的染色体的发现，生物学家徐道觉盲目地相信了美国遗传学家科特 20 年代初提出的理论，觉得人类的染色体是 48 个，从而错失了重大发现的机会，几年后由另一位美籍华裔科学家蒋有兴发现。

在现在思维领域中，也有不少人习惯引论据点，根据权威的判断而判断，虽然有不少人开始吐槽各种“专家”“教授”，但是在特定的时候，还是会不自觉地按照“专家”“教授”的建议做。思考一下你平时的行为，当你听到这些言论时，你会怎么做?

通过上述分析可以看出，权威定势主要是在儿童走向成年时期这个过程中接受的教育、社会分工、知识差异等造成的，在这个环境下，慢慢就失去了独立思考的能力。其实在权威定势下，重要的还是保持思考能力以及敢于坚持自己理想的勇气，就像IBM公司的总经理沃森说：“野鸭一旦被人驯服，就失去了野性，再也无法飞翔了。公司不需要驯服、听话、平庸的人才，需要的是不畏权威、勇于创新的人才。”

3）经验心理

什么是经验定势呢？让我们先来做做这个测试：你看到一个垃圾桶，你想到了什么？请将第一想到的答案分享一下。并思考一下为什么是这个答案?

经验作为经验心理中的核心，往往呈现的效果是过分依赖以往的经验，以经验为标准来衡量是非，不敢越出经验半步。在长期的社会活动中，人们往往会获得大量的经验积累，这些经验会作为后面我们做出判断的依据。盲目地相信先入为主的思想，在行为或思想上就会趋向保守。

例如，有3个瓶子以及10枚硬币，请你尝试将10枚硬币放进瓶子里，并且让每个瓶子的硬币是奇数的。面对这样的问题，你第一时间反应是什么，为什么有这样的想法？请仔细思考一下原因，然后分享一下。又或者你看到笔，最先想到什么？又或者一男一女吵架，女孩子哭得很凶，你最先想到什么？请根据你第一反应得出的答案，跟大家分享一下，你判断的标准是什么，为什么会得出这个结论?

从以上分析可以得出，经验心理往往更像片面或者刻板的印象，让人的知觉与思想受先入为主的影响，影响我们对一件事物的正确判断，不能充分反映出事物发展的本质和规律，墨守成规，失去创新能力。

4）传统心理

什么是传统呢？那是一种固化于人的大脑中或潜意识中的认识，比如大年初一不能丢垃圾、孩子跟着父姓等，这种由上一辈人沿袭下来的习俗或者习惯，一旦固化下来，慢慢就形成了一定的思维方式。但是当社会向前发展了，这种传统观念不能紧跟时代的变化而改变，于是社会上出现很多“标新立异”的行为。

人的创造性是与生俱来的，5岁的小孩中具有创造性的人竟然高达90%，可惜的是，随着年龄的增长，创造性受到抑制。比如人人喜欢物美价廉的物品，但是对于便宜的东西总有一种不太值钱的心态，觉得贵就好，有些商家就利用这种心态，比如前几年某些奢侈品的价格，不降反升，就是利用了人的这种心态，强调商品的保值，把商品当作收藏品对待。那么怎么打破传统的心理呢？就是要不断接收新的信息，敢于向传统挑战，树立“标新立异”的勇气和信心。

5）书本心理

什么是书本心理？最大的体现在于“书即正义”，对于书本知识，不加以分析判断，盲目地运用，一切从书本出发的思维方式。例如在20世纪50年代，国外一科研部门计划研制一种高频放大管。但是当研究人员查阅资料时发现，如果采用玻璃管，高频放大的极限频率是 25 个计算单位。就是因为这个发现，研究人员放弃使用玻璃管，项目也没有什么进展。于是上级部门决定更换一半的人，并且下令不能查阅有关资料。结果科研人员大胆猜测、假想，不断尝试，终于研制成功了频率达到1000个计算单位的高频放大管。

随着社会的进步，不断出现新的思想、新的知识，有一些知识出现反转，也有一些知识进行更新，不管是哪种形式，书本的知识只会随着时间的推移越来越呈现出一种滞后的状态，知识只有不断更新才能成为有效的信息。但是当我们进行创新的时候，往往最容易出现信息障碍的问题，如缺乏足够新颖的资料等。我们可以在确定项目或者有了想法后，在图书馆、专利网和相关网站搜索关键字进行查找，看是否有和自己想法一致的产品，这样就可以避免搞重复创造，或者因为没有掌握同类的技术信息而导致搞不出最好的创造。客观事实与书本知识出现相悖时，有些人仍然不愿意相信客观事实的存在，依旧拿着书本来坚持。这种受到书本知识的束缚，死抱住书本知识不放的行为很容易成为创新的障碍。只有开放思维，才能有获得重大新成果的机会。

2. 训练创新思维的常见技巧

常见的培养创新思维的方法有以下5种，分别是一日一设想法、想象截留法、角色互换法、相似构想法、逆向思考法，详情见表3-8。

表3-8 培养创新思维的方法

方法	概念	特点
一日一设想法	以问题为导向、以目标为导向，坚持每天一个设想，三周以后创新思维的习惯就能初步养成	培养思维习惯
想象截留法	想象包括了梦想、联想、幻想等，想象力是一切创造的原动力，一个好想法在大脑中转瞬即逝，应该马上拿起笔把它记下来	灵感记录
角色互换法	站在对方立场上去思考的一种方法	换位思考
相似构想法	平时要善于观察和思考，通过自然界的各种现象来激发各种构想与创意	擅长观察
逆向思考法	从相反的方向来思考问题，从流程的最后一步往前推算	反向逻辑

【研究交流】

【案例3-1】 突破常规思维

“你爸爸和我爸爸吵起来了！”一个小孩子对一位中年人说，这位中年人正在跟一位老者说话，他是一名公安局局长。听到小孩的话后，这位老者就问公安局局长：“这是？”公安局局长回答道：“这个孩子是犬子，见笑见笑了！”老者说：“没关系，你赶紧处理一下家事吧！”。请思考3秒，回答一下这几个人的关系？思考后，请分享你的答案。

【分析思考】

这个案例按照往常逻辑思维来说，公安局局长这个词语的出现，脑海中就浮现一个严肃的、戴着帽子的、威武的男人形象，接着会想局长的爸爸是男性，孩子的爸爸也是男性，孩子是局长的儿子，难道局长的媳妇是男人!!! 结果的得出让你觉得不可思议，但是又不知道哪里有问题，这就是思维定式，惯性的思考方式困住了我们的思维。对于这个案例，我们应该换个角度来思考，从小孩的话出发，你爸爸是男性，我爸爸是男性，孩子是局长儿子，那么局长和小孩子的爸爸一定夫妻关系，按照这个逻辑，很快就得出结论，局长是女性，那么局长的爸爸就是孩子的外公，这样逻辑就理顺了。

生活中我们对待很多事情的看法往往是从个人思维定式的角度。在我们遇到困难，要摆脱困境时，要有意识地提醒自己换个角度去思考，可能会收获意想不到的结果。

【案例 3-2】 如何增加产品销量？

故事 1 在太平洋的一座小岛上，岛上的居民从来都不穿鞋子。有一天，有两位推销员来到这座小岛上，不幸的是，这两位推销员都是负责销售运动鞋。面对这种情况两个业务员竟然反应不一样，鞋厂推销员 A 心里想："完了，这里人都不穿鞋子，那我的鞋子卖给谁呢？没有人买鞋子"，于是特别失望地离开了；另一个鞋厂推销员 B 心里想："真是太棒了，这里的人都没有鞋子，这该是多大的市场啊"，于是赶紧跟工厂联系，让工厂寄过来最好看的鞋子，他将鞋子送给岛国的国王，国王很喜欢这双鞋，于是经常穿，岛国的人民看到国王穿鞋子，纷纷效仿，于是推销员 B 就在这里开设了一家鞋店，并因此获得巨大的财富。

故事 2 有这样两位青年，他们是同一个村庄的村民，这个山村旁边的深山中盛产石头，于是两位青年约好一同上山采石。其中一个青年 A 将开采出来的石头炸成方便运输的小石头，运输到路边，卖给建房子的人，生意非常火爆；另一个青年 B 则直接把开采出来的大石头，筛选出造型独特或者奇形怪状的石头，运到码头，卖给花鸟商人。因为形状特别，于是有很多花鸟商人找青年 B 购买石头，不到两年时间，青年 B 就盖起了大别墅。多年后，因山林保护政策，政府不许开山，只许种树，于是荒山变成了宝山，每到秋天，这里的水果丰收，特别是鸭梨，异常美味，吸引了四面八方的商客，有些甚至远销海外，一时间村民热情高涨。在村子里，之前卖小石头的青年 A 觉得市场巨大，于是开始种果树；而卖大石头的青年 B 觉得每次卖鸭梨缺少筐子，于是开始种竹子，4 年后，青年 B 第一个在城里买房。请根据上述两个故事分析一下：产生两种结果的原因是什么？为什么会有两种结果的发生呢？如果是你，你会怎么做呢？

【分析思考】

无论是企业经营还是个人发展，都是在不断开拓创新的思路上。我们总习惯用一种常规的方式思考问题，从众的心理、经验心理，长年累月按照这种思维方式进行思考，我们很难打破模式，获得突破和创新。

任务四　突破思维定式

【任务探究】

【任务 4】 思维小测试

测试 1：

首先把双手伸直，掌心相对，然后向外翻转，手背相对，双手交叉，十指相扣向内旋，不要动，然后食指的两个指甲挤在鼻子两侧，慢慢松开另外 8 根手指头，然后你打开了没有？你可以把双手打开吗？

测试 2：

准备一个手帕或者一根绳子，首先确定你准备的绳子上面没有打结，这时你用两只手分别将绳子的两端抓好（注意在打结的过程中不能放开绳子），尝试开始打结！接下来 2 分钟时间，请各位同学尝试一下。

【参考答案】

1. 注意按住鼻翼的手指一定要用手指甲。
2. 注意两手交叉后，再用两只手抓住绳子的两端，双手自然打开，绳子就打结了。

【研究交流】

【案例 4-1】 马戏团哈利“荒唐的想法”

美国宣传奇才哈利小时候家里比较穷，于是他找到一家马戏团，在里面做童工，负责在人们观看马戏表演的时候，出售食物。但是过来观看表演的人太少了，哈利收获不多，于是哈利就想：“要是观看马戏的人多一些就好了，如果买东西吃的人也多一些就好了”。按照这个思路，哈利突然灵光一闪，如果买票的人能有优惠的话，是不是会让看马戏的人多一些呢？比如送包花生，吃了花生会口渴，那么买饮料的人会不会增加呢？哈利将这个想法告诉了老板，但是老板觉得这个主意荒唐极了，不同意哈利的想法，哈利还是非常想要尝试，于是提出如果亏损了，自己就不领工资，一番争取下，马戏团老板终于同意了。于是下一场马戏表演前，就按照哈利的想法进行，果然观众多了很多，比平时人数多了好几倍都不止，等到大家进场观看后，又觉得口渴，于是就买喝的，结果就是营业额比往常增加了好几倍。请问哈利这么做的原因是什么？

【分析思考】

小哈利成功的原因就在于运用了逆向思维。正向思维，人们进来看马戏，觉得口渴就买饮料，饮料不是必须买的，可有可无。逆向思维是想要卖出饮料，就必须观众口渴，观众口渴是因为吃了干东西，那么怎么才能让观众口渴呢？于是利用逆向思维方式，用买票送花生，吸引人们过来看马戏，又制造了口渴的条件，提高饮料销量。

【案例 4-2】 三个裁缝

在以前的法国巴黎，衣服都是由裁缝制作出来的，大多数的裁缝店铺会集中在一起，但是怎么才能获得更多的客户，这是是裁缝们比较着急的问题。在一条街上有三个裁缝，他们手艺都不错，并且水平都差不多，因此彼此之间竞争非常激烈。为了获得更多的客户，裁缝 A 通过定制招牌——巴黎最好的裁缝，借此吸引了许多客户；裁缝 B 不甘示弱，定制另一个招牌——全法国最好的裁缝，也吸引了不少客户；这时轮到裁缝 C，裁缝 C 思来想去也无法解决这个问题，怎么才能比他们的招牌更吸引客户呢，用什么词可以超过巴黎和法国呢？此时这条街上的客户大部分都被裁缝 A 裁缝 B 吸引过去了。正当裁缝 C 愁眉不展的时候，他的老父亲挥笔在招牌上写了几个字就挂了出去。第 3 天，另外两个裁缝准备看第 3 个裁缝的笑话，事情却超出了他们的想象，很多客户都被第 3 个裁缝抢走了，这是什么原因？

【分析思考】

这位裁缝成功的原因就妙在他那个招牌上，上面写着本街道最好的裁缝几个大字。前两个裁缝用全国和大范围内来做文章，第 3 个裁缝却用街道的小来做文章，凸显他才是最好的。逆向思维是一种思维方式，它突破条条框框的思维限制，从现有思维出发，得出一个有创造性的解决问题的办法。

【案例 4-3】 被细绳困住的大象

当一头小象还不是很大的时候，大象的主人用一根比较细小的且较短的绳子，把这小象拴住，因为那个时候的小象力气不大。它只能以这个木桩为圆点，以绳长为半径，在这个范围内去运动。虽然小象越长越大，但它依然被这根细小的绳子拴住。

【分析思考】

因为这个时候，小象的思维已经固化，它的思维已经不挣扎，而是习惯了。所以在很多时候，我们对于权威或者司空见惯的一些现象要思考，要敢于质疑。尽量不要出现别人发过来的信息，我们不求证就去转发的行为，要尽量避免网络谣言、暴力的出现。

【案例 4-4】 测量池塘的水

苏丹的一位国王，他非常喜欢思考。有一天，这位国王到花园散步，无意间看到花园的水池，突然想到，怎么才能知道水池的水有多少呢？于是召集各位大臣询问："你们知道这个水池里面一共可以装几桶水吗？"大臣们一听，私下议论纷纷，各抒己见，但是都得不出结论，一时间大家面面相觑。这个情况让国王很生气，于是下命令说："给你们三天时间思考，回答对的人重重有赏，回答不上来的人，要受到处罚"。时间一晃三天就到了，但仍然没人能回答出来，国王非常愤怒，这时一位大臣的孩子走过来说："尊敬的陛下，您的这个问题很简单，只要知道桶有多大，就能知道水池的水有多少了。"思考一下，这个故事给你什么启示？

【分析思考】

按照正常逻辑思维，想知道水池的水有多少桶，那么需要将水都抽出来，放进桶里，最后数一数有多少桶。因为一说桶，成人脑海里就想到我们日常用的桶的大小，而忽略了桶的大小是可以改变的事实，而小孩却没有这种限制，撇开了池塘里水的多少，而是从桶的大小角度来重新思考，这样问题就迎刃而解了。在日常生活中，我们常常会掉进这种常规思维的陷阱，被思维定式所困，这个时候我们跳出常规思维，进入非常规思维，或换一个思维角度来思考，可能有意想不到的收获。

【案例 4-5】 如果是你，你会怎么做？

故事 1　有一位吝啬鬼，他非常有钱，每次出门都担心自己家中那些值钱的东西被偷，于是想买条狼狗帮他看守院子。但是一想到狼狗要吃东西，还要请个人喂狗，又要花钱。一想到花钱就心如刀割，他想来想去，终于想到一个好办法。每次在出门前，他就将自家的 WiFi 密码改成无密码，然后放心出门。这样操作后，他每次回家都会看到门口蹲着十几个人，帮他看护院子还不花钱。

故事 2　有一天，小梁不小心加入一个群，他本来不太关注这个群，但是这个群总是发一些看起来很高深的知识，小梁以为加入了一个知识分享的群，于是就时不时看看，才发现这是一个博士群。有一天，群里又发起一个问题：“如果一滴水从很高很高的地方自由下落，会不会把人砸伤或砸死？”群里再次热闹起来，博士们发挥他们的特长，进行各种公式的演算，开始各种假设的设定，再考虑各种阻力，重力加速度等，大家热火朝天地讨论了整整一个小时，这时候小梁默默问了一句，“你们都没有淋过雨吗？”群里忽然死一般的寂静，然后小梁就被踢出了群。

故事 3　在一座深山中，住着一位年迈的和尚，以及一位小沙弥。有一天，年迈的和尚问小沙弥：“如果有天你面临一个选择，但是不管你是选择向前一步，还是向后退一步，都是死亡，面对这种情况，你会如何选择呢？”小沙弥毫不犹豫地说：“我往旁边跳。”

【分析思考】

可以得出结论：

（1）在现如今互联网时代，日新月异，每天都有新的事物产生，如果还是保持着传统的思维，你将无法跟上时代的脚步，因此使用换位思考的思维方式，知道对方的想法，往往比你想要对方做什么更有效。

（2）知识可以给你带来更多的思考方式，但是有时候要学会多方位思考，经验也不是完全不正确的。

（3）面对制度的限制以及外部的威胁，不能仅仅看表面的问题，要找到最底层的逻辑，最本质的东西，这样在面对两难困境的时候，也许就会明白路的旁边还有其他路可走。

【知识梳理】

4.1 思维定式的含义

在日常的学习生活中，也许你会听到：“要跳出思维定式，打破思维定式”。但是思维定式是什么呢？让我们来看一个小故事，广场有一匹白马，头朝北边，让白马转三圈，请问白马的尾巴朝哪边？思考一下，第一时间给出答案。我相信有些人一时之间无法回答，那么这是为什么呢？主要是思维的惯性禁锢了我们的思维空间，当我们习惯使用正常的思维或者常规的思维来思考问题，渐渐地就形成一种习惯性的既定的思维方式，因此这种思维方式又叫作习惯性思维。

让我们再举个例子，有一天，警察上门询问你："有一位通缉犯来过你的店买东西，请你帮忙指出。"随后拿出两张照片，一张照片上显示的人微笑、有点腼腆，看起来就是个阳光男孩；另一张照片上显示的人黑黑壮壮的，看起来就不好惹。现在问你："两个人之中有一位是全国通缉的罪犯，非常凶残，造成了非常大的社会影响，你觉得是哪一位？"相信你这时又要犹豫了，因为之前给出的思维定式的案例中，你开始了多方位多角度联想，那么你为什么犹豫呢？因为先前的知识、经验、掉的坑、习惯等都在你的脑海中，这些也让大家形成一定的认知，这些认知会影响后来的分析、判断。

习惯性思维定式重点在于长时间持续不断地按照既定思维思考，逐渐养成习惯的方式，不断重复而巩固下来的行为方式。按照这种方式进行思考问题，就会逐渐形成牢固的思维定式，深入到潜意识中并反过来支配自己的言行。

一个人养成的思维方式及世界观又跟人生经历、社会环境有很大的关系，比如：古代官宦家庭出来的孩子、大商人家出来的孩子以及农户家出来的孩子，他们的人生观、价值观、思维方式是完全不一样的，这就是古时候说的"门当户对"的由来。因为不同人的社会阶层、接触的人群是完全不一样的，尤其知识经验有很大的差距，因此纵观古今，农民起义只是推翻一个统治阶级的动力，但是始终无法成为最终的胜利者。在当下，尤其社会需要科技创新的时代，想要跟上时代的步伐，固化的思维方式就会成为阻碍。一旦认知固化成一种习惯，根据习惯的底层逻辑可以知道，它是遵循着一种公式的展现形式，一旦跳出公式，就没办法进行判断。若想提高自身能力，就必须掌握这个公式，然后跳出公式，冲破思维定式。

4.2 思维定式的作用

在问题的解决思维中，有一种解决方式："以不变应万变"。正是这种思维方式，我们在面对新事物或新问题时，因其相似性而习惯性使用从前的思维方式来解决问题。但是这里就存在一个问题，事物是应该遵循相似性还是不变性？根据唯物主义的辩证法观念，不同事物之间既有相似性，又有差异性，面对这种情况，我们就必须考虑，面临的新问题跟旧问题之间的关系，如果新问题是基于旧问题产生的，那么可以得出这两个问题具有相似性，因此使用旧问题的解决方法可以用来解决新问题；相对地，新问题与旧问题之间存在差异性，仅仅是看起来像，那么继续采用旧问题的解决方法将会阻碍新问题的解决。

从大脑思考的活动路径可以看出，当两次的思维活动具有相似性原理时，前次的思维方式对后次的思维活动具有指导性作用；与之相反，两次思维活动一旦具有差异性的原理时，前次思维方式是有碍于后次的思维活动的。

让我们来看一个案例，实验人员将六只蜜蜂和同样多的苍蝇装进一个玻璃瓶中，然后将瓶子平放，让瓶底朝着窗户。结果发生了什么情况？苍蝇一小时后飞出了玻璃瓶，但是蜜蜂始终无法飞出玻璃瓶。你们知道为什么吗？

从上述分析可以看出，思维定式对于问题解决具有双重意义：积极作用和消极作用。

1. 思维定式的积极作用

根据辩证思维，可以看出新旧问题之间的关系，如果在新旧问题中找到共同的特征，从而建立联系，那么对于解决新问题具有积极作用。具体地说，解决问题可以从以下三方面出发：

（1）明确目标以及方向，定向性是解决问题的前提。

（2）不同类型的问题采用相应的解决方法、工具或者手段，定向方法是解题思维的核心。

（3）制定计划或者步骤，规范化是解决问题的准则。

2. 思维定式的消极作用

由于思维定式是按照常规思维方式来思考或解决问题，一旦习惯这种解决方式，容易使我们产生思想上的惰性，这就是思维定式的消极性。但是一旦旧问题的形式遭遇质疑时，思维模式就会陷入误区。有大量的案例证明思维定式趋势对问题解决具有较大的负面影响，尤其问题的条件发生质的变化时，思维定式会使问题解决者墨守成规，难以涌现出新思维。

4.3 思维定式的特征

最常见到的思维定式有过去的经验、相同的知识背景、相似的生活环境、相似的世界观，这些都会影响到人们对事对物的态度和思维方式，不过最重要的影响因素是过去的经验。生活中有很多经验，它们会时刻影响人们的思维。故思维定式有三个特征（见表 4-1）。

表 4-1

特征	表现	案例
趋向性	力求将各种各样问题情境归结为熟悉的问题情境的趋向，表现为思维空间的收缩	学习立体几何时，将空间问题转化为平面问题，这就是打破思维定式
程序性	解决问题的步骤要符合规范化要求	证几何题，怎样画图、怎样叙述、如何讨论、格式摆布，甚至如何使用“因为、所以、那么、则、即、故”等符号，都要求清清楚楚、步步有据、格式合理，否则就乱套
常规性	定型一般路线、方式、程序、模式	学因式分解，必须掌握提取公因式法、十字相乘法、公式法、分组分解法等常规的方法

4.4 思维定式的偏见

常见的思维定式会以哪些情况出现呢？

1. 一分为二思维

让我们看一个小故事，在一节正常教学课程中，汉斯老师提出一个问题，“偏远地区和热带雨林的原始部落的儿童死亡率为什么比较高？”并为此展开了讨论。汉斯老师表示出现这种情况是因为他们贫穷，以及生活在极端困难环境下。这时有位学生提出一个观点，他认为除了西方以外的国家，其他国家都是贫穷的；汉斯老师继续发问：“那么日本也贫穷吗？”学生回答道：“日本具有西方的生活方式，应该归类于接受西方生活方式的国家。”汉斯老师接着发问：“那么墨西哥呢，它也是接受西方生活方式的国家？”这时学生回答不出来了，因为他使用的是一分为二的思维方式，采用的是与不是的方式，就像“司机”—“女司机”“博士”—“女博士”，这些都会让你不自觉中有一种区别对待的思维方式。

2. 负面思维

现在有一个问题，请根据大家第一反应回答，“现在新闻上播放两则消息，一则是某某飞机失事后，安全降落了；另一则是某某飞机失事后，下落不明。请问你更想知道哪一条消息的详细信息？”

有很大的概率，你会说后者，这到底是什么原因呢？其实最大的原因来自人类的本能，人类本能就对危险、未知的事物更加警惕。正是这种本能让我们更容易去关注事情坏的一面，忽略事情的全貌。这个就是负面思维，可以从三个方面来分析：

（1）我们对过去形成了错误的记忆。

（2）媒体和社会活动家对于负面新闻的选择性报道。

（3）我们总是觉得，只要有坏的事情发生，就不应该认为世界是在变好。

在《事实》这本书中提到这么一个例子，在 2016 年全世界有 420 万婴儿死亡，看到这个数据，你可能觉得非常可怕。但是任何东西都不能割裂来看待，如果这组数据再跟 1950 年的 1440 万进行对比呢，你发现了什么？所以我们判断事物不能以单一的角度去判断，要有整体的意识。

3. 直线思维

假设，你现在一天能赚 1000 元，请问一个月后，你能赚多少？一年后，你能赚多少？请将第一反应跟大家分享一下。

再来看看一个案例，一般情况下，刚刚出生的婴儿大概身高 50cm，等到 6 个月后，身高大概有 67cm。我们按照这种生长趋势，画出身高曲线图，可以得出结论，在孩子 4 岁的时候具有 2m 的身高，那 10 岁呢？我相信大家能够得出答案。看到这个数据，大家都知道是错的，那么为什么我们知道这是错误的呢？因为我们都知道世界上没有能达到 4m 的人。这是众所周知的事情。当我们面对未知事情或者不熟悉的事情的时候，我们习惯性地按照直线发展的角度判断结果。

那么得出这种结论的原因在哪里呢？其实主要源自我们的本能。就好比你看到一个石头向你飞来，你下意识地就躲，这些不要数据、不要做图标，大脑自然会按照抛物线的思维计算出延长线，采取有利自身动作。针对这一本能，最好是主动寻找事物发展的规律，了解事物发展的前因后果，以及背后隐藏的信息，这样才能得出正确的结论。

4. 恐惧思维

什么是恐惧思维呢？首先让我们看一个问题，当你站在山顶上，发现有一个巨石，爬上去风景特别漂亮，于是你爬了上去，风景确实非常美，但是你不敢往下看，为什么呢？再让我们看看，当你站在悬崖边上，有围栏，于是你身体探出栏杆，突然栏杆晃动起来，你会怎么做？这就是来自恐惧本能。

危险的事情会触发恐惧本能，这种本能就会将事情扩大化，想象着很严重。比如电视里经常报道飞机失事，多少人失踪，人们一看，这么多人出事呢，飞机不安全，但是根据数据分析得出，飞机失事的概率平均只有二十万分之一，相对于汽车，安全系数其实相当高。

那么怎么控制恐惧本能呢？这就需要让我们知道事情的真实风险，但是想要得出正确的结论，就需要知道事情的全貌。

5. 规模错觉思维

什么是规模错觉呢？让我们看看这个故事，20 世纪 80 年代，汉斯只给一个严重腹泻的婴儿嘴里插了根管子，让他口服补盐液。汉斯的医生朋友非常愤怒，认为汉斯特别不负责，这种情况应该采用静脉注射。而汉斯认为，护士学习静脉注射需要半个小时甚至更多，如果改变医疗救助条件，就可以多救一些人。但是汉斯的医生朋友依旧不认同，于是汉斯给出整体的数据：每年大概有 3900 名儿童因为医疗条件的不足死亡，如果简化护士培育过程，这样可以增加人手，最大程度地保护更多的儿童，让他们避免死亡。

人们往往只关注眼前，或者对于某件事情而产生想法，比如网络暴力事件，正是因为网上只发出部分事情真相，人们对于事情的全貌没有了解。就像媒体为了迎合人们猎奇的心理，或者提高收视率，往往会夸大单一事件、事实或数字，让我们只看到局部而忽略整体。

那么如何才能避免只看局部、不见整体的问题？我们可以从两点出发：对比和比例。具体的思考方法如下：

（1）当只有事情的一部分出现时，或者单一数字出现时，我们要考虑怎么才能形成对比，从而找到答案。

（2）灵活运用二八法则，抓住重要的点，特别是这几个点的重要性远超其他点的总和。

（3）学会使用比例和人均。

6. 以偏概全思维

演绎和归纳是我们常用的工具，因为它给了我们一个思维的结构。可是，如果因为经验或者其他原因，导致归纳不完全、不充分，最终得出的结论是错误的，这就是以偏概全。

那么如何避免以偏概全的错误思维？我们可以从以下三点出发：

（1）寻找同一类别内的不同之处，寻找不同类别之间的相似性。

（2）注意大多数，注意极端案例。

（3）不要轻易把一个类别的特征推广到其他类别。

7. 命中注定思维

社会上有一种“宿命论”的说法，这就是人们常说的“命中注定”。很多人往往会将一件事情扩大化，而忽略了事物本身具有变化性，比如小孩子调皮，就觉得这个孩子以后难以管教，容易走上犯罪的道路。这种说法忽略了家庭和后天环境对其的影响，仅仅认为一些事物内在的属性将决定其命运，忽略了事物会持续变化的特点。

比如以下这个例子。

旧社会婚姻由父母做主，但这些价值观已经不被下一代人所接受了。当今的社会，几乎人人都支持婚姻自主的权利。

可以看出有些陈旧的价值观念会随着社会和经济的进步而自然消失，这些价值观并不是不可改变的。

怎么避免宿命论呢？我们需要持续保持学习，并且关注最新的消息或者数据，这样才能有效避免“命中注定”的思维。

4.5　培养创新思维的常用技巧

训练创新思维意识有以下 5 种方法：

1. 培养“求异”思维

在平常的生活学习中，多站在客观的角度看待不同事物，比如现在频频出现的网络暴力，我们要怎么判断呢？我们应该不拘泥于常规，不轻信权威，以怀疑和批判的态度对待一切事物和现象，毕竟所有的网络信息都是经过媒体筛选的。不处于事物的中心，你就无法得到全面的信息，因此，我们对待事物要用怀疑和批判的思维方式来思考。

2. 培养“反常规”思维

在面对无法解决或者长期无法解决的问题时，传统观念、常规经验、权威言论往往会阻碍我们创新思维，因此，应从相反的方向寻找解决问题的办法。

3. 培养“发散”思维

以问题为原点，任意发散，不约定方向也不规范范围，通过不同方向发散得出的结论，往往会有一些意想不到的收获，这种无序思维方式能提出一些独出心裁、出乎意料的见解，使一些似乎无法解决的问题迎刃而解。

4. 培养“联想”思维

世界上任何事物都具有一定的联系，有因才有果，我们可以基于此积极寻找事物之间的关系，主动、积极、有意识地去思考他们之间的联系，比较容易见到成效。

5. 培养“整合宏观”思维

事物具有整体和局部的特点，从事物的本质和规律出发，不要“就事论事”，或者说看到什么就是什么，而是按它们内在的、必然的、本质的联系把整个事物在思维中再现出来。

【实践训练】

【训练 4-1】　一笔换新字

一笔换新字，在“人”和“只”两个字上面分别加一笔，换成一个新字。

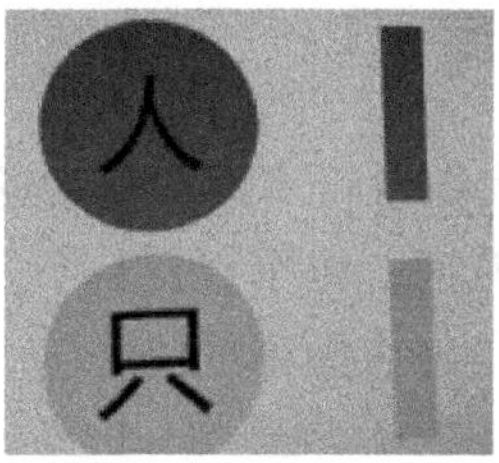

【训练 4-2】 取樱桃

用四根木棍拼成一个杯子，一个塑料制的樱桃放进杯子里。游戏玩法：移动两根火柴棍把樱桃取出来，杯子还是杯子。

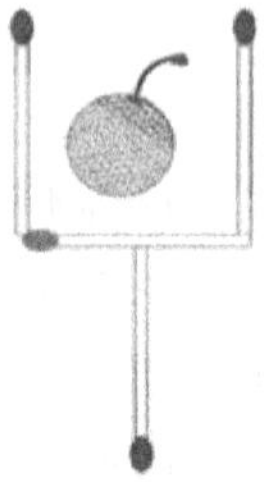

【训练 4-3】 拼田字

用 12 根牙签组成的 4 个正方形。只移动三根牙签，将 4 个正方形变成三个正方形。

【训练 4-4】 比大小

用牙签拼的 3080，要求只移动 2 根牙签，得出最大的数字。

【训练 4-5】 移棋子

用 8 个围棋子，组成一行一列，要求只挪动一个围棋子，让行与列都变成 5 个围棋子。

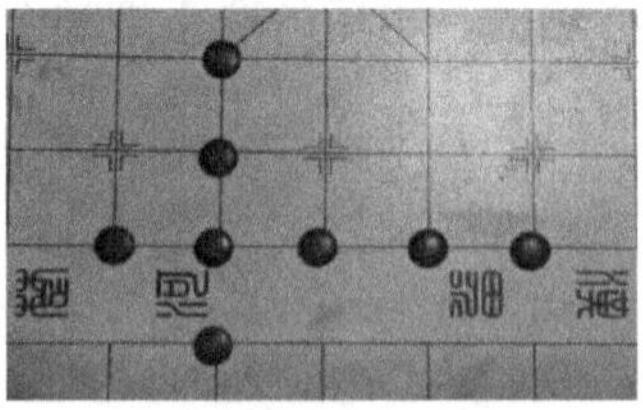

【训练 4-6】 大军巧过桥

古时候有一位年轻的将军，率领大军急行军前行途中遇到一条河，河较宽并且有 2m 左右深，没有桥梁和渡船，大军一时遇阻无法渡河，将军想到一个方法，使军队在一没有架桥，二没有造船的情况下顺利地渡过了河，你知道是怎么做到的吗？

任务五　发散思维训练

【任务探究】

【任务 5】 如何在新的地区开展业务呢？

某建材公司刚刚成立，派小张去当负责人，但整个公司就他一个光杆司令。从购买办公用品到招聘员工，再到开展业务都得小张自己跑，而且当地的建材市场已经有好几家相当有实力的同行。这对他来说是一个不小的挑战。几天之后小张去人才市场招聘业务员，除了能吃苦耐劳外，没有其他要求，但是写的工资却是 1 万元以上，而当地的平均工资水平不足 5000 元，于是一下子来了很多应聘者。应聘很简单，给每人一份当时公司推广的一种绿色环保涂料的介绍资料，应聘者去任何可能采用该涂料的工地或者其他商户推销，签下单就马上录用。为了获得高工资，应聘者都积极行动起来，不到一周时间，很多当地人都知道新开了一家建材公司，订单轻而易举地就收入囊中。

【分析思考】

如果你是小张，你会怎么做？面对市场已经被占有，如何在被占有的市场中抢出一份市场份额？小张没有想过正面应对其他建材公司，而是从客户出发，绕开常规思维，找到事情的关键点。新开公司最缺乏的就是知名度，小张采用招聘的方式，调动本地人，借用本地人的人脉打开局面，既获得大量的订单，又招聘到有实力和人脉关系的员工，一举两得。

【研究交流】

【案例 5-1】 偏僻的展销位

某知名企业家在创业初期也碰到过被人无视、忽略的事情，但是他并没有放弃，而是积极地想办法解决。有一次，这位企业家在准备参加产品展会的时候，发现他的展位被分配在一个极为偏僻的地方，这个地方基本没有什么人来参观。团队中的一位工程师觉得这个地方不行，如果要在这里参加展会，他们的产品很难成功，于是就劝这位企业家放弃这个位置，再想其他的办法。但是这位企业家不甘心，觉得这个机会实属难得，如果轻易放弃了，再寻找其他机会，也不知道等到什么时候，到时候创业更困难了，就想要怎么化解这个难题。在思考的时候，一时创业的艰辛、受到的委屈、组委会的排斥涌上心头，突然他觉得自己就像是来自偏远地域的非洲人民，正在受到不公正的待遇，这时一个想法闪现：既然你们觉得我是来自遥远非洲的难民，那么我就把自己当作非洲难民，让大家看看来自非洲难民的反击。

于是这位企业家安排团队的设计师，为他们的展位营造一种古代宫殿的氛围，并且围绕着整个摊位布置具有浓郁非洲风情的装饰品，并把展位前面那条鲜有人触及的路变成黄澄澄的沙漠，雇佣人穿上非洲人的服装，特地雇用动物园的双峰骆驼来运输物品、货物。布置完展位后，还需要让参加会展的人知道有这么个展位，于是他派人定做了大量的气球，准备在会展上使用。

会展开幕的那天，展览厅里出现很多彩色气球。这些气球落下无数的胶片。胶片上面写着："当你拾起这小小的胶片，亲爱的女士和先生，你的好运就开始了，我们衷心地祝福你，请到华洛德克的摊位接受来自遥远非洲的礼物"。这引起很多人的好奇，于是无人问津的摊位人潮涌动。根据这个小故事，同学们可以得出什么结论呢？

【分析思考】

当面对困难时，我们应该如何选择，如何思考呢？在这个故事里，企业家找到展位偏僻这个点，从这个点出发，想改变偏僻这个问题，就需要把这个点变得很特别，将这个展位的特殊位置加以利用，并对这个点赋予新的意义和角色，让这些特点达到吸引顾客的目的。因此发散思维往往从一个点出发，从不同的角度、不同的方向散发出去，避开常人的思维，尝试多角度地思考，往往会得到意想不到的解法。

【案例 5-2】 一支铅笔有多少种用途？

在经济大萧条期间，有一位牧师创办了一所学校，专门招收没有钱的学生。1983 年，一位法学博士在写毕业论文的时候发现一个问题，在当地，穷人因为受到的教育不多，工作不稳定，一旦有大的变故，往往会走上犯罪的路，但是从这个牧师创办的学校走出来的学生，成为罪犯的比例非常低，这个数据引起了这位法学博士的注意。

为了一探究竟，他开展了漫长的调查，只要在这所学校学习或者工作的人，不管是 7 岁还是 80 岁，他都寄去一份调查表。在调查问卷中，有一项问道，在圣贝纳特教堂你们学会了什么？调查活动用了将近 6 年的时间，这 6 年里，法学博士共收到 3756 份答卷。在这些答卷中有 74%的人回答，他们知道了一支铅笔有多少种用途。

比如当尺子画线，作为礼品送人，演出时作为眉笔，代替玩具的轮子等。作为一个人，只要活着就有无限可能性。请同学们思考一下，这个故事告诉我们什么道理？

【分析思考】

这个故事只讲了一个道理，存在即合理。只要愿意，你可以根据一个点发现有很多条路。学校的教师告诉学生们一个道理，只要从多角度、多层次、多方面地进行思考，就会发现不同的结论。发散思维就是一种空间拓展，不仅从空间的角度思考，也从时间延展的方向思考。比如历史和未来，这就是对过去、现在、未来的思考。

【案例 5-3】 卖辣椒

某天有一位妇女在卖辣椒，有位客户问："辣椒辣吗？" 只见妇女回答："颜色深的辣，颜色浅的不辣。" 过了一会儿，又来了一位客户问："辣椒辣不辣？" 妇女回答："短的不辣，长的辣。"为什么妇女两次的回答都不一样？

【分析思考】

其实在妇女卖辣椒的时候，就有人建议她把辣椒分成一堆辣的，一堆不辣的，不过妇女拒绝了，这时候客户陆续到来，先是有客户问："你的辣椒辣吗？" 妇女说："颜色深的辣，颜色浅的不辣。" 没多久，颜色深的辣椒卖完了，只剩下浅色的辣椒。接着又有顾客问："你的辣椒辣吗？"

妇女回答："长的比较辣，短的不辣。"没过一会儿长的辣椒都卖完了，就剩下短的辣椒。不久后又有客户问："你的辣椒辣吗？"这时妇女又回答："皮硬的比较辣，皮软的不辣。"没过多久，卖辣椒的妇女将自己的辣椒全部卖完，不管是长的、短的，颜色深的还是颜色浅的。请总结一下这位卖辣椒妇女的思维方式。

【案例 5-4】 变废为宝

在 19 世纪，一场大火摧毁了一对犹太人的家，所有的家当都没有抢救出来。面对这种情况，父亲对儿子说："我们现在我们唯一的财富就是智慧，记住当别人说 1+1=2 的时候，你应该想到如何让它大于 3"。

随后他们来到美国，做铜器生意。父亲告诉儿子，整个美国人都知道的事情，你作为我的儿子，你不能只知道所有人都知道的东西，你还应该考虑更远的东西，比如你试着把一磅铜做成门把手，以 350 美分卖出去。

后来父亲去世了，儿子延续着这种思维，做过铜鼓，也做过瑞士钟表上的弹簧片，还做过奥运杯的奖牌。在这过程中，小小的铜器店已经发展成为一家大公司，而这位儿子也成了这家公司的董事长。

这还不是他的最高峰，真正让他点石成金的一战，就是清理纽约州的一堆垃圾。纽约标志性建筑自由女神像翻新后产生了很多废料，当地的相关部门为了清理这些废料，向社会广泛招标，但是无人接手。而这位儿子面对这些堆积如山的铜块、螺丝和木料，未提任何条件，当即就签了字。

因为这件事情，很多企业都觉得这位犹太人做了一个愚蠢的决定，准备等他支持不住的时候吞并他的公司。为什么这些企业会这样想呢，因为在纽约州，垃圾处理有严格的规定，一不小心就会受到环保组织的起诉。

这位犹太人没有理会外界的声音，他组织工人对废料进行分类，让人把废铜熔化，做成小自由女神像，再把水泥块和木头加工成底座，剩下废弃的铝做成纽约广场的钥匙，就连从自由女神像扫下来的灰尘也没有放过，包装出售给花店，称之为自由之尘。在短短不到三个月的时间里，这位犹太人将这堆废料变成 350 万美元，每一磅铜的价格整整翻了 1 万倍。

【分析思考】

从这个故事里，我们可以看出废物只是放错地方的资源，时间可以将一切事物换成钱，能不能转过弯来，就看你是否能转变思维。请总结一下这位商人的思维方式。

【案例 5-5】 如果是你，你会买些什么？

古时候我国有一个很有名的文学家叫韩愈。读书时，学堂的夫子给学子们出了一个题目，要求每个学子用一枚铜钱买一样东西，但是这个东西要能够将整个学堂装满。放学后，所有学子都拿着一个铜钱来到集市买东西。到了第 2 天，有买树苗的，有买竹子的，可是它们都不能把学堂装满。韩愈来了，只见他从袖子里拿出一样东西，夫子看到后连声说："韩愈，你真聪明"。你猜猜韩愈买了什么？

【分析思考】

原来韩愈买的是一支蜡烛，把蜡烛点着了，就照亮了整个屋子。请总结一下韩愈的思维方式。

【知识梳理】

5.1 发散思维的含义

什么是发散思维呢？特指在思维的时候，大脑处于一种扩散的状态，呈现出多维发散状态，这种情况又称辐射思维、放射思维、扩散思维或求异思维。

5.2 发散思维的作用

多角度、多层面、正反方向的思考，是发散思维中的特殊思考方式，正是因为视野开阔，所以思维相对活跃，容易引发大量独特的思想或者结论。具体作用见表 5-1。

表 5-1 发散思维的作用

作用	概念
核心性	发散思维为创新活动提供了广阔的通道
基础性	创新思维的技巧性方法中，有许多都是与发散思维有密切关系的
保障性	为随后的收敛思维提供尽可能多的解题方案

5.3 发散思维的主要特征

发散思维具有四个明显的特征：流畅性、变通性、独特性和多感官性。

1. 流畅性

流畅性主要反映的是发散思维的速度和数量特征，讲究观念的自由发挥，是较低层次的发散思维特征。比如一位老师在课堂上给同学们出了一道有趣的题目“砖都有哪些用处？”就是针对问题（发散点）从不同角度在单位时间内提出多少个答案的思维特征。如果流畅性良好的发散思维能在单位时间内提出较多答案、表达尽可能多的思维观念，所以，流畅性反映发散思维的速度和数量特征，用在一定时间内的“个数”指标来表示流畅性好坏的程度。

比如老师询问的题目“砖都有哪些用处？”马上有的同学想到了砖可以造房子、垒鸡舍、修长城。有的同学想到古代人们把砖刻成建筑上的工艺品。有一位同学的回答很有意思，他说砖可以用来打坏人。从发散性思维的角度来看，这位同学的回答应该得高分，因为他把砖和武器联系在一起了。虽说流畅性是较低层次的发散思维特征，但流畅性却是其他两个特征的基础，没有流畅性就很难有变通性和独特性。

2. 变通性

变通性多需要借助横向类比、跨域转化、触类旁通，使发散思维沿着不同的方面和方向扩散，表现出极其丰富的多样性和多面性。比如“一片叶子”你能想到什么？在孩子、男人、女人、老人看来会有不同的认识，而在不同的孩子、不同的老人看来又会不同，在不同的职业看来也会不同，还有不同的阶层、不同的地域。

变通性就是克服人们头脑中某种自己设置的僵化的思维框架，按照某一新的方向来思考问题的过程。特指针对问题（发散点）从不同角度、用不同方法思考，在单位时间内提出多少种不同类型答案的思维特征。变通良好的发散思维能在单位时间内想出较多的不同类型的答案，所以，变通性反映发散思维的灵活程度，用在一定时间内的“类型数”指标来表示变通性的好坏程度。变通性是独特性的基础，没有变通性就没有独特性。

比如一片叶子，不同的人看是不同的视角。画家理解为一幅美丽的画，音乐家就觉得是清新的音符，幻想家觉得是一个新的世界，思想家觉得是希望……这就是“意见、认识”多样性的价值。

3. 独特性

独特性指人们在发散思维中做出不同寻常的、异于他人的新奇反应的能力。特指针对问题（发散点），用前所未有的新角度、新观点去解决问题，提出超乎寻常的新观念、新思维、新方案。独特性良好的发散思维能在单位时间内提出较多的新方案。所以，独特性反映发散思维的本质，在创造思维中所起的作用最为明显，用在一定时间内的“新导数”或“独列数”指标来表示独特性的好坏程度。独特性是发散思维所追求的目的。

比如：如何让孩子做作业？孩子不愿意做爸爸留的课外作业，于是爸爸灵机一动说：儿子，我来做作业，你来检查如何？孩子高兴地答应了，并且把爸爸的“作业”认真地检查了一遍，还列出算式给爸爸讲解了一遍，只是他可能不明白为什么爸爸所有作业都做错了。

4. 多感官性

发散性思维利用多层次的角度思考，可以是视觉、可以是听觉，也可以是其他感官系统，又或者多方感觉杂糅的方式对接收的信息进行加工整理。除了感官系统，发散思维还与情感有密切关系。如果思维者将信息赋予感情色彩，那么感官和情感就会进行杂糅，将信息感性化。

比如：“一只杯子掉下来，碎了”，这个可以是个什么问题呢？它可以是自由落体的物体，从多高掉下来？它也可以是装着酒精的杯子，掉入火堆中，会引发什么？也可以是高空坠物，引起社会恐慌，是否是恐怖袭击？也可以比喻心就像杯子一样，碎了就不能复原了。总之处于的环境、心情、方式、阶层、位置的不同，思考的方向也不同，呈现出一种多方向，无规律的思维方式，也是发散思维的多感官性。

5.4 发散思维的方法

发散思维有以下 8 种方法，见表 5-2。

表 5-2 发散思维

分类	概念	案例
材料发散法	以某个物品尽可能多的“材料”，以其为发散点，设想它的多种用途	尽可能多地写出（或说出）回形针的各种用途：把纸或文件别在一起；作发夹用；可用来代替西装领带上的别针；打开一端，烧红了可在软木塞上穿孔；拉开一端，能在蜡版或泥地上画印痕、画图、写字；拉直了，可用作粗织工的针或织针；拉直了还可以做鞋带（穿过鞋带孔扭结起来代替鞋带）；当鱼钩；穿上一条线当挂钩；可用来固定标签；装在窗帘上代替小金属圈……

续表 5-2

分类	概念	案例
功能发散法	从某事物的功能出发，构想出获得该功能的各种可能性	怎样才能达到照明的目的（办法越多越好）？点油灯；开电灯；点蜡烛；用镜子反射太阳光；划火柴；烧纸片；用手电筒；点火把；燃篝火……
结构发散法	以某事物的结构为发散点，设想出利用该结构的各种可能性	尽可能多地画出包括“︵”结构的东西，并写出或者说出它们的名称
形态发散法	以事物的形态为发散点，设想出利用某种形态的各种可能性	尽可能多地设想利用铃声可以做什么事或办什么事，尽可能多地设想利用香味可以做什么事或办什么事
组合发散法	以某事物为发散点，尽可能多地把它与别的事物进行组合成新事物	尽可能多地写出（或说出）圆珠笔可同哪些东西组合在一起，尽可能多地写出（或说出）伞可同哪些东西组合在一起，尽可能多地写出（或说出）电话可同哪些东西组合在一起
方法发散法	以某种方法为发散点，设想出利用方法的各种可能性	尽可能多地写出（或说出）用“翻”的方法可以办成哪些事情或解决哪些问题，尽可能多地写出（或说出）用“摇”的方法可以办成哪些事情或解决哪些问题
因果发散法	以某个事物发展的结果为发散点，推测出造成该结果的各种原因，或者由原因推测出可能产生的各种结果	买东西时常发现，尽可能多地写出（或说出）重量不足的各种可能原因；尽可能多地写出（或说出）每个人都是近视眼的话，可能发生的结果
关系发散法	从某一事物出发以此为发散点，尽可能多地与其他事物之间的各种联系	尽可能多地写出（或说出）塑料薄膜的发明对人类社会会产生哪些影响。科学家已发明了一种写上字几天后字迹就会自行消失的纸，尽可能多地写出（或说出）这会使哪些人发生哪些新的变化

5.5 发散思维的训练方法

怎样培养自己的发散性思维呢？一般来说，可以从以下两个方向考虑。

1. 多工具运用

当思路走入死胡同时，我们可以采用两种方法结合使用的手段，往往能取得意想不到的收获。第一种是借助工具或方法进行系统性的思维梳理和拓展，比如 Storyboard、Design Thinking、SWOT 分析等。第二种是借助集体的智慧，如头脑风暴。问题经过理性的分析思考加上感性感知，将两种思维结合起来进行思维发散，快速有效地想出更多的方案。

2. 思维聚焦

先设定一个目标点，围绕这个目标点，开始“一分为二”地往外拓展，在中间写下你得要做的事务。在纸的左侧写上你能想到的和这个事物相关的要素，所有实际的、具体的、现实的，也可能是限制的要素，然后对每个要素进行最大可能发散，再进行细化。再在纸的另一侧，则写上你对这个产品/功能所期望的，或者想象的偏感性的内容，对这个产品所期待的印象感知，希望使用后的反馈感受等等，然后每个要素都可以细化延展。

【实践训练】

【训练 5-1】 10 个发散思维问题

问题 1 在 1 月 1 日这一天把一个大石头扔进湖底，再把它扔进钱塘江里，会发生什么事情。

问题 2 请问哪一件衣服最耐穿呢？

问题 3 你有一艘船，船上有 15 名船员、60 个乘客和 300 吨货，请根据上面的提示算出船主的年龄有多大。

问题 4 你知道现在的科学家都出生在哪儿吗？

问题 5 如果动物园失火了，最先跑出来的是哪一种动物？

问题 6 一只饥饿的狼看见一只绵羊马上就跑了，为什么？

问题 7 一个人在夜里想变成百万富翁，他该怎么办？

问题 8 小李说，他可以将房间里的玩具一秒变没。这可能吗？

问题 9 在一场足球赛开始前，你可以告诉我正确的比分吗？

问题 10 蝌蚪没了尾巴变成了青蛙，那么如果猴子没有了尾巴会变成什么？

请各位同学相互之间进行验证答案。

【训练 5-2】 事物发散性训练

（1）想一想，生活中有哪些与“吃”有关的职业？

示例：农民——生产作物；厨师——加工食物；火锅店服务员——就餐服务；外卖员——送餐服务；面馆老板——用餐地点。

请同学们按照以上逻辑说出，分小组进行 PK，看哪一组坚持到最后。

（2）想一下，你可以说出多少种曲别针的用途？

示例：别东西、作装饰物、穿松紧带、当针用、对电子表、通烟袋锅、弯成各种图形、当刀子刻东西、作钥匙环用、当牙签、作扣子、作耳勺用、作导线、启动日光灯等。

请同学们按照以上逻辑说出，分小组进行 PK，看哪一组坚持到最后。

（3）想一想，哪些事物可以与“拉链”结合，并说出它们的用途。

示例：外科手术时伤口的缝合和拉链结合，得到伤口拉链缝合技术；建房子和拉链结合，得到先做各种预制构件，然后各构件的结合用拉链的方式使它们连接起来；罐头封口和拉链结合，把罐头封口做成拉链形式，要吃时一拉就开等等。

请同学们按照以上逻辑说出，分小组进行 PK，看哪一组坚持到最后。

（4）想一想，哪些事物可以跟“手电筒”结合，并说出它们的用途。

示例：手表、钟、鞋子、笔、衣服、书、桌子、帽子、汽车、教室。与手电筒一组合就有了带手电筒的手表、钟、鞋子、笔、衣服、书、桌子、帽子、汽车、教室等。如带手电筒的表，其形式有夜光表和带灯的电子表；带手电筒的笔，这种笔对新闻工作者在进行现场夜间采访时很有用处；带手电筒的书对住集体宿舍的“夜猫子”真是福音，自己随意怎样熬夜都行，也不影响别人的休息。

请同学们按照以上逻辑说出，分小组进行PK，看哪一组坚持到最后。

【训练5-3】 分类训练

分类发散训练是训练以多种方式对事物进行分类的能力，人们是根据种种事物所共同具有的属性来对它们进行分类的。

（1）对下列词按意义进行分组，要求每组至少有3个词，问可以有几种分法？

A. 知更鸟 B. 飞机 C. 小船 D. 鲸鱼 E. 黄蜂 F. 小刀 G. 短鼻鳄鱼

（2）把下列物件尽可能按照性质分类：

A. 鸭 B. 菠菜 C. 石 D. 人 E. 木 F. 铁 G. 菜油

（3）使用两个圆、两条直线和两个三角形，可以组成哪些有意义的图案？

【训练5-4】 语文发散训练

（1）请同学们用‘送、大、岸’三个字造句。

示例：在岸边举行规模盛大的话别会为他送行；我送给他一幅图画，画中有一个大大的岸标；我把鱼送给住在岸边的大叔。

（2）请同学们模仿“我是一个学生”的语法结构造句。

示例：猫是动物；明天是星期一。

（3）请同学们模仿“我真希望马上考完，我就可以把那些东西统统忘掉。”此句的思想结构造句。

示例：我迫切希望买回那辆汽车，这样我可以把它卖出去；我急切期待参加那场集会，好让那场集会结束。

（4）请同学们用“……对于……”的形式造句。

示例：体育馆对于图书馆；肌肉对于脑袋；标枪对于钢笔。

（5）请给出下面的故事，列出合适的题目。

故事为：话说，从前在水底里住着一只青蛙和一条鱼，他们常常一起玩耍，成为好友。有一天，青蛙无意中跳出水面，在陆地上玩了一整天，看到了许多新鲜的事物，如人、鸟、车等。他开心极了，便决意返回水里，向他的好友鱼报告一切。他看见了鱼便说，陆地的世界精彩极了，有人，身穿衣服、头戴帽子、翅挾手杖、足履鞋子；此时，在鱼的脑中出现了一条鱼，身穿衣服、头戴帽子、手握手杖、鞋子则吊在下身的尾翅上。青蛙又说，有鸟，可展翼在空中飞翔；此时，在鱼的脑中便出现了一条腾空展翼而飞的鱼。青蛙又说，有车，带着四个轮子滚动前进；此时，在鱼的脑中便出现了一条带着四个圆轮子的鱼……

示例：青蛙开心的一天；鱼的想象等。

（6）请同学们尽可能多地说出玻璃杯破碎的各种可能原因。

示例：落地摔破、被东西打破、被汽车压碎、开水冲进杯子时炸碎、杯子结冰时胀碎、被火烧裂碎、被子弹击碎等。

【训练5-5】 词语发散训练

（1）以“打”为元素的各种语词有：打人、打门、打鼓、打铁、敲打、击打、殴打、攻打、打官司、打交道、打墙、打刀、打卤、打包裹、打毛衣、打格子、打伞、打电话、打酒、打主意、打手势、一打。

在 10 分钟内尽可能多地写出以“发”为元素的各种语词。

（2）与“干燥的”词语相反的词语有：潮湿的、湿润的、浸湿的、水分多的、浸了水的、湿淋淋的、湿透的、淋湿的、受潮的等。

在 10 分钟内尽可能多地说出与“时尚的”相反意义的词。

（3）请同学们说出所有你能想到的“人造的、能发光的东西”的名称。

示例：电灯、荧光灯、火柴、夜光表、发光二极管、荧光屏、电视机、液晶显示屏、电焊条、纸、蜡烛、煤油灯等。

【训练 5-6】 海龟汤游戏

幼儿园里，一个女孩总是带着一把伞，老师问：“你最近为什么总是带着伞啊？这个大晴天都不会下雨啊！”小女孩说：“这是一个小秘密，不可以告诉你。”老师说：“可是你这样会弄伤其他的小朋友的。”小女孩说：“我下次会小心一点的。”老师说：“听话，把伞交给老师保管好吗？”小女孩说：“不行，我在等我的妈妈。”

分析：自打女孩记事起，她的妈妈就得了一种怪病，一种不能见到阳光的病，而且长相不同于正常人，只能晚上打着伞陪女孩在院里玩耍片刻，爸爸时常告诉她，不能把这个秘密告诉其他人。有一天，女孩一个人在院里玩耍时，突然闯进一个匪徒，想要把女孩抓走，听到女孩呼救的妈妈，不顾阳光照射，冒着发病的风险打着雨伞冲了出来，匪徒看到妈妈的样子，被吓得惊慌逃窜，女孩安全了，可妈妈却因为病情加重，不久后离开了这个世界。爸爸没有告诉女孩真相，只是说妈妈去了远方。而从那天起，女孩便一直带着妈妈生前打的那把伞，生怕妈妈回来时被太阳光照射到。

请同学们按照这样的思维方式，两组为一对进行 PK，一队出题，一队进行提问找到答案，注意回答过程中，只能用“是”或者“不是”来回答。

任务六　逆向思维训练

【任务探究】

【任务 6】 如何才能租到房子？

郊外有家农户，想要为孩子创造出更好的条件，于是夫妻俩人决定进城。到城里后才发现房子不是很容易租到，他们整整跑了一天，好不容易才看到有一套合适的房屋出租，于是一家人赶紧跟着中介人员去参观房屋，发现房屋非常合适，想要租赁。但是房东拒绝将房子租给他们，因为房屋不租给带小孩的租户。夫妻俩非常失望，但夫妻俩的孩子想到一个办法，于是这个 5 岁的小孩跑到房屋门口，告诉房东说："老爷爷，你的房子我租了，我没有带孩子，只带了两个大人。"房东听了之后，高声笑了起来，决定把房子租给他们住。

【分析思考】

请问小孩是如何租到房子的呢？请同学们试着分析一下，这位小孩的思考方式。

【研究交流】

【案例 6-1】 "凤尾裙"

19 世纪法国非常流行毛呢裙，各大时装店都有毛呢裙出售，销量都很不错，有一家时装店的经理在打理毛呢裙的时候，不小心将一款高档毛呢裙烧了一个洞，毛呢裙有了瑕疵就不值钱了，店里也会亏损很多。这位经理想了很多方法，比如用织补法补救，但是这种方法一旦被发现，店里的声誉也会受到影响。想来想去，没有什么好的解决方法，经理就想，还不如多几个洞，我就不纠结了，这个想法一下子就启发了这位经理，他干脆在小洞的周围又挖了许多小洞，并精于修饰，将其命名为"凤尾裙"。

【分析思考】

请同学们试着分析一下，这家店出名的原因是什么？

【案例 6-2】 卖苹果

有一年山东发生一件事情，作为盛产苹果的省份，每到 8、9、10 月份，苹果就大丰收，长得又大又喜人，农民都非常开心。结果一场冰雹把苹果打得遍体鳞伤，所有人都唉声叹气。最后有一个残疾人看到后，表示出想要收购苹果，老百姓为了把苹果卖出去，3 分钱、5 分钱、8 分钱就把苹果甩卖，最后那个地方的所有苹果都被那个腿有残疾的人收购回来，因为大家都知道一件事情，那个苹果被冰雹打过后，虽然样子很难看，但还是非常好吃，这是一个常识。最后他居然用 2 角、2.2 角、3.3 角、5 角往外卖，于是这位老板成为当地第一个有钱人。请问这位老板是怎么卖苹果的？

【分析思考】

他在卖苹果的招牌上写着三句话，第一句话此苹果味美甘甜，第二句话，此苹果是被冰霜打过的，第三句话，苹果表面的疮疤就是被冰霜打过后的证明。他居然把我们那么不敢提的问题当做苹果好吃的证据。苹果被冰霜打过，被打过的苹果样子难看，有些人不会买，但是大部分的人还是愿意购买的。如果苹果做罐头食用，样子好看不好看不重要，只需要苹果好吃就行。同样的事情，站在不同的角度就有不一样的结果。有一句话叫做“不识庐山真面目，只缘身在此山中。”不同对世界的认识不同肯定是不同的。

【案例 6-3】 找回丢失的手机

有一次，A 女士和朋友在商场逛街，那天正好是过节，人山人海的，一不小心手机被盗了。那可是刚刚买的手机，A 女士发现后心疼极了，但是也无可奈何。这时 A 女士的朋友劝说道：“不要着急，看我怎么帮你找回来。”只见她不慌不忙地拿出自己的手机，开始向丢失的手机发送短信：“刚刚到商场，人太多了，找不到你，我这边还有点事情，要先走，你找我要的现金 5 万，我放在一楼超市的寄存箱了，号码是 A25，密码是 2369，你拿到钱后记得回信给我。”不一会儿小偷就主动送上门来。如果是你丢失了钱包和手机，你会怎么做?

【分析思考】

遇到问题，不要想我现在想要什么，只想小偷现在想要什么，问题就迎刃而解了。

【案例 6-4】 两个小故事

故事 1：有一次一位导师去贵阳讲课，会场在 23 楼，离上课还有两分钟，而此时是上班高峰期，电梯前面排队的人很多，至少要排 5 分钟，怎么办？老师迟到脸就丢大了。这时同事说咱们走楼梯上 2 楼，他一下子就明白了，走楼梯到 2 楼，从 2 楼坐电梯下到 1 楼，到了 1 楼后再坐到 23 楼，他们没有排队反而成了最先进入电梯的人。

故事 2：一位老者因为腿脚不便，就总在楼下一个水果店买水果，但是买过几次之后，发现这家店的水果总是缺斤短两，但是他又迫于无奈只能在这里买，按照常理没有什么好的解决办法。他把这件事情告诉自己的儿子，儿子给他出了一招，这天按照以往称了 5 斤水果，这时老者说：“5 斤太多了，拣出来两斤吧！”于是老板拣出了两斤水果，把剩下的三斤水果给老者，老者没有接，反而把老板刚刚拣出来的两斤水果装到袋子里，说：“我要这两斤吧！”老板傻眼了。

【分析思考】

请同学们思考一下，二个故事都使用了什么思维，解决问题的方法是什么？

【知识梳理】

6.1 逆向思维的含义

什么是逆向思维？简单的理解，通过已知的结论，反推出前因后果，比如你想得到什么结果，那就想需要达成什么条件才能实现呢，也就是倒过来思考。从这点来看，也就是“反其道而思之”。

事物具有两面性，当正方向无法实现或者很困难，又或者没有头绪的时候，可以试着思考事物的反方向，从问题的相反面深入地进行探索，树立新思想，创立新形象。因此逆向思维也称为反向思维、求异思维，是一种重要思维方式。

这种思维其实会比较常见于活动复盘。什么是复盘？也就是从结果反推回去，找到问题点，然后解决它。因此运用逆向思维去思考和处理问题，往往可以达到“出奇制胜”的效果。

6.2 逆向思维的主要特征

逆向思维具有以下特征，详情见表 6-1。

表 6-1 逆向思维的特征

分类	概念	案例
普遍性	事物具有对立统一规律，形式又多种多样，有正向就有逆向思维，因此具有普遍适用的特征	性质上对立两极的转换：软与硬、高与低等；结构、位置上的互换、颠倒：上与下、左与右等
批判性	与正向比较而言，逆向思维则恰恰相反，是对传统、惯例、常识的反叛，是对常规的挑战。它能够克服思维定式，破除由经验和习惯造成的僵化的认识模式	比如爸爸写作业，孩子检查
新颖性	任何事物都具有多方面属性。由于受过去经验的影响，人们容易看到熟悉的一面，而对另一面却视而不见。逆向思维能克服这一障碍，往往会出人意料，给人以耳目一新的感觉	比如如何在中间楼层快速坐上电梯

6.3 逆向思维的类型

逆向思维具有以下 3 种类型，详情见表 6-2。

表 6-2 逆向思维的类型

分类	概念	案例
反转型逆向思维法	这种方法是指从已知事物的相反方向进行思考，产生发明构思的途径。“事物的相反方向”常常从事物的功能、结构、因果关系等三个方面作反向思维	市场上出售的无烟煎鱼锅就是把原有煎鱼锅的热源由锅的下面安装到锅的上面。这是利用逆向思维，对结构进行反转型思考的产物
转换型逆向思维法	这是指在研究问题时，由于解决这一问题的手段受阻，而转换成另一种手段，或转换思考角度思考，以使问题顺利解决的思维方法	历史上被传为佳话的司马光砸缸救落水儿童的故事，实质上就是一个用转换型逆向思维法的例子。由于司马光不能通过爬进缸中救人的手段解决问题，因而他就转换为另一手段，破缸救人，进而顺利地解决了问题
缺点逆向思维法	这是一种利用事物的缺点，将缺点变为可利用的东西，化被动为主动，化不利为有利的思维发明方法。这种方法并不以克服事物的缺点为目的，相反，它是将缺点化弊为利，找到解决方法	金属腐蚀是一件坏事，但人们利用金属腐蚀原理进行金属粉末的生产，或进行电镀等其他用途，无疑是逆向思维法的一种应用

6.4 逆向思维的常见形式

逆向思维的常见形式如下：

1. 原理逆向

对事物原理，进行反向思考，比如温度计的诞生，就是意大利物理学家伽利略做实验时，通过水温变化引起水的体积变化实验，突然意识到倒过来，由水的体积的变化不也能看出水的温度的变化吗？按照这一思路，温度计终于诞生了。

2. 功能逆向

这种主要针对产品现有功能，对现有功能进行反向思考，比如废弃纸张的重复利用。某公司的职员发现原来废弃的纸张经过一定的处理可以成为粘贴纸，就是这个发现为公司创造了巨额利润，因此功能逆向是指按事物或产品现有的功能进行相反的思考，寻求解决问题的新途径的思维方法。

3. 结构逆向

通过分析产品的结构或者材料，反向思考，来寻求解决问题的新途径的思维方式，比如无烟煎鱼锅，就是利用反向思考的原理，通常锅是从下向上加热，考虑能不能从上往下加热呢？基于这个原理，发明了无烟煎鱼锅。这个就是结构逆向思维，特指从已有事物的逆向结构形式中去设想，以寻求解决问题新途径的思维方法。

4. 属性逆向

什么是属性逆向呢？让我们来看一个小故事：有一次，游客在草原上玩，突然失火，当时风非常大，小火迅速变成大火，游客四处逃窜，这时有位猎人提出他有办法帮助大家躲过大火。猎人让游客清理一块空地出来，游客站在远离火焰的地方，猎人站在靠近大火的地方，看到大火蔓延过来，猎人果断将前面的草点着，两股火焰相撞，慢慢熄灭了，大家也得救了。这就是逆向思维，看到大火蔓延过来，大家的正向思维就是跑，逆向思维是怎么让大火停止下来。事物的属性往往是多相位的，一件事情可以从不同的角度去理解，即使同一件事情从不同的角度观察，其性质也可以是多方面的，并且是相互转化的。

5. 方向逆向

什么是方向逆向？比如入—出、进—退、上—下、前—后、头—尾等。这就是方向逆位，也就是颠倒已有事物的构成顺序、排列位置而进行的思考。方向特指的是物理空间，是一种抽象的概论，说的也就是换位思考的意思。学习方位逆向，最主要考虑以下两点：一是“设身处地”思维方式；二是多次换位。

6. 因果逆向

根据事物发展的规律，有因就有果，因果相伴随的情况，那么因果逆向是指从已有的事物的因果关系中，发现它们的因果关系，通过变因为果去发现新的现象和规律，从而寻找解决问题新途径的思维方法。

让我们来看一个小故事：丹麦有位商人哈桑，为人乐善好施。有一天有位资金周转不灵的商人上门向他借钱，借款 2000 元并且立下字据。还钱日期临近，但是哈桑突然找不到借据，因此十分着急。哈桑的朋友听说这件事情，于是建议哈桑给借钱的商人写一封信，信的内容为：还款日期马上到了，请你准备好 2500 元钱，按时还给我。尽管哈桑没想通，但还是照办了。信寄出以后，哈桑很快收到了回信，借钱的商人在信上写道："我向你借的是 2000 元钱，不是 2500 元，到时候就还你。"这个小故事就是典型的变因为果，体现因果逆向思维的案例。

其实在生活中，"倒因为果、倒果为因"的方法的应用极其广泛。比如，近代的无线电广播的播放与接收，录像机的发明与摄像机的发明，这些都属于因果逆向思维的成果。可见，因果逆向思维也是进行发明的有效方法。

就像天花疫苗的发明一样，采用的是以毒攻毒的方法。我国的宋朝时期，人们把天花病人皮肤上干结的痘痂收集起来，磨成粉末，取一点吹入天花病患者的鼻腔。后来这种天花免疫技术经波斯、土耳其传入欧洲。直到 1798 年英国医生琴纳用同样的原理研制出了更安全的牛痘疫苗。

7. 心理逆向法

在心理学中，有一种说法就是让对方跟着自己走，听起来难如登天，如果你想要对方跟着你走，常用心理逆向法。先看一则小故事：一贫困山区，政府决定扶贫，专家考察后发现当地山区特别适合养殖波尔山羊，但是村民担心养殖这种山羊风险太大，不愿意养殖。于是乡里决定只让 4 户养殖，其他人都不能养殖，并且不能卖羊崽给其他村民，只能用于出口。村民看着心痒痒，觉得养殖的农户得到了大便宜，于是纷纷偷偷养殖。

其实这种思维常在农村新农作物推广中出现，比如杂交油菜推广的过程中，就出现村民不相信，还是在地里种的全是当地的老品种油菜的情况。

6.5 逆向思维的训练方法

逆向思维的训练方法常用以下方法，详情见表 6-3。

表 6-3 逆向思维的训练方法

方法	游戏目的	游戏玩法
哭笑娃娃	在迅速反应中发展逆向性和流畅性的思维	经典的老游戏"石头、剪刀、布"，不过，每一次胜利者都要做"哭"的动作，输的一方则要做"笑"的动作，谁先做错就要淘汰认输哦
反口令	能根据"口令"做相反的动作，训练思维的敏捷性	一人说"起立"，另一人就要坐着不动；说"举左手"，就要举右手；说"向前走"，要往后退。如果他做错了就算输了
高个和矮个	通过动手操作，训练逆向思维能力	准备正方形、长方形、圆形积木和高矮不同的小人 3 个。在 3 个高矮不同的小人下面垫上正方形、长方形、圆形的积木，使它们显得一样高。然后，让孩子根据所垫木块的多少，判断出这 3 个小人中，哪个最高，哪个最矮
反义词	发展逆向思维记忆力及思维的流畅性和敏捷性	说一些词语，要求马上说出这个词语的反义词。比如说"白天"，答"黑夜"

续表 6-3

方法	游戏目的	游戏玩法
藏宝图	训练空间知觉能力及逆向思维能力	用比较透明的纸做几张藏宝图，并准备几张相同的空白图纸。你先给另一个人看一张藏宝图，然后告诉他这是一幅透明的藏宝图，如果将它翻过来，会出现什么样的图案呢？也可以让他在空白图纸中画出来

【实践训练】

【训练 6-1】 报数游戏

两人轮流连续报数，从 1 开始每次最少报一个数，最多报两个数，谁先报到数字 8 就获胜，如果你先报数，怎么样才能获胜呢？请同学们两两组合进行练习。

【训练 6-2】 正话反说

一个人报一个成语，另一个人在 5 秒内，将这个成语反过来说，比如百花齐放——放齐花百，一五一十——十一五一，十全十美——美十全十，坐井观天——天观井坐。请同学们用以下成语试试：诗情画意、美轮美奂、画蛇添足，如果有其他的成语也可以试试。

【训练 6-3】 赢跑

两人玩剪刀石头布的游戏，赢的人跑，输的人追，看看谁能坚持到最后。

【训练 6-4】 牙签游戏

游戏规则：移动猪身上的两根牙签。让猪成功躲过这支箭。你知道怎么做吗？

【训练 6-5】 生存游戏

在一场游戏中，通过最后关卡，就可以获得宝盒，但是最后关卡需要过门，就是门 A 和门 B，你只能选择一扇门，如果选择错误，就会死亡。幸运的是，面对这个问题有一个提示，看守关卡的是两个龙头，龙头 A 和龙头 B。已知条件有：

（1）龙头 A 与龙头 B 清楚生与死的方向，但你不知道。

（2）两位龙头其中一位一直讲真话，而另一位一直讲假话。

（3）两位龙头都互相知道谁说真话，谁说假话，但你不知道。

现在只有一次选择机会，选择一位龙头并提出一个问题，由此判断出选择哪扇门你才能通关，请说出你的问题。

【训练 6-6】 鞋子到底花了多少钱？

一鞋店老板，他家鞋子主打性价比高，进价 30 元，只售卖 40 元，因此生意一直不错。有一天一位小伙子过来买鞋，付款时说带来现金，要用现金 100 元付款，因为店里一直使用的线上支付，备用零钱很少，于是这位老板到隔壁店换零钱，找给这位小伙子 60 元。等小伙子走后不久，隔壁店家发现这个 100 元是假币，要求鞋店老板还钱，没办法，这位老板只好补给隔壁店家 100 元。

这场交易里，鞋店老板一共损失了多少钱？

【训练 6-7】 猴子采回来多少个桃子？

有一只猴子，采回来一堆桃子。第一天吃了一半多一个；第二天吃了剩下的一半多一个；第三天又吃了剩下的一半多一个；接下来的每一天都吃了剩下的一半多一个，到第 10 天的时候剩下一个桃子（第 10 天没有吃桃子）。问这只猴子采回来多少个桃子？

任务七　联想思维训练

【任务探究】

【任务 7】　看到这些，你会联想到什么？

故事 1　在澳大利亚的甘蔗田里，有一片甘蔗田的甘蔗产量比其他的甘蔗田的产量要高得多，竟然高达 50%。这件事情引起了有心人的注意，经过调查发现，在甘蔗丰收前一个月，曾有水泥块落到这块田里，等到收成的时候发现这片田的产量提升了。就因为这个发现，科学家们就开始研究水泥为什么会引发产量的提升，结果运用相关联想发现，原来是水泥中含有的硅酸钙能使酸性土壤得到改良，由此发明了改善酸性土壤的水泥化肥。

故事 2　在实验室里，有一瓶装有氟化碳溶液的容器，上面没有盖子。有一天，有只老鼠不小心掉了进去，神奇的事情发生了，老鼠竟然没有被淹死，这一现象引起了科学家们的注意，他们想到老鼠没有淹死，说明有空气，而空气的氧气是生命的源泉，根据这一联想，科学家们就将氟化碳能溶解和氧气联系起来，从而发明了人造血。

故事 3　墨西哥阿尔基琼火山曾在 1982 年 2 月喷发出大量的岩浆，伴随着岩浆的是亿万吨火山灰直冲云霄，引发了各个国家的注意及震惊，其中一个国家的科学家运用联想思维，想到悬浮在空中的火山灰可以将太阳光反射回去，导致温度下降，引发大面积低温降雨的天气，并且墨西哥阿尔基琼火山喷发的影响力巨大，很多国家都被影响，从而造成全世界范围的粮食减产，于是该国通过政令，要求大量种植粮食，提高粮食产量。第 2 年世界各国粮食产量果然大幅下降，提高粮食产量的那个国家，因为采取了积极的政策，成为唯一的粮食出口国，借此大赚一笔。

【分析思考】

我们生活中常见的许多创意的物品都是相关联想的产物，各种事物之间都存在着或多或少的关联点，只要我们能够转换观察的角度，就可以赋予我们新的认识带来新的看法，以给事物以新的意义，这种新的意义往往蕴含着解决问题的捷径。

【研究交流】

【案例 7-1】　西湖治理

我们今天看到的西湖是从宋朝时期就是这样的吗？让我们来看看西湖是如何形成现在的样子的。话说当年西湖也遭遇了泥沙淤积，水越来越浅，曾经碧波荡漾的湖水，已经变成巨大的泥坑，当地的地方官也没有好的办法。苏东坡到杭州任地方官的时候，面对这种情况，他也觉得非常棘手。因为惋惜西湖曾经的秀丽，苏东坡多次来到西湖进行巡查，并反复思考如何加以疏浚，使往日风光秀美的西湖重现迷人的风采。经过几次巡视后，他发现最棘手的不是挖出淤泥的人工费用问题，而是从湖里面捞出来的淤泥无处存放，又想到每次巡视西湖，都没有把西湖走一圈，如果有一个贯通南北的长堤，就可以方便百姓到西湖游玩。就此将长提和淤泥联系起来，如果将挖掉的淤泥做成长提，淤泥也有去处，长提的出现，会增加百姓来此游玩的次数，既方便了百姓，也让西湖周边的人增加收益。多出的淤泥非常适合种植小麦，府衙可以招募附近的农户过来种植小麦，获得的收益可以作为整治西湖的资金。

【分析思考】

苏东坡治理西湖运用了相关联想法，巧妙地解决了淤泥这个问题，他联想到将淤泥做成长堤，又从长堤联想到淤泥堆成的地面，而地面可以用来做农田。既解决了西湖疏浚的问题，又增加了农民的效益，真可谓一举两得的壮举。

【案例 7-2】 小提琴发明

1000 多年前，古埃及有位音乐名家，叫做莫可里。这位音乐名家特别喜欢清晨的时候在尼罗河边散步。有一天，莫可里依旧像老样子那样散步，只是这天有点不一样，因为他踢到了一个乌龟壳，这个乌龟壳发出悦耳的声音，于是他根据龟壳内的空气震动原理制作出世界上第一把小提琴。

【分析思考】

从乌龟壳发出的声音，联想到乐器，正是由于联想思维的原因从而造就了当今世界上无数人为之陶醉与享受的小提琴。如果不运用联想思维，你觉得会有什么事情发生呢？

【案例 7-3】 南极输油管

在考察的时候，考察队总会遇到这样那样的问题，其中就有一个问题是由燃料引起的。这件事情就发生在南极探险队首次在南极过冬的时候，队员们打算把船上的汽油输送到基地上，但是初次在南极过冬，没有考虑到燃油输送的问题，导致输油管的长度不够，无法输送，难道这次探险任务要失败了？正当大家一筹莫展的时候，队长帕瑞格突发奇想，输油管不够，但是我们只是需要燃油，又不是输油管，只要能把燃油运过来就可以了，那我们只要制作能输送燃油的通道就行了，南极到处都是冰，可以用冰做管道。但是南极温度极低，冰做成管道容易破裂，那么怎么才能做出冰管道呢？帕瑞格又想到了医疗上使用的绷带，他们在出发时带了不少这样的绷带，他们试着把绷带缠在铁管道上，然后在上面浇水，让水结成冰后，再拔出铁管道，这样果然就做成了冰管道。他们再把冰管子一截一截地连接起来，需要多长就接多长。他们就是依靠这些冰制的管道，解决了输油管长度不够的难题。

【分析思考】

越是恶劣的环境，越是能爆发出意想不到的力量，想象的力量是巨大的，它往往能解决许多事物或问题。如果在沙尘暴、雾霾等极端恶劣天气下，根据上面的故事，请试着分析一下以上问题，你联想到了什么？

【案例 7-4】 小明做错了吗？

小明每天放学都坐 8 号公交车回家。有一天，小明在车上看到一个小偷，而这个小偷正在偷一位女士的钱包，并且成功偷出来，准备离开，小明着急了说：“这位叔叔，谢谢你帮我妈妈捡到钱包。”众目睽睽之下，小偷只好把钱包还给那位女士。

【分析思考】

通过这个故事出这个故事，你想到了什么？请试着分析一下，并分享你分析的结果。

【案例 7-5】 鲁班发明

我们都知道鲁班是一位能工巧匠，很多精巧的工艺品最初的原型就来自鲁班的发明，但是大家可能不清楚锯子也是鲁班发明的。春秋时期的鲁班经常上山寻找木材，有一天他上山伐木的时候，手背不小心被路旁的一株野草划破，这件事情引起鲁班的好奇，一根小小的野草，为什么能划破皮肉呢？于是他仔细观察了那株野草之后，发现其叶片的两边长有许多小锯齿，他想如果有铁条做成带小齿的工具，是否也可将树划破呢？顺着这个思路往下走，锯子就被发明出来了。

【分析思考】

许多的发明创造就是在联想思维的作用下产生的。鲁班由草叶上的小细齿联想到砍伐工具，为建筑工程提供了条件。

【案例 7-6】 “深山藏古寺”

古时有一位皇帝的母亲大寿，因为皇太后喜欢拜佛，于是这位皇帝就想送皇太后一幅寺庙的画，就以“深山藏古寺”为题，招集天下画匠为其作画。经过全国范围的选拔，最终选出了 3 幅画。第一幅画：在万木丛中显露出古寺一角；第二幅画：在景色秀丽的半山腰伸出了一根幡；第三幅画：一个老和尚从山下溪边挑水，沿着山路缓缓而上，而远处只见一片山林，根本无从寻觅寺庙踪迹。前两幅画多多少少都呈现出古寺的影子，但是第三幅画却只有和尚。皇帝找大臣合议后，选择了第三幅画。请各位同学试着分析一下为什么要选第三幅画呢？

【分析思考】

“深山藏古寺”的画题重点在“深”和“藏”两个字，但是怎么把这两个字体现出来，就很考验画家的思维了。这幅画时运用了丰富的联想，使人从“和尚”自然联想到“寺庙”，从“老和尚”再进一步联想到这座寺庙年代已经很久远了，是座“古寺”。

【知识梳理】

7.1 联想思维的含义

将两个无相关的事物联系起来，寻找他们之间的关系或者具有什么规律，从而解决问题的思维方式，就是联想思维。联想的妙处就在于使我们可以从一而知三。比如看到速度一词，我们会联想到呼啸而过的飞机、奔驰的列车、自由落体的重物等。

其实联想也是心理活动的基本形式的一种。比如：有个商人经营一家旅店，但是入住率一直不高，导致资金周转不行，即将倒闭。有一天有位心理学家正好入住这家旅店，得知这个商人的困难，于是建议商人将旅店周围重新装饰一下，根据四季来装饰墙面，夏天就涂成绿色，冬天就涂成粉红色。商人没有其他好的办法，于是按照心理学家的建议操作，果然吸引客户，生意渐渐好起来。其中的奥秘在哪儿呢？其实这就是运用人们的心理，让人们进行联想的结果。

上述事例就是颜色联想的案例，通过颜色联想到蓝天、阳关、森林等，从而让人心里觉得凉快、温暖。联想与一般的自由想象不同，它是由表象概念之间的联系而达到想象的。因此，联想的过程有逻辑的必然性。

比如看到学生想到教室、实验室及课本等相关事物。由于事物之间存在某种联系，而这种联系或者关系出现对应的时候，人脑就会依照一种特定的记忆模式记忆储存或者联想。

7.2 联想思维的主要特征

联想思维的主要特征有三种，分别为连续性、形象性、概括性。详情见表 7-1。

表 7-1 联想思维的三个特征

分类	概念
连续性	由此及彼，连绵不断地进行，可以是直接的，也可以是迂回曲折地形成闪电般的联想链，而联想链的首尾两端往往是风马牛不相及的
形象性	形象思维的具体化，其基本的思维操作单元是表象，是一幅幅画面。所以，联想思维和想象思维一样显得十分生动，具有鲜明的形象
概括性	把联想到的思维结果呈现在联想者的眼前，而不顾及其细节如何，是一种整体把握的思维操作活动，因此可以说有很强的概括性

7.3 联想思维的作用

联想思维具有以下 4 个作用，详情见表 7-2。

表 7-2 联想思维的作用

分类	概念
在两个以上的思维对象之间建立联系	通过联想，可以在较短时间内在问题对象和某些思维对象间建立联系，这种联系会帮助人们找到解决问题的答案
为其他思维方法提供一定的基础	联想思维一般不能直接产生有创新价值的新的形象，但是，它往往能为产生新形象的想象思维提供一定的基础
活化创新思维的活动空间	联想思维有由此及彼、触类旁通的特性，常常把思维引向深处或更加广阔的天地，导致想象思维的形成，甚至灵感、直觉、顿悟的产生
有利于信息的储存和检索	把知识信息按一定的规则存储在信息存储系统中，并在需要的时候再把其中有用的信息检索出来。联想思维就是思维操作系统的一种重要操作方式

7.4 联想思维的类型

联想就是将两个事物或者东西，通过想象的方式联系在一起，简单来说就是通过一件事然后想到另一件事的思维。许多发明创造最开始的起源就来自联想，因此联想思维也可以叫做创造思维。

当人的思想受到某种刺激或在某种特定的环境下通过回忆可产生 6 种类型的联想，即相近联想、相似联想、对比联想、因果联想、类比联想和连锁联想，详情见表 7-3。

表 7-3　联想思维的类型

分类	概念	案例
相近联想	根据事物之间在空间或时间上的彼此接近引起不同事物之间的联想，进而产生某种新设想的思维方式	例如："春江潮水连海平，海上明月共潮升。滟滟随波千万里，何处春江无月明。"春江、潮水、大海与明月（既相远又相近）联系在一起
相似联想	由某一事物或现象想到与它相似的其他事物或现象，进而产生某种新设想。从外形或性质上的、意义上的相似引起的联想，都是相似联想	例如："春蚕到死丝方尽，蜡炬成灰泪始干""床前明月光，疑是地上霜"等
对比联想	根据事物之间存在着的互不相同或彼此相反的情况进行联想，从而引发出某种新设想的思维方式	例如：对比形象优美的玩具，生产一些丑陋的玩具投入市场，结果这些玩具带来了丰厚的利润
因果联想	由于两个事物存在因果关系而引起的联想，就是因果联想。这种联想往往是双向的，可以由因想到果，也可以由果想到因	例如体温计的诞生
类比联想	通过将一种事物与另一种(类)事物对比，而进行创新的方法。其特点是以大量联想为基础，以不同事物间的相同、类比为纽带	鱼骨—针，酒瓶—潜艇；圆珠笔与单索抓斗、电子蛙眼、蜻蜓翅膀与机翼振动
连锁联想	根据事物之间这样或那样的联系，一环紧扣一环地进行联想，从而引发出新的设想	例如，从化肥厂联想到了生产饮料，办了饮料厂，再由饮料厂联想到香精生产，办起了香精厂，又建立了水泥厂、化工机械厂、建筑公司

7.5　联想思维的方法

1. 类比法

面对不熟悉，或者陌生的事物，不知道如何下手时，可以将陌生的事物联想到熟悉的事物上，或者从未知的事物联想到已知的事物上，这样进行比较，并从中得出结论或者受到启发解决问题的方法，就是类比法。

类比法分为四种，分别为：直接类比、仿生类比、因果类比、对称类比。详情见表 7-4。

表 7-4　类比法

分类	概念	案例
直接类比	根据原型的启发，直接将一类事物的现象或规律应用到另一类事物上	例如，在扣子上截个小洞注入香水，成为"香扣子"
仿生类比	根据生物界的生态情况，进行仿生	例如，根据狗鼻子灵敏的现象，人们发明了"电子警狗"，灵敏度达到狗的 1000 倍

续表 7-4

分类	概念	案例
因果类比	根据某一事物的因果关系推断出另一个事物的因果关系，而产生新成果	例如，美国一教授根据浴池放水时水流旋向的研究，推断出台风旋向的结论
对称类比	利用对称关系进行类比而产生新成果	例如，原来化妆品都是女人的专用，根据对称类比，男士化妆品应运而生了

2. 移植法

采用某事物的原理，或者结构、方法、材料等，将这些转移到需要或者当前研究的对象中，利用这种方法而产生新成果的方法，就是移植法。

移植法分为四种，分别为：原理移植、结构移植、方法移植、材料移植。详情见表 7-5。

表 7-5 移植法

分类	概念	案例
原理移植	将某种科学技术原理转移到新的研究领域	例如，根据有声贺卡的原理，一位业余发明家将其移植到汽车倒车提示器上，倒车即会发出“倒车请注意”的提示声音
结构移植	将某事物的结构形式和结构特征转移到另一个事物上，以产生新的事物	例如拉链，某公司为有口蹄疫地区的动物做了数双短筒拉链靴，美国将拉链移植到外科手术的缝合技术
方法移植	将新的方法转移到新的情境中，以产生新的成果	例如，香港某集团的老总根据参观荷兰的“小人国”——荷兰风光的缩影，建成了“锦绣中华园”
材料移植	利用材料的特性，转移到新的产品中，以产生新的产品	亚硫酸锌具有白天能吸收光线、夜间发光的特性，有人将它用于制造电器开关、夜光工艺品、夜光航标灯、夜光门牌等

7.6 联想思维的训练方法

1. 不相关联想法

在两个没有关联的信息间，寻找各种联想，将它们联结起来。

例：粉笔—原子弹，粉笔—教师—科学知识—科学家—原子弹。

（1）足球—讲台。（2）黑板—聂卫平。

（3）汽车—绘图仪。（4）油泵—台灯。

2. 其他联想法

分别在下面每题的字上加同一个字使其组成不同的词

（1）自、睡、味、触、幻、感

（2）阔、大、博、东、告、意

（3）具、教、理、士、边、家

7.7　联想思维、想象思维的相同与不同点（见表 7-6）

表 7-6　两种思维的相同与不同点

类别	相同点	不同点
联想思维	都可以呈现为非逻辑形式；都属于形象思维的范畴；都可以借助于形象展开；二者可以互为起点	只能在已存入人的记忆系统的表象之间进行；操作过程是一维的、线性的、单向的
想象思维		可以超出已有的记忆表象范围，可以产生新的记忆表象；可以是多维的、立体的、全方位的

【实践训练】

【训练 7-1】　一块石头产生的联想

有一块石头，你会联想到什么？

示例：加根线，变成一只充电宝，放入温暖的口袋；在地上躺平的是块石头，在门上躺平的是个门把手；一大一小两块石头一起喝杯茶就成了朋友；小河里的石头变成了一座建筑物。

一个简单的石头，还有更多的可能请在接下来 5 分钟内，小组讨论一下，并分享你们的答案。

【训练 7-2】　不相关联想训练

记忆下列词组，森林—电话；足球—楼房；水杯—钱包；牙刷—菜刀；电脑—拐杖；碗—电视；杂志—冰箱；床—热水器；猫—计算器；馒头—自行车

示例：水杯如何联想到钱包呢？比如在野外工作时，最需要的是水杯，只有有水才能生存，这时候水杯比钱包重要，因此野外作业时，最需要两样东西，一个是水杯，另一个是钱包。

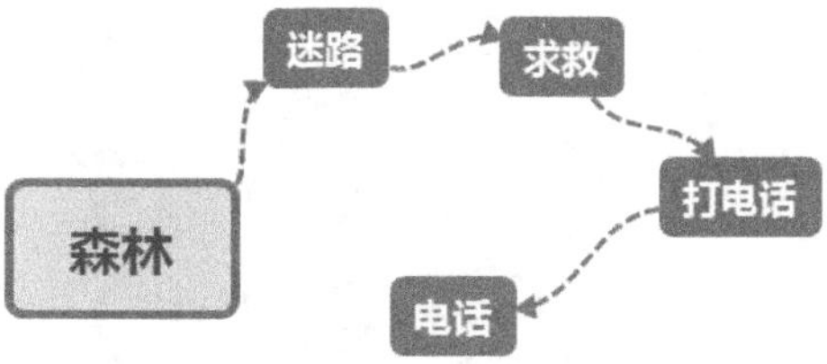

请同学们按照这个思路，分小组进行联想，然后分享出来，看看哪一组联想最有意思。

【训练 7-3】　散点联想训练

请同学们分小组进行联想，使用“小刘、客户、骂人”进行联想，编出一个逻辑严谨的故事，然后分享出来，看看哪一组编的故事最有意思。

【训练 7-4】　自由联想训练

示例：在 2008 年时，一家鞋服公司，研发一款新的鞋子，采用自由联想

请同学们根据上面的思维方式，用“礼物”进行自由联想训练，分小组进行训练，5 分钟后，各个小组分享最后想出来的词语。

【训练 7-5】 创意联想训练

要求：用 24 个圆画出不同的物体。

步骤：首先我们找个瓶盖，沿着边缘画出 24 个圆，然后看到这个圆你联想到什么？联想到的物体，主要特征是什么？在这些圆上的主要特征挑出你自己喜欢的颜色进行创作就可以了。

示例：① 联想到篮球，篮球的主要特征是条纹，我们画上条纹篮球就画出来了；② 联想到切开的柠檬，果肉都是一半一半的，在圆圈里加上这个特征，柠檬片就画出来了；③ 联想到冰淇淋，画上一个脆筒，浇上果酱美味的冰淇淋就出来了。

以此类推 24 幅创意画就出来了，用这个方法可以锻炼想象和创造力，请同学们试试吧。

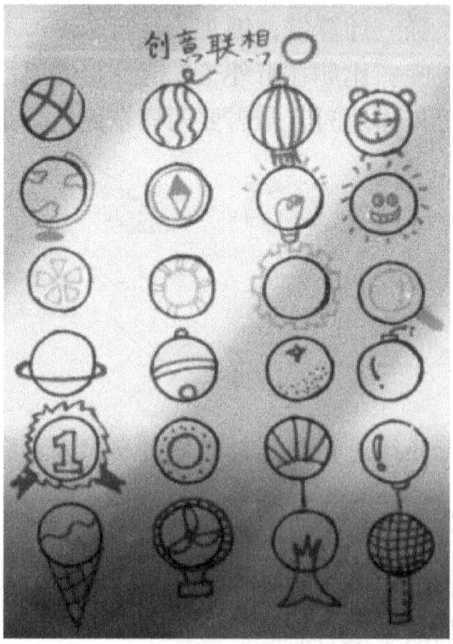

任务八　头脑风暴法

【课程思政引领】

中国教育工作者陶行知说过："处处是创造之地，天天是创造之时，人人是创造之人。"党的二十大报告也提出"坚持创新是第一动力"。本任务通过创新案例培养学生坚韧不拔的精神品格和 Think Different 等非同凡响的创造思想，通过头脑风暴法的理论学习和实践训练培养学生正确的世界观和科学的方法论。

【任务探究】

【任务 8】 运用头脑风暴法讨论露营活动方案。

假设你所在的学校社团要举办一场大型露营活动，可以采用头脑风暴法进行讨论，涉及露营场地、时间、活动经费、注意事项等问题。所有同学以小组为单位进行探讨，最后各由一位代表介绍本组的活动方案设计。

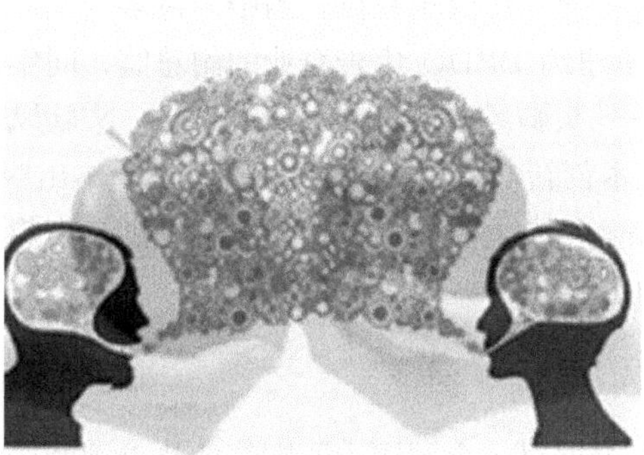

【研究交流】

古希腊思想家苏格拉底很重视集中谈话的作用，他总是通过集中讨论以深入探索自己的难以接近的思想认知。交流的主要方法是"独立陈述""不争论""不打断"和"认真聆听"。

爱因斯坦和他的同事们始终保持着自由自在的集会和谈论，交换着有关现代物理学的各种各样看法，但他们的谈论并不是直接影响他人思想上的目标，也不是热烈的争辩，因为他们总是自主地提出脑中所想到的东西，也总是注意着倾听他人的观点。这种研究方法也使现代物理学有了重大突破。

萧伯纳就这样说过，"如果你有一个苹果，我就有一个苹果，如果相互交换了一下，你我手中就依然只有一个苹果。假如你有一种想法，我也有这种想法，相互交换一下，那么，你我就各有两种想法了。"

思想的交换：1+1 = 2

【探讨 8-1】 什么是头脑风暴？

思维风暴法，又名智力激励法、BS 法、自主思维法、畅谈会或集思会法等，是由美籍学者 A · F · 奥斯本在 1939 年最先提议，于 1953 年推出的一套启发性思维的教学方法。

20 世纪 30 年代的某一日，20 岁的穷困的美籍青年人奥斯本怀揣着自己的第一篇毕业论文，到了一家广告企业应聘。把论文给企业老板一看，毕业论文中用语上不妥的地方比比皆是，确实是不够成熟。于是老板就把他的毕业论文发给了各部门管理人员传阅，没有那个部门管理人员同意录用奥斯本，但老总仍然选择试用奥斯本三个月，因为他在这篇毕业论文中发现了许多具有独创性的新思想。在整个试用期间内，奥斯本每日坚持提交一份改革意见，当中的许多意见都在企业中起到了重要影响。1938 年，奥斯本就已经成为了纽约 BBDO 广告企业的副总监，同年，他还率先创立了一种可以启发人的创造性思想的方式——头脑风暴法（Brainstorming）。头脑风暴法打下了技术创新学的基石，奥斯本本人也被尊称为技术创新学之父。一九四一年，奥斯本出版《思想的方式》一书，此书被誉为技术创新学的奠定作品。一九五八年，奥斯本出版《创造力想象》一书，发行了 1.2 亿册，曾一度超越了《圣经》的销量。

【探讨 8-2】 如何理解头脑风暴？

头脑风暴的主要内容是通过集思广益，人们可以根据每一个问题中所围绕的热点问题，产生很多思路、点子、方法等，以来获取更好的思路、点子、方法。诺贝尔化学奖及和平奖得主莱纳斯 · 卡尔 · 鲍林曾讲过，“The Best way to get a good idea is to get a lot of ideas.”要得到好的点子，就必须要得到很多点子。

【知识梳理】

8.1 头脑风暴法的来源

头脑风暴法原出自于“头脑风暴”一词。所谓的头脑风暴（Brain-storming）本来是神经病学中的专业术语，是指在精神病人的精神紊乱状况之外产生的，但如今则指无限的精神反思与探求，其目的便是建立创新思想或开发创造性的思想。

在群体进行决定时，由于受到群体成员心理的相互制约，很容易屈从于权威或大多数观点，因而产生了所说的“群体思维”。群体思维严重降低了群众的批判精神和创新能力，也影响了集体决策的工作效率。为提高群体决策的创新能力，并改善群众集体决策效率，在组织中研发出了许多提高群体决策的办法，头脑风暴法就是比较经典的一种。

8.2 头脑风暴法的原理

传统研讨大会的弊端：多人观点或一致意见的影响；对上司或主管威信的负面影响；随机的评论；部分与会者安静或不主动等。用头脑风暴法进行的团队会议针对某一议题，创设开放愉快、畅所欲言的环境，由全体参与者随意提交设想及点子，并由此互相影响、彼此启发、产生情感联系、形成集体共振和连锁反响，并由此可激发更多的想法和点子。

$1+1>2$?

$1+1+1>10$?

头脑风暴法有两条基本原理：

（1）延缓判断。让与会者大胆地表达意见，提问各种各样关于设计的问题，对一切意见不作评价，也不轻易下结论。

（2）想法越多越好。通过反复联想与启发，可以产生各种各样的发散式想法，自己去思索，想法就越多越好。

8.3 头脑风暴法的作用

为团队工作找出问题和机遇；明确收集了什么资料；当出现问题时帮助找出可能的因素；找出潜在的难题或机遇的答案……

8.4 头脑风暴法的原则

基于头脑风暴法的两个基本原理，头脑风暴行动会议还提出了六条原则：

（1）不允许评价的原则。参加头脑风暴的任何人，均不能对他人的想法提出批评建议，因为批判对创造性思维会造成限制。此外，人的自我批判能力亦在约束之列，也不能自谦其词，对他人所提供的一切建议都不能评论，也不能阻止。而对于你觉得一些幼稚的、错误的，甚至是一些荒唐离奇的建议，亦不得加以反驳；在情绪上调动所有与会人的积极性，以完全防止会议出现一些“扼杀性语言”和“自杀式语言”，例如“这完全行不通”“你这思想太陈旧了”“这是不行的”“这不符合某某定律”乃至“我提一种不完善的观点”“我有某个不一定行得通的想法”等词语，也唯有如此，与会人员才能够在完全轻松的情绪下，在别人思想的启发下，集中自己所有精力去拓展自己的视野。

（2）异想天开原则。围绕着一个中心议题创造一个自主、活泼的气氛，参与者不需要受什么条条框框束缚，能够放开思考，让想象力自由自在驰骋，刺激参与者自由自在地发出各种各样荒诞的构想，从而使与会者思考自我释放，这就是所谓注意力激励法的核心。每个人都可以畅所欲言，自由自在地发表一切在自己大脑中想到的任意构想，可以随便思考、任意想象、尽量发挥，而无须太过深刻地思考可执行性，即使是最荒诞离奇的构想。刺激人们从各个视角、各个层级、各个方向，勇敢地开展思考，并尽量地标新立异，与众有所不同，从而产生开创性的构想。同时如果在别人思考的基石上去引导自我，并从中获得启示或是填补别人思考，就是相当好的头脑风暴方法。

（3）以量求质原则。要求数量是头脑风暴的第一步。每位与会者一定要抓紧时间多讨论，多发表自己的观点。至于想法的问题，自可留到会后的思想加工过程中去解答。在某种意义上，想法的品质和多少相关，开会提出的想法越多，获得的创造性想法也就可能越多。

（4）延迟评价原则。任何评价和判断，都必须推迟至会议结束之后再作出，在此之前绝对不要对别人的观点提出批评和判断，仔细认真对待每一种设想，也不管它是否正确或者合理。这样设计一方面是为了避免评判制度束缚于与会者的积极想法，从而破坏自由畅所欲言的良好环境；另一方面是为了集中精力预先开发设想，以防止人把本来需要在后段完成的事情提早完成，从而干扰创新设想的大量形成。

（5）综合改善原则。此原则提倡利用别人的优秀想法拓宽自己的视野，从而形成对优秀想法的有益发散，互相启发，扬长避短，共同探索与提高。也就是说，除提供了自身独到的好想法以外，还允许参加者对别人已经提供的好想法加以补充、完善和总结，从而强调互相启迪、彼此互补和共同完善，这就是智力激励法是否成功的重要标准。

（6）突出求异创新，这是智力激励法的主要理念，倡导一个自由创新发展的气氛，随心所至，畅想并无极限。

这六个基本原则，就是人们在头脑风暴会议中所应该遵循的基本原则。

实践证明，头脑风暴法能够对问题做出客观准确的、连贯地剖析，能够找出一种切实有效的解决方案，因而头脑风暴法在军事决策和民生决策中都获得了较为普遍的运用。大至政治学和经济社会现实问题的解答，尖端技术的革新，小至家里或个别琐碎事、疑难的消除，物资的改进等。比如，在美军国防工业部制定军队长期计划时，就曾聘请近五十名军方专家学者采用头脑风暴法，开了近两周的大会。参与者的主要任务，是对预先制定的长期计划意见提出异议。最后经过研究，只能得出一份使原计划变得更加协调一致的研究报告，在原计划中，只有 25% ~ 30%的意见获得了保留。由此可见，头脑风暴法具有很重要的价值。

8.5 头脑风暴法的 8 条要求

（1）运用头脑风暴法，首先应确定主题。

（2）不能同时有两个以上的主题混在一起，主题应单一。

（3）当问题太大时，可以细分成几个小问题。

（4）要具有很强的创造力和分析能力，要有幽默感。

（5）头脑风暴的持续时间一般以 30 ~ 90 分钟为最佳。如果问题较多，可延长时间，但讨论中间，也需要休息。

（6）主持人应把观点记录在白板上，文字清晰，以影响其他参与者的讨论。

（7）在头脑风暴会议完成后，再对创意价值作出评估（会后评价）。

（8）评价创意时，作以下分类处置：能够马上实现的构想；需较长时间，进行深入研究和进行调查的构想；以及缺乏实用价值的构想。

8.6 头脑风暴会的一般流程

（1）明确议题，由会议发起人或主持人针对需要解决的问题，提前整理议题，必要时可向团队征集议题，邀请 15 个人以内，时间在一个小时以内为宜，注意一定要有会议记录员。

（2）热情铺垫，可以用游戏，小故事等来打开思路，活跃思维，也可以根据主题来设计。

（3）有序讨论，主持人注意控场，自由，有序地发言。

（4）筛选补充，在集体研究中提出较好的“点子”之后，再进行筛选，并展开更深入的讨论，以进行探讨和补充。

8.7　如何有效开展头脑风暴会

头脑风暴会的目的是启发思维、搜集点子、筛选好想法，重点在于广度。头脑风暴前：独立思考；头脑风暴中：思维发散；头脑风暴后：筛选讨论。有时候可能要经过多轮才能得出最终结论。但很多头脑风暴会，只做到了思维发散，无法进一步得出有意义的结论。

那么，有效的头脑风暴会应该如何开展呢？

1. 准备阶段

“头脑风暴”的重要性不用质疑，在其准备阶段，项目负责人务必要预先确定课题的主要任务，对项目的主要问题进行初步的研究和剖析，理清项目具体实施主要任务，其中涉及了要解决的问题，以及提出解决方法要达成的主要目标，并确定参与“头脑风暴”开会的员工、主持、会议记录者，随后将开会具体内容（涉及开会时间和地点、所要解答的主要问题、可供参考的相关资料和构想、要求达成的主要目标等事项）逐一告知所有与会人，以便参加者做好充分准备。

选择“头脑风暴”大会主持人是相当关键的，该主持人最好是由对所议问题相关背景较为清楚并熟知“头脑风暴”的基本程序和解决方式的人担任。该主持的观点要勇于激发大会参加者的思维创造力，并善于依据“头脑风暴”有关原则对参加者言论加以恰当指导。“头脑风暴”主要参与者由一至十多个人员构成往往是比较行之有效的，比如选择了几个很有能力的人士作为整个会议设计的关键人士、几个设计问题的嘉宾，还有专门负责记录设计内容的会议记录人员。

人数如果在 12 人以下，就可以集体进行；如果在 12 人以上，最好分成几个小组，每组 4 ~ 8 人；同部门的人最好分散在不同的小组中。

2. 热身阶段

大会上最好提供热身时间，目的在于创造一个自由、轻松且祥和的会议氛围，让所有参与者的紧张情绪释放，并进入一个无拘无束的会议环境。大会主席在开会时，可以根据现场状况首先简要地向与会成员进行说明头脑风暴会议的有关规定，接着再通过与一些和会议主题项目有关的趣味主题谈话或提问，来使大家的思想都处于轻松和活泼的状态。热身过程如果做得好，与会者就能很容易地以轻松自在的心情投身到后面的大会研讨议题中，会议效果也很自然地就会更好。

3. 明确要解决的问题

爱因斯坦曾说过，“遇见问题时如果只有 1 个小时用来解决，我会花 55 分钟定义问题，5 分钟解决问题。”通过定义问题来解决问题，是一个非常不错的思路。

由主持人向所有与会人员介绍设计项目（课题）中必须解决的主要问题，在介绍时尽量做到对问题说明简洁、明确，目的是要让所有与会人员对设计项目（课题）理解一致。主持人针对社会问题作引导性发言是必要的，但绝对不会干扰到与会者的思想创新。比如：我们要解决的是什么？有什么要求？需要遵守什么规定？做好思想准备，再开始头脑风暴。记住，一定要事先给同事介绍清楚事情的背景和目的，并让他们先独立思考，带着想法来参加头脑风暴。

4. 对问题进行重新叙述

在会议中就有关议题进行了讨论后，与会者对主题便有了更高层面的认识。此时，主持人或项目负责人应该通过与会者的发言情况加以总结与概括，以针对议题提供充满创造性的观点，并对相关发言提供具有创造性的补充，指导参加者从多方面、多角度、更深入地思考问题并提供更有意义的建议与想法等。

拿着记号笔和白板上的便利贴，然后要求参与者把所有的方法都记下来并画在黑板上，再逐条探讨这些方法的可行性，并说明方法的不足之处，最后选定一个最佳的方法。然后根据最优设计加以调整，最终得到定稿设计。

把问题写在白板上，让所有参与者围绕主题进行讨论，但要确保人们不会互相交谈。你可以通过提供可传递的便利贴，把所有想法都记下来，贴到白板上让大家看，提醒参与者增加想法。不要去扼杀任何一个好想法，主导者必须将它们全部保留。

5. 畅谈创意阶段

这种发展阶段，也是“头脑风暴”中创作思维最为活泼的发展阶段。与会者既能够根据课题自主创新意见，充分发挥想象，也能够彼此间相互启迪，相互促进，但是不妨碍别人的意见，不评价别人意见，每个人都只谈自己的看法和创意。主持人应掌握好时间，并巧妙地引导参与者冲破思维惯性而做出的大胆联想。会议记录者也要注意将发话过程记录并整理。

因此，关于针对一种小型灭蚊器建筑设计事务所展开的“头脑风暴”，有观点认为通过利用太阳能（光伏技术）在白天贮备热量，在晚上释放紫外线以引诱蚊子飞来，然后再利用电击快速地把蚊子全部杀灭；也有观点认为灭蝇灯通过模拟人类的呼吸模式，在运行时通过放出蚊子最喜欢的二氧化碳、热水、蒸汽等，将蚊子从人的躯体周围吸引过来，然后再送到捕蚊气旋中，使之脱水并风干后杀灭。因为此类产品的进风口的容量相当大，且能够形成大面积光源吸引蚊子从而提高了捕杀效率；有些人说可以将灭蝇灯做成无绳便携式的，即可拿在野外使用。而关于灭蝇灯的处理方法，与会者们也提出了许多有趣的办法，如旋转可拆卸型的，可以水洗的等。

6. 优质创意筛选阶段

“头脑风暴”会议结束后，应该把所做记录进行分类整理，由参与者们投票选择最受欢迎的想法。最后交由富有经验和专业知识的专家组按会议记录进行筛选，筛选时应重点围绕可行性、创新性、经济回报率、经济性等多个方面展开研究，并从中选择出最佳方案、最佳创意，或者将几个可行方案、创意的优点组合成最佳方案、最佳创意，实现 1+1>2 的效果。必要时，会议领导还应该再向与会者充分了解他们会后的新设想和新思维，会后的思想沉淀往往还能带来一些意想不到的灵感。经过多次的反复对比并优中择优，最后确定若干个（通常是 1~3 个）最佳实施方案或最佳创意。在最终实施方案定下来之后，再确定具体责任人，并明确时间周期，制定任务时间表，发给相关责任人执行。

8.8 头脑风暴会对主持人的要求

一个好的主持人，能让大家集思广益，发散出很多好的点子；一个糟糕的主持人，却能让局面变成互相推诿，大家不仅应付了事，而且极为难熬。会议主持人技巧：

（1）会议主持人应学会运用各种创造性思维的技能，在大会进行时要向与会者重申会议中应遵守的规范和纪律，以及善于激发会场中参与者思维，使会议场面既简单生动而又不失思想风暴的规则；当与会者的发言语气显得十分激烈时，就可能会出现一些明显违反原则的现象，如公开批评别人观点等情况，此时活动指导员（主持人）就应当进行叫停。

（2）可轮流发言，每轮由每人以简明扼要的方式讲清楚创意构思，以防止发生辩论会问题和意见不均的情况。

（3）要以充满赞赏激励的语言和微笑点头的行为，引导与会者多出构想，如“对，正是如此！”“非常不错！”“好主意！这一点对开阔思路很有益处！”等。

（4）禁止使用“这点别人已说过了！”“实际情况会怎样呢？”“请解释一下你的意思。”“就这一点有用。”“我不赞赏那种观点。”等语言。

（5）时时强调设想的数量，比如在平均三分钟内就要发表十个设想。

（6）当遇到大家思维短暂停顿时，也可以采用一些方法，如停下来几分钟，或选择休闲方式，走一走、唱首歌、喝口水、听一听音乐等，之后再展开后面几轮的头脑风暴。或是给每人一幅与主题无关的插图，并说明在插图上所得到的灵感。

（7）结合题目的现实情况需要，带领大家展开一场又一场头脑风暴的“激波”。如果课题对某商品的性质进行了研究，则可以把“从商品的原料考虑”当作第一个激波、“从成本考虑”当作第二个激波、“从扩大销量考虑”当作第三个激波。再如，通过对某一商品问题方案的深入探讨，就可指导大家先形成了“构想研究”的激波，及早把握“拐点”，及时诱导加入“构想讨论”的激波；

（8）要掌握最好时机，一般开会持续 45~60 分钟，而开会所形成的设想应不少于一百种。但由于最好的设想往往是在开会快要完成时产生的，所以，开会预期完成的时间到了应该按照具体情况再延时约 5 分钟，这也是人们最易于产生好的设想的时间。若在时限里再毫无新主意、新观点产生之时，头脑风暴大会便可宣告完结或告一段落。

会议纪律者应按照与会人员发言内容的先后顺序记好点子，如发言内容含糊不清的，应与演讲人核对，发言内容过长的，也只需记下一点即可。字迹要清晰可见，确保每位参赛者都能见到，广告排版要简单工整。

再介绍两个开展头脑风暴的方法：

（1）匿名投票法。解释基本规则并提出问题，要求每个人匿名写下他们的想法，然后收集这些想法，让小组成员对每个想法进行投票，排名最高的想法，可能会被还给参与者或分组进行进一步头脑风暴。例如，一个小组可能就产品的形式进行头脑风暴，而另一个则侧重于技术特性。

（2）团体补充法。让人们坐成一个圈，解释规则并提出问题，每个人写下一个想法，然后把这张纸传给下一个补充一些想法的人，这种情况一直持续到每个人都拿回他或她的原始文件，到这个时候，小组很可能已经详述了每个想法，让每个人解释他们的想法，并把每个想法都写下来，然后让小组投票。

8.9 头脑风暴法弊端

它拒绝了深度思考，更依赖于直觉。而在头脑风暴过程中，参与人的思路被迫跟着别人的思路走，不利于进行深入思考和创意的发掘。更好的方式，是在头脑风暴会之前，就让参与者清楚问题的背景。头脑风暴大会结束后，将独立思考和小群体沟通相结合，将安静、专注的深度思考还给所有参与者，并创造时机，借鉴他人想法，借以调整、充实自己的想法。再开展下一轮头脑风暴，给问题一个最佳的解决方案。

头脑风暴本身没有问题，如果说头脑风暴无效，那只能说明组织会议的人有问题。

8.10 头脑风暴法案例

【案例 8-1】 砸核桃的案例

组长：我们的主要任务就是砸核桃，需要多、快、好，大伙有哪些方法？

甲：平时自己在家吃基本是用牙咬，用锤子砸，用铁管钳夹。

组长：几颗核桃都可以用这些方法，但是如果核桃太多了该如何办？

乙：首先应该将核桃按质量分级，把各种核桃分别放到压力机上砸。

丙：应该给核桃沾上淀粉这样的东西，让它变成一样大的小圆球，然后放在冲压模具上砸，就用不着再分类。（发展了上一个观念）

丁：粘涂的小分子可以有磁性，当在加压机上砸压时，也或者在粉碎机上粉碎时，因为电磁作用，核桃壳很快就脱掉了，只留下核桃仁。（演变了上一种观点，并运用了物理效果）

组长：非常不错！大家可以再想一想要有什么样的力量就可以将核桃给砸开，用什么样的方法就能够获得这种力量。

甲：可以加一种集中的挤压力，用一种物体撞击核桃，也可以引起这个压力，或者反过来，用核桃撞击一个物体。

乙：还可以用儿童用的射软木塞的气枪向墙面上射核桃。

丙：在核桃落地后，它借助了地面引力的作用力。

丁：由于核桃壳很硬，所以必须先用溶剂机械加工，使它软化、水解或使它们变得很脆。然后通过冷冻，就可能变得易碎。

组长：动物是如何完成这一使命的，例如乌鸦？

甲：小鸟能够用嘴啄，或是飞得高高的然后把核桃丢在坚硬的土地上。我们也能够把核桃放

到容器里，从高处往硬的地方丢，例如从气球上、直升机上、楼梯上往坚硬的混凝土地面上丢，之后再把摔碎的核桃捡起来。（类比）

乙：通过把核桃放到液体器皿中，利用水的冲击力把核桃给破开。（物理作用）

组长：是否可用发现方法如认同、反向解决问题等呢?

丙：就在里边把核桃给破开，把核桃钻了个小孔，往里面打气加压，如果内外压不同，核桃也就破开了。（反向）

丁：可以将核桃放到空气室内，向里打气或者施压，然后让空气室内的气压锐减，内部气压就可以让核桃爆裂，内部气压也可以迅速下降。（发展了上一个观念）也可以迅速提高或者降低空气室内压强，因为这时的核桃壳就可以接受空气交变负荷。

戊：我是核桃，也是核桃仁。如果从核桃壳里面，我用手脚对它施加压力，核桃壳就会开裂了。（认同）必须不让机壳长，只让核桃仁长，这样就会把机壳顶破。（理想结局）必须为此，包括太阳能够照亮机壳。

于是，仅花十几分钟时间搜集到四十条意见，由专家组点评，从中提出参考解决方案。

【案例 8-2】 滑雪板快递

安妮和瓦莱丽喜欢滑雪。她们不断寻找利用滑雪谋生的方式。在学校时，安妮和瓦莱丽发现了绘制思维图的方法——利用气泡组记笔记的方法。在一大张纸的中间，她们写下“滑雪”。在一个气泡里她们写下“旅行”。动力建立了起来。她们标出“初学者”“青少年”“女孩”和“父母”。然后她们写下“衣服”“手套”“裤子”“太阳镜”“靴子”和“鞋”。然后她们继续发挥各自的想象力，写下“西部”“东部”“阿尔卑斯山脉”“比赛”“课程”“旅行”“乐趣”“激动”“溜冰板”“交通”“公共汽车”等词（见图 8-1）。

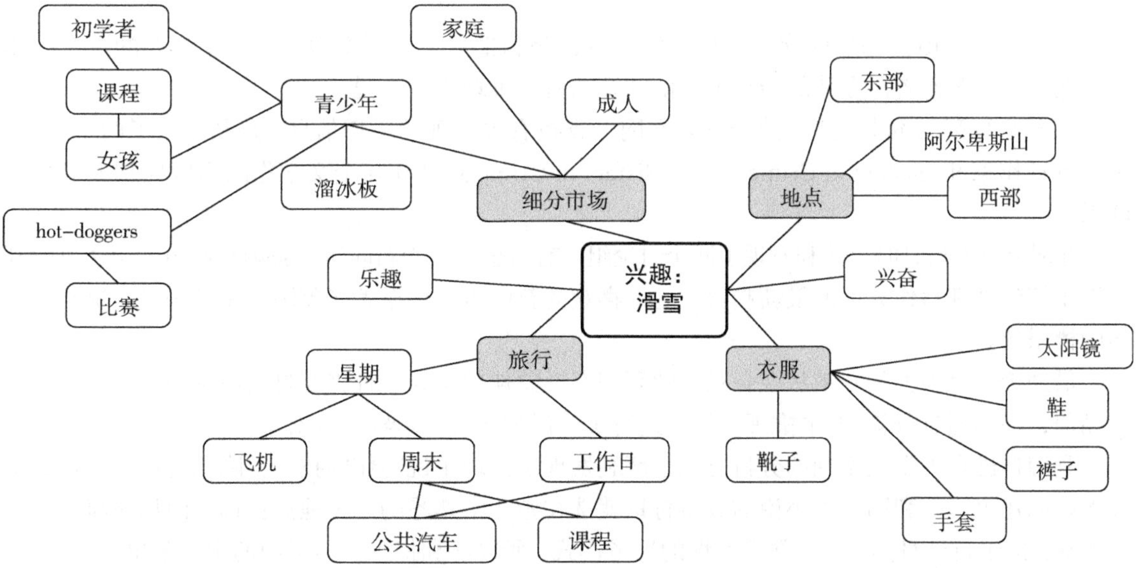

图 8-1　滑雪板快递项目思维图

她们继续不断地探索着，直至想出了一个业务点子——滑雪快递——在盐湖城附近的五个点提供周末往返班车前往滑雪胜地。每周她们都会选择不同的滑雪胜地。

她们开始预订旅程之后的两三周，她们又返回思维图，“衣服”这个词一下子出现在她们的脑海中。她们前往一家主要的生产商，买光了她们的商品并在接下来的 4 周里以 100%的利润卖给了其滑雪快递的顾客。

开业仅两个月，就有几名妇女询问安妮和瓦莱丽是否能够提供工作日旅行服务，这样她们就能趁孩子在校的时间去拥抱大山。一个新的市场出现了！一项市场空白被填补了！她们积极满足顾客需求并推出了“星期四滑雪”项目。

4 月的某一天，顾客问安妮和瓦莱丽她们在夏天会有哪些举措。她们反问道：“你们要在夏天做什么呢？”他们得到的回答一直都是：“我们要骑山地车。”安妮和瓦莱丽于是就去查探骑山地车的路线。接下他们与公共汽车司机交谈来决定她们的车是否有能力来运送所有的自行车。掌握相关答案和完成市场调查后，“山地快递”项目应运而生了。

【案例 8-3】 营销人到作家企业家

30 岁时，萨利·霍尼卡特·宾颂对自己的人生进行了一番审视。萨利住在南加州的查尔斯顿，在一家连锁饭店任营销总监，收入颇丰，房子临水而建、阳光充足。但萨利为了获得这份“好生活”而不得不无休止地参加会议，与老板争吵（另一个副总裁），过空中飞人的生活。

为了描绘自己 21 世纪的未来，萨利绘制了一幅思维图。当她把自己放在中心的方框中时，一点进展也没有。当她在方框中增加了“互联网”时，她发现一项新的事业——自由作家。

萨利持有英语文学学位并读过很多的书。作为一名精明的企业家，萨利建立了自己的居家办公室并开始写作。她的第一本书遭到了代理人和出版商的拒绝。于是萨利开始调查本地书店，在书店中，萨利发现大部分书籍都是浪漫推理和科幻类的。利用自己的营销知识，她请到书店老板吃午餐并询问：“什么书好卖，读者想要读什么书，编辑想要什么样的书，哪些书获得的推销力度最大？”

掌握了书店销售和目标读者的相关信息后，萨利报名参加了本地社区大学举办的一个写作班。老师是一名作者。在他的指导下，萨利开始研究推理类型小说。

在开始写第二本书之前。萨利开始在网上查找有关推理的一切信息。萨利加入了两个组织：美国推理作家和 Sisters in Crime。通过 Sisters in Crime 萨利和几个文学作品出版代理人取得了联系。

在网上查看信息时，萨利发现了两个讨论组，有时也被称为新闻组（newsgroups)。在这里萨利可以了解到推理写作方面的最新趋势。她最喜欢的新闻组是根据著名英国作家桃乐丝·赛儿丝命名的桃乐丝。

借助于自身强大的营销从业背景，萨利把书形象地想象为一种将要打入市场的产品。在开发产品前，萨利通过分析 10 本推理小说，进行了广泛的研发（R&D）工作。

利用自己在大学里学到的分析方法，萨利发现了推理小说写作的技巧：隐藏再揭露。按照指导老师的建议，萨利第一本小说的故事背景就选在她非常熟悉的一个地点：远离南加州海岸的一个小岛。由于自己身为女性，熟悉女性的思考模式，所以萨利把第一本书中的主人公也定为女性：侦探、受害者和杀人犯。警察调查不力，为侦探的出马留出了机会。

萨利利用周末和节假日写作。在乘飞机的途中进行修改和编辑。一年以后，萨利已经有了一份手稿。虽然通过 Sisters in Crime 联系到的代理人后来没有成交，但萨利最终还是通过互联网找到了一个代理人。

她把情节大纲和前三章发给代理人，代理人把书卖给了出版商。出版商把电影改编权卖给了电影导演，而萨利则担任影片顾问。萨利的第一本推理小说《德克岛谋杀案》成为了市场上的畅销书，而电影的成功也把萨利带到了好莱坞。

当版税收入足够偿还出版商的预付款时，萨利递交了辞呈。而那个时候，她的第二本书《佳能海滩谋杀案》也已经开始动笔。

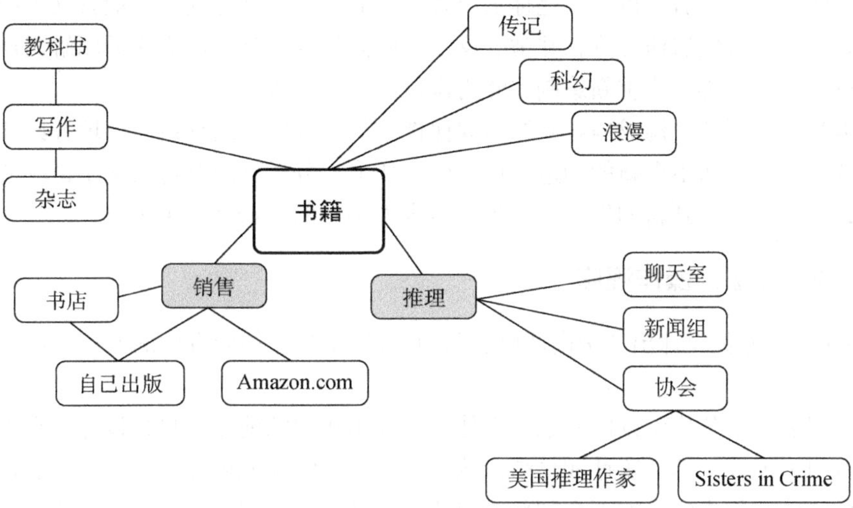

图 8-2 营销人到作家企业家思维图

8.11 头脑风暴法的其他形式

头脑风暴法的合理使用能够更高效地利用团队的智慧，这也就比个人的想法更具有创造性。类似的方法还有由卡尔·格雷高里创造的 7*7 法则，以及川田喜的 KJ 法则，还有兰德公司开创的德尔菲法则。

7*7 法的操作程序为：

（1）确定主持人和与会者。

（2）召开大会，宣布议题，激发所有人的创造力，将创意结果记在提前准备好的卡片上。

（3）分组。把卡片收集到一起并加以分类，通常最多为七组，但也可以少于七组，并标上编号。

（4）排列顺序。按照 CI 设计的创新性、可行性、可识别性等标准将准备好的分组卡片按照重要程度排序。

（5）从各组卡片中选择最关键的七张，再总结出该组卡的内容与提要，并记录在一张卡上，作为前导卡。

（6）重点调查探讨重点卡片，以求得到最有效的创意方法。

KJ 法的操作程序为：

（1）指定大会成员，首先确定会议主持人和与会成员大约在 4 ~ 7 人之间，并指定会议会址，提供黑板、卡片、笔、橡皮擦、回形针、订书机、胶布等物品。

（2）举行大会，公开问题，进行研讨，让大伙畅所欲言，将每个观点分别简短地记录在黑板上。

（3）然后将每个创意都简化成两三句关键语，并记录在卡片上。

（4）将已写好的卡片排列于桌旁，每个与会人须仔细检查内容，依情况分门别类，每类有一张提要性指导卡，内容不能归类的则另置一旁。

（5）按照分类指导卡上的提要，把内容相似的小卡片组再划入到一个组中，再从中提出核心内容，然后填写在大组指导卡上。

（6）根据目前所知的分类学理论，先按照由大到小的次序，把种类卡片用订书机或胶带牢固地编排在同一张纸上。之后，再用铅笔标示出各类卡通内容相互之间的一般含义上的联系。这些图解表现形式更便于我们启迪思维，并举一反三。而假如我们觉得已完成的图解表现形式不甚合理时，则可进行重新分类，或重新编制，并再次以图解形式表示。

（7）对卡片分类图解，构成内容介绍与规律性概括。这些总结材料能够填补以往的疏漏，并从中得到新的启发，从而出现新的创造。也因而，从卡片分类到图解再到文字说明的步骤应该经历数次重复，以求从中得到新的发现，直到产生令人满意的创造性成果为止。

8.12 德尔菲法的操作程序

（1）由 CI 设计人员设计出“函询调研表”，并选取了相关领域方面的专家学者 10~25 名成为函询对象。

（2）将调研表寄给各位函询的专家，由他们在互不相识的前提下自行设计，自由发挥创意。

（3）将调研表加以整理、统计和总结，然后将统计和整理成果连同调研表再次寄交给专家函询者，期待他们能在他人的影响下有创新的想法。这样重复多次，专家们可以通过数据汇总结果不断提高自己的创意。

（4）最后拟出一些评价标准寄送给各位专家学者，请他们对总结出的不同意见作出评价。

（5）通过全面调查，去粗取精，在多数学者趋于一致的建议或某一独到的想法中确定价值与效用的方法。

（6）支付一定的咨询费用，明确知识产权权益。

【实践训练】

【训练 8-1】 头脑风暴游戏

游戏规则和程序：

（1）选择一种东西，例如可以是铅笔或其余一切东西，使他们在一分钟之内想出尽量多的其他用处。

（2）5~7 人为一组，由每组推选出一人记载本组中所想到的点子的数量，在一分钟时间内，选举出本组中最新奇、最疯狂、最有建设性的主意，以点子数最多、最新奇的队伍胜出。

（3）任何人不许有任何的批评意见，只需要考虑设想，而不考虑可行性。想法越古怪越好，鼓励异想天开。

【训练 8-2】 讨论踏青活动方案

春天来了，在学校里要组织一场踏青运动，学生通过头脑风暴法进行了运动计划，内容包括了目标、费用、时间、交通等各方面。由各专业组展开了讨论，并提出了各组的竞赛方案设计。

任务九 默写式智力激励法（635 法）

【课程思政引领】

本任务坚持以学生课程学习体验、学习效果为检验标准，做到“情”“境”统一，“理”“境”结合，让学生通过学习掌握默写式智力激励法，知晓创新思想产生的过程，丰富学识，增长见识，塑造品格，实现全面发展。

【任务探究】

【任务 9】 船长和水手出海

有一位船长和 12 名水手共同驾船出海，船上有充足的粮食和饮用水，船上还携带了 5 只鸭子和 5 只鸡，试问：船长还带着几头羊？采用默写的智力激励方法完成回答，即六人小组，各人在纸条上默写了三个设想，每轮限时五分钟。

【研究交流】

【探讨 9】 什么是默写式智力激励法？

这是一个德国人根据当时国民喜欢思考的特性，提出的一种以笔代口的智力奖励方式。在一次聚会中邀请 6 个人参与，每人先在卡片上默写三种想法，每局费时五分钟，故称“635 法”。由主席提出问题，并向他们发出几张卡片，上面分别带有数字 1、2、3 的编号。在每个想法的下方预留空隙，以方便他们添加一个想法。第一轮，每人首先在卡片上填写自己的三种想法，然后把卡片传给自己右边的人，再思考五分钟。第二轮，根据传过来的别人的想法，在卡片上填写三次自己的想法，然后传给右边的人，再思考五分钟。半小时下来，能够进行意见交换 6 次，共提出 108 个建议。最后打分、筛选。

默写式智力激励法能够避免因有人抢着发言而导致设想遗漏的情况。

【知识梳理】

头脑风暴法确实可以产生自我思考、互相激智的氛围，但也受一定限制。比如有的创造力高的人需要深思，但会议没有此要求；表达好和可能性高的人可能会干扰别人作出的设计；大会上严禁批评意见，虽可让人们保持自由思考，但却难以有效地把如此之多的想法加以评价和集中。于是根据上述缺陷，德国人制定了这种默写式的智力激励法。此法要求：每场大会都必须有 6 个人参与，然后各人在卡片上默写三个想法，每个的限时时间均为五分钟，即所谓默写式的智力激励法（也称作 635 法）。

9.1 默写式智力激励法具体程序

（1）与会的 6 个人在环形会议桌坐好，并在他们的前方摆上一个内有 6 个大格与 18 个小格（每一大格内有三个小格）的大纸条。

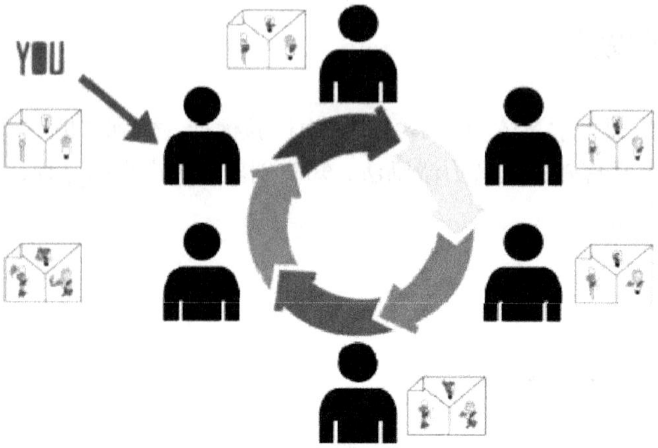

（2）在会议主持人公布会议议题后，要求与会者对问题进行重新说明。

（3）在一次陈述完毕后，便进行计时，规定大家在最初的 5 分钟内，各人在自己前面的白纸上的第一个大格内写出 3 个设想，设想的描述尽可能简明，把每一种设想都写在一个小格内。

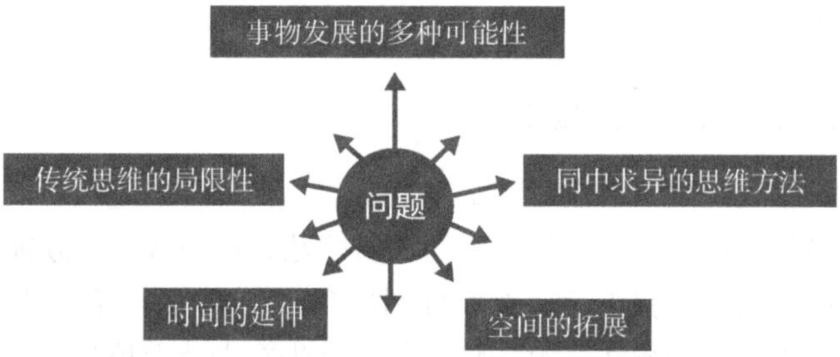

（4）第一个 5 分钟设想完成后，每个人首先把在自己前面的图纸按顺时针（或逆时针）方向传送给右边（或左边）的与会者，在紧接着的第二个 5 分钟内，每个人再在下一个格子里填写自己的另外三个设想；你新提的三种设想，最好是由纸面上已有的设想所引发的，但却又不同于纸面上的或本人所认为的设想。

（5）根据上述方法完成了第三至第六个 5 分钟，总共耗时是 30 分钟，每个纸上写满了 18 个想法，也就是说 6 张纸上总共可以有 108 个想法。

（6）通过整理分析的 108 个设想，找出了正确的先进的求解方法。635 法的优点是能够缓解参与会者因地位、人格的差异而造成的压迫；缺点是由于只有自己听和自己看，方法不全面。

9.2 默写式智力激励法注意事项

- 不能说话，思维活动可自由奔放。
- 由 6 个人一起完成作业，并形成了更高密度的设想。
- 可以参考其他人写在传送到自己面前的卡片上的设想，也可改进或加以利用。

- 不因参加者身份地位上的不同，再加上性格的差别而限制意见的提出。
- 卡片的大小相当于 A4 纸张，在上边画有横线，每个方案都有 3 行，并分别加上 1、2、3 的编号。

9.3 默写式智力激励法案例

【案例 9】 德国奔驰汽车公司

德国的奔驰轿车在国内市场上一向具有不错的口碑，该汽车公司有效地利用 635 法开发自己的品牌。一方面，对未来进一步发展现代汽车向大家提供了许多宝贵的意见和建议，并明确提出了一种以汽车产品“首屈一指”而制胜的研发与国际竞争策略；另一方面，先后产品设计和研发出了“纽尔堡 480”式八缸八座车辆，布尔柴油发动机汽车，直至“梅塞德斯 400”“梅塞德斯 600”等高档汽车。现在奔驰公司所制造的汽车车型，从普通小轿车到 255 吨级特大型载重车，共有 160 多种，3700 多个型号。以技术创新求发展，已形成了当时企业上下的一种通用口号。在征集构想与实施方案的基础上，奔驰公司建立了最完善而便利的售后服务网。这种售后服务网主要包含了两个系统：一是推销服务网，主要遍布于全联邦德国的各大中型城市。在销售时，用户能够看到各种车型的图样，认识到该车的功能特征。在订购时，他们也可以提供自己的产品特点和要求，包括汽车的颜色、空调设备、音响设备，还有汽车智能门锁系统等；二是检修点。该集团在联邦德国一共拥有 1244 个修配点，总职工数约为 506 万人。在德国之外的 151 个城市和地区，奔驰公司一共拥有 3800 多个服务网点。保养员工技术熟练，服务态度热忱，汽车修理效率很快。奔驰轿车一般每行驶 1500 公里就必须检查一次，所有上述服务都可以在当天办妥。一旦车辆的某个零件发生了损坏，修配站点就会积极打电话向客户征求是否要调换的建议，一旦车辆出现了发生意外或在途中故障，驾车的人只需向附近的汽车维修点打个电话，维修点就会立即派人前去修复或把汽车拉回去检修。奔驰汽车有限公司就是根据本国公司的特色运用 635 法，把它变成了全球汽车行业的一个明星企业。

【实践训练】

【训练 9】 默写式智力激励法实操

课堂上安排 6 人小组，由老师负责首先提出问题，再对同学们提出的问题给以说明，接着送给每名同学一个思考卡片，卡片上标明 1、2、3 号，数字中间留出较大的空间，方便填写新的设想。

撰写时，文字务必要简洁。在首个 5 分钟时间内，每人都可以按照议题填报三种想法，之后再将卡片传给右边的朋友。在第二个 5 分钟时间内，每人就能够从其他人所填的想法中获得灵感，之后再填出自己的三种想法，之后再传到右边的朋友，每半小时内就能够传送 6 次，一共就能够有 108 个想法。

任务十 奥斯本检核表法

【课程思政引领】

课程旨在“将创新精神根植到学生头脑中，将创业种子播种到学生心田，将创富素养灌溉到学生血脉中”。本任务蕴含的思政元素是培养同学们学以致用的态度和经世济民的精神，通过奥斯本检核表法的学习提升自身创新技法能力，将来能综合运用商科专业知识，践行“有创新的创业”，实现个人价值、企业价值和社会价值的多元共创。

【任务探究】

【任务 10】 你知道 20 世纪最伟大的发明吗？

有人认为，20 世纪最伟大的发明就是发明了“指导人们如何进行发明的方法”，这个方法就是“奥斯本检核表法”。

【研究交流】

【探讨 10】 什么是奥斯本检核表法？

检核表是由创造技法的奠定人、技术创新过程之父奥斯本先生所提出的一种技术创新方法，这种检核表技法原先仅仅是用作智力激励法的辅助用具，供会议主持人指导发言用。后来人们在实践中发觉，这种表不仅可以对怎么提问题进行说明，而且还能激发和形成巨大的创造力设想，因而逐渐发展为一种创造技法。

奥斯本自身的社会文化水平程度并不高，1938 年，21 岁的他失业了，此时的他可以用穷困潦倒来形容。但他始终未放弃他一直以来的理想，就是做一个受人尊重的媒体记者。为完成自己的理想，他鼓足了勇气，带着自己写的一篇文章去一个小报社应聘。总编问他：“你有多长时间的创作经历？”奥斯本答复说：“只有 3 个月，但是请您先看看我写的文章吧！”总编接过他的文章看了后，摇着头说：“青年，你这篇文章写得不怎样，你既无创作能力，又没有创作技法，文笔也不够流畅。但是你这篇文章也有独到的地方，在内容上也有独到的见解，而这个独到的东西就是创新，这一点就很可贵啊！就凭着这一点，我愿意给你 3 个月的时间试一试。”

奥斯本从此领悟到“创造性”的可贵，知道了自身的优点所在，他立志要做一名有创新能力的人。他反复研究总编给他的厚厚的一沓报纸，还自掏腰包买回了其他各类报纸加以研究对比。当天上班，奥斯本就迫不及待地冲进了总编的工作室，对总编大声说：“总编，我有一种新的想法。”总编瞪大眼睛，看着这位毛头小伙子。他不顾总编的动作，按照自己的想法说下去：“广告宣传是报纸的生命线，我们无法与各大报社争夺大公司的广告宣传，而小公司、小企业也做不了大广告的宣传，他们又急需把自己的企业或商品告知更多的人，我们何不创作条头广告宣传，以较低的报酬适应这一阶层商业者的需求呢？”总编说：“真不错！这真是一种了不起的想法！”这也就是现在报纸中所广泛采用的，一条接着一条的分类广告宣传方式。奥斯然保持着每日提出一项创造性的设想，两年后，这家小报社便变成了一家实力雄厚的报业托拉斯，而奥斯本自己也成为了在该报业公司中占有着较多股份的副董事长。

【知识梳理】

10.1　奥斯本检核表法的概念

该法共有 9 项提问。对选定的研究对象，可逐项提问，也可在九项中，有选择地提问，进行综合思考，从而发展出相关的新消息、新构想。由于这个办法广泛应用于各种形式和场所中的创造性实践活动，故被誉为“创造技法之母”。许多艺术创造技法，都是在“检核表法”的基础上逐渐发展起来的。如果学会了运用检核表法，创作思路就会变得十分开阔。下面列出了 9 项检核提问：

1. 能否做任何使用，或改装后仍可作任何使用？

（1）灯泡，除了日常照明以外，还可用于烘烤箱。

（2）电熨斗，改造一下可以烙饼。

（3）砖头，可以抠成电炉盘。

（4）报纸，被改造成为锅用于烧水；也用来制作铅笔。

2. 能否从别处获得灵感，能否借鉴别处的经验或方法？

（1）在摩托车中所采用的前悬挂体系，来源于飞机的起落架。

（2）方便米线、方便米饭、方便羊肉泡面，都是从方便面那里学来的。

3. 是否由变化而得到新品？变化主要有：形式、运动、轮廓、色彩、数量、形状、颜色、味道、声音、意义、动力等。

（1）电炉→电热毯。

（2）普通汽车→太阳能汽车。

（3）改变头发的颜色。

（4）米多尼有限公司也曾特意制造过“创可贴”，但不久后仿冒的产品就蜂拥而至。公司老板经历了一番苦思，觉得产品质量已经很好了，没有必要再改进，想要吸引新顾客，就应该在产品色标上不断下功夫。于是一改古老的肉色，使用了色彩鲜艳的桃红、天蓝、翠绿等一些花哨色彩，还在其中印上了不少幽默的字句，又把图形切割成了心形、五角星形、十字形、扇形等吸引人的图形。新产品一上市就受到了大多数人的喜爱，就连小孩即便没有伤口也要贴上两贴——因为好玩。

4. 是否扩展？功用、持续时间、频次、稳定性、高度、周长、厚度、价值、材料等项目均可添加，可添加、附带哪些，范围可否扩展？

（1）牙膏添加药物。

（2）美国电影《金刚》中的主人公，是一个比普通人还要大上几十倍高的大猩猩，而这个“扩大一下”的创造满足了当时人们对于怪物的好奇，使得电影风靡一时。

（3）比利时科学家通过将人的基因插入了油菜的遗传细胞内，将原来在人脑细胞内只有少量形成的天然止痛基因——大脑腓肽编码到了油菜内而大量形成，使油菜变成了药用植物。

（4）煤气是一种完全没有气味的气体，一旦煤气泄漏了，一般人也是闻不出的，而且非常危险。那我们该如何消除这个隐患呢？也就是说想要闻出煤气是否泄漏可以用什么办法，假如再增加一种人能够闻出来的气味，要加什么气味呢？乙硫醇是吉尼斯世界纪录中收录的最臭的物质，当空气中仅含五百亿分之一的乙硫醇时其臭味就可嗅到。所以，如果把极微量的“乙硫醇”掺入到煤气中，就能够闻出煤气是不是有泄漏。

（5）当今世界上最大的手表。瑞士钟表匠们曾将全球上最大的手表，高悬在德国法兰克福市的法兰克福银行的外墙上。手表重量为三十吨，直径为十六点三米，总表带长为一百四十二米，也就是说比百米跑道还要长一些，它不但让成千上万的人们都能够看清时间，并且还以它那雄伟高大的形体，显示了该国手表业高超的技术。

5. 如何进行减少？比如：减少数量、减小规格、降低比重、浓缩、微型化、省略、分割、内装等。

（1）台式电脑体积大，携带不便，将其改造缩小成笔记本电脑。

（2）中国的留美学生李文杰于一九九二年，在美国加利福尼亚大学成功发明了当时世界上最小的电池，只能在显微镜下才能够发现，重量只有人体红细胞的 1%。以“缩小”为目标的研究或创新，往往具有其本身的特殊性。

（3）瑞士小提琴制造家史奈德精心制作的袖珍琴，直径仅仅 3.3 厘米。1992 年 10 月 18 日，美国的著名小提琴家史兹克斯在维也纳的演出中使用，轰动一时。

（4）在阿根廷，人们利用转基因方法成功培育了出身高 67 公分、体重 45 公斤、2 岁的“袖珍牛”，并正式和人们见面。此外，还培育出了矮种马、驴、绵羊、山羊等。

（5）对机械生产微缩化的创新、创造，是今后重要的技术发展方向。最初的复印机有大衣柜大，但现在复印机只是小学生字典那么大，也能够装进口袋。1988 年，美国加州大学伯克利分校制作出了孔径 60 微米的电机，转子比头发丝还细。在美国微小机器讲座会议上播放录像时，引起了全场轰动，全美自此兴起了一股研究微小机器的风潮。接着日本政府也闻风而动，1991 年，一家企业成功地运用微小零部件装配成了一台米粒大小的车辆；有的研究所造出了孔径 1~2 毫米的静电电动机，以及能在核电站曲折管线内为寻找裂纹的微型爬行机器人，孔径也只是 5.5 毫米。而德国科研人员则成功制作出了可自动升空的如黄蜂般大小的直升机，机内有肉眼看不到的马达。中国也造出了孔径仅为 200 微米的微型电动机。微型机电产品在当前大多用作医疗，如在胃肠等重要脏器内完成了检查、分类、治疗、上药、清洗等任务。

（6）要是把羽毛球一边的羽毛都剪去一些（减小范围、减小宽度），结果会怎样？打这种羽毛球你就会知道，球还能转动，这样就提高了羽毛球在空中时的安全性和稳定性，也增强了抗风性能。羽毛球为什么还能转动呢？那是因为羽毛不对称了。

（7）法国有位童衣设计者考虑到孩子的身子长得很快，这件衣物穿了半年就嫌太小，可衣服却还很好，扔掉就很可惜。于是设计者们想着可以把童装设计得大一点，并且在那些重要的部分设计可活动的收缩，当衣物穿到嫌小时，可把它们收缩的区域拆开，衣物也就变大了。于是这样的童装设计深受父母们的喜爱。

6. 是否用别的物质取代，是否用其他物质、方法、工艺、能源、材料等取代？

（1）木筷可用竹子、塑料等筷代替。

（2）金、钻石、珍珠等价格较昂贵，可以镀金、仿真首饰等替代。

（3）传统铅字印刷用的是一个一个铅字排版，费工费时，所以工作效率也很低，而且占据了很大空间，所以排版难度也很大。有别的方法可以替代吗？也正是出于这些原因，由两院院士王选创立的“电脑汉字激光照排”印制术，完全取代了传统的铅字排版印刷，这同时也是一场印制革命。

（4）粮食可以用什么代替？——这里的粮食也可以指海藻。在近海区域天然生成的海藻，年产量相当于目前全球小麦产量的 15 倍以上。一公顷水域的海藻，经处理后可得到大约 20 吨蛋白质、各种维生素和人类所需要的矿物质，相当于大约 40 公顷的土地生产的大豆。如果海水“可耕”范围是土地的 15 倍之上，海水将会成为人类的“第二粮仓”。

（5）白木耳最初是生长在腐木上的，但人们后来用椴树代替腐木栽培也取得了良好的成果。后来，在福建省古田县又用瓶装的锯末代替椴木，用桶栽培了白木耳，结果其产量比用椴木栽培的时候增加了 15~20 倍。1979 年，一位青年农民应邀去上海市介绍桶栽白木耳的方法，可是当时的上海木材还很短缺，于是就用了棉花秆的碎屑加以试验，结果用时 35 ~ 40 日，同样长出了雪白的白木耳——一次又一次的代替。

（6）用塑胶代替粘土。铅笔的铅芯就是由石墨粉加上粘土搅匀后所制作而成。粘土的主要作用是粘结石墨粉。但因为粘土在烧结时产生脆性，所以铅芯的直径也不能小于 1 微米。可在制作细芯时该怎么办呢？当然是不能用粘土的，最后用塑胶取代了粘土，孔径也可达 0.3~0.5 微米。

（7）肉上加盖检验章的印泥可有替代品？每个经过检验的猪肉（包含牛羊肉）都会加盖上蓝色印泥的检验印章。但我们在买回肉类后，会将上面盖着钢印的那部分肉切下来丢弃，在很大范围内来说，这是一个巨大的浪费。能不能用可以食用的植物色素来取代呢？这是一个问题。通过不断探索，最终用甜菜汁来取代原色素，并生产出了无毒的可食用印泥。

（8）口香糖的原胶还能用什么东西来替代吗？二战后日本从美国进口口香糖，当时的口香糖很受日本少女们的欢迎。这让大阪一家食品公司看到了商机，要是日本人自己也能制造出这种口香糖，销路一定很好。于是就找来了百科大全，其中写道：“口香糖就是在橡胶液中加白糖、薄荷的一类富有弹力的食物。”可是，怎么都找不到这种可以制作口香糖的橡胶。但人们很快就抓住了橡胶的高弹性这一特点，寻找可以替代的物质。当时，日本有一个企业正在制造乙烯树脂，其液态酷似橡胶溶液。于是经理灵机一动，就用乙烯溶液替代了橡胶溶液，成功研制出了日本式的口香糖，并迅速销往世界各地。

（9）2000 年，英国研发了世界上首款全塑料坦克。以树脂和玻璃钢取代由钢材制成的外壳，这种坦克因为轻便，利于飞机携带，同时也能够起到躲避雷达探测的作用。

（10）用石块取代不锈钢制成表壳，这是瑞士钟表的革新。尽管费用相对较贵，但仍然倍受欢迎。材料移植技术仍是今后技术创新的一项重点。

7. 如何进行调整？如：顺序、布局、尺寸、价格、元件、性能、程序、连接、位置、因果关系等。重新安排常常能产生出其不意的创新思想，“田忌赛马”便是例子。

（1）汽车喇叭的按钮最初安装在方向盘的中心位置，但后来改装到了方向盘底部的圆周处；

（2）早期的飞机螺旋桨都布置在机头，而安置在上面后就有了直升机；

（3）商店变更节假日的营业时间和橱窗布置，以增加销售量；

（4）因为中国最初的鞋号都是外国传入的，不符国人的脚型，所以重新创编了鞋号，才使鞋更合脚。

8. 是不是应该倒置呢？从逆向的角度重新考虑，左右、前后、左右、前后、正反等，也是一种逆向思维。比如司马光砸缸事件，是逆向思维。更多的例子见后面“逆向创造技法”。

9. 是否可以组合？

（1）铅笔与橡皮的组合。

（2）把不同金属结合在一起，就变成了性能完全不同的金属合金。

（3）几种材料结合在一起就会成为一种新的复合材料。

（4）多个企业结合在一起所形成的横向联盟。

（5）把望远镜与红外测距仪、电子罗盘结合在一块，就形成了望远镜定距仪。

检核表法是从多个主要方面提问，强制思索，实质上是一门多元逻辑思维的方法，需要人类学习从多角度、多侧面、多渠道地看待、探讨问题。检核表法，总体来说只是强调了一个“变”字。

10.2 奥斯本检核表法的价值

（1）避免思想的懒惰。思维懒惰主要因为学习和适应了之后，在解决问题的时候，并没有去进行思考，而仅仅是把头脑中现有的知识重新拿过来。这就是由于在这个环境里，你已经进入了一种思维的舒适区。在这种思维舒适区内过的时间越久，思维就发展得越慢。奥斯本的考核表法给出了 9 个方面去影响自己的思维，使你逐渐地离开自己的思维舒适区域，让你去反思与改进，从而避免思想懒惰。

（2）突破思维定式。所谓的思维定式，是指人们通过长时间累积的思维行为经验教训和已有的思维规则，在不断运用中而形成的比较稳定的、定型化了的习惯思维。在环境因素没有改变的前提下，思维定式的人能够利用自己熟悉的思维方式迅速地解决。但当环境条件发生变化时，它又会阻碍人运用新的办法。消极的思维定式，是禁锢创新思想的桎梏。而奥斯本检核表法总共包括了 9 个维度的 75 个问题，将有助于我们打破思维定式，从而启迪我们的创造力。

（3）创造思想自信心。创造性思维自信心是指坚信自身能够改造周遭的整个世界，具有思想创造性自信心的人将会有很强的自我效能感，坚信自身有创造力，并且勇于挑战受挫和错误。IDEO 创办人大卫·凯利曾谈到，他的目标便是期望通过帮助人们提高创造性自信心，进而改变世界。因为在创新的流程中，许多人都不情愿或者不知怎样提出高质量的问题，也惧怕因为提问问题错了被人笑话，而奥斯本检核表法就给出了正确咨询的问题清单，可以有效地协助人类冲破不情愿提出问题不会提出问题的障碍，进而协助人类培养询问、思索、想象和创新思考自信心。

10.3 奥斯本检核表法的应用

奥斯本检核书总共有 9 类 75 个问题，能够启发人们提出和思考问题，让思考沿着正面、侧面、逆向和纵向拓展起来。但是，它的侧重点只在于培养思考问题的方式，而不是方法，核心是启发和培养思考的技巧。

奥斯本检核表法的三个实施步骤：

第一步：明确问题。根据创新对象明确需要解决的问题。

第二步：检核探究。针对要破解的难题，根据书中提出的难题，利用丰富想象力，强制性地一个个进行探究，写出新思路。

第三步：筛查与评估。对最新设计加以筛查，并将最有艺术价值和创造性的设计甄选出来。

【案例 10-1】 手电筒的检核（见表 10-1）

表 10-1　案例 10-1

序号	检核项目	创造性设想
1	能否他用	其他用途：信号灯、装饰灯
2	能否借用	增加功能：加大反光罩，增加灯泡亮度
3	能否改变	改一改：改灯罩、改小电珠和用彩色电珠等
4	能否扩大	延长使用寿命：使用节电、降压开关
5	能否缩小	缩小体积：1 号电池→2 号电池→5 号电池→7 号电池→8 号电池→钮扣电池
6	能否替代	代用：用发光两极管代小电珠
7	能否调整	换型号：两节电池直排、横排、改变式样
8	能否颠倒	反过来想：不用干电池的手电筒，用磁电机发电
9	能否组合	与其他组合：带手电收音机、带手电的手机等

【案例 10-2】 电扇的检核（见表 10-2）

表 10-2　案例 10-2

序号	检核类别	创造性设想
1	能否他用	1. 湿气干燥装置
		2. 吸气除尘装置
		3. 风洞试验装置
2	能否借用	1. 仿古电扇
		2. 借用压电陶瓷制成的无翼电扇
3	能否扩大	1. 可吹出冷风的电扇
		2. 可吹出热风的电扇
		3. 驱纹电扇
4	能否缩小	1. 微型吊扇
		2. 直流电微型电扇
		3. 太阳能微型电扇
5	能否改变	1. 方形电扇
		2. 立柱形电扇
		3. 其他外形奇异的电扇
6	能否代用	1. 玻璃纤维风叶的电扇
		2. 遥控电扇
		3. 定时电扇
		4. 声控或光控电扇

续表 10-2

序号	检核类别	创造性设想
7	能否调整	1. 模拟自然风的电扇
		2. 保健电扇
8	能否颠倒	1. 利用转栅改变送风方向的电扇
		2. 全方位风向的电扇
9	能否组合	1. 带灯电扇
		2. 带负离子发生器的电扇
		3. 对转风叶的电扇

【案例 10-3】 水龙头的检核（见表 10-3）

表 10-3　案例 10-3

序号	检核项目	创造性设想
1	能否他用	作为照明装置使用，带有 LED 装饰灯的水龙头。利用水流自动发电，不需要安装电池
2	能否借用	借助智能感应技术的智能水龙头。智能感应天气温度自动调节水温
3	能否改变	水流可以自由调整出水量，更换不同的档位来控制不同的水流量
4	能否扩大	水龙头可以放音乐，当水从水龙头里流出的时候，就会有悠扬的音乐
5	能否缩小	方便化可折叠的水龙头。通过机械关节，可延伸，可调整的水龙头
6	能否替代	材料替代以钢、铜、石、竹、木、骨等材料制作，增加抗摔、耐磨性，更加结实、轻便
7	能否调整	将毛巾架与水龙头整合在一块，很好地解决了空间利用率的问题
8	能否颠倒	位置颠倒，拥有向上、向下两个出水口。按钮切换，让水朝上涌出，直接将嘴凑上去就能漱口。还可以用这个水龙头冲洗我们的脸
9	能否组合	与饮水机、净化器组合水龙头还配有一种独特的三通道技术，在传统的热水和冷水通路之外增加了一个净化水通道，从而获得可以直接饮用的纯净水

10.4　检核表法的实施过程注意事项

（1）检查不疏漏。必须结合具体情况一个一个地加以核检，绝对不能有疏漏。

（2）多检核。再多核检一遍，结果会更佳，或许能更正确地判断出所要研究、开发的领域。

（3）多创思考。在检查考察每项知识后，可以尽量地调动自己的想象力和联想性，形成较强的创新思路。在检索问题中，最好把一个专业课程问题当成一个独立的创新思考来使用。核检时间也可以根据需求，单一人核检也可以，3～8 人的集体核检也可以。而且集体核检能够相互启发，形成思维风暴。

【实践训练】

【训练 10】 奥斯本检核表法训练作业

1. 针对检核表中的每一个问题，具体回答了下列提问：

（1）一个烧开水的水壶还有其他的用法吗？

（2）为减少强度，钳工手虎钳时可否借鉴别的技艺？

（3）手风琴上有一条大的箱，背着很沉重，能把结构减轻些吗？

（4）自行车可以扩大吗？

（5）在没有改变演奏功能的情况下，怎么把一个一米高的电子琴装进一个不大的手提袋里，而变成一种手提电子琴？

（6）纽扣可用什么代替？

（7）每天的作息时间会有一个重新的调整吗？

（8）普通热水瓶可以颠倒吗？

（9）帽子可以和什么东西组合在一起？

2. 从下列商品中，选取一件商品，列表用检核表法逐项询问（不强求一律作答），以推出产品或提出新的建议。商品命名说明为：笔、刷子、小锤、锅、电灯、镜子、糖果、菜谱、玻璃杯。

任务十一　5W2H 提问法

【课程思政引领】

本任务以学生为中心，通过情景式、启发式、探究式教学方法，掌握经典的创新技法——5W2H提问法，基于专业实践的创新技法训练，培养学生开拓进取的创新精神、坚持不懈、求真务实的创业精神，同时培养学生的家国情怀，树立科技自信、文化自信。

【任务探究】

【任务 11】　有什么方法能使人思维缜密？

老板给你交代了一个任务：推动公司内不温不火的“前员工俱乐部”的运作。你在接受任务时，就将“前职工俱乐部”六个词字画在思考导图上，接下来就脑海中一片空白，不知道从哪里着手了。你就将李雷叫来：“你就给我研究前职工俱乐部的情况吧。”他就带着任务离开了。

三天以后，上司说你，你催李雷。他就回答：“哦，这么着急呢？我现在就去！”你边吐血边回忆着，你居然没有交代李雷在何时反馈。为什么现在会变成这样呢？平日里逻辑思维貌似非常严谨的你，怎么就会“一片空白，一口鲜血”呢？逻辑思维缜密，是一个很难定义的概念。事物都做完了吗？一样了吧。什么样叫“一样了”？很难定义，而且非常容易出错，极易疏忽。而要使思考更严谨，就需要一种“步骤化、流程化”的思维方法：5W2H。

【研究交流】

【探讨 11】　什么是 5W2H 提问法？

5W2H，是指在英文中最常见的七个问题：Why（为什么）、What（是什么）、Where（在何处）、When（在何时）、Who（由谁做）、How（怎么做）和 How Much（要多少）的简写。将这七个问题放在一起问，确实能够帮助你弥补思考问题的疏漏。

举个例子。“韩梅梅，把这份报告复印一下。”这句话缜密吗？这就需要弄清楚几个问题，复印几份呢，哪个时间要呢，复印完将报告交到哪里呢？用 5W2H 法重新整理一次。Who 是谁？韩梅梅；做 What？复印报告；How 去做呢？用高品质复印；When 给你？下班前；交到 Where？总经理室；复印 How Many？2 份；Why 这么做？给客户做参考。重新整理一次，你应该这么说：“韩梅梅，请将这份报表复印 2 份，在下班以前送到董事长工作室送给董事长。请注意复印的品质，因为这份报表总经理需要带给用户使用。”这样是不是就缜密多了呢？

5W2H 法，也可以叫做“七何解析法”，因为它的“步骤化、过程化”，就像是医师手上的“检测板”，能够根据不同病情，一项项打钩：降压，达标；心率，达标；血糖，达标。他立刻收起了检查板，并笑着对病人说：你已经康复得很好，马上就可以出院了。但在现代的社会中，许多人的思维都像飘在天上的一朵白云，叫做“不知所云”。你说“具体一些”，他又给你描绘出另一朵“不知所云”。你说“再具体一点”，但他就是无法化云为雨，把想法落地，这其实就是因为，他从来没有“步骤化、流程化”地用“5W2H”检查板，对自己的想法一项项打钩。

【知识梳理】

11.1 5W2H 提问法的含义

5W2H 法是由美国陆军所首创，它主要从以下 7 个方面作检查提问：

（1）Who——谁？

（2）When——何时？

（3）Where——何地？

（4）What——做什么？

（5）Why——何故？

（6）How to——怎样？

（7）How much——多少？

做过任何一件事情，或对任一现有的事物，都应该通过 5W2H 提问，以找到问题，解决或加以改善。

先看几个简单的例子，例如用筹划一次请客后吃饭的初步说明：

（1）Why——为什么要请客吃饭？

（2）Who——请哪些人？

（3）When——定在什么时间？

（4）Where——定在什么地方？

（5）What——吃什么？

（6）How much——打算花多少钱？

（7）How to——如何交流？

这里的每一问，往往都会涉及这样那样的情况而需要进行筹措、协调，以便解决。但随着问题内容特点的差异，不一定完全提问，每一问的内容也可能有所不同。如：When——问题是何时完成，或何时完成，或在何时销售。如果对哪一问的回答无法满意，则表明有缺陷，就必须据此进行研究，解决问题，以得到新的答案。

11.2 5W2H 提问法的重要性

在发明工作上，对问题不敏锐，看不出毛病，是和平时所不擅长有密切联系的。但对这个问题追根刨底，还是有机会看到新发现的东西和问题。但是从根本上讲，学习提出问题就必须要懂得问题，善用问题。而阻碍提出的主要原因，一是怕问题太多，而被其他人认为是啥都不会的傻瓜；二是随着年龄和认识的增加，对提出问题的热情也越来越淡薄。一旦提出问题没有回应和支持，反而被人嘲笑，于是在人的潜意识中便产生了这个观点：爱发问、好挑毛病的人便是扰乱了他人的讨厌鬼，所以尽量紧闭双唇，不说、不问，但这却又恰恰限制着人的创造性发展。

11.3 5W2H 提问法的优势

只要现有的做法或产物在通过了 7 种主要问题的审查后已无懈可击，便可认定这一做法或产物可取。但只要在 7 种主要问题中仍有一项回答未能让人满足，则说明在这方面仍有进步余地。只要企业哪个地方的答复有独创的优势，则能够放大原企业在这方面的作用。即新企业不但弥补了原企业的不足，还能够放大原企业特有优势的作用。

（1）能够更精确定义、清晰表述问题，从而提高了工作效率。

（2）准确把握事情的实质，完整地把握了事情的主骨架，将事情“打回原形”。

（3）文字简洁、便利，容易了解、应用，具有启迪作用。

（4）有助于提高思维的条理性，并避免产生盲目性。能够全面思考问题，从而防止在流程建设时遗漏问题。

【案例 11-1】 人工养殖珍珠

人工养殖的珠子开始成功率很低，贝极易死去，或将贝里放入沙土后，不长珠子。这就要求发明者通过分析人工养殖珍珠的流程找出错误的症结。通过运用 5W2H 法，就能够有效协助人类把提问范围减小到以下几种方面，再分别加以研究解决。

第一，What：放东西的话，贝壳不会轻易死掉呢？放沙子也不行吗，放裹着贝肉的小贝壳粒是否会更好一点？

第二，When：在那个时候往贝里放东西最易成功呢，贝长到怎样大小时最适宜来养珍珠，在一天中的哪个时间里来处理这个事情效果最佳呢？

第三，Where：将用贝肉包裹着的贝壳粒放到贝的哪一侧最好？

第四，How to：如何使贝张开口，放进去之后该如何养殖？根据上述课题可制定出若干方法，经过分类实验评估后，可以找出最优化方法，从而产生了一种新的方法。

【案例 11-2】 建设机械加工厂

某学院要建一个机械加工厂，通过运用 5W2H 法来检查其中存在的问题和优势。

第一，Why：为何要在学校建机械加工厂？第一是为了提高学生的生产实践技能，以提高专业课程教学水平，同时也为几个工程系节约了毕业生的外出实习时间。

第二，What：做什么用？一般用作学生的实习，也可对外开放对外服务，也可从事研究测试，开发新产品。

第三，Who：谁在使用？学生、职工、教师、技术人员或对外服务。

第四，When：何时应用？越早投入应用，对学生学校越有利，除学生实习期间之外，其他时期可以开展工业生产、科学研究，开发新产品等活动。

第五，Where：建筑在哪个位置？可建筑在学院内，但应避免直接影响课堂、科学或实验等活动，要远离课堂和试验室，并充分考虑学校附近的自然环境，如风向等。

第六，How much：投资多少？这需要考察工厂规模，机器设备数量，员工安排等。

第七，How to：怎样进行？在得知我校经费、负责人意愿，通过调研后提交了申请书，通过多年不懈努力，学校领导最终同意了建立机器工厂的请求。

【案例 11-3】 机场小卖部

企业管理领域的实际应用。某公司在机场候机厅二楼设有小卖部，但业务惨淡。公司管理人员采用 5W2H 方法查出了问题所在，结果发现在 Who、Where、When 三个部分都出现错误。

第一，Who：客人是谁？当然来往的旅客就是顾客，但旅客到一层就上了车，没有到二层的人，到二层的就是接送旅客的人，但也不能去吃东西。

第二，Where：小卖部设在何处？原来，旅客经海关检查之后，一般都从一楼通行离去，所以，应将小卖部设在乘客的道路边。

第三，When：客人在何时购买？由于旅客一般只是在携带行李到海关总署检验后，才有闲情光顾小卖部，并在上海国际空港的临登机前再搬运行李，这就从时间上限制了旅客购买。由此可见，小卖部生意较差的主要原因就是：①没有人将旅客带来浏览商品；②小卖部的位置远离了旅客；③客人没有购买的时间。针对以上三点，改进办法为：让客人当主顾，改善海关检查的航线和行李运输手段，小卖部生意才逐渐变得兴隆起来。

【案例 11-4】 学校小吃部

某中学校园内有一家小吃部，由于生意冷清，刚招聘的一名钟点工被解雇了，有一位学员就用学过的 5W2H 法为老板分析原因。

Who：小吃部的顾客是谁？当然主要是以学生为主。

Where：小吃部的地理位置究竟怎么样呢？是许多学生上下课的必经之处，具有一定区位优越性。

When：什么时候吃饭？过来吃饭的基本上都是学生，所以大多都是以正常吃饭时间为主，但同样的，也要考虑到有些学生现在是全天有课的情况，有一部分学生肯定会错开正常的吃饭时间。

What：学生想吃什么？针对学生的需要，小吃和快餐更合适小吃部。

Why：他们为啥要在小吃部吃饭啊？因为学校饭不好吃；因为错过了食堂开饭时间；要改变下伙食。

How to：怎样做最方便学生们吃饭？要确保学生们随时随地都可以品尝上美味菜肴。

How much：如何做到物美价廉？小吃部的饭菜价格一定要符合学生的消费水平，且价格也不宜定得太高，要做到薄利多销。

通过对 5W2H 法的研究，可以归纳得出小吃部在下列四个方面的基本问题：

- When（何时）。
- What（吃什么）。
- How to（怎样便利）。
- How much（多少钱）。

由此可见生意冷淡的原因是：

（1）小吃部经营时间未能顾及到课程的安排。

（2）经营品种单一，品味不独特。

（3）学生没有感觉到优惠便利。

（4）价格也偏高。

针对这些原因，提出改进措施如下：

（1）全天营业，学生随到随吃。

（2）以风味小吃和快餐为主。

（3）累积消费，对餐费进行累计，到一定数额时可以返优惠券。

（4）做到物美便宜，让学生感觉到优惠。

改进后，小吃部生意也变得红火起来。

【实践训练】

奥斯本检核表法训练作业

【训练 11-1】 应用 5W2H 法对假期打工做一次准备。

【训练 11-2】 应用 5W2H 法对假期旅行做好一次规划。

【训练 11-3】 学校如何节电？

任务十二　和田十二法

【课程思政引领】

本任务以“课程双创、实践育人”为思政教学目标，将和田十二法技能的培养贯穿到每一个环节，引导学生阅读习近平总书记关于创新创业的论述，激励学生追求远大理想，树立崇高信念，敢于创新创业，并为此矢志不渝地去努力。

【任务探究】

【任务 12】 如何设计款式

作为一名服装设计师，在工作中经常会遇到甲方说款式太老，太相似，不够创新，设计款式经常会遇到瓶颈期。那么该怎样突破创新呢？和田十二法很有用，希望你学完后有所收获。

【研究交流】

【探讨 12】 什么是和田十二法

和田十二法，又叫做”和田创新法则”（和田技术创新十二个法则），是指我们在认知、掌握了一个事物以后，再进行分析。和田十二法是由中国的著名科学家许建言、张福奎等在奥斯本检核表基础上，运用其基本原则所作出的革新而产生的一种科学思考方法。它既是对奥斯本检核表方法的一个延续，又是一项重要的科学创新。例如，它的“联一联”，“定一定”等，便是一个重大创新。而且，这种方法也更加通俗易懂，易于推行。

【知识梳理】

12.1　和田十二法具体内容

“和田十二法”是中国上海闸北区和田路小学的发明创造项目。该学校自 1979 年开始，就关注于中小学生的创新能力的训练，目前学校已经组建了 9 个小组的队伍，共有大约 200 名中小学生参赛。全校学生所创作的新科技产品共有 3000 件以上，有的已被学生实践并运用，有的则已变现成产品。而上海的一些专家教授，根据孩子们在发明创造的过程中所运用的技巧，归纳并整理为 12 类，所以叫做“和田十二法”，又称“十二种聪明方法”。

1. 加一加

它就是把一个东西再扩大一些，加强一点，又或是把东西再增添多一些，在形状上、作用上、大小上都发生了改变，并进行创新。比如把收录机的喇叭扩大了一点，再加一个电唱机，就变成音频装置；把载重车拉长了一些，就变成长平板车，能够承载超长物体；把火车车辆再提高了一级，就变成双层列车，大大增大了运载量；再把篮球架变成三面篮板的多面投篮架，依此类推，就是“卷笔套+橡皮+毛刷”的多功能卷笔帽，既能卷笔，也能擦字迹，还能扫垃圾。

2. 减一减

它和“加一加”相反，将一个东西缩小一些，减少一些，再减低一些，以此类推。例如将电器元件改为集成件；将大小不同的镜片缩小，设计成贴在眼睛上的小隐形镜片；将原来钢架帆布篷换成了充气的塑胶帐篷，重量也大为降低；将篮球架减短了一些，篮筐也缩小了一些，可给幼儿园小朋友投篮时使用；降低建筑材料密度，生产高强度的轻型建筑材料等。

3. 扩一扩

就是把某个物体放大一些，再放宽一些，以使作用上发生很大改变。如把一般影院屏幕增加为宽屏幕；把一般电视节目增加为投影电视节目；增加布匹门幅或宽幅布；个人沙发也可以扩展成双人、三人座的沙发；把载重汽车驾驶室内的单排座位扩展成双排，以便于让货运人员乘坐车辆；把天桥、道路等扩展，以适应拥堵的城市。当一些新技术发明、创新或取得成功后，就应该扩展并使用于社会各领域，如把激光技术应用于机械加工、医学治疗、计量以至军工上，就可能取得新的经济效益。

4. 缩一缩

就是使某个东西的体积减小一些，便于携带。如挤压蛋糕、浓缩水果、袖珍词典、袖珍收音机；将伞柄的一节变成二、三节后，再进行紧缩；将排球架缩一缩后变成升降式排球架，既适合于成人使用，也适合于中小学生使用；在影片、电视剧等的制作中，也采用了紧缩后的微景模拟真实场面；在报刊资料出版时的缩印本中，也都是使用缩一缩的方法。

5. 变一变

它是使同一种东西改变造型、形状、色彩、音响、风味等，可让人产生一个新感受。许多的新式产品就是运用的这种工艺，也因为每年月都在不断改变，不断地满足现代人的需要，如服装的布料色彩、款式、颜色、造型等千变万化，在不断地改变；圆珠笔由圆球变成六边形、三角状等，由单色变成双色；而糕点则由奶油味发展出果味、新鲜蔬果味道等不同口味变化，以满足不同人的品味和人们需求的变化；电视机由凸形轴肩处方式改为水平直角型、纯平型，将普通音响改为立体声，提高影音效率。在思想工作方面，由于时间的变迁，人类思想的变化，宣传方式也应该随之改变。

6. 改一改

它是对一个物体原有外形、构造、特性的修改，使之出现了新的外形、新的特性。而现在商品不断更新换代，正是采用这个方式而取得的结果。如钟表由机械的改为石英电子的，由指针式改为数学表示式；电话机也由拨环式改为按琴键式，并增添了各种机能；音乐收录机也由单卡改双卡，并从单机性能改为多用途。由于现代科学技术的蓬勃发展，设备向智能化、简易化、轻巧化、高效化、实用性化、优美化等目标进步，并持续地创造出新的品种。

7. 联一联

它就是把某个东西与其他物品相结合起来的。它与加不加具有同样作用，但也有区别，因为它通常有多重作用，各种功能的相互拼合、组合。在实际生产中，把洗衣机与脱水机等相结合起来，形成了具有双重作用的套筒洗衣机系统；把大衣柜、五斗橱、梳妆台、杂物箱等系统相结合起来，构成了组合式家俱；把收音、开放、录音、电唱等系统相结合起来，形成了具有多用途的组合音响装置；大中型水利枢纽工程都是由不同作用的大坝、泄洪渠道、发电、船闸等系统工程相结合而成的，举世闻名的中国都江堰市都江堰工程建设，便是由“鱼嘴”分水坝、“飞沙堰”溢洪道和“宝瓶口”导流口三个系统工程串联而构成；在传统中医诊断中，对患者应望、问、闻、切、察等各种方式相结合；对伤科患者，则常常结合应用汤药、热敷、针灸、火罐、推拿治疗等各种诊断手段，方能获得明显效果。

8. 学一学

它是通过学习模仿别的东西、物体的造型、构造、颜色、性能、尺寸、作用原理等而进行创新的。如前述的升降篮球架，正是通过仿照落地电扇能升降的特性创新；还有模仿实物制作出了各种游戏轿车、游戏工具、游戏动物；模仿了立鹤尖口衔物的特点，制作出了立鹤式的美观实用简单的牙签盒；结合了电源插座等安全的特性，从而创造了安全电源插座。但只有勤于思考探究，勇于向他物学习，从别人经验中获取启迪，才可以进行技术创新。

9. 代一代

它指取代的方式，涵盖了在生产、应用上普遍存在着的材料的替换使用、新技术的替换使用等。如用树脂或玻璃钢材料取代金属，用铝合金窗取代玻璃钢门窗，用电子计算机取代算盘，用不锈钢材料烹饪器具取代铝合金烹饪器具等；以集装箱运输代替了散装物品。而经过“代一代”，人类以领先的替代滞后的，以创新的替代陈旧的，不断地新陈代谢，创新替换，产生了更多的材料、方法、技术、产品。

10. 搬一搬

它的特征是把东西的某些部位搬动起来，使之成为某种新的物体，从而具有新的功用。这些做法在很大意义上也包括对某一工艺技术的应用。如将发电机移动到各种装置上，就能够产生出许许多多的家电种类，不但能够做成电扇状物、电吹风，甚至还能够做成脱排油烟机、电剃须机、抽气机、蔬菜分切机和搅拌装置等。将超声波技术应用到清洗、计量、溶化、研磨、切割等各类器具上，就能够创作出很多新颖的器皿。

11. 反一反

它是把某一物品的形状、性质、功用反一反，作出了新的创造。许多旧产品，往往是由上与下、内与外、左与右、先与后、横与竖反一反，旧产品就构成了新产品。比如皮毛衣服里外反一反，就产生了翻毛衣服；衬衫领由大尖领变为小方领，亦或反过来，就产生了新式衬衫；将暖水瓶换成冷冻桶；而吸尘器也由立式换成卧式；将废弃物换成可用的有机化肥等。

12. 定一定

就是根据人体活动准则来创作或开发新产品的办法。对于保障人体生活的顺利开展，应该有相应的标准。对有关人民生活中的事情都做出相应的规章制度，并根据有关法规完成创造发明。如黄浦区昌邑小学的科学小队就用这项办法，发明创造了“阅读坐姿红绿灯”，用最简易的机械器具纠正了中小学生阅读写作的身姿，以维持阅读的规范身姿，有益于儿童视力健康。此外，对于每一个商品，公司还需要在产品设计、质量管理、生产工艺、商品定型等工作方面订出相应的规章和技术标准，以确保商品的质量和数量、品种等，这也是创新。

“和田十二法”可以简单概括为十二个字：“加”“减”“扩”“缩”“变”“改”“联”“学”“代”“搬”“反”“定”，是指启迪人类创造性潜能的十二种方法。通过使用“和田十二法”对日常生活中的事情进行思考、研究，能够训练脑力，有助于人们开启视野、启发创意。当然，真正获得创造性的基础还是应该注重平时的经验积累，因为认识面越宽广、横向联想能力越强的人，潜意识的力量也越大。

12.2 和田十二法案例应用

【案例 12-1】 用在创新物品上

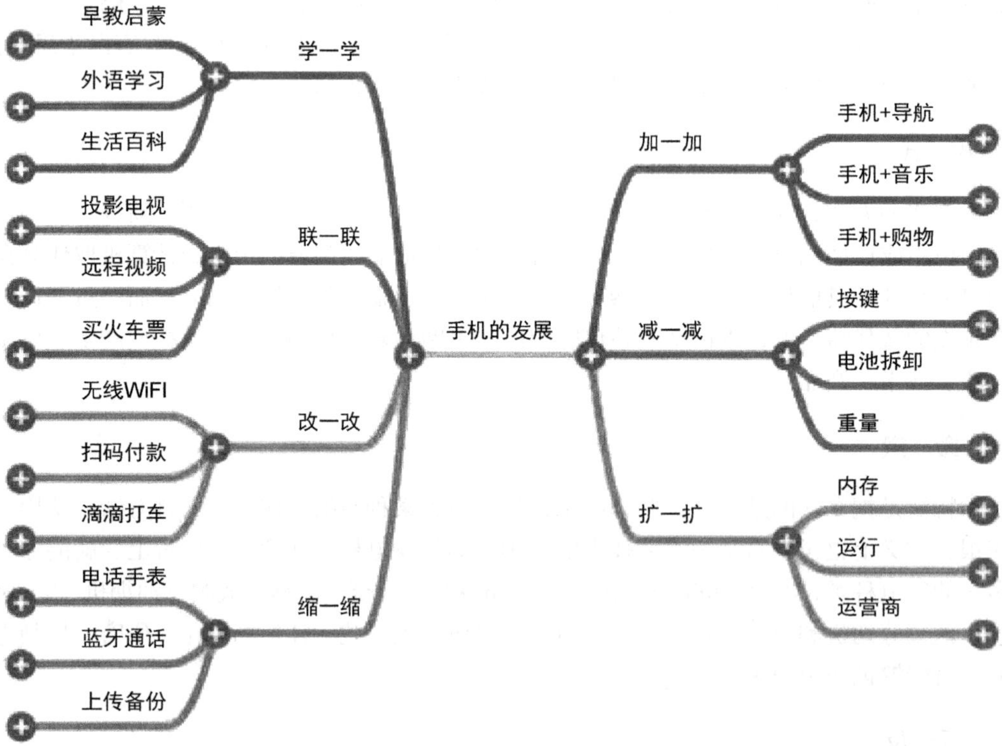

【案例 12-2】 用在个人成长上

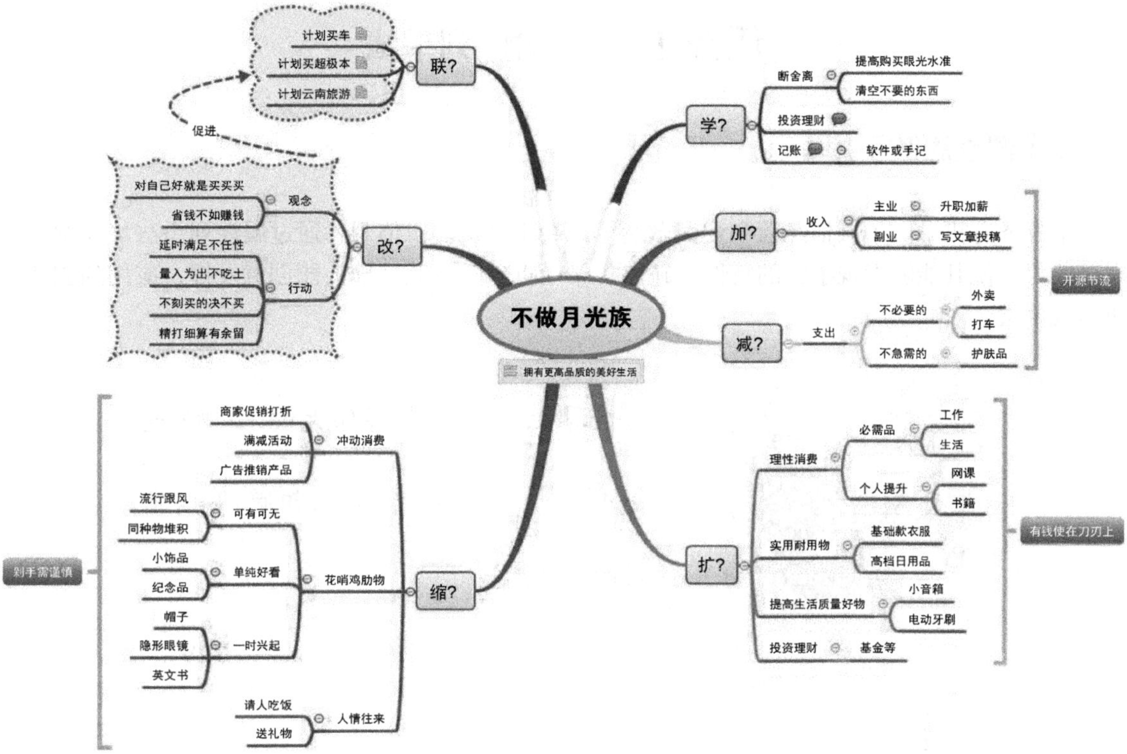

【实践训练】

【训练 12】 和田十二法训练

用和田十二法，分别举一个例子说明每种方法的应用；或者以眼镜或台灯作为唯一对象采用和田十二法进行发明创造。以图文并茂的形式写在 A4 纸上，并拍照上传。

任务十三　属性列举法

【课程思政引领】

本任务有机融入了诚信经营和爱岗敬业等社会主义核心价值观，通过属性列举法培养学生的观察能力，使其能够发现事物的特性、缺点、希望点，并在此基础上能创意发挥，应用到创新创业实践中去。

世界上使社会变得伟大的人，正是那些有勇气在生活中尝试和解决人生新问题的人！

——泰戈尔

【任务探究】

【任务 13】 如何撰写淘宝网店的宝贝详情描述？

作为刚毕业的大学生，假如你应聘到一家电子商务公司，一天领导给你安排了任务：要求你完成一件功能性背包的宝贝详情页撰写。网店正如现实中推销商品一样，那么你如何向顾客描述产品的功能呢？

【研究交流】

【探讨 13】 什么是属性列举法？

属性列举法（Attribute Listing Technique）20 世纪 50 年代，美国布拉斯加大学的克劳福教授提出了属性列举法。

属性列举法主要是以偏向物性、人类的特点来思维，注重在创作流程中研究和剖析物品的多种属性，并且根据每一项属性提供可以改进的办法，或修改一些特性（如尺寸、外形、色彩等），使物品中出现新的功能。而属性罗列法的基本过程则是罗列物品相关的生产设备、产品、系统、服务等特性，进而修改并调整已有的属性罗列方式。其中，我们还应该注意一点，只要是能够为企业的思想、系统、技术、生产系统，以及问题中的关键部分提供可行的改善措施，都属于能够接受的范畴。

【知识梳理】

13.1　属性列举法实施步骤

1. 属性列举

1）特性列举

将事物的特征分成名词属性、形容词属性和形容词特征三大部分，列出各类特征并详细分析，最后经过思考，看看各类特征如何得到改进，从而找到有效的解决的办法。

以口罩为例子，其名词特征可以从构造与材料两种角度来进行研究。构造上主要包含口罩布、耳挂、鼻梁筋等，材质包含普通棉布、无纺布、高分子材质、活性炭粉滤芯等。

而口罩的形容词属性则分为轻、重、颜色、一次性等，动词属性分为阻挡、过滤、保暖等。

2）缺点列举

从材料、外观、功能、安全性、便携性等角度找出产品的缺点。

以雨伞为例，其弊端包括：遇到强风就会被“吹顶”、用伞布容易挡住前方视野、易被遗忘或损坏、伞尖容易刺伤人、拿伞的手不便提别的东西、伞上的水容易沾湿他人、伞骨易被折断等。

3）希望点列举

仔细观察现有的产品，对研究主题做出积极联想，暂且不考虑其可行性如何。以风扇为例，列举出其希望点。

2. 属性综合

分别将以上列举的一种或几种属性进行排列组合，可获得多种组合方式。每种组合方式即可得到一种创意设计方案。在所有方案中，既有有意义的方案又有无意义的甚至是矛盾的方案，这就要求我们必须对其进行整理、归纳，选出有意义的方案。

3. 方案优选

根据不相容性和考虑的约束条件加以取舍，去掉不可能的答案，得出几种可能答案。

对于可行方案，根据发明目标以及新颖性、科学性、实用性等指标进行评价、筛选，最终可获得最佳方案。

13.2 属性列举法案例应用

【案例 13】 新颖水壶的构思

改进烧水的水壶，早已变成了中国国内讲解列举研究法时的一项典型例子，尽管水壶看似很难提出改善建议，但利用特性罗列法解析它，依然能够开拓思维并发现革新之处。

1）名词特性

整体：水壶。

部分：壶嘴、壶把手、壶盖、壶底、蒸汽孔。

材料：铝、铁皮、搪瓷、铜材等。

制作方法：冲压、焊接、烧铸。

根据上述所列特点，可进行如下思考并进行探讨：壶嘴长度是否合适；壶把是否改用玻璃以防烫手；壶体是否一次成形；冒出的水蒸气是不是太烫手；是否改个位置；至于制作材料，有没有最合适的等。

2）形容词特性

性质：轻、重。

状态：美观、清洁、高低、大小等。

颜色：黄色、白色、各种图案。

形状：圆形、椭圆形等。

通过对形容词特性的列举和进一步探究，还能够找到许多可以用来破解的难题：比如怎么修改才容易实现；色彩形状上还可能发生哪些变化；底部采取什么方式，才更便于吸热传热等。

3）动词特性

功能：烧水、装水、倒水、保温等。

经过对各功能的说明，亦可看出可提高之处：若可以在壶体外增加保温，则可增加热效率或有保温功能；又如在壶口上加了一个汽笛头，使水开时便能鸣笛或发信息等。

【实践训练】

【训练 13】 属性列举法训练

通过属性列举法，对以下物品重新进行创新设置。

①眼镜。②帽子。③雨伞。④香肠。⑤手机。⑥插座。

每小组选取一种物品，运用属性列举法进行讨论，从而得到多种设计方案。

任务十四　提高问题分析能力

【课程思政引领】

新时代我们党的理论创新和实践创新的过程，就是不断发现问题、筛选问题、分析问题、解答问题的过程。坚持问题导向，是党的十八大以来党治国理政的突出特点，也是习近平新时代中国特色社会主义思想的鲜明风格。

我们党和国家过去理论创新和实践创新取得的伟大成就，与坚持问题导向密不可分。我们把坚持问题导向贯穿发展始终，从而更好把握共产党执政规律、社会主义建设规律、人类社会发展规律，不断发现、分析、解答中国之问、世界之问、人民之问、时代之问。

【任务探究】

【任务 14】 如何画鱼骨图

某食品厂产品市场份额少，根据调查，该食品厂市场份额少的原因有五类：人员、渠道、广告、竞争和其他。在每一类中又可以细分若干可能的因素，比如营销人员不足、销售点较少、宣传力度不够、广告投放不精准等。通过统计发现，“营销人员不足”导致产品市场份额少所占比重为 30%，“广告投放不精准”为 20%，“品类不丰富”为 18%，以上三种原因合计 68%的比重，是导致该食品厂产品市场份额少的主要原因。如何画鱼骨图对其市场份额少的问题进行解析？

【研究交流】

【案例 14-1】 隧道尽头的灯

开车通过隧道时，通常隧道入口处会有警示标志语：前方隧道，请开车灯。正常通过后，会有一部分司机直到下车都忘记关掉车灯，从而导致电池被耗尽造成不必要的麻烦。那么这个问题应该如何解决呢？

工程师们经过多次改动，最终确定了一种标志性的说明：在白天，如果车灯亮着，则应该将其关闭；在晚上，如果车灯关闭，则应该将其打开；在白天，如果车灯关闭，则让其关闭；在晚上，如果车灯亮着，则让其亮起。

可是现实情况是等司机看完这条长长的标志说明，估计车早已出了隧道。后来工程师认为这个问题应该由司机解决，他假设司机有很强的愿望解决这个问题，所以在隧道尽头安装了一块醒目的标识牌：您的车灯还亮着吗？

如果司机在即将驶出隧道时开着车灯，这一个小小的标志牌比复杂的解决方案更有效。因为司机看到提醒后，出于对顺利开车的考虑会下意识地关掉车灯，所以这个问题本质属于司机的问题，应该由司机来解决。

我们会发现有时候无法解决问题，是因为不清楚这个问题该由谁解决。如果这是别人的问题，就把它当成是别人的问题，不要越俎代庖。有时候在一些特定场景下，最应该解决问题的人才能拿出更适合的解决方案来，其他人的参与往往会适得其反。

我们在解决具体问题时，往往会关心怎样用更好的方法去解决，比如应该花多少有效时间，花多少钱，投资多少人力？但是这些事情并不是优先考虑的，能帮助我们高效解决问题的关键是：这个问题该由谁解决？在解决问题过程中有很多陷阱，先点亮自己的灯，询问自己是否看清了问题，这个问题该由自己解决吗，自己真的想解决问题吗？等等。点亮这盏灯来提醒自己避开那些陷阱吧。

比如有些淘宝卖家收到差评后，会一味要求顾客删除评论。他们没有意识到问题的本质是自家商品质量或服务的原因，而是采取错误的行动。又比如经常听到有人喊着读书无用论的口号，因为他们没有意识到问题出在自己身上，因为自己没有将书里的知识用来分析实际问题、没有解决实际问题的能力，所以错误地认为读书没有用。

【案例 14-2】 减肥

很多人以为胖是因为吃得多。深入挖掘问题，他为什么吃得多，吃得多对他有什么好处呢？也许你会认为，谁又不是傻子，难道不知道吃得多会变胖会变丑吗？当然谁也不是傻子，怎么会不知道吃得多会变胖变丑呢？一口吃不出胖子，但可能一顿吃得多就会让人心情变好。为什么会心情变好？也许在吃的过程中会给他带来安全感和掌控感。因为在吃的时候，食物可以任由自己掌控，想吃多少吃多少，想吃什么吃什么。这种自己说了算的掌控感无法从外界获得，那就从自己身上获得，这也是很多人总是减肥却瘦不下来的原因。

很多减肥的人意识不到减肥失败根本的原因在于与自己和解，管理好自己的情绪，让自己变得自信，这样才能从根本上杜绝发胖。同时也可以通过运动、阅读和心理咨询的方式进行情绪管理。

通过这个案例，我们可以看出变胖是发现了问题，吃得多与为什么吃的多是分析问题，而运动、阅读等就是解决问题。

我们可以通过提问的方式去提升自己发现问题的能力。找到所有与影响事件结果的可能问题，接下来就需要去分析问题。一个人分析问题的能力就是你思考能力的展现，如果你在分析问题时糊里糊涂，就无法找到问题的本质和真正的原因，很有可能就会像大多数减肥者一样，以为自己发胖仅仅是吃得多。

【案例 14-3】 网购业务

淘宝网购流程有哪些？网购基本流程如下：打开淘宝，在搜索框输入您想要购买的产品信息。然后在搜索出的众多商品中选择一款心仪的产品，查看产品的详情页内容，想了解详情页以外一些产品参数或有不懂的地方可以咨询商家。如果您对商品感兴趣，将其加入您的购物清单，选择支付方式，并填写您的联系电话和收货地址。完成支付后，等待卖家发货，待快递运输到收货地址处提取快递，确认收货即完成淘宝网购流程。

分析淘宝网购的流程总结如下：打开淘宝→挑选产品→了解产品→加入购物车→点击购买→等待发货→确认收货。

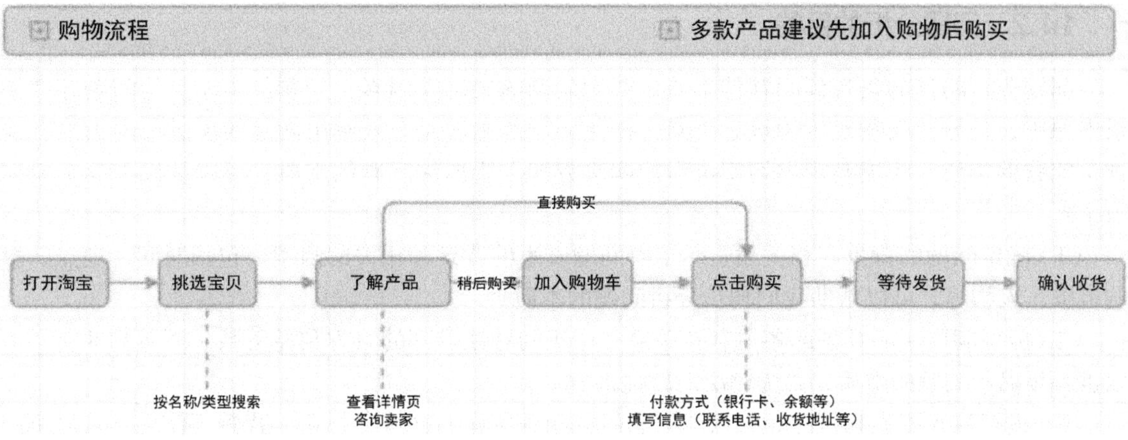

【案例 14-4】 设备停机

某工厂厂长发现生产线上有的机器总是停止运转，尽管工厂进行了多次维护，但这些问题依旧存在，于是他询问工人机器停机的原因。

答案一：由于机器负荷过重，导致保险丝被烧断。

问题二：为什么机器会超负荷？

答案二：因为轴承的润滑不足。

问题三：为什么轴承会润滑不足？

答案三：因为润滑泵失灵了。

问题四：为什么润滑泵会失灵？

答案四：因为它的轮轴耗损了。

问题五：为什么润滑泵的轮轴会出现磨损？

答案五：因为杂质跑到里面去了。

通过对“为什么”的五次持续探索，最终发现了机器停机的根源，并且采取了有效的措施，即在润滑泵上安装滤网，最终成功解决了这一难题。

如果厂长没有打破砂锅问到底的精神来挖掘问题分析问题，员工很可能以为换根保险丝就能解决问题，可是真正的原因还是没找到，问题还是没有真正解决。

【知识梳理】

14.1　问题分析能力的含义

问题分析能力是一项重要的技能。问题分析能力是指将问题系统地组织起来，对事物的各个方面和不同特征进行系统地比较，认识到事物或问题在出现或发生时间上的先后次序，在面临多项选择的情况下，通过理性分析来判断每项选择的重要性和成功的可能性，以决定取舍和执行的次序，以及对前因后果进行分析的能力。

一个个看似复杂的问题，我们进行梳理、分类、归纳，它可能会变得简单且容易理解，这正是问题分析的魅力所在。

14.2 问题分析的目的

问题分析的目的是找到问题的本质，明确问题的决定性因素。问题的本质是指问题存在的根本原因，是导致问题发生的核心因素。抓住问题的本质是有效解决问题的关键，因为只有找到了问题的本质，才能制定出切实可行的解决方案。要抓住问题的本质，可以从以下几个方面入手：

（1）确定问题的背景和相关因素。了解问题发生的背景和相关的因素，包括时间、地点、影响范围、人物等，可以帮助我们初步分析问题的本质。

（2）分析问题所涉及到的各方利益关系。分析问题涉及到的各方利益关系、矛盾和冲突，可以进一步揭示问题的本质，并为解决问题提供方向。

（3）进行深入调查和研究。深入调查和研究问题所在的领域、行业、背景等信息，可以更好地分析问题的本质，发现问题的深层次原因。

（4）认真倾听各方反馈。认真倾听各方对问题的反馈和意见，不断追问“为什么”、挖掘“为什么”背后的原因，可以帮助我们发现问题的本质。

（5）运用系统思考的方法。以系统思考的方式，综合考虑问题的各个方面，从多个角度审视问题，可以帮助我们更全面、准确地把握问题的本质。

总之，抓住问题的本质需要我们进行全面、深入的分析，不能仅仅从表面上看问题，更要透彻地了解问题所在的环境、历史、人物、利益等方面的因素。只有抓住问题的本质，才能制定出切实可行的解决方案。

14.3 问题分析的常见工具

1. SWOT 分析法

1）含义

SWOT 分析法，也被称为态势分析法，是一种全面的、系统性的分析问题的方法，它将研究对象的内在优势与劣势（见表 14-1）、外部机会和威胁（见表 14-2）等因素进行综合考量，并以矩阵的形式进行排列，从而得出一系列有效的结论，为决策者提供有价值的参考。

（1）优势（strengths）是内部因素，它可以帮助组织获得更多的竞争优势。

（2）劣势（weaknesses）是内部因素，可能会导致组织的不稳定。

（3）机会（opportunities）是外部因素，能够为组织带来发展潜力。

（4）威胁（threats）是外部因素，可能会对组织造成不利影响。

表 14-1 优势与劣势的参考要素

内部优势（S）	内部劣势（W）
良好的竞争态势	缺乏核心竞争力
良好的财务资源	竞争地位恶化
独有的专利技术	缺少关键技术
稳定的市场占有率	研究开发落后
高于同行的营销能力	资金短缺
产品质量好	市场占有率低

续表 14-1

内部优势（S）	内部劣势（W）
产品、服务创新	营销水平低于同行业其他企业
设备先进	产品线范围太窄
成本优势	产品积压
具有规模经济	设备老化
高素质的人才队伍	相对竞争对手的高成本
公认的行业领先者	管理不善
良好的品牌形象	人才队伍素质落后
适应力强的经营战略	利润率下降
特殊能力	战略方向有误

表 14-2 机会与威胁的参考要素

外部机会（O）	外部威胁（T）
行业或细分市场增长迅速	行业或细分市场增长放缓
有利的行业政策机制	不利的产业政策
有新的市场空间	竞争压力较大
有新的顾客需求	新的竞争者进入行业
可以增加互补产品	替代产品销售额正在逐步上升
能争取到新的用户群	用户讨价还价能力增强
市场壁垒解除	用户偏好及观念逐步转变
竞争对手出现失误	市场壁垒越来越高

2）战略

SO 战略旨在利用内部优势去抓住外部机会，属于增长型战略。增长型战略是一种发展企业内部优势与利用外部机会的战略，是一种理想的战略模式。当企业具有特定方面的优势，而外部环境又为发挥这种优势提供有利机会时，可以采取该战略，如开发市场、增加产量等。

WO 战略旨在利用外部机会来弥补内部劣势，使企业改劣势而获取优势的战略，属于扭转型战略。存在外部机会，但由于企业存在一些内部劣势而妨碍其利用机会，可采取措施先克服这些劣势。

ST 战略旨在利用企业的自身优势，回避或减轻外部威胁所造成的影响，以确保公司的长期发展和可持续发展，属于多元化战略。可以在多样化经营上寻找长期发展的机会，或者进一步增强自身竞争优势，以对抗竞争对手的威胁。如竞争对手利用新技术大幅度降低成本，给企业很大成本压力;同时材料供应紧张，其价格可能上涨。但企业若有充足的现金、较强的产品开发能力，可利用这些优势开发新工艺，提高原材料利用率，从而降低材料消耗和生产成本，同时也可以提高产品质量，从而回避外部威胁影响。

WT 战略旨在减少内部劣势，回避外部环境威胁，属于防御型战略。当企业存在内忧外患时，往往面临生存危机，需要及时进行业务调整，设法避开威胁和消除劣势。

SWOT 战略见表 14-3。

表 14-3 SWOT 矩阵——4 种战略

内部因素 / 外部因素	优势 S	劣势 W
机会 O	SO 战略（增长型战略） 抓住机遇 发挥优势	WO 战略（扭转型战略） 利用机会 克服劣势
威胁 T	ST 战略（多元化战略） 利用优势 降低威胁	WT 战略（防御型战略） 减少劣势 回避威胁

3）案例（见表 14-4）

表 14-4 案例：某地发展前景 SWOT 分析

内部因素 / 外部因素	优势（Strengths）	劣势（Weaknesses）
	1. 善于发掘红色文化丰厚底蕴。 2. 积极打造特色生态农业产业。 3. 大力建设大学生创业就业基地	1. 科技创新能力亟待提高。 2. 基础薄弱，人员结构单一
机遇（Opportunities）	**so 战略：利用自身优势 把握外部机会**	**wo 战略：利用外部机会 克服自身劣势**
1. 我国“乡村振兴战略”的扶持。 2. 我国“双创”热潮的兴起。 3. 互联网弥补信息短缺短板	1. 互联网助力生态产业发展。 2. 扶贫政策扶持科研文化发展	加强科研实践的本地服务平台，延展创新产业链
威胁（Threats）	**ST 战略：发挥自身优势 降低外部威胁**	**WT 战略：降低劣势 回避外部威胁**
1. 地域空间偏远，外部援助短缺。 2. 就业机会有限，人员流失严重	1. 加强激励力度，提高内生动力。 2. 完善交通网络系统	1. 完善人才交流平台建设和人才引入机制。 2. 加强科研人才对接，优化人才结构

2. 鱼骨图

1）含义

通过头脑风暴法，我们可以从多个角度深入探究问题的特性，并将其与特性值结合，构建出一个层次分明、条理清晰的图表，以便更好地识别和描述重要因素，这种图表被称为特性要因图或特性原因图。由于其外形酷似鱼骨，因此也被称为鱼骨图，它是一种以实际现象为基础的深入分析方法。鱼骨图具有简单易懂、形象生动的特点。可以从表面现象中洞察本质，从而更加深刻地揭示出问题的根源。

2）类型

鱼骨图的常见类型主要分为原因型、对策型、整理问题型三类，其中原因型和对策型则是用得较多的两类。

（1）原因型：用来分析问题的原因。“鱼头”画在右边，表示结果；“分支”画在左边，表示原因。

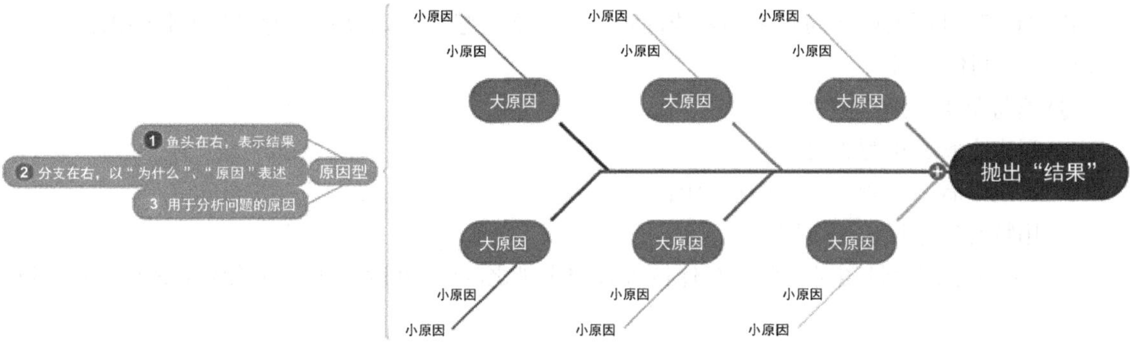

（2）对策型：用来找出解决问题的方法、建议。“鱼头”画在左边，表示结果；“分支”画在右边，表示对策。对策型鱼骨图鱼头方向与原因型鱼骨图鱼头方向相反。

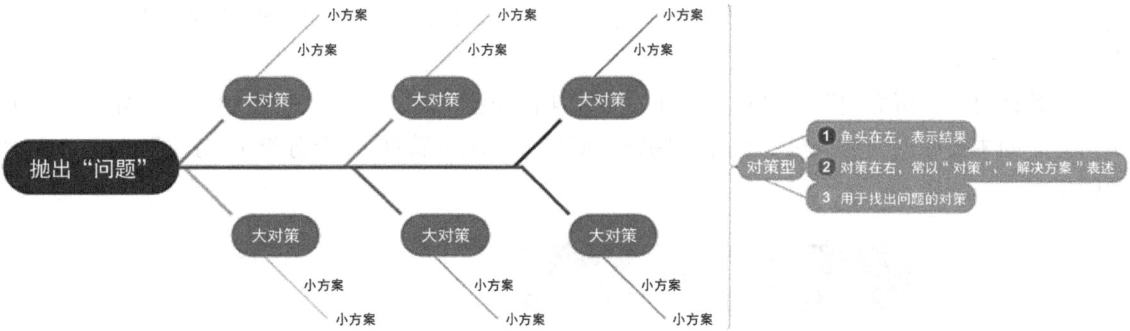

（3）整理问题型：各因素与特性之间呈结构关系，而非原因关系。

3）制作

在制作鱼骨图时，需要进行两个步骤：一是对问题的原因和对策进行分析；二是绘制出鱼骨图。

（1）分析问题原因或对策。

① 针对问题点，从人机料法环等方面进行分析。

② 通过头脑风暴法，我们可以深入探究各个层次的原因，并找出其中的所有可能性。

③ 将所有发现的要素进行分类和整理，以确定它们之间的相互关系。

④ 分析选取重要因素。

⑤ 检查各要素的表达方式，确保语言表达简洁，意思清晰明了。

分析要点：

a. 在确定重要因素时，现场作业通常会从“人机料法环”开始，而在处理管理类问题时，则会根据实际情况来决定“人事时地物”的层次。

b. 大要因应该以中立的态度来描述，而中、小要因则应该以价值观来评估，比如...的不良行为。

c. 应该尽可能多地思考，以便找出所有可能的原因，而不仅仅局限于自己能够掌控或正在执行的内容，这样才能更好地实现。应该从实际行动出发，而不是仅仅停留在思维和情绪层面上来分析原因。

d. 如果某种原因可能同时由两种或两种以上因素引起，应以最有可能引起关联的因素为准。

（2）绘制鱼骨图。

① 填写鱼头，画出主骨。

② 画出大骨，填写大要因。

③ 画出中骨、小骨，填写中小要因。

④ 用特殊符号标识重要因素。

要点：在绘制鱼骨图时，要注意保持大骨与主骨之间的 60 度夹角，并确保中骨与主骨平行。

4）案例

（1）原因型。

案例：加工质量差鱼骨图分析

首先是确立好分析的方向。如：此时需要梳理生产过程中“加工质量差”原因（“加工质量差”表示为结果）；根据鱼骨图的类型我们知道此时所需绘制的便是“原因型”鱼骨图（“鱼头”在右，表示结果）。

接着针对“分析方向”梳理可能产生这一结果的类别。如：在生产过程中，可能导致“加工质量差”的主要原因分为人员、机器、物料、测量、环境、管理 6 个分类（“分支”在左，表示原因）。

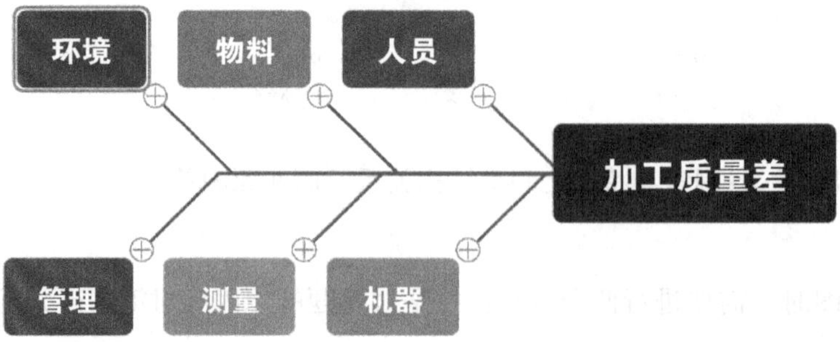

随后在各“分类”因素的基础上进一步找出可能存在的原因或结果。如：在生产“环境”中，可能因为噪音大、粉尘多、照明差而导致“加工质量差”的结果；亦或在工作“人员”操作不规范或技术水平低的情况下，也可能导致“加工质量差”的结果。可根据实际需求选择分析的深度。

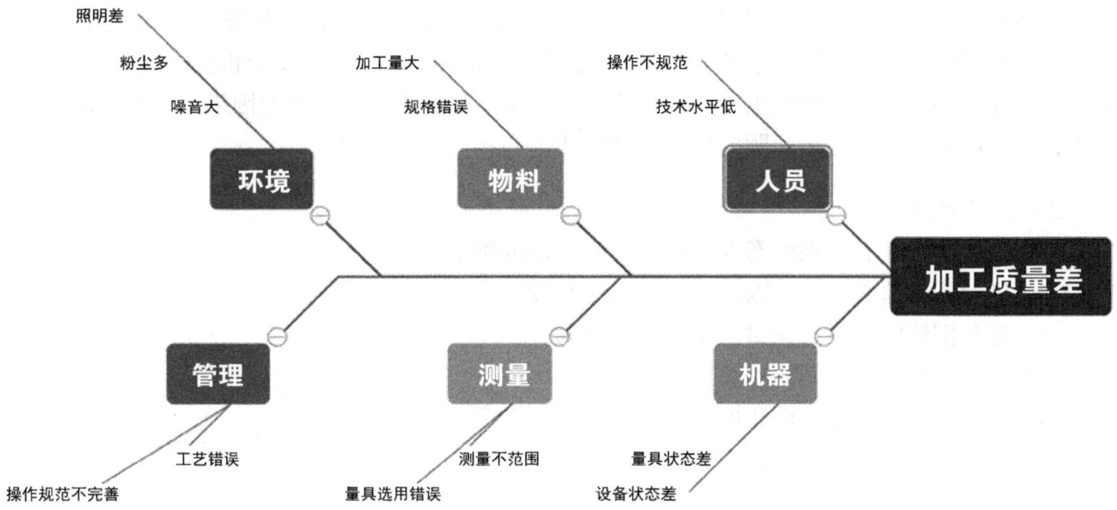

（2）对策型。

案例：企业如何更好发展鱼骨图分析

首先是确立好分析的方向。如：此时需要梳理“企业如何更好发展”原因（“企业更好发展”表示为结果）；根据鱼骨图的类型我们知道此时所需绘制的便是“对策型”鱼骨图（“鱼头”在左，表示结果）。

接着针对“分析方向”梳理可能产生这一结果的类别。如：技术创新、优秀制造、人员与文化、市场地位、顾客满意度、利润与成长6个分类对策（“分支”在右，表示对策）。

随后在各“分类”对策的基础上进一步找出可能存在的小方案。

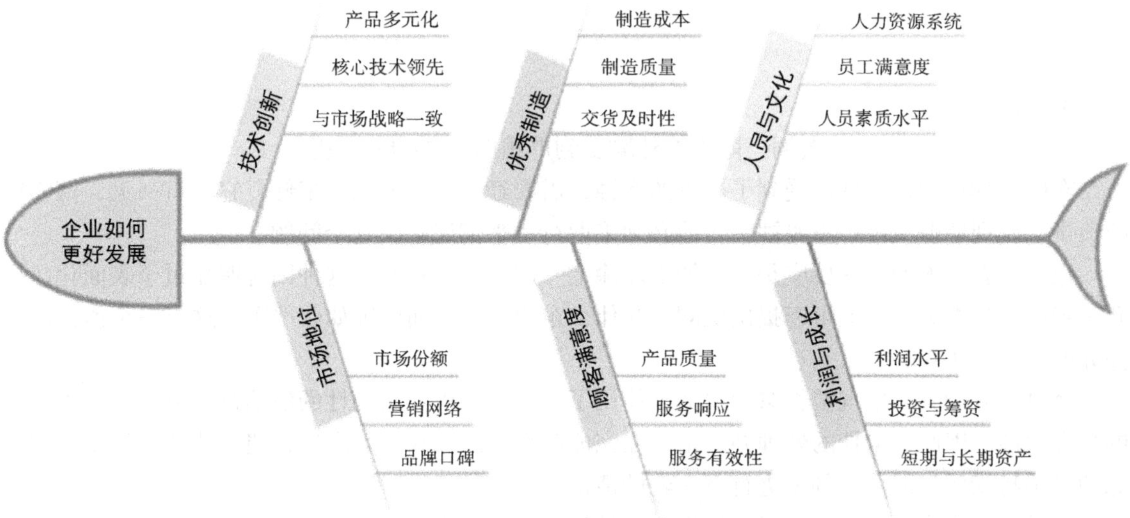

3. 5Why 分析法

1）含义

“5Why分析法”是一种以5个“为什么”为基础，旨在探究问题的根源。尽管5个为什么可以视为一种探索，但在实际应用中，“5次为什么的探讨”的探索并非仅仅局限于“5次为什么的探讨”，而是需要多次，甚至几十次的尝试，正如古人所说的打破砂锅问到底。5Why 分析法虽然表面上看起来简单，但实际上它揭示了事物之间复杂的因果关系。5Why 分析法的核心思想在于：鼓励解决问题的人要勇于跳出主观或自负的思维框架，从结果出发，沿着因果关系的脉络，深入探索，从不同的角度去挖掘问题的根源，最终找出问题的根本原因。

2）应用要点

（1）应该以理性和客观的态度来推论，而不是依赖于借口。

（2）避免为了追求根本原因，而牵涉人的心理。

（3）避免围绕问题本身探讨，避免责任推卸。

（4）要注意层与层之间的相关性，不要跳步。

（5）注意只记录事实，而非推论。

（6）分析要充分，以找出根本原因。

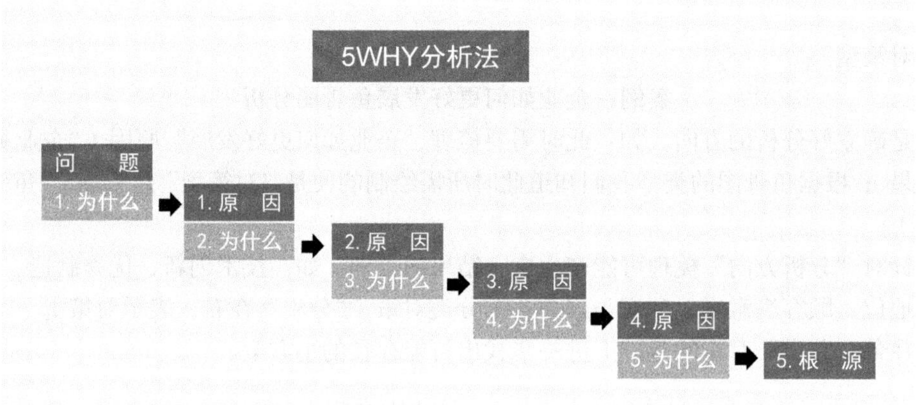

3）案例

案例：博物馆外墙受到严重腐蚀 5Why 分析

有座博物馆的东侧外墙受到了严重的腐蚀，需要经常刷新的油漆来修复它。有一天，博物馆的负责人发现墙壁又被严重腐蚀了，他必须采取行动来彻底解决这个问题。

也许，有些人的第一反应是，不如重新涂上一层油漆。然而，这种回答明显过于表面化。拥有一定的分析能力的人们可以提出疑问：为什么东边的外墙面腐蚀如此严重？这是一个值得深入探究的问题？（Why）

经过深入调查，发现博物馆的清洁工使用了一种具有极强腐蚀性的清洁剂，从而导致了墙壁的严重腐蚀。因此，最佳的处理办法是，在完成此次的涂漆和修复之后，建议清洁工使用更加环保的、不易受污染的清洁剂来进行下一轮的清洁。

经过深思熟虑，你的决定显然比仅仅涂抹油漆更有效果。

然而，根据 5Why 法，事情远未完结。我们应该更深入地探究：为何这位清洁工会使用具有极强腐蚀性的洗涤液？（Why）

经过深入调查，发现由于东侧的墙壁上长期积聚大量的鸟粪，使得普通的清洁剂无法彻底清除。

你现在已经明白了，但是我们仍然要继续探究：为什么东边的墙上会有大量的鸟粪？（Why）

经过调查，原来是因为墙上有很多蜘蛛，而这些鸟以蜘蛛为食，所以经常在墙附近活动。

那么，为什么墙上有很多蜘蛛？（Why）

因为墙壁上爬满了各种小昆虫，而蜘蛛以它们为食。

为什么墙上有很多小虫子？（Why）

由于东面的墙上有几扇窗户，晚上，博物馆内的灯光照射在玻璃上，使得那些对光有特殊偏好的昆虫也受到了吸引。

因此，最佳的解决办法是：在窗户处安装一层具有良好遮光效果的厚重窗帘，并且在夜幕降临时及时拉上，这样就能彻底解决问题了。

在 5Why 法的指导下，我们可以轻松地完成从喷漆修复墙壁到安装厚重窗帘的复杂解决方案。想象一下：如何有效地解决外墙腐蚀的问题？——安装窗帘。这个问答看起来令人费解，但这就是 5Why 法的魅力。

4. SMART 分析法

1）含义

SMART 分析方法是一种基于目标的问题分析方法，即对目标的 S（Specific）明确性、M（Measurable）可衡量性、A（Attainable）可实现性、R（Relevant）相关性、T（Time-based）时限性。

2）内容

（1）目标必须明确而具体（Specific）。明确的目标应该以具体的方式表达出要达到的行为标准，而不是模糊的概括，以便更好地实现目标。许多团队的失败源于其目标的模糊性，以及缺乏有效的沟通和指导，这是导致他们无法取得成功的重要原因。

比如：我的目标是做一名优秀的项目经理，这种对目标的描述很笼统，不明确。如果应用 SMART 分析法：我要在一个月内梳理项目十大管理过程，今年考 PMP 证书等。这就是一个具体的可操作的目标。

（2）目标必须是可衡量的（Measurable）。衡量性是一种可以量化或行为化的指标，它应该包含一系列准确的数据、程度、状态、对象和时间等信息。如果制定的目标没有办法衡量，就无法判断这个目标是否实现。应当采取的衡量标准是：对于可以量化的，应当进行精确的测量；对于不可量化的，则应进行质化。我们应该避免使用模糊的概念，如形容词等来描述目标。为了准确评价目标的可行性，我们需要全面考察数量、质量、成本、时效、上下游以及客户的反馈，将其分解为若干个独立的指标，以便进行有效的分析与评价。为了更有效地实现目标，我们也应该把任务按照一定的流程进行，通过流程化使目标可衡量。

比如：我要成为业绩第一的项目经理。如果应用 SMART 分析法：每个月完结项目数量目标 2 个，一年完成 24 ~ 30 个，未完成项目数小于 6 个。当你把目标量化且细化后，你需要学习和掌握的内容是不是就一目了然了呢？

（3）目标必须是可以达到的（Attainable）。实施目标的成功取决于它能够满足当前的需求，并且能够被有效地执行。你设定的目标是可以达成的，是有可能实现的。你可以设定一个比较高的目标，但这个目标必须是合理且可行的。相比于“摘星星”的目标，“摘桃”的目标更为合理、可靠，只有你的这个目标是根据自身条件设定的，又可以通过努力去突破或达成的，那么这个目标才是比较合适的。

比如：我的目标是近两年内成为全球第一知名的 PM，很显然对大多数来讲都是不可能实现的目标。这个目标不是不可以，但这并不是一个近期你就能达成的目标。建议根据自身的条件和情况设定出一个符合自己的，可以达到的短期目标，只有一个个短期目标的积累才能帮助你完成长期目标。

（4）目标必须和其他目标具有相关性（Relevant）。相关联的就是指你设定的目标要与其他目标是有关系的。如果你的目标与其他目标没有联系，或相关度极低，那么即使你实现了这个目标，意义也不大。

比如：你的中期目标是“三年内成为一名合格的公司会计主管，能够负责公司的财务管理和会计核算工作”，那短期目标“掌握公司日常会计核算工作”和中期目标就具有很强的相关性，是实现中期目标的基础。

（5）目标必须具有明确期限（Time-based）。目标的设定应该有明确的时间限制，即起点、终点或者是一段固定的时间段，以确保达成最终的目标。时间的紧迫性是必不可少的，因为它可以帮助我们更好地完成目标。如果我们没有明确的时间限制，我们可能会拖延工作，从而使我们的目标难以实现。

比如：我将在 2023 年 7 月 12 日之前写完一篇论文。到 2023 年 7 月 12 日，一个明确的时间段就被划定出来。为了达到预期的目标，我们应该明确时间限制，并且根据任务的重要性和紧迫性，制定出完成目标的时间表，定期监控项目的进度，及时发现变化，及时调整计划。

3）案例（见表 14-5）

表 14-5　案例：小明找兼职 SMART 分析

SMART	意义	案例
Specific 明确性	目标要尽可能地清晰具体，不能是一个笼统的、模糊范围	× 我要找一份兼职 ✓ 我要找一份手机销售（行业设定，目标明确）相关的兼职
Measurable 可衡量性	目标必须是可衡量的，通过量化目标来实现，验证这些指标的数据或者信息是可以通过某种渠道进行获取的	× 这份兼职一定是要能挣钱的（挣多少钱） ✓ 这份兼职工作的薪酬不能低于 100 元/天（量化实现）
Attainable 可实现性	目标通过努力是可以实现、达到的，必然是高于自己当前的现状	× 我想当一个市场营销总监（兼职就想总监，太不现实） ✓ 多投简历多面试，先找兼职工作，慢慢来再找全职
Relevant 相关性	相关性是指与实现本目标相关联的情况。如果实现了这个目标，对其他的目标没有任何影响或相关性极低，那这个目标即使实现，意义也不大	×：每天只专注于销售手机，不关注其他事情 ✓：多锻炼沟通、表达技巧，多积累行业经验，多提升自己的人脉
Time-based 时限性	时限性是指目标是有时间限制的	×：没有时间限制（可能找了一年也没找到兼职） ✓：设定一个时间限制，3 个月之内要找到

14.4　提高问题分析能力的方法

1. 溯源延伸，深入本质，把握核心

现象是本质的外在体现，我们应该仔细观察，把握重点，不断提出问题，深入挖掘背后的原因，以便找到真正需要解决的问题。深入思考，探究事物背后的本质原因，而不仅仅停留在表面现象上。分析原因，为什么会产生这样的结果，不然就等于是头痛医头，脚痛医脚，换个环境，问题依然还是存在。多让数据说话，而不是主观感觉如何。

2. 拆解要素，逐个分析，关联思考

我们要培养结构化思维，系统思考，从整体到局部，注重关键节点之间的关系和相互影响。拆解问题，分类梳理，然后分解每一个要素，逐步往下细分。分解问题的时候要注意不重复不遗漏，相互独立，完全穷尽，不遗漏不重复。

3. 系统思维，多维视角，整合要素

通过综合运用多种思维模式和系统方法，从宏观角度深入分析问题，以达到最佳解决方案。通过从多种视角、观点出发，结合辩证思维，我们可以更加深入地探索问题，并且能够进行创新的分析活动。我们可以通过头脑风暴，列出所有可能的观点，分配权重，尝试着从不同的角度，全面地思考问题。

4. 丰富渠道，数据处理，寻找规律

丰富高质量信息的获取渠道，增加信息的广度、深度、准确度。尽量不要让自己的信息获取渠道过于单一、片面。比如新闻、朋友圈、书籍，搜索引擎、行业网站、业内高手、社群等等。

搜集足量有价值的信息，有目的地筛选、整理信息。不断根据信息提炼出有用的观点，总结出方法论。做好数据处理，图形化、数字化，再通过对比，能够让我们比较直观地看到问题的所在。整合信息，分类排序，寻找事物之间的联系，关联思考，寻找规律，洞察本质。

5. 大胆假设，小心求证，反复推敲

大胆假设，从信息的因推出最终的果，然后利用其他信息验证分析结论。去伪存真，解释不通就重新推导。通过建立联系，使信息彼此相互验证。在获得一个信息或观点之后，我们需要通过多种方法来验证它的正确性。

【实践训练】

【训练 14-1】 说真话

在一个岛屿上，有一些人在撒谎，而另一些则在说实话。说谎话的人每一句话都是谎话，说真话的人每一句话都是实话。如果有一天，你来到岛上，你会遇到小王、小李和小张三个人，他们在交谈中，你会听到一段对话。小王断言："小李和小张都在撒谎。"小李断言："我绝不会撒谎。"小张断言："小李显然在撒谎。"你能准确地分析出这三个人中谁在撒谎，谁在说真话吗？

【训练 14-2】 倒水难题

如果要你把 200ml 的水倒进 100ml 的杯子里，你能做到吗？有人肯定说这怎么可能做到，杯子小了，水会流出来的。是的，看到这个问题，我们都很容易注意到杯子的存在，意识到问题出在杯子小了，换杯子？但是题目规定了杯子的大小，不让换杯子，问题好像解决不了，怎么办呢？

【训练 14-3】 会议改期

上午老板委托员工安排一个会议，下午员工来汇报工作进展，员工说："老板，老邓他今天下午的会议来不了，老张在明天晚些时候才能从国外回来，李姐不介意延迟开会，明天她可以，但是中午之前的时间可能不够。明天会议室将被占用，但是后天还没有人预约。为什么不把会议推迟到后天呢，你认为如何是好？"这样表达很费解，如果把核心的信息在第一时间就亮出来，结论先行，你会如何向老板汇报会议安排进展。

【训练 14-4】 外套质量差

经检查，某服装厂的外套布衬纸存在超边、破损、绳头布质量低劣等问题。经过深入的研究，服装厂特别召开了一次专题讨论会，在这次会议上，质检部、生产部等相关人员充分展示了他们的专业知识和智慧，共同探讨了导致这些不良现象的六大原因：机器、人员、材料、环境、测量、方法。调查表明，人员缺乏技能、质量意识低下、机器温度过低以及摆板方式不当，都是导致这些问题的主要原因。请同学们采用鱼骨图分析法来深入剖析外套质量差的问题。

【训练 14-5】 大学生个人 SWOT 分析

请同学们根据自己的实际情况做大学生个人 SWOT 分析。个人 SWOT 分析是一种有效的问题分析工具，通过分析自身的优势、劣势、机会和威胁，帮助同学们更好地了解自己，更好地规划自己的职业和生活。

任务十五 提高问题解决能力

【课程思政引领】

党的十八大以来，党和国家事业取得历史性成就、发生历史性变革，其中一条很重要的经验就是坚持问题导向，把解决实际问题作为打开工作局面的突破口。

习近平总书记强调："每个时代总有属于它自己的问题，只要科学地认识、准确的把握、正确地解决这些问题，就能够把我们的社会不断推向前进。""坚持以马克思主义为指导，必须落到研究我国发展和我们党执政面临的重大理论和实践问题上来，落到提出解决问题的正确思路和有效办法上来。"

围绕开辟马克思主义中国化时代化新境界，党的二十大报告明确提出了"六个坚持"，其中一个重要方面就是"必须坚持问题导向"。习近平总书记在党的二十大报告中强调："我们要增强问题意识，聚焦实践遇到的新问题、改革发展稳定存在的深层次问题、人民群众急难愁盼问题、国际变局中的重大问题、党的建设面临的突出问题，不断提出真正解决问题的新理念新思路新办法。"习近平总书记的重要论述，为我们坚持问题导向，科学认识、准确把握、正确解决我们所面临的重大问题提供了根本遵循。

问题是创新的起点，也是创新的动力源。今天我们所面临问题的复杂程度、解决问题的艰巨程度明显加大，给理论创新提出了全新要求。实践没有止境，理论创新也没有止境。习近平总书记在哲学社会科学工作座谈会上强调："坚持问题导向是马克思主义的鲜明特点。问题是创新的起点，也是创新的动力源。只有聆听时代的声音，回应时代的呼唤，认真研究解决重大而紧迫的问题，才能真正把握住历史脉络、找到发展规律，推动理论创新。"

【任务探究】

【任务 15】 麦肯锡七步法

工厂每班生产 100 个动力转向软管，必须将 1 号标签贴在其上，然而，由于一些原因，10% 的标签无法贴到软管上。为了避免标签在运输过程中掉落，以及零件丢失，必须采取有效措施来解决标签粘贴问题。因为操作人员需要不断地贴上标签，所以整个车间的生产效率显著下降。从人、材料、机器、方法四个方面分析标签不能贴附的原因，如何用麦肯锡七步法解决贴标签问题，将贴不牢的标签数量降低 70%？

【研究交流】

【案例 15-1】 找借口的员工

一位老板曾经雇佣一位员工，然而出乎意料的是，仅仅半个月之后，他便不得不将其解雇。

这位新进的员工拥有出色的知识和良好的外表，然而却存在一个令人担忧的缺点：他对待任务缺乏责任心，在面对问题时常常会以各种理由推脱。

当他刚开始工作时，大家都对他印象很好。不久之后，他便开始迟到，办公室的领导多次要求其改正，而他却总是以各种理由搪塞不去。

一天，老板派他前往某工厂办业务，要去三个部门，然而他只去了一个，便匆忙返回。当老板询问时，他回答道："工厂真是太大了！我在传达室问了好多次，好不容易才问到一个地方。"

老板生气了："这三个部门都属于一家工厂的，你跑了一下午，怎么会只找到这一个部门呢？"

他紧张地辩称："我真的去找了，你不信可以去问传达室的人！"

老板怒火中烧："我为什么去找传达室？你没有找到要去的部门，却要求老板进行核查，这是什么意思？"

其他同事也热情地提供建议：你可以先拨打工厂的总机，查询三个部门的电话，并与每个部门取得联系，确认行程安排之后再前往；你找到了一个部门，可以咨询该部门的员工是否知道另外两个部门的位置……没想到，他竟然毫无顾忌地对着同事的善意大发雷霆，怒吼着："反正我已经尽力了……"

虽然这个新进员工的行为让许多人感到困惑，但是在职场中，这种不积极思考解决问题的人却比比皆是，寻求借口推卸责任。很明显，那些总是寻求借口的人，最终将会遭到解雇。

优秀的员工寻求解决方案，而不是寻求借口。要实现成功，你必须勇于面对问题解决问题，而不是只会找借口抱怨和逃避。

【案例 15-2】 讨账

十年前，主人公曾经在一家电器公司当业务员。公司产品质量过硬，市场反响良好，但是一旦推向市场，很难按期收回货款。当时，公司面临的最大挑战是如何解决债务问题。

一位客户购买了公司 10 万元的产品，却总以各种理由拒绝付款，公司派出三批人员去讨要账款，都未能收回货款。当时，他才刚加入这家公司，便被安排与另一位姓张的同事一同前去讨债。

他们软磨硬磨，想尽了办法。最后，客户终于同意给钱，叫他们过两天来拿。

两天后，他们赶到了那里，对方给了他们一张 10 万元的现金支票。

他们兴高采烈地拿着支票前往银行取款，但却发现账户上只有 99 920 元，令他们大失所望。显而易见，对方采取的手段十分狡猾，他们提供的是一张无法兑现的支票。第二天就要过年了，如果不能尽快收回账款，就会导致更加漫长的等待。

面对这种情况，一般人可能束手无策，但是他却突然想出了一个妙计，拿出 100 元钱，让同行的小张把它存入客户公司的账户中。这样，账户里就有了 10 万元，马上就成功把支票兑现了出来。

当他拿着这 10 万元回到公司时，董事长对他的表现很赞赏。后来，他在公司受到重用，5 年后，他成为了公司的副总经理，最终晋升为总经理。

【案例 15-3】 提高营业利润

李红大学毕业后回家乡创业开了个餐馆，可是餐馆的利润偏低，收入、成本都与行业平均值有差距。提升利润的途径有两个：开源和节流。开源，顾名思义就是提升营业额，在相等的毛利下，营业额越高利润也会相应地提升。开源更多的是跟门店营销相关。节流，在相等的营业额下做内部管控，做到利润最大化。影响餐馆的成本主要有五大块：食材成本、人力成本、能耗成本、维修成本、店铺租金。食材成本关键点：采购单价、门店损耗、不明差异、应产率等。人力成本关键点：管理薪资、服务薪资、员工的福利、奖金、保险等。能耗成本关键点：色点管理、高能耗设备管理、设备的正常运转等。维修成本关键点：设备维修、设施维修等。店铺租金关键点：地理位置、店铺面积、周边环境等。请同学们看看如何将 PDCA 法用在利润管控上，提高餐馆利润。

【案例 15-4】 野马轿车

1964 年，福特汽车公司推出了一款全新的名为"野马"的轿车。当这款产品发布后，它的销量创下了美国历史新高，野马的商标也被广泛应用于各种日常用品，如墨镜、帽子、玩具等。是谁成功地驾驭了这匹"野马"？是谁为野马轿车的成功营销提供了强有力的支撑？

著名营销专家亚柯卡在福特汽车公司担任副总裁兼福特部总经理之后，立即着手研发一款受到消费者青睐的新型汽车，他在深入研究和分析消费者需求的基础上，提出了这一创意。

首先，亚柯卡在欧洲调查红雀牌汽车的销量时，发现红雀汽车尺寸过小，而且缺乏行李箱，虽然节能减排，但是外观并不够美观，也缺乏实际的功能。

其次，20 世纪 60 年代，20 岁左右的年轻人数量大幅增加，达到了 50%，这一数据预示着，未来 10 年，汽车销售量将会出现显著增长。

再者，随着社会的发展，越来越多的老年人不再满足于经济实惠的汽车，而是追求更加时尚、精致的豪华汽车。

1. 分析现状，找出原因

现状是红雀牌汽车的销量一直处于低迷状态，若不能及时推出一款新款畅销车，公司将面临被其他竞争者击败的风险。

2. 分析各种影响因素或原因

除了上述展示因素，红雀牌汽车销售业绩不佳的原因可能还有其他多种因素，需要调查人员根据实际情况进行深入分析。

3. 找出主要影响因素

依据本案例，主要影响因素有三条：

（1）"红雀"汽车尺寸太小，没有行李箱，既不够漂亮，也不够实用。

（2）随着 20 岁的年轻人数量的迅速增加，他们渴望拥有最新款的时尚轿车。

（3）随着时代的发展，消费者不再只关注价格实惠的汽车，而是更加注重外观时尚的豪华汽车。

4. 针对主要原因，制定措施计划

根据上述信息，福特公司已经制定出一个新的"饥饿市场"产品计划，它具有外观时尚、性能优异、可容纳 4 人、轻巧、价格实惠（不超过 2500 美元）等特点。

5. 执行、实施计划

（1）产品。这款车的外观与众不同，它的车身很容易辨认，操作也非常方便。拥有一个行李箱，外观酷似一辆跑车。它拥有更加精致的圆背座椅、装饰性的车轮罩和柔软的地毯，这使它比一般经济型车更加出色。这辆车的外观非常独特：白色的车身，红色的轮胎，后保险杠向后弯曲，形成一个活泼的尾部，仿佛一匹野马。

（2）品牌。为了吸引顾客，应该选择一个有吸引力的名字。以"野马"作为新款汽车的命名，将会更具吸引力，它既可以展现出汽车的高性能、快速行驶，也可以满足美国人特别是青少年的自由自在的心态。接着，策划人又为新车设计了一个独特的标志，一个仿照奔驰中的野马形象的模型。

（3）定价。为了提升新车的价值和受欢迎程度，公司特别邀请了 52 对夫妇，将他们分成若干小组，带入样品陈列室，仔细观察，并且仔细倾听他们的看法和意见。有些人对新车的外观感兴趣，而另一些人则认为它太过奢华，不愿意购买。亚柯卡请受邀者猜测车价，结果发现大多数人都认为至少需要 1 万美元，购买意愿也不太强烈。当亚柯卡宣布售价大致只需 2500 美元时，所有人都惊呆了，热烈欢呼着，表示要购买这款车。亚柯卡经过深入了解消费者的需求，将车价定位在 2368 美元，并制定了一系列有效的促销活动。

6. 检查计划执行结果

野马汽车在一系列广泛的宣传活动中迅速走红，成为了整个美国的热门话题。1964 年 4 月 17 日，世界博览会上，野马汽车首次公开展示，引起了全球的关注。当时，这款售价只有 2368 美元的野马汽车在第一天被送往汽车展厅时，其销量便超出了原本的预期，达到了 22 000 辆的高额订单。福特汽车的野马在推出时，其年销量被估算为 10 万辆，但是，仅仅第一年，它的美国销量便突破 41 万辆，创造出福特历史的最高销售纪录。

7. 总结成功经验，制定相应标准

野马汽车的成功之道可谓一目了然，那就是其敏锐的市场洞察力、准确的市场定位、具有吸引力的产品和价格，以及出色的促销策略，这都是其取得成功的关键因素。福特汽车公司将从过去的经验中受益，并以此为基础，推出更多具有创新性的汽车产品。

8. 把未解决或新出现的问题转入下一个 PDCA 循环

福特公司将继续努力，以满足人们对汽车的日益增长的需求，并应对时代的发展。福特公司可能会在未来大力投入生产汽车系列产品，并且有可能进入一个全新的、完全不同于汽车市场的领域。随着时间的推移，各种挑战和问题将不断涌现，PDCA 循环将持续发挥作用，从而使企业的产品质量得到持续改善和提高。

【知识梳理】

15.1 问题解决能力的含义

解决问题是指在现有的认知水平以及实际条件下，通过一系列可靠、有效的手段，实现问题从初始状态到目标状态转变的行为过程。

问题解决能力是指人们面对问题，能够通过思考、推理和实践，对复杂的问题进行分析、处理，从而提出有效处理方案的能力。初级问题解决能力体现在能够识别出普遍存在的问题，并做出初步分析和简单判断；中级问题解决能力体现在能够从熟知领域和范围中挖掘出潜在条件，从实际情况中提取出解决问题的方法，从而更加有效地解决问题；高级问题解决能力者，能够通过深入探究，更早地发现问题，从而有效避免它们的出现，将问题遏制于萌芽阶段，并且能够准确预测问题的发展趋势，从中总结出普遍规律，为他人提供借鉴、参考价值。

15.2　问题解决的特点

1. 目的性

解决问题必须朝着一个明确的方向前进，以便实现最终的目标。若缺乏明确的目标和意图，比如毫无意义的空想，就不可能被视作是真正解决问题。这种行动是有意识的，并且受到特定目标的驱使。比如，在“猜谜”实例中，目的就是要找到谜底。

2. 认知性

解决问题的过程需要内在的心理加工，而这一过程又需要一系列认知活动的协调配合才能实现。像自动化的操作走路等行为，基本没有涉及到重要的认知因素，所以也不是问题解决的范畴。没有经过一套内部思维过程的非认知性行为，不能被称为问题的解决。例如，用钥匙开门、行走、跳跃等，这些都是非认知操作，而不是真正的问题解决。

3. 序列性

问题解决包含了分析、联想、比较、推理等一系列的认知操作，如果只是一个简单的诸如记忆抽取之类的认知行为，就不能被称之为问题解决。而这种心理操作，是有序列的，一旦出现失误或偏离，就很难达到预期的结果。当我们猜“天没有地有，我没有他有（打一字）”的谜底（也）时，也需要我们运用想象力、联想力以及其他一系列的心理操作，这也属于问题解决；如果仅仅是回忆起一个人的联系方式、回想起遗忘的数学公式等只包含一个步骤的心理活动，也就不能称为问题解决。

15.3　问题解决的方法

1. PDCA 法

1）含义

所谓 PDCA，即是计划（Plan）、执行（Do）、检查（Check）、处理（Act）的首字母组合。PDCA 循环是所有工作的基础，它包括制定计划、执行计划、检查计划、调整和改进计划四个步骤，以确保项目的顺利完成。

（1）P（Plan）——计划，根据任务的目标和要求，制定科学的计划。

（2）D（Do）——执行，按照制订的计划来实施。

（3）C（Check）——检查，检查计划实施的结果与目标是否一致。

（4）A（Action）——处理，对检查结果进行评估，积极肯定成功经验，并将其适当推广和标准化；对失败的教训进行总结，避免重复，将未解决的问题纳入下一个 PDCA 循环。

2）步骤

（1）P 计划阶段。

第一步，分析现状、发现问题。

调查现状，把握现状，发现问题，这是解决问题的第一步。应该仔细审视当前的情况，并发掘出可能导致工作进展缓慢的因素，例如质量、安全、效率等。通过分析，我们可以找出问题的根源，从而使计划更具针对性和可操作性。

第二步，找出原因。

根据分析的结果，找到影响问题的因素。多种因素可能会影响问题的发展，因此，我们需要从多个角度出发，运用多种科学方法，如鱼骨图法、5Why 分析法、头脑风暴法等，来挖掘问题的根源，找出解决方法。

第三步，找出主要原因。

问题的产生固然受很多因素的影响，但是，各种因素的影响程度是不一样的。只有通过深入分析，才能找出最终的解决方案；若无法确定主要原因，就无法有效地解决问题。分析问题的根源，区分主因和次因，找出主因，是解决问题的关键。

第四步，制订计划、措施。

计划是执行力的基础，尽可能使其具有可操作性。在思考如何采取措施时，我们可以采取 5W1H 分析法来确定。所谓 5W1H 即 Why 为何、What 目标、Where 何处、Who 谁、When 何时、How 如何，分别指为什么要制订这些措施、制订这些措施要达到什么样的目标、这些措施应该在哪些部门实施、由谁来实施、什么时候实施以及怎么实施。

（2）D 执行阶段。

第五步，实施计划与措施。

执行计划，按照制定的计划实施改善方案。根据事先制定的计划，落实计划的每一项内容，并且做好相应的记录。如有问题，及时再协调沟通，予以更新完善。

（3）C 检查阶段。

第六步，实施结果与目标对比。

检查阶段是通过对现有情况的全面审视，从中汲取经验教训，这一过程对于促进 PDCA 循环至关重要。检查过程是执行力的保障。目标要明确、结果有标准、过程要检查。检查就是将完成的结果与之前计划要达到的目标进行对比。例如建立数据表格进行对比分析，我们可以将计划中的目标与实际完成的情况进行对比分析，从而更好地了解工作的情况，这就是检查。我们需要将实际执行情况与原先的计划进行对照管理，将检查结果是否为预期达标，哪些地方成功了，哪些地方有过失等问题落实到检查表或考核评估表中，并将结果反馈给对应者。

（4）A 行动阶段。

第七步，对实施结果总结分析。

检查完执行情况以后，要总结经验教训，对于成功的经验，要把它们作为标准固定下来；对于失败的教训要吸取、改正。针对本轮循环中存在问题、未达标之处，进行分析、总结原因，从而采取针对性的措施进行纠正和预防，肯定成绩、改进不足。

第八步，未决问题转入下一个循环。

PDCA 循环可以帮助我们解决一些问题，但也可能会留下一些问题，这些问题会被自动转移到下一个循环中。如此，周而复始，螺旋上升。

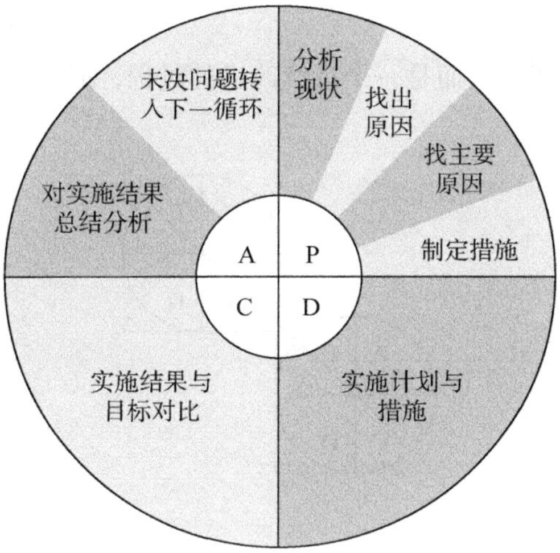

3）特点

（1）周而复始。

PDCA 循环的四个步骤并非一次性实现，而是以一种循环的方式持续发展。经过一个 PDCA 循环，我们已经成功地解决了一些问题，但仍有一些未解决的挑战，或者是新的问题，因此我们需要继续循环，以便更好地解决这些问题。

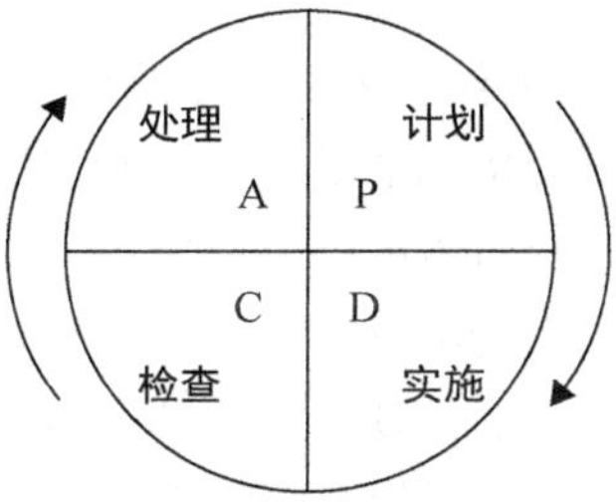

（2）大环套小环。

整体是大循环，细节是小循环。环环相扣，互相促进，形成一个大循环，从而推动更大的发展。比如，每个项目是一个大的 PDCA，项目中的每件事，又是一个个小的 PDCA，项目的推进，就是一个个小循环的推动。随着大循环的推进，又出现了一个个的小循环，以此类推。PDCA 不仅适用于整个组织，也适用于组织内各部门和个人。每个部门都按照组织的战略和目标进行 PDCA 循环，通过不断循环来实现整体的运作，并在每个环节中进行进一步的循环。大环是支撑小环的基础，而小环则是大环的延伸与支撑。所有部门都朝着组织的总目标不断努力。采用循环管理模式，将组织内部的所有活动紧密结合，实现协调配合，共同推动发展。

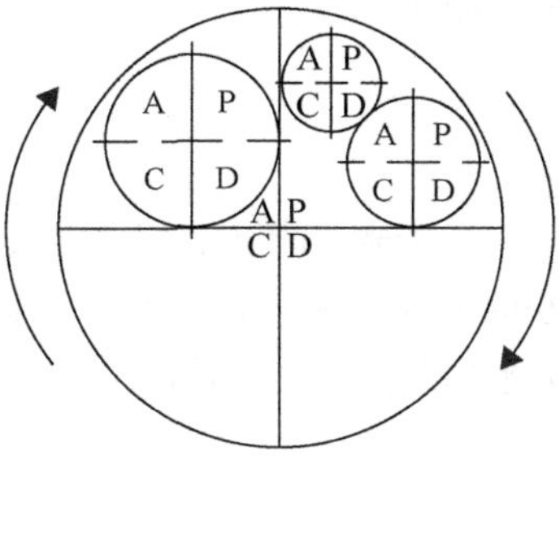

（3）阶梯式上升。

PDCA 循环并非一成不变的，而是一个持续改进的过程，通过持续的改进和优化，我们才能达到更高的水准。

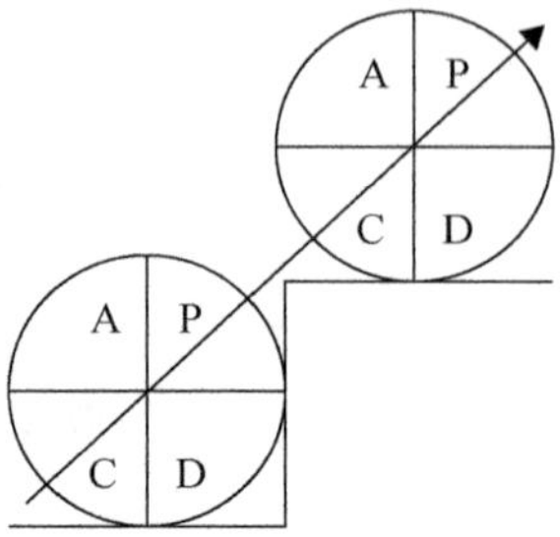

4）要素

（1）要素一：客观性。核心要素，强调实施，避免主观，寻找客观。

（2）要素二：逻辑性。弄懂因果，针对各类关键问题进行思考想出解决办法。

（3）要素三：简单化。提炼重点，高效交流。

（4）要素四：图形化。图形是比较有效的信息传递方式，文不如表，表不如图。

（5）要素五：系统性。改善方案应该服从于整个组织的利益，应站在全局角度。

5）案例

案例：内部员工培训

计划（P）：确定培训的目标，明确培训的负责人，确定培训的内容，确定培训师，安排培训的时间，地点，确定培训的形式，以及所需的条件和资料，并制定评估方案。

实施（D）：发通知，确认参加，举办培训，记录培训。

检查（C）：通过多种方式，如调查、访谈、测验和实践检验，我们可以评估培训是否达到了预期的目标？是否存在训练计划的缺陷？教练是否应该对课程的内容和形式进行更新？我们的培训材料是否能够满足我们的需求？参训人员还有没有其他建议和要求？

改进（A）：将成功的经验和有效的做法结合起来，建立一套统一的标准。确定需要改善的部分，制定改善计划，并开始进行下一轮 PDCA 循环。

2. 麦肯锡七步分析法

麦肯锡是世界知名的管理咨询公司，麦肯锡七步分析法又称“七步分析法”，是他们根据做过的大量案例，总结出的一套有效解决问题的方法，由陈述问题、分解问题、问题排序、制订计划、关键分析、综合建议、表达方案这七个步骤构成。这种方法在实践中被广泛应用，无论是初创企业还是成熟企业都能够有效地解决问题。

1）七步骤

步骤一：陈述问题。

把问题讲清楚是解决问题的第一个步骤，能够清楚地定义问题，实际上问题就解决了一半。爱因斯坦曾经说过，“如果给我 1 小时的时间来解答一个关乎生死的问题，我会花费 55 分钟来深入思考这个问题的本质。一旦弄清楚它的意图，剩下的 5 分钟就足以回答这个问题了。”

（1）可以利用 SMART 方法阐述问题：①specific 具体而不空泛；②Measurable 可以衡量的；③Attainable 可实现的，以行动为导向的；④Relevant 相关的；⑤Time-outband 有时限性的。

（2）特点：一个主导问题或可靠性高的假设、具体且不笼统、有内容的、可行动的、以决策者下一步所需行动为重点。

（3）描述问题有三个关键步骤：①明确目标，确定要解决的基本问题；②详细描述问题的细节；③清晰地阐述问题所涉及的各个方面。

步骤二：分解问题。

结构化分解问题的影响因素，这是核心步骤，也是理清思路的必备过程。化繁为简，从不同角度分解问题，把复杂问题拆分成不同的几个部分或者若干个小问题。

（1）问题分解遵循两个原则：内容是不是全面充分；分解后的要素是不是相互独立，也就是要遵循 MECE 原则。它是 Mutually Exclusive Collectively Exhaustive 的缩写，意思是“相互独立，完全穷尽”，也常被称为“不重叠，不遗漏”。必须保证划分后的各部分符合以下要求：

①各部分之间相互独立。“相互独立”这意味着问题的细分应当在同一维度上，并且应当明确划分，不能重复。各部分之间相互独立，没有重叠。

②所有部分完全穷尽。“完全穷尽”则意味着全面、周密。所有部分完全穷尽，没有遗漏。

要实现 MECE，必须要求观点之间按照一定的逻辑结构，包括时间、结构、重要性以及演绎的逻辑顺序，以确保观点的有效性和准确性。在确认逻辑顺序之后，应该仔细检查各个观点的关联性，并且要检查每一个步骤的完整性、结构的稳固性，以及推理过程中的跳跃性。在把整体划分为不同的部分时，必须保证分解后的各部分在逻辑上相互独立，而分解后的各部分合并时在逻辑上完全穷尽。当你的每一层的分解问题都可以通过 MECE 法则，就保证你的思维的过程中是没有遗漏，没有重叠，完全独立的。这样可以做到分析逻辑滴水不漏。

（2）分解问题可以借助树状图等可视化工具，常用的有三种图形：

①鱼骨图。原因分析，从问题开始逐步分解，使用推理假设逻辑树解决问题，树的结束点即是原因。

②问题图。假设判断，提出假设，寻找论据，证明或否决。

③逻辑图。判断相关原因；提出可用“是”或“否”回答的问题；按逻辑排序，找出相关事实；形成各种选择。

步骤三：问题排序。

资源有限，我们不可能解决所有的问题，于是我们需要做取舍、抓大放小，对问题进行排序，最大化利用资源。把所有问题按照主次进行排序，把非关键性的内容排除在外，把精力更多地放在重点问题上。我们要看透问题本质，直达问题核心，集中优势资源，解决关键问题。

8020 法则是一种基于“重要的少数与琐碎的多数”原则的行动指南，旨在通过评估事件的重要性，来决定如何有效地处理它们。这个原理是由意大利经济学家兼社会学家维弗利度·帕累托提出的。在任何特定群体中，重要的因素通常只占少数，而不重要的因素则占多数，因此，只要能够有效地控制少数因素，就可以有效地控制全局。

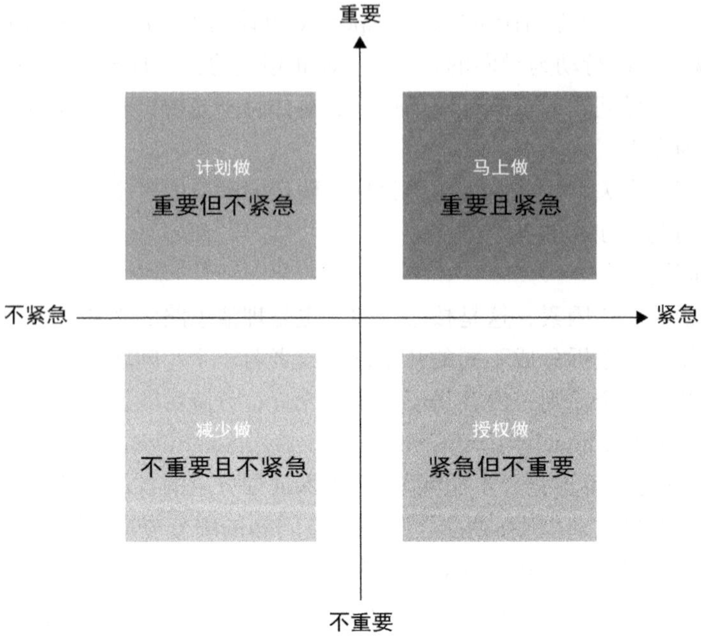

步骤四：制订计划。

至此，对问题已经有了一个清晰的框架，接下来，就是要对问题的各组成部分进行分工协作，排定详细的工作计划，这也是 PDCA 法的起点。工作计划旨在将抽象的想法转化为实际可行的行动。

（1）工作计划的最佳做法：

①提早。不要等待数据收集完成后再开始工作。

②经常。通过不断深入的研究和分析，我们可以不断地调整、完善和优化工作计划。

③具体。具体分析，寻找具体来源。

④综合。与项目小组成员一起进行检测，并尝试新的假设。

⑤里程碑：有序地工作，使用 80/20 方法按时交付。

（2）在制定计划的过程当中，资料的收集、整理、分类是非常关键的。资料整理分类主要有 5 类：①按时间分类，表明趋势变化速度，随机和周期性波动；②根据部门划分，检查各部门的工作情况，并确保它们之间的协调；③根据责任划分，确定每个问题的负责人；④根据结构、过程的不同，识别出哪些局部改变会产生重大的影响，并且针对这些有着重大影响的个体采取相应的措施；⑤根据影响因素分类，探究它们之间的相互关系。在资料的收集、整理、分类方面，需要注意的是：检查资料完整性，分析来源，交叉核对。确保记录的准确性，排除或纠正任何错误，并确保所收集的数据的统一格式。

步骤五：关键分析。

根据工作计划，基于假定的条件，结合客观现状，经过细致的研究与验证，最终确定出最佳的解决方案。

（1）进行关键分析的原则：

① 以假设为前提，事实为依据，结构化论证。

② 尽可能简化分析。

③ 要充分利用团队力量。

④ 对困难要有心理准备。

⑤ 不要害怕创新。

（2）进行关键分析的方法：

① 因果分析。不要把问题的结果当作唯一的原因，而是要深入探究其中的原因，以便找出更多的答案。

② 比例分析。研究中的因素之间存在定性联系，这种联系可以通过比例来衡量，并且必须与标准或已有的情况进行比较。

③ 标杆比较。确定进行标杆比较的问题，寻找最佳等级的竞争对手，收集标杆数据，分析自身与其之间的差距，并制定有效的改善方案，以提升企业的竞争力。

④ 趋势分析。重视未来的发展方向，而非局限于过去的趋势。

⑤ 模型分析。借助丰富的知识和实践经验，开发出独特而具有针对性的分析方法。

步骤六：综合建议。

综合所有问题调查结果、问题分析与解决方案，构建一套完整的论证结构。经过 5 个步骤的深入探究，我们可以得出一个总结性的结论，从而为解决问题提供有效的建议。经过深入分析，我们可以建立论点，并以结构化的方式组织它们。经过深入分析，我们可以给出有效的解决方案，并结合当前的重要环境，采取有效的措施来实现。具体步骤如下：

（1）总结问题，并得出分析的具体结果。

（2）根据结果建立相关的论点，但应注意，要按照结构化的方式组织我们的论点。

（3）根据前面得出的论点，进一步推出解决方案的建议。最终，通过分析问题的核心要素，制定出一份完整的解决方案。

步骤七：表达方案。

最后，就是把问题的来龙去脉讲清楚，这就是我们常说的形象化表达。在得出结论之前，应该与不同层次的人员进行全面的沟通，收集有价值的反馈意见，并及时采取改进措施，以便为最终成功解决问题奠定良好的基础。

金字塔结构是一种结构性表达的方法，让人更容易理解。金字塔结构最上层显示的是最需要展示的结论，往下的每个层级，都是逐一支撑上一层级的观点和论据，展现给客户或听众的内容，正是从上往下，逐层分解。

（1）结论先行。争取时间，阐明观点。在抛出证据之前，直接展示结论，让人第一时间了解到我们的观点。

（2）观点的逻辑。观点是仅次于结论的第二重要的表达要素，观点向上要支持结论，向下要有足够的论据支撑。通过演绎和归纳的方式，我们可以推导出一个有效的结论，并且可以通过向他人展示这一结论的过程来让他们理解。演绎和归纳的过程，一个是正向，一个是反向，只是演绎需要经过漫长的推理，别人才能知道结论，而归纳是先说结论，想听原因分析，要追溯许久，这就是要结论先行、采用演绎来构思、用归纳来呈现的原因。

2. 案例

案例：新媒体部门增粉

（1）陈述问题。增加线上媒体矩阵的流量，在公司所有的媒体平台中尽可能增加粉丝量。

（2）分解问题。问题主要集中在创作内容、推广与营销、获得关注三个环节。

（3）问题排序。创作内容比推广营销问题更大，对公司影响更大。

（4）制订计划。视频类、文章类、图片类分别由不同的人负责，同时由新媒体运营主管负责统筹，固定运营的流程与检验标准，根据标准进行奖惩，明确关键时间节点，团队作为一个整体进行考核。

（5）关键分析。分析内容与数据，每周为一个阶段。

（6）综合建议。让每个人对自己所负责的内容与当下和未来可能会发生的问题进行分析，提出难点，形成自己解决问题的逻辑结构；测试验证得出改进结论。

（7）表达方案。根据建议着重落实方案，让每个计划实现有效执行。

15.4 影响问题解决的因素

1. 问题情境

“问题情景”指的是问题呈现时所处的客观情境以及问题呈现的方式。它对问题的解决有重要的影响，如果问题的表现形式更加符合人们的实际经验和认知习惯，会使人更容易理解问题的实质，更容易解决问题。

（1）在不同的情境中，物体和事物的空间排列会对问题的解决产生极大影响。通常情况下，如果解决某个问题所需要的物体比较接近，在人类的可视范围之内，那么问题就会比较容易解决，反之则会比较困难。

（2）当个体的知识结构和问题情境之间的联系更加紧密时，就更有可能找到问题的解决方案。

（3）当问题情境中的信息和证据过多或过少时，都不利于问题的解决。过少的信息可能会被遗漏，而过多的信息则对认知产生干扰。

2. 迁移

迁移是指利用现有的知识和经验来解决新问题。例如在学习驾驶技能的过程中，如果先掌握骑摩托车，然后再学习开汽车，这样更容易；相反，学习骑自行车可能会对学习驾驶三轮车产生负面影响。这些现象体现了迁移的性质。迁移可以分为正面的和负面的。通过正迁移，我们可以利用已有的知识和经验来解决新的挑战。例如，毛笔字写得好的人，钢笔字往往也会写得不错。负迁移指的是已有的知识和经验可能会对解决新问题产生阻碍或干扰。例如，学过汉语拼音的孩子在初步接触英语时往往有一些容易混淆的地方。通常来说，知识经验越丰富，概括能力越强，新旧情境之间的共同因素也越多，这样就更容易将以往的知识经验应用到解决新问题的情境中，从而促进问题的解决，产生积极的影响；反之，如果知识经验不全面、概括能力不足或者使用不当，也会对问题的解决产生一定阻碍作用，甚至将解决方案引向歧途，从而导致负面影响的产生。

3. 原型启发

原型启发是指从其他事物和现象中提取出灵感，为当前问题提供启发，从而找到有效的解决方案。原型是指那些能够启发人们思考的事物或现象。原型是一种多样的概念，它们存在于自然界、人类社会以及我们的日常生活中。

人类从飞鸟和鱼的身上获得灵感，创造出飞机、轮船；依赖蒲公英轻盈飘逸的特性，发明降落伞；模拟蝙蝠的定向作用，设计出雷达；模仿狗鼻的形状，创造出“电子鼻”。从这些例证来看，飞鸟、鱼、蒲公英、蝙蝠、狗鼻子都可以被视为原型。通过对动物的形态、行为以及其内部结构的研究，科学家们发现了许多有用的知识，并将其应用于生产、生活和军事领域，从而创造出了仿生科学。

4. 定势

定势是一种心理准备状态，它由先前的活动所形成，并将影响后继的活动趋势。它的思维活动表现出一种极具可行性的倾向，即以熟悉的方式来解决复杂的问题。定势可以在解决问题时产生积极的影响，也可能产生消极的影响。在环境保持稳定的前提下，习惯性思维可以帮助我们快速利用所学知识来解决问题。随着环境的改变，固守旧习可能阻碍我们尝试新的思路，从而阻碍找到更好的解决问题的方法。

例如，一张桌子有四个角，削掉一个角后，还剩下几个角呢？一些人凭直觉立马就断言是三个角，这种想法就是定势思维。在类似环境中，固有的思维模式会妨碍人们有效地处理问题。但有时思维定式也可以为我们的日常生活提供更多的便利，比如良好的生活习惯能够改善和提高我们的工作效率和生活质量。

5. 功能固着

功能固着是指人们把某种功能赋予某物体的倾向。以物体的基本功能为出发点，来考虑问题的定势。随着对某种物体的熟悉程度的提高，人们很难发现它的其他潜在功能。随着时间的推移，人类已经建立了一种关于特定事物的功能和用途的普遍认知。受功能固着的限制，人们很难摆脱对事物用途的固有认知，从而限制了解决问题的灵活性。

心理学家邓克尔设计的“蜡烛实验”。桌子上摆放着三个一致的纸盒，里面分别装着图钉、火柴和蜡烛。需要参与者使用桌面上的工具将蜡烛固定在木板墙上，且燃烧时不能将蜡烛油滴到桌子或地板上。最简便的解决方法是：将纸盒固定在墙上，然后用它作为支撑，点燃蜡烛。然而，许多受试者并不会采用这种方式来解决问题，因为他们认为纸盒只是一个容器，而不是可利用材料之一。

例如，许多人都把电吹风仅仅当作用来吹头的工具，但事实上，它具备多种多样的功能，比如可以用来烘干衣物、墨迹等；口香糖不仅仅是一种食物，它还具有黏性，能够替代粘胶；砖块不仅仅被用于建筑行业，它也可以当做武器来使用。因此，人们将吹头发、吃、建筑的功能分配给吹风机、口香糖和砖块，就是一种功能固着。因为我们仅仅关注物体的一项特定功能，而忽略了它的其他属性。因此，功能固着的影响往往是消极的，不利于人们发挥创造力，从而阻碍对未知事物的探索与解决。

6. 情绪与动机

情绪是解决问题的关键因素，正面、积极的情绪可以帮助我们更好地应对挑战。反之，负面的、消极的情绪可能会影响问题的解决。人们对待问题的态度以及自身责任感等因素，可以成为问题解决的动机，为问题解决提供动力，从而更好地发掘问题。动机是推动人们解决问题的动力。

想要解决问题，必须拥有一种强烈的动力作为行动的基础，推动问题的解决。同时，不同的动机强度，产生影响的大小也会有所不同。

7. 酝酿效应

当一个问题被多次尝试解决却没有任何进展时，酝酿效应就会出现，即将其暂时搁置几个星期，然后重新开始寻求解决之道，这样有可能迅速找到最佳的解决办法。许多杰出的科学家曾在他们的研究领域里分享过一些类似经历，这种现象被称为“酝酿效应”。

例如，古希腊的国王曾经要求金匠制作一顶纯金的王冠，但他怀疑金匠会在里面掺杂银子。可问题是这顶王冠与当初交给金匠的金子一样重，谁也不知道金匠到底有没有捣鬼。国王把这个难题交给了阿基米德。阿基米德一开始尝试了各种解决这个问题的方法，但都以失败告终。当他走进浴桶，发现浴桶里的水正在汩汩涌出，而自己也仿佛被向上托举，他恍然大悟，最终用浮力的原理解决了这个难题。突如其来的洞察力和领悟力，正是酝酿效应的体现。

在日常生活中，有时候我们会遇到一些令人头疼的问题，比如想要找一件衣服却无从下手，但是不久之后，就能轻而易举地在衣柜里找到它。事实上，酝酿效应可以有效地减轻人们的思维僵化，从而帮助他们更好地解决问题。

15.5 提高问题解决能力的方法

1. 善于未雨绸缪

为了有效地解决问题，我们必须培养出快速、准确的发现问题的能力。问题作为一种客观存在，可以是明显可见的，也可以是隐藏不露的，甚至会以其他方式呈现。要想更好地理解这些问题，就必须拥有一颗敏锐的心。若能及时发现并采取有效措施，便可有效避免问题的出现，遏制其发展，有效减少解决问题的难度与可能带来的损失。我们应该善于从细节出发，积极预测、及时发现可能存在的危险因素，并且能够迅速洞悉其变化趋势，采取有效的行动来解决问题，找到最佳的解决办法。

“明者防祸于未萌，智者图患于将来。”采取积极的态度、提前做准备，洞察细节，预防可能出现的危险，把握机遇，勇于迎接挑战，这才是有效地预防和处理问题的关键。在日常工作中，我们应该积极主动地发现和处理潜在的危机，深入挖掘问题的根源，及时采取预防措施，努力将可能存在的风险降至最低，谨记时刻保持清醒的头脑，防患于未然，善于未雨绸缪，打好主动仗。

2. 善于把握时机

邓小平同志曾说“要善于把握时机来解决我们的发展问题”。从古至今，优秀的人总是能够从问题中发现机遇。问题有时像一个油葫芦摆在你面前，你不碰它永远不会倒，你必须要去扳倒它，才能得到里面的油。这也应该是我们面对问题时的态度。有了问题，我们就去解决，问题对我们来说就是一种机遇，一旦问题得到了解决，我们起码在解决这种问题中就获得了成功。问题到来时，既是机遇，也是挑战，只有及时发现、有效处理，才能够把握住这些机会，从而获得更大的收益。问题永远不是完成任务的“绊脚石”，而是机遇的“乔装者”。

两名鞋厂推销员被派往一个新的岛屿，要求开拓一个全新的市场。两位推销员在抵达之后，立即给他们的老板发出了电报。甲推销员带来了令老板大吃一惊的消息：在这个岛屿上，还没有任何人穿着鞋，而且还没有任何人去开拓这个新的市场，他认为这是一个全新的商机。乙推销员在电报中表示：由于这座岛屿上没有人穿鞋，因此也不可能有人购买，他决定立即返回工厂。两人看到同样的情况，为什么会有两种不同的结论呢？原因就在于乙推销员仅仅看到了问题本身，而甲推销员看到了问题背后的机遇。

无论挑战有多么棘手，我们都应该勇敢地迎接它，仔细思考，深入挖掘，把握住潜藏的机会，而不是被困住，选择回避或者畏惧。在生活中，我们经常会遇到形形色色的问题，这些问题也往往会带给我们很多创新的想法。如果我们能够针对这些问题，不断地提出自己的想法去解决它，或许这些问题就会变成一个个难得的机遇。

3. 善于抓住关键

“举一纲而万目张，解一卷而众篇明。”问题有“本末”“轻重”“缓急”之分，如果见什么抓什么，“胡子眉毛一把抓”，当然不得要领，非但不能很好解决问题，还有可能陷入顾此失彼的尴尬境地。因此，要找到事物的主要矛盾，善于抓住问题的关键，着重在节骨眼、要害处用力。

我们要避免用蛮力做事，要善于抓住问题的主要矛盾，找到解决问题的关键。在工作和生活中，我们经常会面临着多种多样的问题，有时甚至会出现一些预料之外的事情，使我们措手不及，于是有的人就慌了手脚，对所有问题不分轻重，一把全揽过来，然后发扬吃苦耐劳的精神，不停地做事，像极了持续转动的陀螺，最后自己的辛苦不但没有换来好的结果，还使自己产生了厌倦情绪。我们只有集中力量找出主要矛盾、攻克主要矛盾，才能找到解决复杂问题的重点。为了更好地实现目标，我们必须准确把握主要矛盾，着眼于关键环节，找出有效解决问题的方案，以便更快地完成任务。重点关注主要矛盾，把握问题的关键，是我们成功完成工作的关键。

4. 善于整体化解

古人说：“不谋全局者，不足以谋一域。”如果没有对整体的把握，找不准自身在整体中所处的位置，只见树木不见森林，工作就很难取得理想的成果。因此，在开展工作时，要清楚自己在整体中的位置。解决工作中的矛盾和问题道理亦然，“见子打子”不可取，必须通盘考虑。要考虑单一的矛盾问题与其他矛盾问题的关联度，对其他群体的影响度，力求从整体上解决问题，不能头痛医头脚痛医脚。

在面对复杂的情况和艰巨的任务时，首先要具备全局观，清楚地了解各种矛盾。为了解决问题，我们必须培养全局视野，善于把握主要矛盾，并以全局为出发点和落脚点，在涉及到重大问题时，要坚定立场，坚持正确的方向。要想真正理解问题，就不能只看到局部，而是要把它们放在整体的视野中去思考；要善于把当前的问题放在长远的发展过程中去思考，而不是急于求成、只看到眼前的利益。

【实践训练】

【训练 15-1】 移火柴

（1）如下图所示，图中是由 9 根火柴拼成的 3 个三角形，请移动 2 根火柴，拼出 4 个三角形和 3 个平行四边形。你知道该怎么做吗？

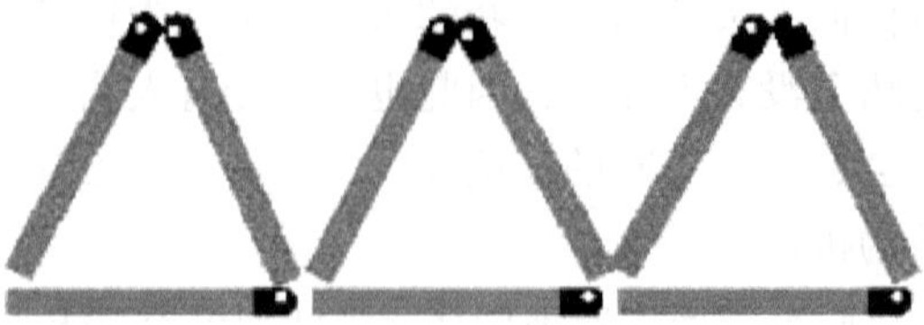

（2）如下图所示，图中是用 4 根火柴组成 1 个头朝下的玻璃杯，并且在旁边放 1 枚硬币。你能够只移 2 根火柴就把硬币放在玻璃杯内吗？

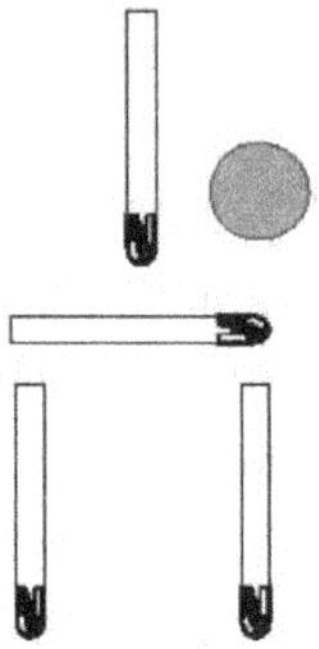

（3）请移动一根火柴，使下列等式成立。

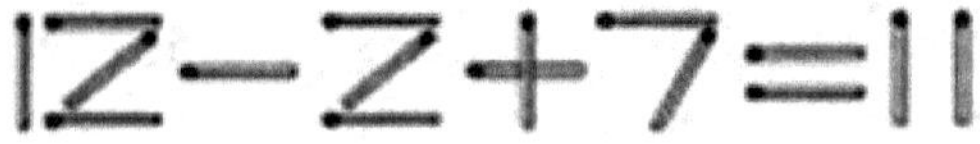

【训练 15-2】 商业机遇

我国自 20 世纪末进入老龄化社会以来，老年人口数量和占总人口数量的比重持续增长，预计“十四五”时期，60 岁及以上老年人口总量将突破 3 亿，占比将超过 20%，进入中度老龄化阶段。2035 年左右，60 岁及以上老年人口将突破 4 亿，在总人口中的占比将超过 30%，进入重度老龄化阶段。积极应对人口老龄化是一项重大的国家战略。我国将如何应对人口老龄化呢？《国家积极应对人口老龄化中长期规划》明确了具体工作任务，其中一条是打造高质量为老服务和产品供给体系。高质量的为老服务和产品供给体系建设是一项重大的系统工程，包括了医、养、住、行等各个方面，需要政府、社会、企业等共同努力。请用麦肯锡七步法分析为老服务和产品供给体系中的商业机遇，释放养老、健康产业的增长潜力。

【训练 15-3】 产品残次率高

王浩大学毕业后回家乡创办了一家注塑模具厂，经营半年，发现产品残次率在 10%左右，高于行业平均水平。于是从人员、方法、管理、材料、机器、环境 6 个方面找原因，人员方面存在的问题是检验不合格、部分员工没有责任心；方法方面存在的问题是生产工艺落后、产品没有经过冷却处理；管理方面存在的问题是管理方法落后、责任落实不到位；材料方面存在的问题是生产原材料混入杂质；机器方面存在的问题是设备老旧、电压不稳定；环境方面存在的问题是车间温度过高、粉尘过多。请用 PDCA 法解决企业产品残次率高的问题。

模块二　创新创业实践

【课程思政引领】

本模块以立德树人为引领，将“整体观”“大局意识”“诚实守信的职业道德”“严谨务实的工匠精神”思政元素融入到教学的各个环节，将岗课赛证融通的理念贯穿始终，线上、线下双线并行组织教学，实现三全育人。

任务十六　创业综合经营管理

【任务探究】

【任务 16】 如何制订有效的决策

创新创业综合运营管理是模块二的核心部分，是培养与增强学员创新创业意识的关键环节，同时也是考核企业创新项目有效性的重要实践内容。通过对现实公司环境的仿真建模，将每个参与培训的学员分为若干个小组，从而建立若干个虚拟公司，在同一个社会条件下相互竞争与成长。而各个小组的学员将依次担任虚拟公司的总经理、财务经理、营销经理、生产经理、研发经理、人力资源经理等职位，并进行相应的经营管理，同时，经过对社会条件与背景资料的研究与论证，进行企业运营活动中的各项决策，其中包括战略规划、品牌设计、市场营销策略、市场开发、产品计划、生产规划、融资策略、成本分析等。通过团队成员的努力，努力使公司实现既定的战略目标，并在所有公司中崭露头角。

在创业之星模拟创业平台中，每个小组都必须为自己公司制定出众多的经营政策，使创业公司能够逐渐壮大。这些经营政策涉及一个创业公司的各个方面。同时，团队合作、沟通技巧、执行力等都是整个决策过程中不可或缺的组成部分。怎样全面考量各种因素的影响，充分发挥团队的作用，是制订高效决策和最终取胜的关键。

【研究交流】

【探讨 16】 如果给你 60 万，你会怎么用它？

—如果给你 60 万，你会怎么用它？

—买买买？ or 吃吃吃？

—但是，要是给我 60 万，我会开启智慧之门，实现魅力人生。

【知识梳理】

16.1 团队建设

在创业之星模拟创业平台中，要创业成功并取得良好的绩效，离不开一支紧密配合与分工合作的创业团队。只有充分发挥创业团队中每个人的能力，通过严密的分工、深入地沟通、有力的执行，企业才能在竞争激烈的市场环境中不断破解各个难题，战胜其他竞争者，在商海浪潮中崭露头角。

1. 团队构成要素

团队的基本组成要素分为五大方面：目标、人、定位、权限、计划。

1）目标（Purpose）

企业必须有一个既定的方向，给企业员工引导，清楚该向哪里走，没有方向的企业就没有生存的意义。企业一旦没有方向，企业人员也不清楚上哪里去，整个企业的水平可能就会打折扣。组织的目标应该和团队的目标一样，而且也可以将大目标细分成小项目，具体分在不同团队人员那里，大家可以达成这个共同的目标。另外，企业还需要通过有效的方式向大众传播目标，使组织内部的所有成员都了解这个目标，有时候甚至可以直接把目标贴出来，以鼓励所有的人为这个目标而努力工作。

2）人（People）

人是组成团体最基础的组织。三个（包含三个）以上的人能够组成团体。需要有专人去监测团队项目的开展，衡量人最后的贡献。因为不同的人经过分工才能共同完成组织的任务，所以在人才选拔方面主要考察人才的知识水平、个人能力和领导力。

3）定位（Place）

团队的定位包含两层意思：

（1）团队的基本定位。团队在公司中占据了哪些地位，是由谁选择并决定了团队的组成，团队最终应对由谁领导，以及团队将通过何种方法奖励员工？

（2）个体的定位。作为成员在团队中扮演什么角色，制订计划还是具体实施或评估？

4）权限（Power）

队伍中领导者的权力多少与团队发展相关，通常来说，团队越是成熟，领导者所掌握的权力相对越小，而队伍发展壮大的初期阶段领导力是相对较为集中。团队权限关系的两个方面：

（1）团队在组织中具有怎样的决定权？比方说，财务决定权、人员决定权、信息选择权。

（2）组织的基本特征。比方说组织的数量多大，组织的规模有没有足够大，组织对员工的福利有多大，以及它的分支组织又是何种形式？

5）计划（Plan）

计划的两层面含义：

（1）任务具体的完成，要求有具体的执行计划，可以把计划表现为任务的具体执行的过程。

（2）工作提前按计划完全可以确保工作团队的顺利进展。唯有在计划的操作下，团队才能逐步接近目标，并最终实现目标。

2. 团队角色

在创业之星模拟创业平台中，进行学习训练的学生可以扮演多种角色，包括总经理、人力资源经理、研发经理、营销经理、客服经理、财务经理等。为了帮助大家对各角色分工有更好的理解与清晰的认知，在模拟演练中可以提高效率，分清职责，以下对各角色的主要职责进行简要说明。

1）总经理

岗位名称：总经理

直接上级：董事会

下属岗位：各部门经理

管理权限：受公司董事会的委派，依法行使对公司经营管理工作全面引导、统帅、督促、管理的权力，并负有履行公司各种规定的责任义务

管理责任：全面负责公司运营管理工作，对所担任管理的工作全面负责。

岗位要求：

- 必须热爱公司，具有德、勤、能、诚的优良品德。
- 有较好地综合领导才能和工作协调能力。
- 掌握公司经营管理专业知识，了解公司的实际业务。
- 擅长内部组织、带领公司员工团结、努力工作。
- 较强的沟通能力与协调能力。

主要职责：

总经理是公司的最高领导者，享有公司最高决定权。总经理既是一切决策的最后决定者，同时又是公司经营管理好坏的第一负责人。因此，总经理主要履行以下职责：

- 实施董事会决策，组织全面管理工作，确保营业目标的完成，按时、足额地实现股东下达的盈利指标。
- 负责落实经董事会通过的公司全年工作计划和财务预算报告及分配、使用预案。
- 负责制订公司的市场经营、管理策略和管理计划。
- 审查公司的财务预算，审核批准规划内的生产经营、外商投资、技术改造、重大基建项目以及流动资金贷款、使用等的可行性的报告。
- 确定机构建制和人事编制工作，确定各职能部门领导的任免、待遇、奖励，建立健全公司团结、精干的领导结构和组织制度。
- 组织公司的各项管理结构，并根据公司规划做出组织调配。
- 指导公司建立各项制度，并深入贯彻实施。
- 决定各职能部门领导班子的任免、薪酬、补贴、奖惩。
- 加强公司文明管理，做好社会公关，塑造公司良好的社会品牌。
- 决定对成绩显著的优秀员工进行嘉奖、调资和晋升，对违规人员的行政处分，直至辞退。
- 做好员工的思想政治教育工作，加强员工队伍的建设，形成一个风气优良、纪律严明、通过培训的工人团队。

- 遵循民主集中制的基本原则，发挥“带领一班人”的作用，充分调动他们的积极性和创造力。
- 负责管理召开并组织负责人办事例会，考察、指导和协同各部门的业务发展。
- 负责对各部门经理任务安排、协调、工作监督、评估和绩效管理。

2）人力资源经理

岗位名称：人力资源经理

直接上级：总经理

下属岗位：人力资源部人员

管理权限：为公司进行人力资源管理提供意见和指导，在有关公司人力资源管理的法律法规和公司人才战略的指导下，统一领导人力资源部建设和完善公司人才发展的管理制度，并负责开展有关人力资源管理方面的各种业务。

管理责任：全面负责公司人力资源管理工作，对所担任职责全面管理。

岗位要求：

- 了解国家有关人事管理的各项政策。
- 熟悉人力资源、团队管理工作的相关理论和技术。
- 有较好的综合领导才能和工作处理水平。
- 较强的沟通能力与协调能力。
- 主要职责：
- 指导公司各员工进行 SWOT（公司优势、劣势、威胁、机会等）研究，帮助董事长制订公司的长、中、短线管理规划和战略方针，帮助董事长制定公司的年度管理计划和经营策略。
- 建设和完善公司人力资源管理规章制度。
- 完善公司的行政、后勤、总务管理运行制度，以最低成本为各部门及所有人员提供办公、学习、生活的优质服务。
- 根据公司的年度业务目标和长期经营规划，制订公司年度人力计划和行政后勤管理工作目标以及全年工作计划，制定并管理部门年度财务成本计划，并结合公司的“目标管理责任制”，以实现人力规划目标和行政后勤管理工作目标的实现。
- 根据本部门的全年人力资源与行政后勤管理工作目标和全年工作计划，制订并执行部门的工作计划，并每年按时提交本部门的工作计划与工作总结给总经理。
- 负责整个公司内部“目标管理”绩效考核的实施工作，与财务部以及各相关职能部门完成对公司、各职位、各人员的工作绩效量化考核；督促人力资源市场专员及时查阅公司以及各职位的与“目标管理”及绩效考核相关的年度、季度、月度、周、日报告，若出现重大问题及时向负责人报告。
- 根据公司的经营目标和经营规划，领导设定组织管理机构，完成全公司内各职位的定岗、定员、定编，并做好岗位分类和职位说明，明确各岗位权、责、利和任职资格等要求。
- 建立并落实公司的薪资、福利制度。
- 依公司经营发展战略的人力资源需要，研究短期、中、长期人力资源，以合理调整公司的人力资本。
- 建设了规范化的人才招聘体系，并开展各级管理人员、技术干部的招募工作。
- 建设并执行训练体系及制定、执行训练方案，协助人员进行职业生涯规划。

- 人事管理政策制定与调整、人事管理制度的计划、制订、考核和修改等，使有关人员的管理工作有章可循。
- 深化和推广公司文化，把公司文化贯彻于公司规章制度和管理准则之中；建设奋发向上、团结友爱、合作奉献的公司文化氛围，建设学习型公司。

3）研发经理

岗位名称：研发经理

直接上级：总经理

下属岗位：研发部人员

管理权限：全面负责公司技术研发部门管理工作，享有公司新产品、新产品研发、新产品制造与推广、标准制订、工艺设计和评价、调整、管理的权力。

管理责任：对其担负的研发部门工作全面管理。

岗位要求：

- 具有较高的专业技术水平与较全面的服务能力。
- 具有较强的技术服务意识和良好的业务技术水平。
- 开拓进取，具有很强的岗位责任心和工作事业心。
- 技术上不自满、不保守、善于接触最新科技，敢于技术革新与创造。
- 贯彻民主科学原则，并具备科学、求学、开辟的创新精神与品格。

主要职责：

- 在总经理的指导下，统一领导组织本部门的全面工作，并组织和督促所有工作人员全面完成在本部门权限范围内的所有工作任务。
- 坚持执行公司本部门岗位责任制和工作标准，密切与公司产品、质量、营销、服务等部门之间的工作关系，并做好与相关部门之间的协调配合管理工作。
- 参与指导制定公司技术管理制度和产品工艺规范。
- 承担公司新技术引进和技术开发工作策划、执行，以确保产品及时更新。
- 主要组织抓好新产品的技术开发与研制项目，适时进行开发新产品的测试项目。
- 负责及时协调、解决、调整和处理开发制造项目中产生的技术问题，确保公司运营任务的完成，保证公司开发制造项目的及时进行。
- 负责按时组织制定公司技术开发规划，及时报告公司主管及计划主管部门。
- 组织和制定公司科技发展计划、长期科技发展和科技政策措施计划，并监督计划的制定、调整、补充、执行以及各种科技活动和科技管理。
- 做好公司科技管理团队构建工作，做好员工的培训与提升工作。
- 有权向主管部门提议下属人选，并对其进行绩效考评。

4）营销经理

岗位名称：营销经理

直接上级：总经理

下属岗位：营销部人员

管理权限：主管公司的全面营销管理。

管理责任：对其所承担的营销部门工作全面负责。

岗位要求：

- 具有优秀的文字表达技能和人际沟通技巧。
- 具有团队合作精神，性格开朗。
- 拥有多年的公司管理，营销，大项目营销经历。
- 具有市场分析与推广能力。

主要职责：

- 协助制订公司市场营销战略。依据公司的战略编制公司市场营销组合策略。
- 定期对营销计划、战略、规划、经营情况进行考核研究，适时调整市场营销战略和规划，制定防范与改进对策，保证实现市场营销战略与营销规划。
- 协调公司内部事务，对公司营销策略方案的实施加以监测与管理。
- 完成公司市场营销目标和其他任务，对市场营销思路做出定位。
- 培训的研究和行业领域价值的挖掘。
- 新项目市场推广方案的制定。
- 销售队伍的建设与培养。
- 根据客户和行业状况制定的新产品上市价格。
- 组织重大营销协议的协商和达成。
- 制订营销系统年度专业培训规划并会同人才办执行。

5）生产经理

岗位名称：生产经理

直接上级：总经理

下属岗位：生产部人员

管理权限：全面领导公司产品管理业务工作，主管产品管理工作，生产计划和生产作业计划编制、落实；生产现场管理、生产调度、工序质量管理，完成公司下达的各项生产工作任务，根据销售计划按时完成订单产品的交付。

管理责任：对其所从事的生产制造部门工作全面负责。

岗位要求：

- 具备良好的沟通协调能力。
- 熟悉商品的加工过程，对各种加工设备十分熟悉，操作技能娴熟。
- 具有合理安排生产、有效管理成本费用的综合能力。

主要职责：

- 制定产品规划与制造作业规划，及时开展各种产品制作工作。
- 根据生产实际情况和客户需求变化，制定临时生产作业计划。
- 负责工序生产质量管理，包括产品运行、检查、维修、养护管理。
- 负责直接所属员工的业绩考评和业务指导，对下属人员的工作业绩完成情况负责。

6）财务经理

岗位名称：财务经理

直接上级：总经理

下属岗位：财务部人员

管理权限：全面领导公司财务工作，享有公司财务会计工作的指挥、领导、协调、监控和管理的权力，并负有履行公司法律和工作规定的义务。

管理责任：对其所承担的财务部门工作全面管理。

岗位要求：

- 具有会计专业技术职称。
- 了解国家经济法律、法规、条例和方针、政策，掌握本行业经营基础知识。
- 具备较强的综合协调才能和团队管理工作才能。
- 虚心良行，主动开拓进取，具有很强的岗位责任心和工作事业心。
- 坚持原则，廉洁奉公。

主要职责：

- 在总经理带领下，领导着组织本部门的全面工作，并组织和指导部门员工全面完成本部门职责范围内的所有工作任务。
- 贯彻落实本部门岗位责任制和操作规范，密切与技术、市场、设计等单位的合作关系，做好与相关单位的协调配套服务。
- 参与对公司财务规章制度、会计成本核算规程、成本费用控制会计管理以及相应的财政专项制度的拟订、修订、调整与执行。
- 制定公司财务规划，审核财务管理方案。拟定资金筹措和使用方案，以全面平衡资金，拓展财源，加速资金周转，增强资金运用效益。
- 负责领导本部门按上级规定和要求，组织财务决算的编制工作。
- 负责对公司的成本管理。做好成本费用预估、管理、考核、分析与评估，降低消耗、节省支出，提高监理能力，保证公司效益目标的实现。
- 组织制定并健全公司财务稽核、审计的制度，监察其实施效果。
- 审核公司经营方案和各种经济合同，并认真督促其实施，参与公司技术、管理及其产品、技术创新和其他项目工程的效益的建议。
- 组织审核薪酬、奖励和财务收支的各种方案。
- 负责评估、研究公司经营成效，提供有效的意见与方法。
- 组织财会人员的业务培训。进行规范审计组织、会计专业岗位的设置和会计人员的设置，负责审计从业人员培训与考评，坚持审计从业人员依法行使职权。
- 负责向公司负责人报告财务状况和业务成果。定期或不定期报告项目收支和盈亏状况，以利于领导有效做出决定。
- 有权向有关主管部门领导提出下属人选，并对其工作考核评估。

16.2 战略规划

在创业之星模拟创业平台中，创业团队应在仔细分析公司商业背景和规则的基础上，为自己的公司制定一个经营战略。所有参加对抗训练的公司都是从零开始，拥有的资源相同，所处的背景也相同。因此每个公司在创业之初就应该根据自己的长期目标和短期目标制定具体的经营战略，以便合理配置有限公司的各种资源，形成企业核心竞争力，进而建立长期竞争优势。

在进行创业运营前，必须为之制定发展与竞争战略。竞争战略的意识会影响到决策的思路，具体来说，如果采用低成本战略的话，其投资将把重点集中在企业规模的扩大与市场竞争方面。

企业的大规模化生产将使平均生产成本降低，利用低成本的优势通过偏低价转化为市场份额与销售收入，从而使企业呈现良好的发展前景；而差异化策略的投资重点就是产品的设计和发展，采用优质高价的方法推广新产品，由于这样对竞争策略和低价战略的投资相对较小，因此能够为企业获取更大的收益。

在制定公司战略时，首先要分析公司的内外部经营环境，外部环境主要是指市场容量与市场发展，内部环境主要分析公司资金状况，不同的内外部环境会对公司发展与竞争战略的选择构成一定的影响（见图 16-1）。经营环境的不同对市场竞争的激烈程度有很大影响，这是在战略选择时需要考虑的，具体环境下采用哪种发展与竞争战略，与管理团队的风格有很大相关性。

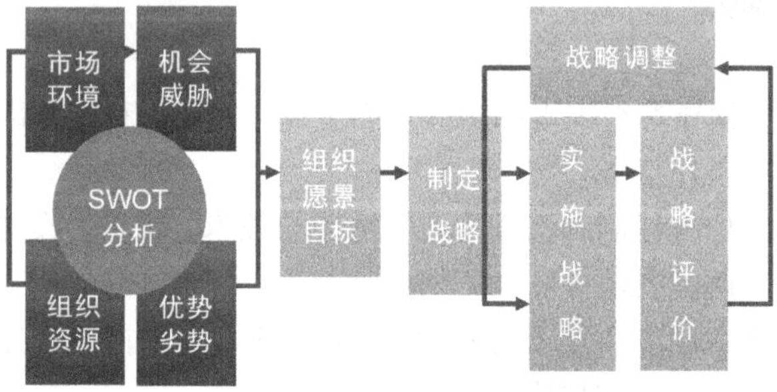

图 16-1 SWOT 分析模型

1. 如何进行 SWOT 分析

要制订企业发展战略，首先要对市场环境和企业自身有一个全面清晰的认识，即进行 SWOT 分析。SWOT 分析是制订企业长期战略规划的一个方法。来自美国麦肯锡咨询公司的 SWOT 分析，是主要研究企业的优势（Strength）、劣势（Weakness）、机会（Opportunity）和威胁（Threats）四个方面。因此，SWOT 研究也是对组织内部发展的各方面信息加以整理与总结，从而研究企业的优劣势、存在的机遇与风险的一个途径。SWOT 分析方法能够有助于公司将资源集中到自身的长处以及拥有更多机会的区域。

优劣势分析重点是关注公司本身的能力以及与竞争者的比较，而机遇与危险分析把注意力放到外部环境的改变和对公司的可能负面影响上。在具体分析时，应该先将所有的内在原因（即优劣势）聚集到一起，再运用外部的力量来对这些因素加以评价。

1）机会与威胁分析

由于经济、社会、科技等许多领域方面的快速发展，尤其是伴随世界经济全球化、一体化过程的推进，以及国际信息网络的构建和消费环境要求的多元化，使得企业所处区域的经济发展环境更为开放和动荡。而这些变革，几乎对每个企业都产生了巨大的影响。也正是由于这样，环境分析已经成为一项越来越关键的企业职能。环境发展趋势分为两大类：一类典型代表环境威胁，另一类典型则代表环境机会。环境威胁指的是由于自然环境中某种不良的变化而带来的环境挑战，企业一旦不实施果断的战略行动，这些环境不良态势就将使得企业的竞争战略地位遭到降低。环境机会则是对企业行为最具魅力的范畴，在这一范畴中，企业将具有巨大的竞争优势。

在创业模拟实践平台中，企业将会面临多个不同市场的需求与发展机会。在不同的社会条件中，各种用户存在不同的生活要求，对商品的价值和品质需求就会呈现不同。这种变化对各个管理组织既是机会，又是风险，这就要求组织人员在充分考虑自己的竞争战略的基础上，对需求进行实时迅速的反馈。根据公司所需要进军的市场、所需要开发的商品，有所为而有所不为。由于市场是具有变化的，因此各个管理人才只有通过全面研究市场情况，并采取灵活机动的管理策略，才有机会取得先发优势。

2）优势与劣势分析

认识环境中最具有吸引力的机遇是一回事，而拥有从机遇中取得成功所需要的能力则是另一回事。各个公司都要定期检查自身的优势与劣势，包括市场营销、财务管理、制造、研发等方面，这可通过相关的报表数据进行深入分析。

当两个企业处于同一个领域或他们各自有力量向同一消费者市场提供商品和服务时，假设其中一个具有更高的盈利率或盈利潜力，那么，人们将觉得该种企业比其他企业更具备竞争力。换言之，所谓竞争力就是指一家企业超过其他竞争者的能力，而这些实力往往可以达到企业的最大目的——利润。不过值得注意的是，竞争力并不一定全部反映在企业更大的盈利性上，因此有些企业也需要扩大市场份额。

因为公司是一个整体，同时由于市场优势资源的广泛性，所以，在进行优劣势源划分前需要在整体中的各个环节上将公司和竞争者进行细致的比较，包括商品优势是否具有吸引力、成本是否低廉、营销系统是否完善以及产品价格是否具备竞争性等。如果一家公司在某一方面或多个领域的优势就是这个行业所应该拥有的重要成功因素，那么，这家公司的整体竞争能力或许会高一点。必须说明的是，判断一家公司的产品是否具备市场优势，可以站在现有潜在用户的视角上，但不能站在企业的视角上。

企业在维持竞争优势的过程中，应该先深入了解自己的优势与特点，选择相应的方法。因此一个公司如果在某一方面拥有了比较优势，势必会引起竞争者的重视。通常，当他们通过前一个阶段的奋斗，已经树立了一种竞争优势，而此后就处于保持着该种竞争优势的状态。竞争者开始逐步做出反应，而后，一旦竞争者开始进攻他们的优势所在，并采用了其他比较强势的战术时，则会使该种优势得到减弱。

在企业保持竞争优势过程中，影响企业竞争优势持续性的关键因素有：

（1）建立这种优势需要多长时间？

（2）能够获得的竞争优势有多大？

（3）竞争对手做出有力反应需要多长时间？

一旦企业明白这三个因素，也就会清楚自身在形成和保持竞争优势过程中的位置了。在《创业之星》模拟创业实践平台中，各个企业运营队伍怎样来确定自身的竞争优势与劣势呢？从上述的原因解析中我们就能够发现，一个企业的优势与劣势实际上是通过与竞争者相互比较而产生的，如果脱离了竞争只谈优势与劣势，是毫无现实意义的。参与模拟创业实践的各个经营团队之间相互竞争，有的企业已经开发出了许多区域市场，有的企业已经完成了所有产品的研发设计，有的企业在产品价格和广告投入上控制能力比较好等，实际运营的不同企业在发展过程中所表现出来的竞争优势也呈现出了很大的广泛性，而企业最终的竞争优势地位的建立，往往也是依靠建立在一两个重要竞争优势上的总体资源优势（企业不可能也完全不需要在每个领域都建立资源优势，重要资源优势所形成的强势地位能够带动和他人经营企业的联合，来有效地克服自身的运营劣等），而这一两个重要资源优势往往在时间上能够长期保留下来，并能够完全克服在其运营劣势上所造成的不良影响。

2. 如何制订企业战略

企业策略是指企业所有战略的总称，这里既包含市场策略，又包含市场营销策略、开发战略、品牌战略、筹资战略等。经营策略尽管有多种类型，但基本都是一致的，都是针对长期的战略，都是解决公司整体、长远、基本性难题的战略。

在创业之星模拟创业平台中，虽然其是以现实的经营环境为基础，但为了便于学习与训练，对模拟的商业环境进行适当的简化处理，以控制整个训练系统的难度与复杂度，使参加训练的学生在有限的时间内，可以快速掌握创业的全过程，领域创业成功的真谛。因此，在训练模拟平台中，企业的竞争战略一般有两类可选择：一是成本领先战略；二是差异化战略。

在创业模拟实训中，所有创业团队首先要对背景资料与商业环境进行全面深入的分析，并在此基础上制订企业的经营规划。所有创业企业都是从相同的起点开始，拥有相同的资源，在同一个竞争环境下进行竞争发展，并努力提升企业的平衡计分卡分数。平衡计分卡是最终评价企业的成败标准，会涉及企业经营的各个主要方面。企业需要根据自己的长短期发展目标制订相应的经营战略，合理运用资源，把握市场商机，创造竞争优势，并追求平衡计分卡分数的最大化。

1）成本领先战略

成本领先战略（Overall Cost Leadership，也称为低成本战略）是迈克尔·波特三个一般战略中最简单明了的。在这种战略的指导下企业将变成所在产业中低成本制造的厂家。假设一家公司可以实现和维持行业的成本领先地位，那么它就能将售价设为等于或低于该行业的平均价。当成本领先的公司的产品价值相当于或低于其他的厂商之后，它的成本劣势将会转变为高利润。但是，如果生产成本领先的公司的产品价格在市场中不被认为能和其他竞争对手竞争，若想被接受就不得不降低产品价格，使其以远远低于竞争对手企业的水平来提高销量，这很可能抵消对其有利的生产成本优势所提供的利益。

虽然生产成本上遥遥领先的公司通常是依靠在其生产成本上的优势地位来获得竞争力的，但它若要变成经济性上超过市场经济平均水平的超群者，则需要与其主要竞争者一样，在独具特色的技术基础上获得价格相当或经济价值相同的合理地位。商品别具一格基础上的价格相同，使生产成本遥遥领先的公司能够将其生产成本资源优势直接转换为优于对手的收益；在商品别具一格基础上的价格相同表明，为了获得更令人满意的市场经济占有率，所需要的价格下降幅度无须冲销其生产成本资源优势，这样，生产成本遥遥领先公司就能够取得远超过市场经济平均数的利润。

成本领先战略的实现，有赖于公司人员日复一日地实践执行该策略的能力。生产成本既不会自动降低，也没有偶然降低。它是员工辛苦劳作和坚持不懈地重视相对成本工作的结果。公司降低成本的能力各异，但即使在它们拥有相同的规模、相同的生产效率，并由相同的政府政策引导时期也是这样。企业要提高相对成本地位，与其说要求公司在经营策略上进行巨大改革，还不如说是要求对管理人员更多的注意。

成本领先策略主要指为了实现企业效益与竞争力提高，使公司整体生产成本小于竞争者的总成本。在创业之星模拟平台中，企业的成本主要包括了以下几部分：变动的原料采购成本、分摊的制造成本、企业其他固定成本。在企业的房租、研发费用、行政管理费用等固定成本基本没有太大变化的情况下，通过批量采购原料和扩大生产规模，可以有效地降低单位产品的成本（原料采购成本和分摊的制造成本）一般而言，越是高端的生产设备其性价比越高，单位产品的生产成本也越低，企业在扩张过程中应尽可能配置高端的生产设备，并通过设备升级和员工培训，不断提升设备产能与成品率，从而进一步降低生产成本。奖金的回笼又推动企业进一步扩大产能以继续深入贯彻实施低成本战略。在各因素相同的前提下，较低的成本能够支持厂商以更少的代价投入竞争，取得价格优势，从而快速占领市场，取得更强的竞争力。

在制定低成本战略时需要注意以下事项：

（1）目标市场有足够的需求发展空间。

企业需要对目标市场有充分的了解和深入的分析，在目标市场足够大的情况下，企业不断扩张的产能所生产出来的产品才能够销售出去，企业通过扩张产能来降低成本的目标才可能实现。如果目标市场并不大，或者有过多的竞争对手，企业扩张产能可能会导致大量的库存产品积压，从而导致企业的现金流被大量占用，影响企业正常运营。长此以往，企业为了扭转困境，只能调整战略，并大幅降价清理库存，回笼资金，若管理不善，将严重影响企业的运营发展。

（2）防止降价过度导致利润率下降。

成本领先战略并不一定意味着价格领先，虽然企业通过规模生产而使产品的单位成本较低，但如果一味地通过低价策略抢占市场，而没有充分考虑到企业产品的生产成本，则可能会因为价格过低而导致利润率下降。

在创业之星模拟创业平台中，还要注意不同消费群体对产品价格的敏感度。在模拟市场中，存在着多种消费群体，不同的消费群体对价格的敏感度不一样。对某些消费群体而言，可能更为关注的是产品的功能或企业的品牌知名度。因此，对这类消费群体而言，降低产品售价对拉动产品销量并不是最为有效的方法。而企业在制定产品价格战略时也应该充分地考虑到这一点。企业通过实施成本领先战略，使单位产品的成本较其他企业更低，从而有更强的议价能力。价格的降低可以促进产品的销售，同时，降价也会导致产品的毛利率下降。从最终销售获取的利润来看，如要获取同样的利润，产品价格下降所带来的利润损失必须通过销售量增加所带来的利润来弥补。

（3）保持对市场变化的预见能力。

市场在竞争中不断发展变化。企业要确保长期的成本领先优势，必须要对市场的发展与竞争有着较强的预见能力。宏观环境的变化会引起企业生存环境的调整，竞争对手的策略会影响市场供求的均衡。只有对未来市场的变化走势做到心中有数，并灵活调整应对策略，才能使企业在竞争中始终立于不败之地。

（4）新加入者可能后来居上。

实施成本领先战略的重点是要做好企业发展的长期规划与销售预测。首先按照企业发展规划制定原料的批量采购计划，从而大幅降低原料成本；同时在满足销售供货的前提下，对企业生产能力进行优化生产组合，仔细分析生产线的产能情况，对生产线的性能进行改造升级，对生产工人的生产技术能力进行培训提升，以便于尽可能减少公司生产的单一产品制造成本。通过规模化的生产运作，帮助企业有效降低产品成本，为实施成本领先战略打好基础。

对其他竞争者来说，要实施成本领先战略也不难，也可利用批量采购与优化生产来降低生产成本。因此，企业在贯彻成本领先战略的过程中，要随时注意其他竞争对手可能也采取成本领先战略，甚至在成本控制上比本企业做得更好。因此，企业除了保持成本领先外，还应增加其他各方面的综合竞争力，不能为降低成本而降低成本。最终企业间的竞争是综合实力的竞争，企业应保持应有的产品研发、市场开发、质量控制、广告宣传等方面的投入，在控制成本的同时，进一步提高公司的竞争力和灵活性。

2）差异化战略

差异化战略（Differentiation strategy，也称差别化战略）是把公司提供的产品或服务差异化，以产生一种在整个行业范围中具有独特性的东西。实施差异化战略可能有多种方式：产品差异化、市场差异化等。最理想的经营状况，是企业让自己的产品在多个方面都差异化。应该明确，差异化战略并不代表着企业能够忽略成本，但此时成本并非公司的核心竞争力。

一旦差异化策略顺利地实现后，这会变成在某个领域内获取高利润的积极策略，进行差异化也将和寻求占有更高的市场占有率相冲突。这常常需要我们对这一策略的排他性有准确认识，即这一目标和提高市场份额二者不能并存。在实施企业的差异化策略的过程中始终伴随着很大的成本风险，如更好地适应用户要求的产品和能力配置，有时即使整个行业内的消费者都知道我们的特殊优势，但并不是每个消费者都将乐于并有意愿承担我们要求的最高价值。

实施差异化战略主要可以从产品差异化和市场差异化两个方面进行：

（1）产品差异化。企业更加专注于某类消费群体的产品研究开发，尽可能满足消费者的需要，并及时改进，以获取更多此类消费者的青睐。采取这一策略可以使该品牌产品有着更强的竞争力，同时产品的成本也会高于其他竞争对手。企业也能够利用更多的销售数量或较高的价格来获取更高的收益。

（2）市场差异化。企业可以集中兵力主攻某些市场，在这些市场上投入更多的广告宣传，安排更多的销售人员，以尽可能占领这些细分市场，获取超额回报。在采取这种策略时，要注意市场的未来发展潜力及目前的竞争形势，只有竞争不是非常激烈且未来增长趋势较为明显的细分市场，实施这种差异化策略才会更加有效。

因为企业内部资源有限，成本领先战略与差异化战略常常无法兼顾。与其四面出击，不如集中力量打歼灭战。在创业之星模拟创业中，可以以一种战略为主，另一种战略为辅的方式，根据竞争形势灵活应变。两种战略各有优势，在创业之星的模拟创业实践中都可以取得较好的效果，具体哪种战略较好，则要求团队针对企业所处环境条件与其自身的具体情况而定，并没有一成不变的格式。

16.3 品牌设计

它是目标用户和大众对某一特殊事件心理的、生理的、综合性的肯定性感知和影响的结果产生。品牌策略是为使产品销售成为核心竞争力，从而获得差别效益和利润的品牌管理策略。品牌策略制定必须根据公司的竞争优势而展开，公司必须依据自身的现状，依据商品的特性，依据客户的需求，依据商品的特点，灵活地探寻正确的策略。

在创业之星模拟创业平台中，允许企业设计多个产品品牌。不同的消费者需求各不相同，企业设计生产的产品如果要赢得消费者的喜爱，首先要分析消费者的需求情况，并设计符合消费者需要的产品。企业可以针对不同的消费者分别设计相应的产品品牌，也可以针对一类消费者设计一个或多个产品品牌，以更好地覆盖此类消费者，以便于最大限度地增加这类消费者的市场占有率。

1. 品牌战略

1）单一品牌战略

单一品牌又称为统一品牌，是一种企业所制造的全部商品共同拥有一个品牌的现象。一个品牌战略的优点不言而喻，就是企业能够集中全部精力打造一个品牌形象。而单一品牌的另一个优点就是虽然产品推广的成本相对较小，但其中的成本却不仅包括了产品宣传，以及广告费用的成本，同时也包含了产品管理的成本，还有对用户意识的清晰程度。一个产品战略更容易体现公司的经营意志，也能够形成市场竞争的基础，从而防止人们在市场认知中产生混乱。

这种传统的品牌战略，已经面临了一定的危机。如果同一产品下的商品都没有消费者喜欢的，将直接关系到产品在这类消费者中的销量。产品也没有区分度，差异性差，不能有效地适应各种消费人群的特点，不能方便人们有针对性地挑选。

（2）多品牌战略

一个企业同时经营两种以上彼此独立、相互之间毫无联系的品牌的情形，就是多品牌战略。企业同时使用了多个品牌，所具有的功效不仅是为了区别于其他的商品生产者，也包括为了区别于自己的不同产品，给消费者提供了更多的选择空间。多品牌战略也给每一品牌各自营造了一个独特的发展空间。

多品牌的优势也非常突出，它可以通过产品功效和价位的不同实现商品细分，这就便于公司占据更多的市场份额，从而面对更多需要的消费者。虽然彼此之间看似竞争的关系，但其实很有可能扩大了公司整体的市场竞争能力，从而提高了整个行业的占有率。同时，多品牌能够分散经营风险，从而避免某一个企业品牌销售上存在问题而直接威胁了整个公司的产品销量。

多品牌战略的弊端主要在于推广代价的昂贵，因为企业建立一个自己的品牌需要财力物力等多方的配合，企业如果要实现建立多品牌自然就会以巨大的投资作为代价，多品牌间的自我竞争，对企业运营投入太大，很容易在企业中造成混乱。

2. 产品管理

在创业之星模拟创业平台中，企业产品管理主要体现在企业在新产品市场进入的问题上。

1）进入时机

新市场进入往往面临产能不足的问题，一般一开始就大举进入新市场会造成较大的生产成本上升，这往往是很多企业进入新市场较为顾忌的一点。但在另一方面，如果等到产能已经协调好以后再进军新市场的话，竞争的壁垒就会很高，因为如果竞争对手已经进入了市场，再想办法抢夺就会付出更多的成本。比较先进入带来的生产成本的增加与后进入付出更多的营销成本之间的大小就可以决定进入的时机。前者更大就后进入，反之就先进入。一般而言，先进入时生产成本的增加是可以计算出来的，而后进入时由于壁垒增加带来的营销成本的上升是难以估计的，会因为竞争对手的情况不同而发生变化，预期决策的风险很大。因此，在企业资源充分的情况下应尽量更早地进入新市场，以免失去战略机会，并造成更大的风险。

2）产品生命周期

不同情况下的新市场所处的生命周期的阶段是不一样的（如图 16-2 所示）。在首次进入市场的时候就要注意这种差别，因为这会影响到新市场预测的准确性。在分析了新市场所处的生命周期阶段以后要做的是新市场在接下来几轮模拟经营中发展的问题。一般来说，根据产品的生命周期理论，新市场总会有一个成长期到成熟期的过程，这个过程中开始的增长快于后期的增长。根据分析出的市场生命周期基点，进而分析以后几轮的发展走势，推断以后各轮经营过程中新市场增长带来的订单量的增长。至于不同的生命周期阶段会实现怎样的订单量，则要通过前几轮的经营数据来进行分析和总结。

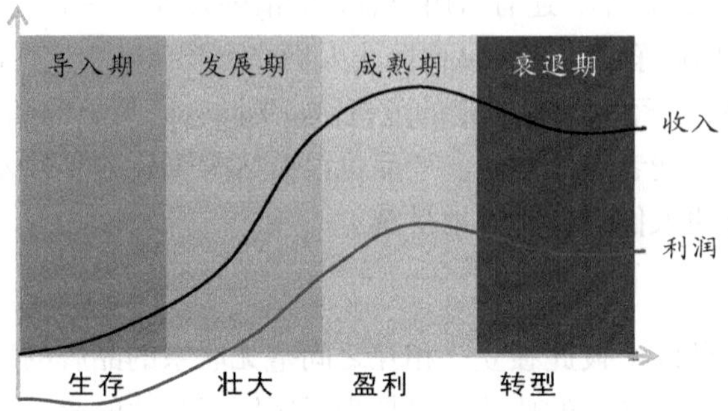

图 16-2 产品生命周期

3）市场大小结构

知道市场生命周期基点只是知道了市场所处的生命阶段，是一个相对数概念，然而相对量最后要换算为绝对值就需要找一个基数。可以根据已知的市场结合模拟经营之初的预测报告来推断新市场可能的市场容量。

3. 新产品开发的战略管理

企业开发新产品的战略竞争领域一般都会有多个目标。按照这些目标的指向可以将其分为三大类：

1）发展型的目标

这一目标关系着企业的销量和利润率。进行新产品开发的企业制定这一类的目标是为了促进未来的销量和利润的增长，从而提升企业未来的竞争力。根据这一类目标的进展快慢程度又可以将其划分为以下几种：

（1）迅速发展型。这类目标要求公司必须尽快地研制新产品，并尽快地把已研制出的新型产品投入到市场中，使公司迅速地扩展产品规模，以更快的成长速度占有市场。对一些可以快速成长的市场和产品销售而言，因为从它获得收益的几率通常会高于一些成长较为迟缓的市场和产品销售，所以把这个类型的新产品销售定在快速发展型市场是比较恰当的。而综上所述，这一个目标的主要特点在于“求快”，在所有创造新产品销售的全部阶段中他们都必须维持这种“闪电式”的风格。

（2）受控发展型。受控发展型总体目标不像迅速发展型总体目标一样需要创造新产品，以“速度”制胜。这一类目标从节省成本和减少损失的角度出发，要求企业进一步地开发出新产品，扩大企业的生产规模，从而占有更大领域的市场。这一类目标比起迅速发展型目标来，显得更为“人性化”，它已经不再单纯地追求速度，而是将市场的接受程度列入企业的考虑范围之内，要求企业开发新产品的速度要与市场可以接受的程度相适应，与当时市场发展的竞争状态相适应。综上所述，这一个目标的最大特征是“求稳”，需要公司在稳健中发展壮大，所以对一些不愿承受高风险的公司而言，也是一种好的选择。

（3）维持现状型。维持现状型发展目标旨在对已有的产品进行不断的完善。它通过对开发的新产品所做的持续而有效的更新，维持产品的竞争力。而综上所述，这类目标的最大特征就是

“求保”，它通常是一些安于现状的小企业的追求目标，尤其适合于那些变化没有很大的新产品的研制。

（4）受控收缩型。如果说前几类目标还有一个“发展”的字眼可以紧紧跟随的话，受控收缩型目标的主要特点则表现为“不求上进”。那些以受控收缩型为新产品开发目标的企业和那些定位在受控收缩型目标的新产品都面临着开发资金随时会被抽回的“危险”。企业会根据本企业发展的需要将抽出来的资金用于其他领域的业务计划中，因此受控收缩型目标在传统领域里的新产品开发活动中更为普遍。

2）市场型的目标

随着新产品体系的不断完善，企业新产品开发的水平也会得以提高。这些新产品在投放市场后，将会迅速获得自身的竞争优势，而新产品占有的市场领域的扩大也会使新产品的竞争力进一步提高。

由此可见，新产品开发企业想要确定本企业的市场竞争目标就可以根据对企业构成竞争威胁的大小来判断。最典型的新产品的市场定位可以分为以下几种：

（1）以开拓新的市场为目标。当原有的商品市场需求已趋于饱和状态，这时再花很大的资金去研制新品种，的确是件很费力不讨好的事情。正考虑到这种问题，很多企业把战略重点确立在开辟新的领域上。这种企业利用研制新的技术来开创新的市场机遇，占有新的领域。这一市场战略的特点被总结为“求拓”。

（2）以提高市场占有率为目标。既然企业原有的产品市场中还存在着巨大的利用空间，企业也没必要再去研制新的产品。因此，利用在原有市场中已经成熟的产品竞争力远比培育一个新的产品竞争力方便得多。这一类目标是一种进攻型的市场目标。企业通过研制一些技术革新程度较大或价格差别优势比较大的创新产品，甚至是通过开发竞争者的替代产品，来争取市场占有率，并以此实现提高企业的市场占有率的目的。这一类市场目标的特点被总结为“求升”。

（3）以维持市场占有率为目标。这一类目标不像以上两种目标那样“咄咄逼人”，它旨在维持本企业在市场上的占有率，而不是去与竞争者争夺地盘。这一种是防御型的市场目标，公司一般是依靠研制替代型的新品，来保持公司在行业上的竞争力，从而保持市场份额。这一类市场目标的特点被总结为“求保”。

（4）以放弃市场占有率为目标。一旦企业的市场领域已不再适宜企业对其作继续的投资，公司将可能毅然决定地退出市场，转向开展其他方面的经营活动。企业不需要将资源花费在衰弱的、陈旧的行业上。通过抛弃一些不再具有发展能力的行业服务，企业能够释放自身所需的资源和减少成本，把目光聚焦到一个具有前景的行业。这一类市场目标的特点被总结为“求弃”。

综上所述，新产品的战略目标往往是会有很多不同的，而且有时候也是会有很多矛盾的。任何一个企业都不可能同时将以上的所有目标收归囊中，因此企业必须根据本企业的特点和发展前景来选择其中的一种或者多种战略目标。

16.4 需求分析

企业创办后，首先要解决的问题就是企业要做什么，怎么去做？针对企业所面临的市场环境，分析消费者的需求，了解整个市场的竞争态势与发展潜力，是企业制订发展战略与经营规划的基本任务。

在创业之星模拟创业平台中，有多种消费群体。每类消费群体有着不同的需求偏好，在采购产品时的关注要素也不相同。一般来说，消费者主要从以下 5 个方面来评价和选购产品：产品价格、功能配置、产品品牌、用户口碑和销售力量，不同的消费群体所关注的各项因素的权重不同。如某类消费群体对各方面的关注度如图 16-3 所示。

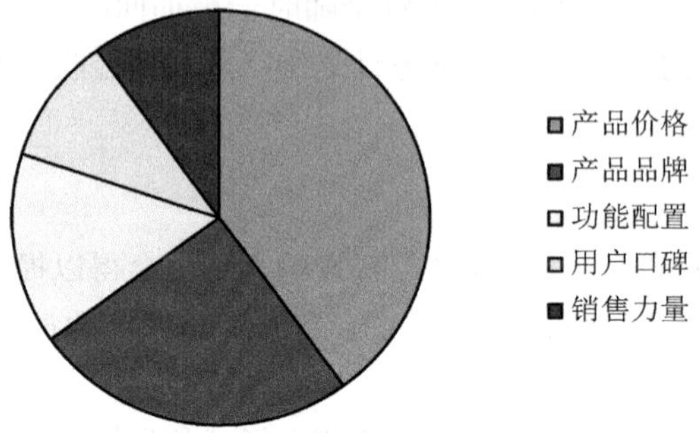

图 16-3　消费群体关注的因素

1. 产品价格

指的是针对该类消费群体销售的产品的售价。在所有同类的产品中间，价格越低越能获得消费者的认可，购买的人也会越多。但价格也不是越低越好。在这里主要有二个因素需要考虑：一是销售利润率。过低的价格将可能导致企业无利可图，做得越多会亏得越多，这不是企业所追求的目标，因此，在制定价格时应先分析产品的生产成本；二是过低的价格虽然能提升产品销量，但产品的毛利率会下降，企业总体的盈利能力取决于降价增加销量带来的收益能否弥补利润率下降带来的损失。

2. 功能配置

有的消费者会比较看重产品的功能配置，对价格因素的敏感度反而较低。这类追求产品品质的客户在选择产品时会更多地受到配置符合自己的需要或配置功能更齐全的产品吸引。每个产品都由多种物料构成，企业在设计产品时，可以从成本角度考虑，也可以从吸引用户青睐的角度来考虑。设计越符合消费者需要的产品，越能获得消费者的认可。

3. 产品品牌

产品的市场知名度对提升销售也有着重要的影响。产品品牌的知名度由累计在该品牌上投放的广告金额决定。企业在该品牌产品上的累计广告投放越多，产品品牌的知名度就越高，越能获得消费者的认可，对销售的促进作用越明显。要注意的是，广告并不是投放越多越好，广告效应是边际递减的。另外，以往投放的广告效应也会随着时间的推移不断减弱。为加强该品牌的认知度，公司需要不断进行广告投资。

4. 用户口碑

用户口碑指的是产品的历史销售情况。与竞争对手相比，产品累计销售的数量越多、产品交货率越高，在消费者中的口碑就越好，就越能得到消费者的青睐，消费者相信该品牌，购买的人自然就更多。

5. 销售力量

在营销组合策略中，销售人员是一项重要的销售要素。企业所生产的产品都需要派驻在各个市场上的销售人员去销售给客户。与其他竞争对手相比，同一市场上的销售人员配备越多，销售能力就越强，能带来的销售业绩就会越高。

当然，这些因素总体而言对消费者都有影响，企业的资源有限，如何平衡各方面的投入，使企业以合理的投入来实现既定的销售目标是各个企业需要关注的。特别是对不同的消费群体，由于关注的各项因素不同，因此，在制定营销策略时也应有所不同。比如，针对高端消费者应更注意产品功能的改进和完善，而针对低端消费者应考虑如何控制生产成本并能以较低的价格进行销售。只有针对消费者的关注重点展开营销工作，才能更好地促进产品的销售，提升企业的绩效。

16.5　生产制造

1. 销售管理

公司一旦制定了市场营销战略计划以后，销售部门就必须据此制定具体详尽的市场营销计划，才能落实公司的市场营销任务，从而实现公司的市场营销总体目标。销售部需要明确地知道公司的运营宗旨、公司的核心客户和目标用户，对上述情况有一个清晰的认识以后，才可以制定出切实可行和合理的销售策略及方法。

在制订市场营销战略的时候，需要充分考虑市场的运营环境、产业的竞争情况、公司自身的能力和可分配的资源情况，以及商品所处的产品生命周期等多种原因。在公司提出的营销战略的基础上，销售部提出具体的销售策略与战术。

按照所预期的营销目标和销售费用，销售部还需要确定营销团队的规模。营销员工的岗位配置、培训安排、营销范围的界定等都是销售部在制订营销规划时所需要思考的问题。

营销策划的核心工作之一便是营销预测，营销预测涉及了包括策略、计划和销售额确定在内的营销活动的各个层面操作。销售预测是指对未来一定时期内，公司全部商品或某些物品的销售总量和实际售出数量的预测。销售预测则是在充分考虑公司未来各项不利条件的基础上，根据该公司的实际营销经验，采用相应的方法制定切实可行的营销计划。

在创业之星模拟创业平台中，企业在做出营销决策前，必须仔细地评价每一个机会，衡量与预测每个机会潜在的规模、成长和利润。而在企业市场营销诸多决策因素中，销售预测是最为关键的因素之一，它在较大程度上决定了企业的长远计划与短期策划。企业管理者根据销售预测向不同的职能部门分配资源并监控企业的整体运作；财务部门根据销售预测来测算现金流量、制定成本预算、编制各种形式报表；生产制造部门根据销售预测确定产品生产的品种、数量，合适的成品库存量，原材料的采购数量及到货时间。由此可见，正确的战略预测是企业取得成功的关键。判断有误可能造成库存过大、牺牲性地减价或者长期缺货而错失良机。

在竞争过程中，销售预测由于其重要性，通常是由团队共同决策的，但销售预测的基础工作和基本工作则通常是由营销部门来完成的。必须注意，销售预测是相对于一定的营销组合而言的，不同的营销组合必然导致不同的销售预测。从长期看，企业是以销定产，但从一个周期内的短期规划来看，由于生产规模在短期内几乎无法变更，我们可以通过适当地调整营销组合，在一定程度上以产定销，其评价标准是总边际贡献最大化。

2. 生产管理

企业的生产管理直接决定了企业的生产规模，如果没有一定的生产规模，该企业的市场份额将被其他企业所占据，效益也会逐渐下降，最后被其他企业蚕食。

企业生产管理的目的是向市场高效地供应优质、廉价的商品。生产制造部门要与营销部门紧密配合，根据各阶段的市场需求预测，合理安排生产计划，以最大限度地满足市场的需要。同时，生产制造部门还要与人力资源部相配合，确保生产线上都配备了足够的工人，并按照需要合理安排生产工人的培训，以提升工人的生产能力。

保证能够生产出营销部门需要的产品数量，就要提前安排好生产计划。生产管理涉及生产过程的许多方面，最关键的是如何进行物料需求计划、能力需求计划和主生产计划。

3. 物料需求计划

在企业生产管理中，把在生产过程中可能使用到的原料、半成品、产品等都被视为物料，并通过将物料按照结构和需求情况划分为 BOM（Bill of Material），再按照物料清单计算各种原料的延后使用期限和半成品的最迟生产时间。BOM 是产品的物料构成清单，是整个生产管理的核心基础数据，反映了产品由原材料到半成品、再到成品的加工装配过程。物料清单是否正确，直接关系着市场、商务、计划、生产等相关业务的运作。

在创业之星模拟创业平台中，产品只有一层物料构成清单，相对比较简单。如在玩具模板中，构成玩具的物料由三个必选物料加上可选的二个辅件组成。各个基础物料通过加工生产，直接组装成最终的产成品，构成产品的物料多少由该产品的设计决定。

每一种物料的使用数量可由计划生产产品所使用的原材料数量加上预计产生的次品所使用的原材料数量计算得出。由于不同的原材料的采购周期可能不同，企业在规划原材料需求时应根据生产产品的原材料构成情况，及时做好物料的提前采购计划。若不能提前做好原材料的采购计划，到生产时所需原料不足，企业将被迫从现货市场上高价购买所必需的原料。这将会直接导致生产产品的成本提高。

原材料可以通过批量采购来获得较高的价格折扣。同时，部分原材料未来的市场价格走势可能会逐步走高。在进行原材料采购时，在企业现金流充沛的情况下，可以适当提高部分原材料的采购量，以降低原料成本。具体情况要根据企业的现金流、借款成本、产品需求计划等因素进行权衡考虑，寻找最佳的物料采购方式。

4. 能力需求计划

能力需求计划（CRP）是对物料需求计划（MRP）所需要功能加以核算的一种规划与控制方式。具体地说，CRP 就是对各个工业生产阶段和各个工作中心需要的各类资料加以准确计量，以确定人员负荷、机械设备负荷以及资源负荷状况，从而实现生产负载的均衡工作。

能力需求计划有助于企业管理者在已有知识的基础上，尽早找到技能的瓶颈所在，并提出切实的解决办法，以便于为企业完成重大生产任务提供能力方面的保证。实际上，生产能力需求规划与编制的过程正是一种均衡企业在各个工作中心所要承受的资源负担与实际产生的使用能力的过程，即企业按照各个工作中心的物料需求规划和各种材料的工艺路线，对各个材料制造工艺和各个工作中心需要的各项资料做出准确测算，以确定人员负担、机械设备负载等资源负担状况，进而按照工作中心在不同时期的资源使用能力，对各个工作中心的生产能力与负担状况做出均衡规划，从而完成了企业的生产制造规划。

1）厂房购置

在创业之星的创业模式中，有许多工厂可供选择，工厂既可以出租也可以收购。通常情形下，公司在初建时期要投入的地方比较多，生产开发、技术研究、资质验证、推广宣传等各种方面都急需大批资金。这时，厂房大都选择以租赁方式，以减少占用过多的资金。

随着公司产品范围的拓展和业绩的提高，公司的资金积累将逐渐扩大，融资不再像最初时期那样紧张。因为租赁工厂的房租昂贵，分摊的成本过大，降低了公司的效益。公司可以对原有租赁工厂加以调剂，改用收购工厂的形式，以减少单位产品成本。

2）生产线购置

生产线设备有多种类型可供选择，不同的生产线性价比不同，生产产品产生的制造费用也不同。一般情况下，越是高端的生产线其性价比越高，分摊的制造成本也越低。由于生产线设备价格较贵，具体使用何种生产线组合主要取决于企业的现金状况，同时要考虑市场销售预测的情况。如果企业最初制定了成本领先战略，企业的主要目标是使产品的生产成本尽可能地低，因此，在设备选择上应重点以高端设备为主。同时，为满足短期销售需要或临时性购买设备的需要，如当期增加产能满足销售需要，或者租用的厂房将来要退租，厂房内的设备需要搬迁到另一个厂房中，这种情况下高端的柔性线就缺乏必要的灵活性，可以辅以中低端生产线设备组合生产。

所有的生产设备在生产过程中都会产生一些废品，越高端的生产线设备其成品率越高。为了提升设备的性能与产能，在生产车间已经满负荷的情况下，可以通过设备改造升级来提升设备的成品率。

生产设备的总体生产能力主要由销售预测来决定，企业无需过多地购买生产设备，以免造成设备闲置，带来浪费。为了满足即将到来的销售旺季的销售需要，企业可以提前做好生产设备的购置与安装。当然，在采购设备时，还要注意企业的现金流状况，避免出现资金缺口，以免因现金流的紧张而影响企业的其他经营工作。

3）招聘生产工人

所有的工厂生产线设备都需要招聘工人才能开工生产。所有的工人的能力在初始状态时是相同的，不同的生产线设备可以最大安置的工人数量不同，生产线上工人总的能力就是每个工人最大生产能力的总和。一条生产线设备每个季度的最大产能，由生产线上工人总生产能力和设备的最大产能二者中的低者决定。因此，要计算生产线设备的实际产能，不仅要计算生产线额定最大产能（去掉加工中产生的废品），还要考虑到工人的最大加工生产能力。设备产能不足，则对设备进行改造升级；若工人能力不足，可以对工人开展培训，从而提升工人的生产能力。

5. 主生产计划

主生产计划（Master Production Schedule，简称 MPS），又称主生产排程，为依据销售订货或预测获得的对产品（独立需求物料）的需求量列表，即企业在某一时间点内对产品的需求量。主生产计划将企业经营方案或企业大纲中确定的主要生产方式系列细化，以其作为企业进行原材料产品规划的主要基础，并发挥着由总体规划向具体计划转变的承上启下功能。主生产计划还需要考察企业订货的能力、未实现订单、可用物料的数量、现有能力、管理方针和目标等，是生产计划工作的一个主要部分。

在创业之星模拟创业平台中，要注意不同的生产线设备的下线周期、混合生产能力等特性。根据销售预测的订单需求量，提前做好产品的生产排产计划。如不能按时交货将被处以高额罚金，同时还会影响消费者对企业的诚信印象，对后续采购带来不利的影响。因此，企业的生产一定要尽可能提前做好规划，在考虑到期初库存产品以及生产的成品率等因素后，生产的产品应能充分满足销售的需要。在产能充足的情况下，也可以考虑留有一定数量的库存产品。

16.6 营销组合

1. 营销组合策略

市场营销组合是指企业在确定的目标市场中，综合考虑条件、功能、市场以及其自身能够影响的各种因素，进行的整合与应用，从而实现经营的目的和目标。营销组合要素包括产品、定价、渠道、促销（4Ps）。

市场营销组合是公司营销策略的一个主要部分。营销的主要目的是满足顾客的需求，但顾客的需求众多，为适应他们需求而要采用的方法也不少。所以，公司在进行营销活动中，也应该把握住一些基本性方法，适当运用，并发挥整体优势的作用。

营销组合是建立公司市场营销策略的基石，进行营销整合工作才能确保公司在总体上符合消费者的需要。营销组合是公司对抗竞争者强大的手段，是合理分摊公司市场营销成本费用的基础。

在市场发展的不同阶段，营销组合的具体策略如表 16-1 所示。

表 16-1 营销组合策略

生命周期阶段 营销组合	导入期	成长期	成熟期	衰退期
产品	取得用户对产品的了解	保证质量，加强服务	改进质量，扩大用途	改造产品或淘汰产品
价格	按新产品定价	适当调价	充分考虑竞争价格	降价
渠道	寻找适合的中间商	逐步扩大销售渠道	充分利用各种渠道	充分利用中间商
促销	介绍产品	宣传产品品牌	宣传用户好评	保持用户对产品的信誉

产品从问世到被消费者淘汰的整个过程决定了企业在各个阶段采取不同的营销组合策略，但营销组合策略也不是消极被动的，还要充分考虑到市场竞争的激烈程度。比如衰退期的市场，如果其他竞争对手都撤离了，市场竞争反而不那么激烈，企业在这种情况下有时可以反其道而行，通过广告宣传的拉动作用，避开其他竞争激烈的市场，反而取得意想不到的效果。

在创业之星模拟创业平台中，不同的消费者在购买产品时的决策行为均不相同，有的消费者非常看重价格，有的更看重产品的功能配置。企业在制订营销组合策略时应针对不同的消费群体，分别制订相应的营销策略，以更加有效地发挥营销组合的作用，实现企业的既定销售目标。

1）定价策略

市场需求是反映商品价格的一项主要参数，一个商品的价值多少，直接引起市场需求的牵动。在创业之星的创业舞台上，可通过需求定价策略，结合市场需求的强弱力参照系，来判断本公司价格的好坏。消费者总体上还是比较关注价格的，不同的消费者对价格的敏感度各不相同，关注敏感度越高，降价对刺激消费者购买的作用越明显。

在市场需求旺盛，或市场产品供不应求之际，此时可将产品价格定得高一点，以提高产品的盈利能力。具体高至何种限度，在通常情况下，以产品价格基本符合需求，销售额不显著下降，原公司市场占有份额也不明显降低为限。但同样，由于高定价所产生的高收益，也可能吸引大批的潜在竞争者参与，对公司所生产的产品未来销售市场造成潜在威胁，而这一点也是公司在选择实施高价政策时所应充分考虑到的一项关键原因。

当市场需求乏力，供大于求，或本企业销售不畅，此时宜将市场价格定得低一点，以进一步提高企业商品的行业竞争力。但具体价格低到何种程度。通常情况下，以实现公司的最低利润需要为前提条件，以产品不超过竞争者的同类产品售价为基础，以增加市场销量为主要目标。因此尽管实行低价战略时，会使单位生产的利润额显著下降，但也因为低价战略可以促进购买，从而使单位产品销量大大地增加，因此公司的收益往往反而能有提高。

总体而言，在弹性需求的市场环境下，在其他因素相同的情况下，价格越低的产品越容易得到消费者的青睐，降价会直接促进产品的销售量。价格对销量的影响如图 16-4 所示。

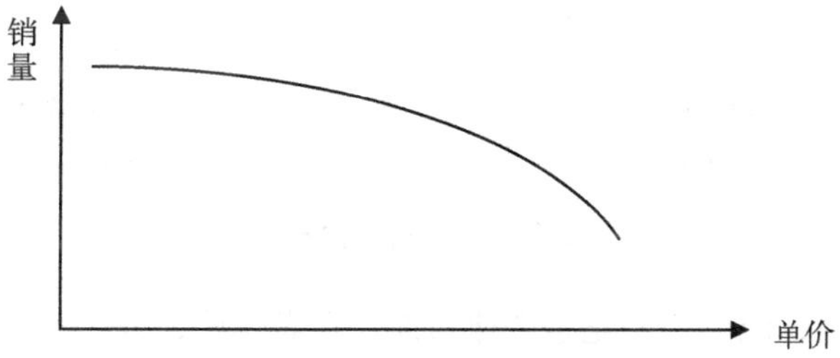

图 16-4 价格对销量的影响

2）广告策略

广告策略是我们从宏观经济上对营销策略的判断。研究广告策略的主要目的是增强广告效益，使企业以最低的成本（费用）实现最佳的营销效果。在当今市场竞争日趋激烈的条件下，一个企业、一种产品要在市场上获得立足之地，又或是要战胜竞争者而获得市场优势，几乎无不与恰当地采取广告策略有密切联系。

在创业之星模拟创业平台中，制订广告宣传策略前同样需要仔细分析消费者对广告的关注度和敏感度。对较为关注企业产品广告宣传的消费群体，企业可以有效利用广告宣传吸引消费者的注意力，拉动产品采购需求，实现营销目标。广告对销量的影响如图 16-5 所示。

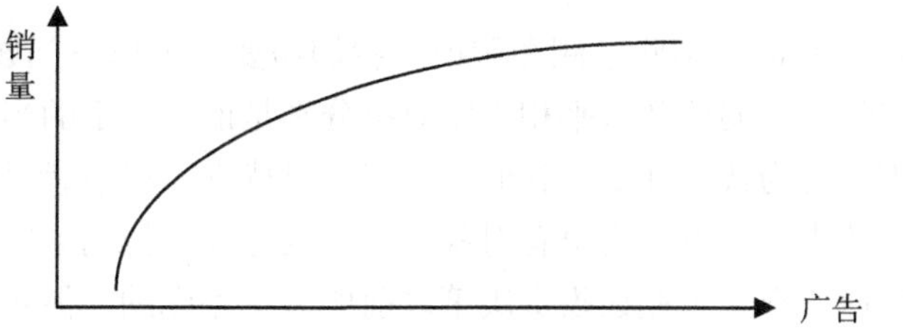

图 16-5 广告对销量的影响

广告的影响有一定的积累效应，但会逐渐递减。要使其在一定时间内有效，需要稳定地投入广告宣传费用。

2. 竞争对手分析

迈克尔·波特在《竞争战略》一书中给出了竞争对手分析的模式（如图 16-6 所示），从企业的现行战略、未来目标、市场竞争能力以及自我假设 4 个角度研究了竞争者的行动与反应方式。通过对未来目标的研究，能够知道是什么推动自己不断地成长。在公司常用的战略框架中，对自己的目标主要包括财务指标与战略目标，如图 16-6 所示。

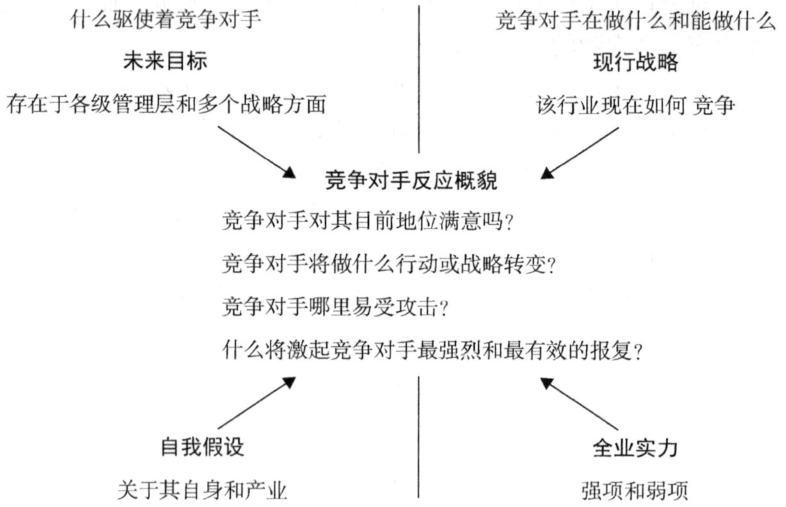

图 16-6　竞争对手分析模型

现行企业战略的研究，能够说明竞争企业目前还在做哪些，或者将来能做到哪些。提出自己所实施的政策，对其尽心剖析，以利于本公司做出合理及时的反应。

竞争对手实力的分析，将有助于寻找原本公司与竞争者之间的差异，从而找到公司在市场竞争中的优势与劣势，以便于更好地进行自己的管理工作。

分析竞争者对自己和行业的假设，能够非常明显地看出竞争者对自己的策略定位，和其对行业未来发展趋势的预期。竞争对手对企业和对行业的假设有的是恰当的，有的则是不恰当的，通过了解这种假设，才能在企业实践中寻找发展的契机，以便使公司在竞争中占据更有利的地位。

在创业之星模拟创业平台中，对竞争对手进行分析是一项非常重要的工作，这关系到企业战略方案是否能够顺利实施并达到预定效果。竞争对手管理的目的在于更加精确地评价各个竞争者能够采取的目标、政策和发展的机会以及各个竞争者的一个能够采用的措施。知己知彼，才能百战不殆。

在制订竞争策略中，要运用某些推测和假说。我们需要考虑以下问题："我们在这个市场内处于何种位置，比我们强的、弱的及水平相当的对手分别是谁，对手的当前策略怎样？其优点和弱点在何处，对手的策略行为代表什么，我们应当怎样对待它，竞争者对我们的行为的反应会是怎样，我们应以什么样的措施应对，竞争者对我们的假说怎样，他们会以为我们下一步将采取的行为怎样？"上述问题通常都是企业在投资决策之前所需要考虑的。但企业对于上述的问题的解决，通常都要建立在对政策结果和企业经营情况的全面深刻的研究之上。

在分析和推测的过程中，创业者应该着重分析以下数据：市场占有率、产品价格、产品设计、广告宣传、消费者对产品的评价、各产品的交货率、所有者权益、投资表现、成长表现等。这些信息在对竞争对手的分析中占着重要的作用，必须加以重视。

1）研发管理中竞争对手分析

研发的竞争对手分析一般要根据前几轮的情况才能判断。从以往的报告分析，投入了研发费用的产品，在研发费用投入期间其产品不可以参加市场竞争，但从各个企业总的研发投入费用及其变化，结合各企业在哪些产品设计上投入了设计费用等，我们可以知道竞争对手的产品在设计性能方面与本企业产品的相对优势与不足。另外，我们还可以推断出竞争对手在新产品导入上的策略方向，从而为本企业的产品决策提供依据。

2）生产管理中竞争对手分析

生产的竞争对手分析要从一般企业信息、市场占有率信息以及以往的企业报表来综合分析，才能得出竞争对手的大致情况。通过对产品的综合竞争力的分析，我们能够知道对手的生产能力状况，竞争对手工厂的运转状况，以及产品综合成品的市场价格，并由此能够确定对手的发展战略方向。

根据资产负债表上的固定资产总价值，再结合本公司的生产线价值等数据，就可以确定竞争对手的生产线数量，并估算出竞争对手的生产规模。同时，分析市场上各竞争对手各产品的销售数量，结合以往的库存数量，就可以知道各企业各产品的大致的生产数量情况，从而为本企业生产线产能设计提供参考依据。这部分信息只能大致准确，并不可能精确，况且在正式模拟演练中并不能保证能看到竞争对手的财务报表。因此，要根据市场和财务等公开的资料寻找并分析竞争对手的生产情况与产能规模。

3）竞争对手的财务状况分析

通过财务报表，企业可以更好地分析竞争对手的财务状况，这样才能更有针对性地制定公司的发展战略，发挥自己公司的竞争优势。例如可以通过分析竞争对手的资产负债表，确定竞争对手的生产规模，从而推断其短期的经营策略；通过观察同一市场中其他竞争对手资产负债表中的生产线项目，分析其生产线数量，大概估计出生产规模，从而判断公司长远的战略规划。是看准市场未来趋势，计划适当增加产品数量，以降低成本，实现规模最大化，还是对未来市场宏观发展不乐观，适度控制或缩小规模，以免产品积压，库存增加；可以利用企业存货预测竞争对手下阶段的价格战略，若公司资产负债表中该项目的金额非常高，那么公司下一轮的产品负担可能会增加，为了缓解这一压力，有可能要对价格做出适当的上调，以缓解库存压力。

16.7 财务管理

1. 预算管理

企业在经营过程中，常常会出现现金短缺的情况，而正常的企业运营不允许出现现金中断，否则什么也做不了。资金储备过少会阻碍企业正常经营周转，资金过多又会造成浪费，因为现金是属于非盈利性资产。所以，现金余额不是越大越好，也不是越少越好，只要能保证企业正常生产经营即可。

在创业之星模拟创业平台中，仔细分析就会发现，现金断流的意外情况的发生主要是三方面的原因：一是企业不能合理制定计划，导致预算与实际严重脱节；其二是公司未能严格按规定开展经营，造成项目严重偏离计划；第三严格按预算执行，但在执行中实际运营情况出现了较大的变化，导致现金出现严重不足，这时企业没有及时调整初始的计划，而仍然照搬原来定好的计划。

为了合理安排和筹集资金，企业在运行前都要先按照资金与费用的计划编制各项计划，尤其是现金计划。而现金预算是有关预算的汇总，由现款总收入、现金支出、现金节余或不足、现金的筹集与运用等部分构成。现款总收入则由期初现金余额与计划现款总收入两个方面组成。现款开支包含支出的所有现款开支。现款节余或不够指所有现款收支相抵后的差值。如果差值为负，则表示所付出的现款已超过公司总收入的全部现款，现款还不够，则必须重新筹集资金或改变投资计划或策略，以降低现款开支。而资本的筹措与使用则指在公司资本不够或富余时，所筹措或利用的资本。

在公司运营管理中，资本运用计划往往以资金计划的方式体现出来。作为公司整体计划的一项关键组成部分，资金运用计划是同公司产品计划、营销预算和成本计划等互相联系的。现金计划的具体内容主要是对资金总收入、现金费用的测算，以及资金短缺部分的筹集办法和资金过剩部分的使用办法等。由于现金计划还包括了其他计划对于资金支出部分的概括，以及收支差额和方法等的具体计划，因此现金预算的制定也应以其他各种计划为依据。

1）销售预算

销售预算是全部预算编制的起点，其他预算的编制均以其为基础。销售预算需要按照对企业现阶段目标利润确定的预计销量和销售价格等参数进行编制。

2）生产预算

生产预算是在销售预算的基础上以预计的销售量按产品分别编制，其内容包括销售量、期初和期末存货、生产量。应注重保持几者之间的比例关系，以防止储存不足、产销脱节或超储积压等问题。

3）直接材料预算

以产量计划、材料消耗定额和计划物料购买价格等信息为基准，并考虑期初、期末物料库存水平。

4）直接人工预算

直接人力成本也是以生产能力计划为依据来制定，其主要内容包括计划生产能力、单产品时间、总工时间、每小时人工成本以及人员的造价。在这里，主要是生产线上工人的工资福利支出的预算。

5）制造费用预算

一般包括变动制造费用和固定制造成本两个部分。变动制造成本费用以企业计划为依据而制定。如有完整的生产成本核算资料，将企业生产的标准成本和产量相乘，可以得出具体的计划费用。如缺乏标准成本核算资料，则必须逐项预计计划生产需要的各种生产成本。固定资产制造费用必须逐条加以分析，一般与本期生产无关，而是根据各阶段实际生产的支出金额估计。

6）产品成本预算

产品成本预算就是生产预算、直接材料预算、直接人工预算、制造费用预算的总和。其主要内容包括商品的单位成本和总造价。另外，产品的成本预算也为编制预测财务报表和资产负债表提供数据。

7）期末存货预算

如果没有特别需要，可假设期末产品存货为零。如果市场呈现快速增长趋势，在产能无法快速扩张的情况下，提前做好一定量的产品库存，有利于企业在后面市场快速扩张时满足销售的需要。

8）销售费用预算

商品销售成本费用预算即为完成商品销售计划而必须提供的成本费用计划。它以商品销售计划为基准，系统分析营业利润、商品销售利润与商品销售成本费用的关系，力求达到商品销售成本费用的最合理使用。在进行销售成本核算时，要运用本量利分析，成本费用的开支将能得到更多的利润。在草拟商品销售成本计划时，要对过去的销售成本核算作出分析，考虑过去销售成本费用开支的重要性与效益。

9）管理费用预算

企业在正常运营过程中其他需要支出的一般管理费用，如办公室租金、行政管理费等。

10）现金预算

现金计划的制定以各种经营计划和资金预算为基础，并反映各计划期内的总收入货款与费用货款，作出比较表明。其目的就是在经费不足时筹资，在流动资金富余时及时处理现金余额，同时提高对现金支出的管理额度，起到现金管理的效果。

2. 财务管理

财务部门的职能是根据企业的发展战略有效地管理企业的投资。这就等于担任了多个重要角色，主要是监视盈利性、掌管企业融资与贷款、掌管企业的固定资产管理、税收等。更关键的是，它必须与管理团队密切配合，最大化地提高企业价值，因此这是衡量企业绩效的依据。

下面将从几个方面介绍财务管理部门如何在模拟竞赛中充分发挥其职能作用，与其他部门相互协调，从而达到提高企业价值的目的，最终在模拟创业中取得佳绩。

1）固定资产投资

公司的固定资产，主要由工厂设备和生产线等设施所构成。财务部门的主要职责是判断企业的财务状况，确定企业有没有实力购买需要的部分或整个产品，从而保障企业经营策略的执行。

由于资金有限，企业在前期往往是租用厂房，并采用低端的生产线设备进行生产。随着销售的开展，企业资金逐渐宽裕，此时应根据业务发展的需要，对目前的厂房和生产线设备进行适当调整，如租用厂房改为购买厂房，低端的生产线设备换成高端的生产线设备，充分发挥资金价值，提高资金的利用率，在满足企业扩张所需要的生产能力的基础上，有效降低生产成本。

2）产品成本控制

对于任何一个企业而言，成本都是反映其效益情况的一项综合指标，因为生产设备利用程度的合理与否，产出或出产量的多少以及经营管理水平的优劣等，都会直接或间接的在成本指标上显示出来。而在此时，公司财务部门所要充当的角色就是确定各种产品的基本构成要素，以分析降低产品成本的各种途径及其可行性，最终实现以低成本占领市场的目标，同时也为企业的定价决策及盈利分析提供具有重要意义的参考依据。

企业经营中的总成本主要包括三大类：

（1）生产成本：即企业为生产产品或提供劳务所产生的成本。包括原材料成本、加工费、厂房设备的折旧、生产工人工资福利等。

（2）销售成本：指企业为进行推销活动而发生的成本。包括广告宣传费、市场开发费、销售人员工资福利等。

（3）管理成本：即指企业为进行组织和管理生产经营等活动而产生的成本。包括管理人员工资福利、行政管理费用、办公室租金等。

在创业之星模拟创业平台中，生产成本在企业总成本中占据绝大部份份额，通常能达到55%～60%。这与企业生产过程中的原料批量采购、厂房设备的组合等因素均有关。通过制定合理的批量采购计划，优化生产设备的组合，可以帮助企业较大幅度地降低生产成本，从而赢得市场竞争的先机。

与销售有关的成本支出是否合适需要综合分析，如果相关支出是促进销售工作的，该支出的绝不能省，比如市场开发、人员招募，以及必要的广告宣传投入等。通过对供求关系的分析与竞争形势的判断，销售部门在制订各项销售费用支出时应合理规划，以达到最小的支出带来最大的回报。

3. 财务指标分析

财务比率指标可以帮助企业更好地分析经营管理各个方面的状况，以判断是否存在着不足或可改进的地方。财务比率指标是一种综合的分析方法，每种经营决策可能会使某方面的指标有利，但会导致另一些指标变差。比如，通过降价可以提升产品的销售量，提高市场占有率和营业收入。但可能导致产品的毛利率降低。

因此，在分析财务指标时一定要对各个方面进行综合评价分析。企业追求的是整体效益的最大化，财务评价也是通过各个指标按照一定权重进行打分计算。只要一项决策对整体指标的改进有帮助就可以实施，不要过分追求某一单一指标的最大化。

4. 现金流量分析

假如现金一直入不敷出，企业最终会陷入困境。为保证企业的长期生存，一个重要的因素是要看企业在财务管理上能否确保具有连续稳健的现金流。一般而言，经营行为、融资行为、投资行为会导致资金存量的变动。这些活动可能产生现金流入又可能产生现金流出。现金管理有两个主要目标：必须持有足够的现金以便支付各种业务往来的需要；将闲置现金缩减到最低限度。

预测未来现金流是现金管理的首要步骤，是由公司财务部门根据市场部门和生产部门提供的资料进行分析、判断来完成的。事实上，准确的现金流预测只是理想而并不是现实。因为销量的预计是非常复杂困难的，所以通常预计会与实际发生的结果存在较大偏差。而对未来现金流预计的准确与否较大程度上取决于预计销售额是否能够实现。若预计与实际结果之间存在较大偏差则很可能会出现紧急贷款需求，从而对企业发展产生巨大影响。

【实践训练】

【训练 16】 撰写企业章程，如创业市***有限公司章程

1. 实训标题

撰写企业章程，如创业市***有限公司章程

2. 实训目的

掌握企业章程主要内容，完成企业章程的编写工作。

3. 实训要求与实训内容

仿照创业市***有限公司章程，完成本小组的企业章程的编写工作。

创业市***有限公司章程

第一章　总则

第一条　为规范公司的组织和行为，维护公司，股东和债权人的合法权益，根据《中华人民共和国公司法》（以下简称《公司法》）和有关法律、政策措施规定，并结合公司的现实情况，特制定本章程。

第二条　公司名称：***有限公司

第三条　公司住所：创业市区（县、市）创业路 1 号。

第四条　公司在创业市工商管理局登记注册，公司经营期限是 50 年。

第五条　公司为有限责任公司，并实行独立会计核算、独立自主经营、自负盈亏。股东以其认缴的出资额为限对公司承担责任，并以其所有资产对公司的欠款负起职责。

第六条　公司坚决遵守我国的有关法规、政策和本章规定，维护国家经济利益和社会公共利益，并接受政府及相关机构监管。

第七条 本章程对公司员工、股东、执行董事、监事、最高层管理者等均具备法律约束力。

第八条　本章程由所有股东共同订立，在公司注册登记后立即生效。

第二章　公司的经营范围

第九条　本公司经营范围为：以公司登记机关核定的经营范围为准。

第三章　公司注册资本

第十条　本公司注册资本为人民币 60 万元。本公司注册资本实行一次性（或分期）出资。

第四章　股东的名称（姓名）、出资方式及出资额和出资时间

第十一条　本公司由 3 个股东组成

股东一：法定代表人

姓名：张三

法定地址：鄂州职业大学

以现金方式出资 30 万元，共计出资 30 万元，占注册资本的 50%，在 2022 年 9 月 15 日前一次足额缴纳。

股东二：李四

家庭住址：鄂州职业大学

身份证号码：000000000000000000

以现金方式出资 15 万元，共计出资 15 万元，占注册资本的 25%，在 2022 年 9 月 15 日前一次足额缴纳。

股东三：王五

家庭住址：鄂州职业大学

身份证号码：000000000000000000

以现金方式出资 15 万元，共计出资 15 万元，占注册资本的 25%，在 2022 年 9 月 15 日前一次足额缴纳。

股东是以非货币方式出资的，应当依法办妥财产权的转让登记。

第五章　公司机构及其产生办法、职权、议事规则

第十二条 公司董事会由全体股东组成，董事会是公司的权力机构，依法行使《公司法》第三十八条规定的第 1 项到第 10 项职权，第 11 项至第 13 项职权为：

11.为公司股东或者实际控制人提供担保进行决议；

12.对公司向其他公司投资或为除本条第 11 项以外的人提供担保作出决议；

13.对公司聘用、解聘负责公司会计服务的会计师事务所作出决议；

对前款所列事项股东以书面形式协商并表示同意的，可不必召开股东会会议，而直接作出决定，并由全体股东在决定文件上签名、盖章。

第十三条　股东会的议事方式

股东会以召开股东会会议的方式议事，法人股东由法定代表人参加，自然人股东由本人参加，因事不能参加可以书面委托他人参加。股东会会议通常包括定期会议和临时会议两种：

1. 定期会议

定期会议一年召开四次，时间为每年每季度初召开。

2. 临时会议

有十分之一以上投票权的股东，执行董事，监事等提出召开临时会议的，也必须召开临时会议。

第十四条　股东会的表决程序

1. 会议通知

召开股东会会议，应当于会议召开十五日（公司章程也可另行规定时限）以前通知全体股东。

2. 会议主持

股东会会议由执行董事召集和主持，执行董事无法行使或者无法履行召集股东会会议职责的，则由监事召开和主持，监事无法召开和主持的，代表十分之一以上表决权的股东可以召集和主持。股东会的第一次会议由出资最多的股东召集和主持，根据《公司法》规定行使职权。

3. 会议表决

股东会会议由股东按出资比例行使表决权（公司章程也可另行规定），股东会每项决议需代表多少表决权的股东通过规定如下：

（1）股东会就公司追加或降低注册资本、分立、合并、撤销或者改变公司类型作出决定，应当由有三分之二以上投票权的股东通过；

（2）公司可以修订规章制度，但修改公司规章制度的决定应当由有三分之二以上投票权的公司股东通过。

（3）股东会对公司股东或者实际控制人利益做出保证的决定，必须经出席会议的除以上股东或由实际控股人之外的其余股东所持有权的过半数同意通过；

（4）股东会的其他决议，必须经代表二分之一以上投票权的股东通过。

3. 会议记录

召开股东会会议，应详细做好会议记录，出席会议的股东必须在会议记录上签名。

第十五条　公司不设董事会，设执行董事一人，由股东会选举产生。

第十六条　执行董事对股东会负责，依法行使《公司法》第四十七条规定的第 1 至第 10 项职权。

第十七条　执行董事每届任期为两年，执行董事任期届满，连选（派）可以连任。执行董事任期届满未及时更换或者执行董事在任期内辞职的，在更换后的新执行董事就任前，原执行董事仍应当依照法律、行政法规和公司章程的规定，履行执行董事职务。

第十八条　公司设经理，由执行董事聘任或者解聘。经理对执行董事负责，依法行使《公司法》第五十条规定的职权。

第十九条　公司不设监事会，设监事一人，由非职工代表担任，经股东会选举产生。

第二十条　监事任期每届三年，监事任期届满，重新当选即可连任。监事任期届满未及时改选，或者监事在任期内辞职的，在改选出的监事就任前，原监事仍应当依照法律、行政法规和公司章程的规定，履行监事职务。执行董事、高级管理人员不得兼任监事。

第二十一条　监事对股东会负责，依法行使《公司法》第五十四条规定的第 1 到第 6 项职权。同时监事可以列席股东会会议，监事发现公司经营情况异常，可以进行调查。必要时，可以聘请会计师事务所等协助其工作，费用由公司承担。

第六章　公司的股权转让

第二十二条　公司的股东有权转移其所有或部分股权。

第二十三条　股东向其他股东之外的人转移股权，必须经其余持股人的过半数批准。股东必须将其股份转让事宜书面通知给其他股东征求意见，其余股东自收到书面通知之日起满 30 日内尚未答复的，则视作接受转移。其余股东超出半数不愿意转移的，则不愿意的股东仍有权购买该转移的全部股权，如果不买的，则视作接受转移。

经股东批准出让的股票，在同等条件下，其余股东有优先购买权利。两个以上股东主张享有优先购买权益的，协商决定相应的申购份额。协议不成的，按照转让时各自的出资比例行使优先购买权。

第二十四条　本公司股东转让股权，应当先召开股东会，股东会决议应经全体股东一致通过并盖章，签字。如全体股东未能取得一致意见，则按本章程第二十二条、第二十三条的规定执行。

第二十五条　公司股权转让的其他事项按《公司法》第七十三条至第七十六条规定执行。

第七章　公司的法定代表人

第二十六条　公司的法定代表人由执行董事担任。

第二十七条　本章程原件一式六份，其中每位股东各持一份，送公司登记机关一份，验资机构一份，公司留存一份。

创业市***有限公司全体股东

法人股东盖章：

自然人股东签字：

日期：2024 年 9 月 1 日

任务十七　创业运营模拟平台操作

【任务探究】

【任务 17】　如何操作“创业总动员”的系统

本任务将介绍“创业总动员”的系统登录、进度控制方式和实验操作。

【研究交流】

【探讨 17】　系统登录和注册

1. 系统登录

1）教师登录

启动系统（访问地址和端口向管理员要），点击“进入系统”（见图 17-1），用已申请的教师账号注册，选择对应“教师”角色。

图 17-1　启动系统

2）建立班级

输入新建的班级名称和课程描述，教学模板选择“创业综合管理（教师引导）”，单击“保存”（见图 17-2）。

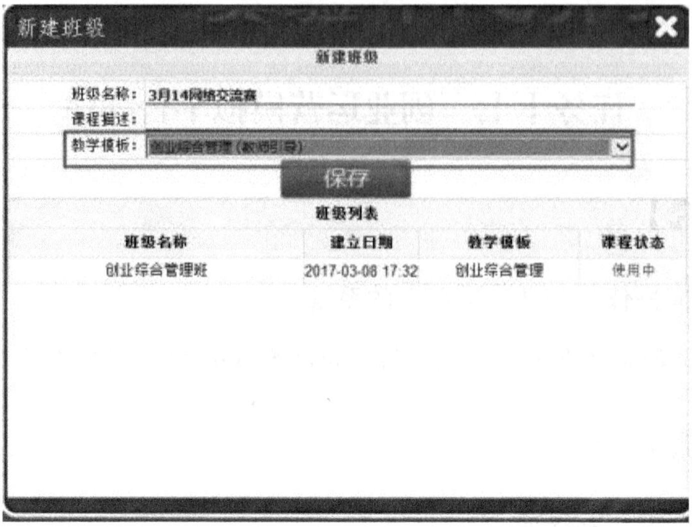

图 17-2　新建班级

切换班级：当前只能使用了一个班级。确认要使用的班级，先选中它，然后点击“保存”（见图 17-3）。

图 17-3　切换班级

2. 学生注册

学生下载客户端，登录方式与教师相同。学生账号只需注册一个，即可进入由不同老师所管理的各个班级。首次登录必须注册账号。点击右上方“注册”（见图 17-4）。

注意：账号必须唯一，注册成功后，需要重新登录（见图 17-5）。

图 17-4　学生账号注册

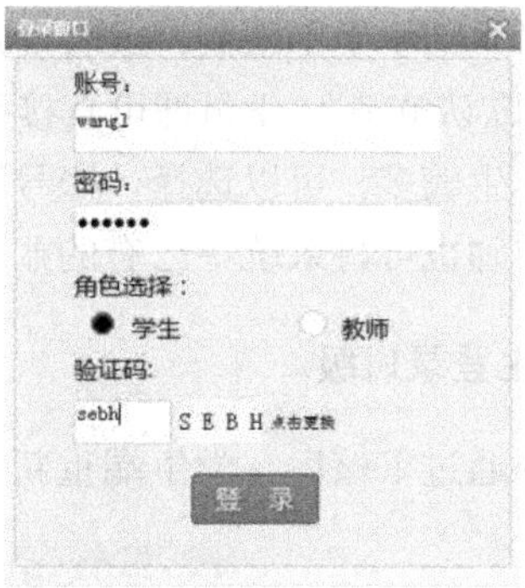

图 17-5　登录窗口

选择对应教师，申请对应班级（见图 17-6）。

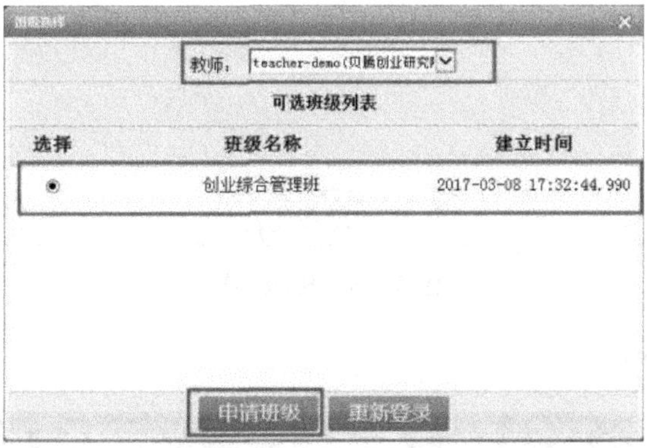

图 17-6　班级选择

3. 教师端——学生管理

学生注册，申请相应老师班级后，由教师对申请学员的账号进行解锁、分组等操作。账号解锁（见图 17-7）。

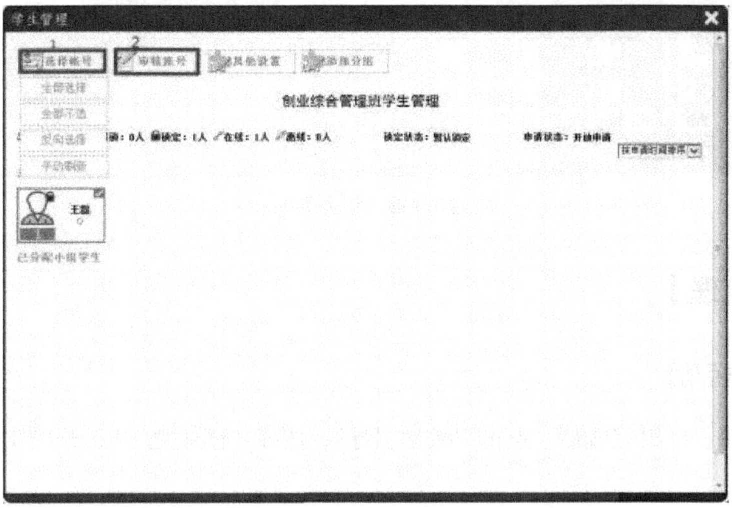

图 17-7　学生管理

（1）对申请学生不限制，或者确定无其他学员误入该教师班级的情况，教师可以点击“其他设置”→“默认解锁”，学员即可直接登录。已经开始的班级可以选择“其他设置”→“拒绝申请。”

（2）学生较多，可以选择“账号”→“全部选择”，再审核账号。

（3）教师也可将系统中已有的账号拉进来，选择“审核账号”→“增加账号”。

4. 学生登录班级

待教师通过审核后，学生端重新登录，进入相应班级（见图 17-8）。

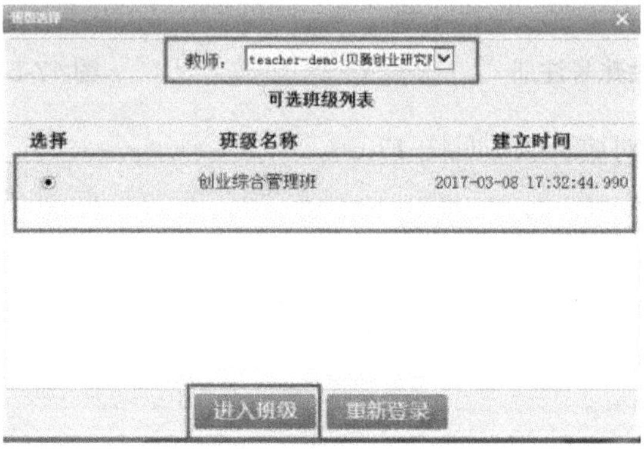

图 17-8　班级选择

进入班级（见图 17-9）。

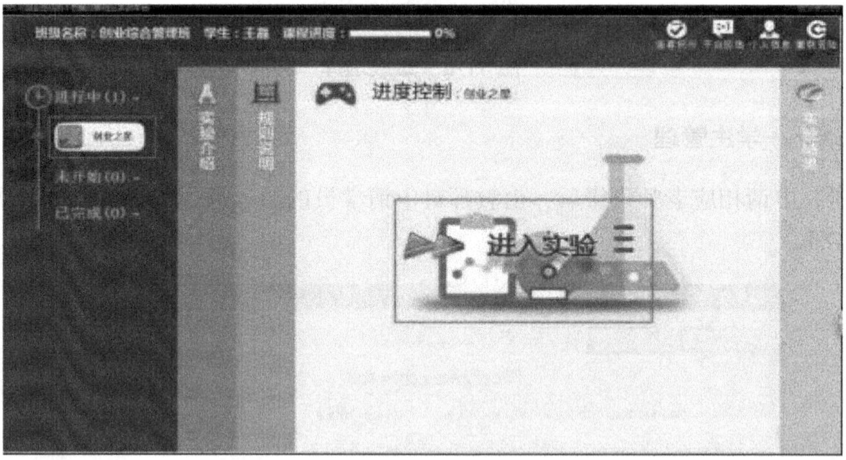

图 17-9　进入班级

【知识梳理】

17.1　教学引导

所有学员解锁，分组完成后。点击“教学引导”，选择“创业之星”，开始实验（见图 17-10）。

图 17-10　教学引导

1. 实验控制

点击进入“实验控制”，先选择模板“智能手环”，点击“保存”(见图 17-11)。

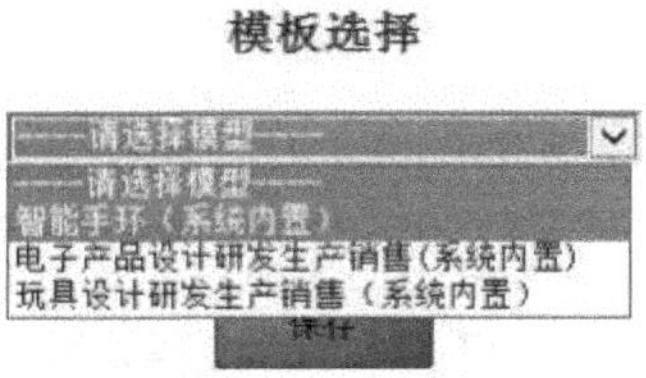

图 17-11　模板选择

2. 学生分组

选择“授课分组管理”→“批量增加小组”(见图 17-12)。

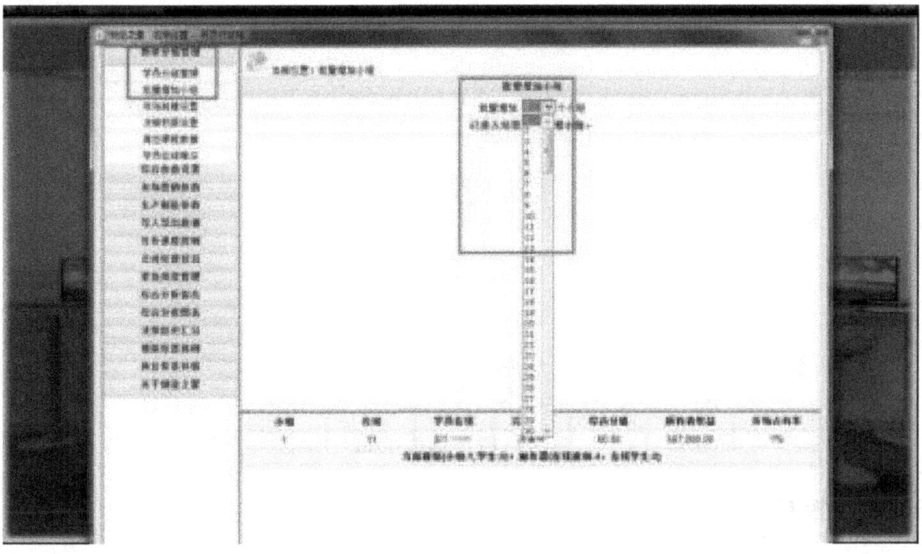

图 17-12　学生分组

3. 市场规模设置

选择“授课分组管理”→“市场规模设置”→“市场订单批量初始化”。根据实际参与的小组数目，可对应批量初始化（见图 17-13）。

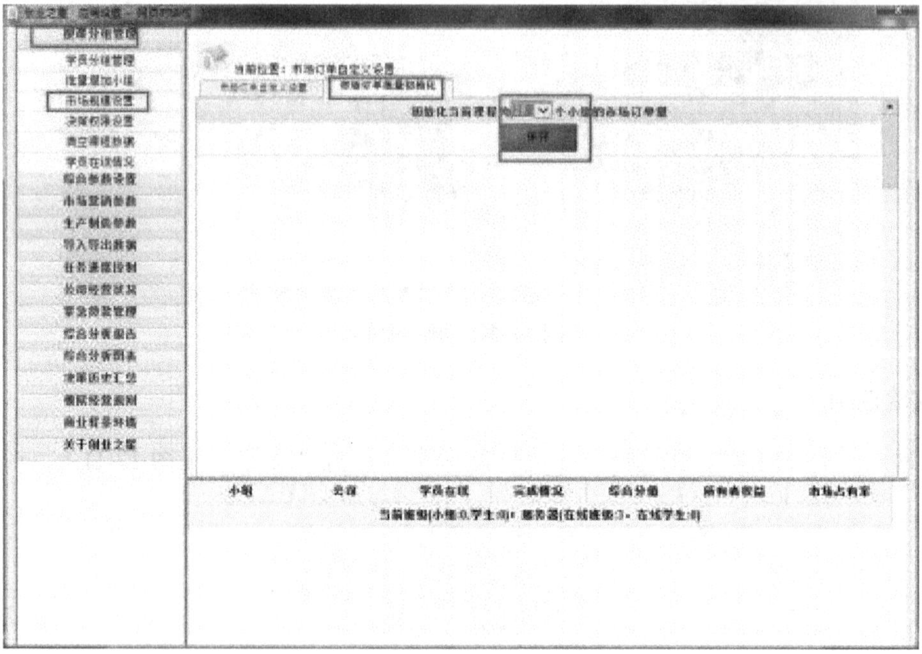

图 17-13　市场规模设置

4. 学生选择小组

学生进入实验，选择小组，开始（见图 17-14）。

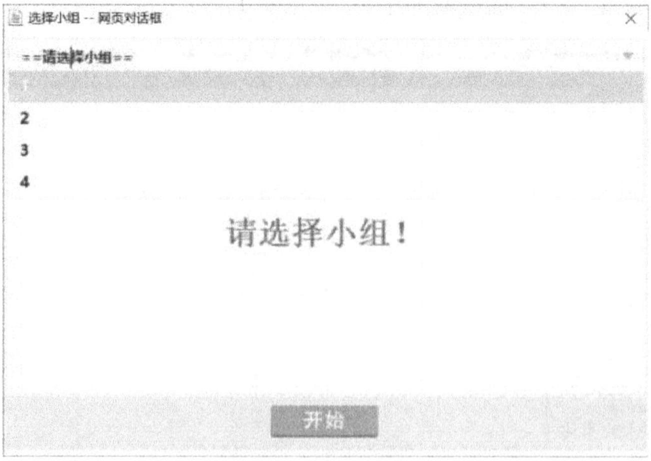

图 17-14　选择小组

5. 任务进度控制

任务进度控制，进入下季度（见图 17-15）。

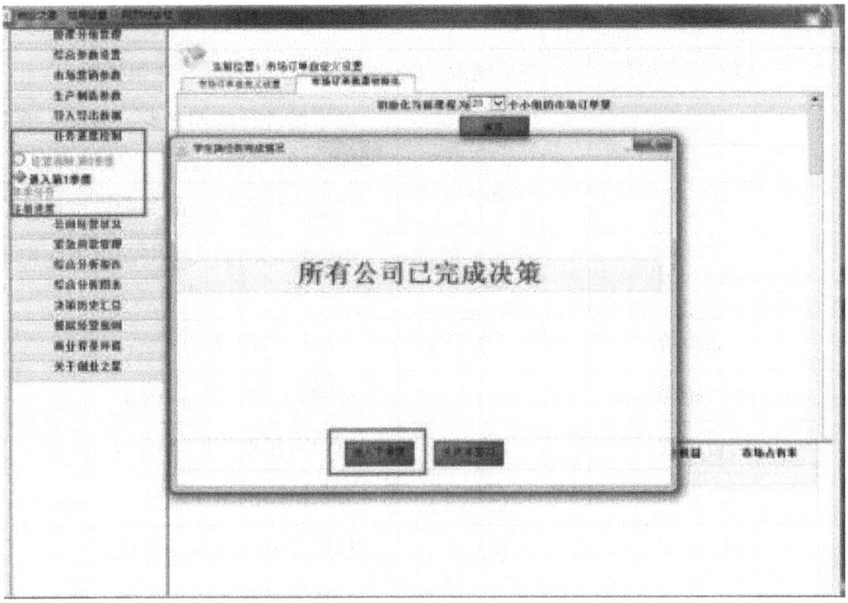

图 17-15 任务进度控制

17.2 实验操作步骤

1. 决策阶段

季度开始后，各部门（角色）在总经理的组织下，经过团队讨论，在本部门职能范围内完成所有决策（见表 17-1）后，用教师端单击“产品配送”，对各公司进行订单分配，并等待企业按订单交货。在进入产品配送环节之前，决策工作可多次修改，但也有无法更改的情况，例如产品投产或完成后便无法更改产品设计。

表 17-1 各部门需要完成的决策工作

部门	学生需完成决策	完成情况	决策说明
财务部	现金预算	⊘	可在系统外完成
	银行贷款	⊘	普通贷款
研发部	产品设计	⊘	设计符合消费群体需求的产品
	产品研发	⊘	对已设计好的产品经营研发测试工作
制造部	原料采购	⊘	采购生产制造所需的原材料
	厂房购置	⊘	购买或租赁生产制造所需的厂房
	设备购置	⊘	购买生产制造所需的设备
	资质认证	⊘	企业进行国际标准体系认证
	生产工人	⊘	由生产部门向人力资源部提交生产工人培训、辞退、调整等计划
	生产制造	⊘	生产制造产品
	订单交付	⊘	对已得到的订单实施交付（非决策部分）

续表 17-1

部门	学生需完成决策	完成情况	决策说明
市场部	市场开发	⊘	对市场进行前期开发，为进入该市场经营运作铺垫道路
	广告宣传	⊘	对企业已有的产品品牌做市场推广宣传
销售部	销售人员	⊘	由销售部门向人力资源部提交销售人员培训、辞退、调整等计划
	产品报价	⊘	市场订单报价
人力资源部	生产招聘	⊘	招聘生产制造所需的工人
	销售招聘	⊘	招聘市场销售所需的销售人员
	签订合同	⊘	与新招聘的员工签订“劳动合同”
	解除合同	⊘	与员工解除“劳动合同”
	员工培训	⊘	对员工进行在岗工作能力培训，以提升工作能力和效率

决策完成后，部经理单击“完成各项决策任务”。等待所有小组都全部完成，教师端单击“产品配送”按钮后，即进入交付与结算阶段。

2. 交货与结算阶段

进入交货与结算阶段，各公司即可看到自己所获得的订单。公司按订单交货后，总经理再次单击“完成任务”，等待所有小组都完成任务之后，教师端单击“进入下一季度”按钮，运营工作将进入下一个周期（季度），本季度的运营工作就结束了。这个过程包含三项工作。

1）销售订单的获取

市场订单总量可能会包含上期转移下来的部分订单，产品评价得分可参考任务五。

2）经营结果的查询

只有进入下一季度才能看到本季度的经营结果。各种查询工作才可以相应进入。当然，公司的决策历史是可以随时进入总经理办公室查询的。

3）资金结算

经营活动产生的资金结算分成三种情况（三大项）：

（1）当即支付。产品设计费、设备购置费、原料采购费等部分开支在决策的时候当即需要支付。

（2）期末支付。厂房租金、设备维护费、工资、行政管理费等部分开支可以在期末（收到销售收入之后）支付。

（3）期初支付。应收应付到期、税金、办公室租金等部分开支将在下一季度期初支付。

教师端单击“进入下一季度”按钮的时间点上，第二大项、第三大项资金结算会同时进行，任何一项资金结算出现资金断流，系统都会自动产生一笔紧急贷款。由于紧急贷款的惩罚是比较严重的，而且第二大项、第三大项的资金结算是系统自动完成的，操作者看不见的，所以各小组要特别注意各项资金的结算顺序（见表 17-2）和公司现金是否有保障，是否需要及时融资（贷款、贴现、变卖资产等）。

表 17-2　期末、期初资金结算的项目及顺序

期末资金结算项目与顺序	
1	支付产品制造费用
2	支付管理人员工资和五险
3	更新设备搬迁
4	更新设备升级
5	更新厂房出售、设备出售
6	更新生产工人培训
7	扣除生产工人未签订合同罚金
8	扣除销售人员未签订合同罚金
9	扣除基本行政管理费用
10	辞退生产工人
11	辞退销售人员
12	出售生产设备
13	出售厂房或厂房退租
14	检查并扣除管理人员未签订合同罚金
15	检查并扣除未交货订单违约金
16	银行还贷
17	紧急贷款（资金不足即自动产生，表示资金链断裂）
下季期初资金结算项目与顺序	
18	检查上季度未分配和未完成交付的订单数量，并转移到当前季度
19	计算公司应收账款，并收取
20	计算公司应付账款，并支付
21	计算上季度营业税，并支付
22	扣除上季度增值税、所得税、3 项附加税
23	扣除办公室租金
24	更新原料到货状态
25	更新预付账款状态
26	紧急贷款（资金不足即自动产生，表示资金链断裂）

17.3 操作指南

1. 财务部业务

1）现金预算

在企业场景中点击“财务部”，在弹出视窗中选择“决策内容——财务预算”，并按照本季度的整体规划及各部门的经营计划，制定公司本季度的财务现金预算表（现金预算表在系统外操作，由学生另外完成）。

2）银行贷款

进入主场景，单击“创业银行”，进入创业银行后，单击“信贷业务”窗口，在弹出的窗口中完成贷款决策任务（表 17-3）。当季的贷款金额不能超过本期授信额度，累计贷款金额不能超过总的授信额度。

表 17-3　申请新贷款

贷款利率	5%	利息为申请时一次性支付，实际到账金额=申请金额-申请金额×贷款利率
还款周期	3 季度	将于到期的当季期末，由系统自动还款处理
总授信额度	600000	总授信额度=上季末净资产-累计已贷款金额
本期授信额度	200000	同期内累计最大贷款额度
贷款金额	200000	输入申请贷款的金额

申请贷款

现存贷款情况					
贷款类型	贷款时间	到期时间	金额	利率	利息

说明：办理贷款不是在公司内操作，而是去创业银行办理；贷款金额受“公司净资产-累计已贷款金额”和“本期授信额度”两个因素的约束，实际贷款金额为二者中之小者。

3）账款贴现

若有应收账款，就可查看全部的应收账款列表。若急需现金，可根据需要向银行办理贴现业务（见表 17-4）。

表 17-4　应收账款的贴现

账款贴现					
序号	金额（元）	发生时间	到期时间	离兑现尚有	贴现
1	49110.75	第二季度	第三季度	一季度	贴现
2	54493.92	第二季度	第四季度	二季度	贴现
3	27518.40	第二季度	第四季度	二季度	贴现
合计	131123.07				
共有应收账款：3 笔					

2. 研发部业务

1）新产品设计

在公司场景下选择“研发部”→“产品设计”，开始进行产品设计，包括新产品名称、目标消费群体和新产品研发 BOM 配置表的决策（见表 17-5）。首先是产品命名，如实惠 1，实惠 2 等；其次是产品的目标消费群体定位；然后是产品的原料配置（BOM 配置）。在完成 BOM 配置的同时，窗口内会显示预计原料成本和预计研发时间两项重要数据。预计研发时间是由研发系数决定的，不同的原料配置，其研发系数是不一样的，当 BOM 配置的研发系统达到 0.5 以上时，研发时间为 1 季度。

表 17-5　产品设计界面

新产品名称	目标消费群体!			
	◎品质型客户	◎经济型客户	◎实惠型客户	
原料大类	原料子类	原料报价	选择	研发系数
包装	玻璃纸	2		0.1
	纸盒	4	◎	0.2
	金属盒	6	◎	0.3
面料	短平绒	10		0.1
	松针绒	15	◎	0.2
	玫瑰绒	20	◎	0.3
填充物	PP 棉	15		0.1
	珍珠棉	21	◎	0.2
	棉花	25	◎	0.3
辅件	发声	3		0.1
	发光	3.8	◎	0.2

说明：每项决策操作旁边都有规则说明，单击“!”号还会有进一步的链接说明，这是最重要的操作指南。特别要注意的是已经研发完成和投产的产品是无法更改其设计的。

2）新产品研发

选择公司场景下“研发部”→“产品研发”，开始进行产品研发（见表 17-6）。该项工作主要是针对产品设计中需要研发的产品进行研发投入。

表 17-6 产品研发界面

产品名	研发进度	操作
实惠 1	无须研发	
经济 1	无须研发	
品质 1	无须研发	
实惠 2	无须研发	
经济 2	已投入	撤消
品质 2	已投入	撤消

3. 制造部生产业务

1）厂房购置

在公司场景中单击“制造部”，在弹出窗口中选择“决策内容”→“厂房购置”进入厂房购置界面（见图 17-16）。根据公司生产规模的需要和现金状况，确定购买或租用相应厂房。

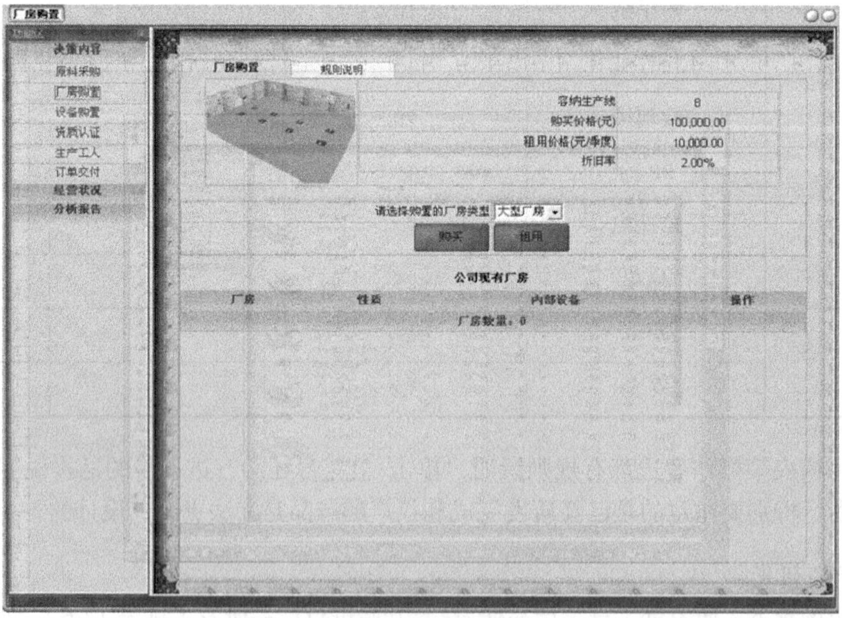

图 17-16 厂房购置界面

2）设备购置

在公司场景中单击“制造部”，在弹出窗口中选择“决策内容”→“设备购置”进入设备购置界面（见图 17-17）。根据公司生产规模需要和现金状况，确定所需的生产设备。

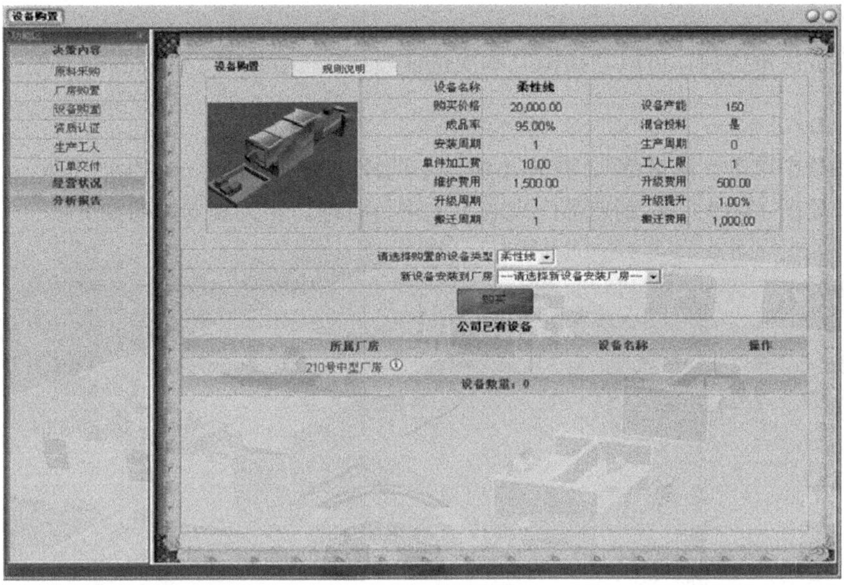

图 17-17 设备购置界面

3）资质认证

在公司场景中单击“制造部”，在弹出窗口中选择“决策内容”→“资质认证”进入资质认证界面（见图 17-18），对需要的认证体系进行投资。

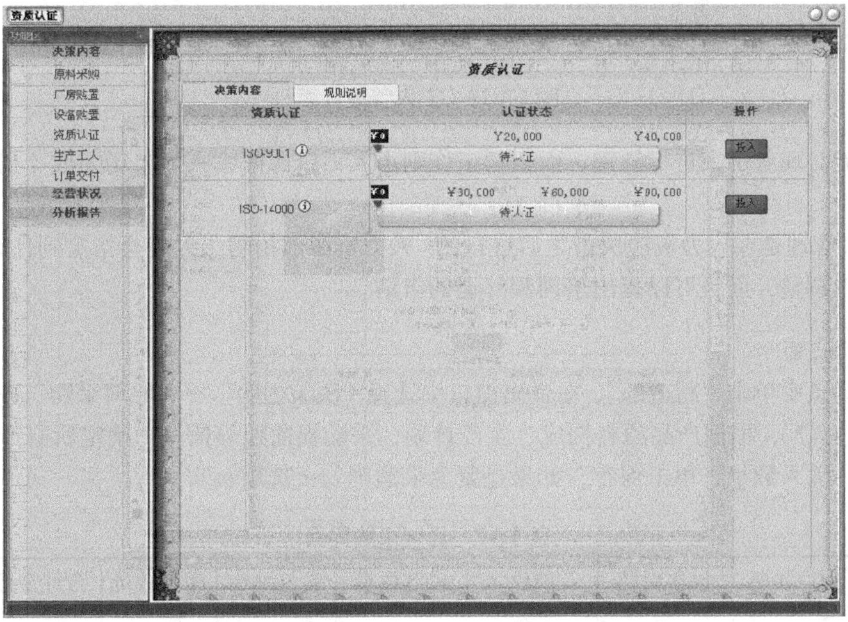

图 17-18 资质认证界面

（1）认证是对整个公司的生产资质进行的，而不是针对某一个产品品牌。在市场要求具备相应的资质而公司没有时，将不允许进入该市场销售产品（或无法获得相应订单）。

（2）在认证体系后单击“投入”按钮即可完成本季度的费用投入。不同认证所需要的周期和费用是不同的。

（3）在完成决策之前，可以“撤销”本次认证投入。

4）生产工人

在公司场景中单击“制造部”，在弹出窗口中选择“决策内容”→“生产工人”，进入生产工人管理界面（见图 17-19），对制造部门现有工人进行管理。相关规划说明如下：

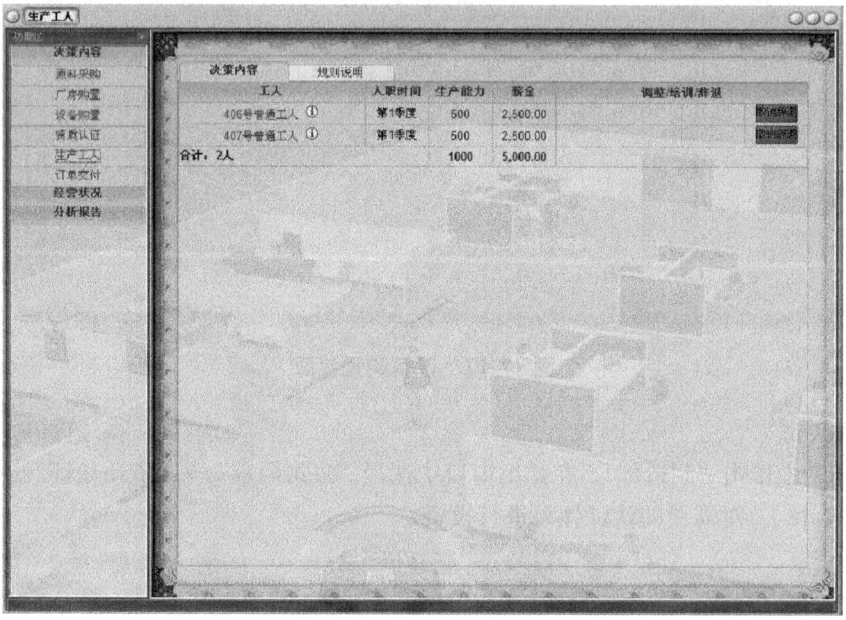

图 17-19　工人管理界面

（1）只能对现有工人进行管理，而招聘工作则由人力资源部去人才市场完成（招聘计划由制造部提出）。

（2）工人管理是在人力资源决策之后进行的。人力资源部招聘工人时会指定到什么生产线上，但制造部可以调整，而且可以提出培训和辞退的申请。

5）原料采购

在公司场景中单击“制造部”，在弹出窗口中选择“决策内容”→“原料采购”进入原料采购界面（见表 17-7），根据产品原料构成、生产计划、采购提前期等信息，确定所有产品生产所需原料的采购（输入数量，单击保存，如果是紧急采购则勾上选项）。

表 17-7　原料采购界面

原料	到货周期	付款周期	单价	采购数量	紧急采购	库存数量	合计金额	价税合计
玻璃纸	0	0	2.00	0		0	0	0
纸盒	0	1	3.00	0		0	0	0
金属盒	1	1	6.00	0	☐	0	0	0
短平绒	0	1	10.00	0		0	0	0

续表 17-7

原料	到货周期	付款周期	单价	采购数量	紧急采购	库存数量	合计金额	价税合计
松针绒	0	0	15.00	0		0	0	0
玫瑰绒	0	1	20.00	0		0	0	0
PP 棉	0	0	15.00	0		0	0	0
珍珠棉	0	1	21.00	0		0	0	0
棉花	1	1	25.00	0	☐	0	0	0
发声装置	1	1	3.00	0	☐	0	0	0
发光装置	1	1	3.80	0	☐	0	0	0
合计支付金额（元）							0	0
【保存】								

6）开始生产和设备销售

在公司场景中单击“生产车间”，在弹出的窗口中可以看到所有厂房及生产设备情况（见图 17-20）。注意，是在生产车间生产，不是在制造部。

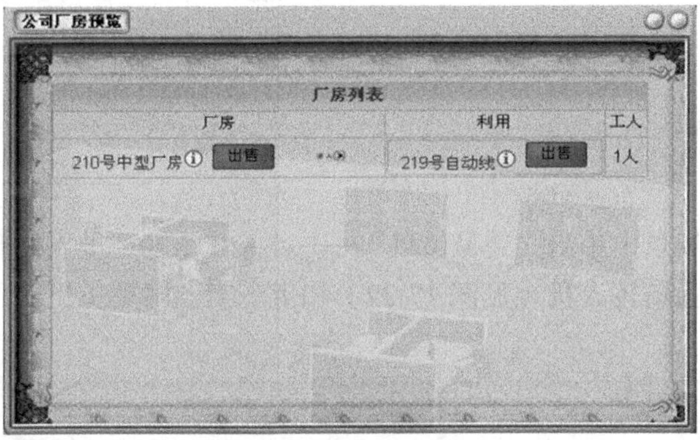

图 17-20　公司厂房预览

说明：①“厂房”栏显示公司目前所有的厂房情况，同时标志该厂房是购买的还是租用的，单击“出售”或“退租”，可以出售或退租（但必须是在没有生产线的情况下）。

②“生产线”栏显示厂房内有几条生产线，单击“出售”可以卖掉该设备。如果设备上还有产品生产，则设备不能马上卖掉，只是制定出售方案，到季度结束产品下线后才能出售。

③还未开始生产的设备即卖即得回现金；已经开始生产的设备可以在投产后就预售，预售的设备要等期末才能完成出售并回款（当季购置的设备当季出售不用计提折旧）。生产线出售后，工人将自动处于闲置状态，等待制造部重新安排工作。

④在每个厂房名称的右边有一个在闪动的“进入”标志，单击该标志可以进入该厂房内部，能看到厂房内的所有生产设备情况，并对所有生产设备进行本季度的生产规划。

⑤若对某一条生产线进行投产，则单击这条生产线，在弹出窗口中完成对该生产线的生产进行安排（见图 17-21）。单击“选择产品”下拉框，选择需要生产的产品，再输入本季度需要的产

品数量，单击“生产”可以开始产品的生产。

⑥成功生产后，“在制品”旁会显示计划生产的产品数量。实际获得的成品将是这个生产数乘以成品率。在决策结束之前，可“撤销”相应的生产计划。

⑦通过“设备升级”可以提高成品率。另外，要注意生产工人生产能力与设备能力的匹配。

⑧只有完成招聘工人之后，才能开始生产。

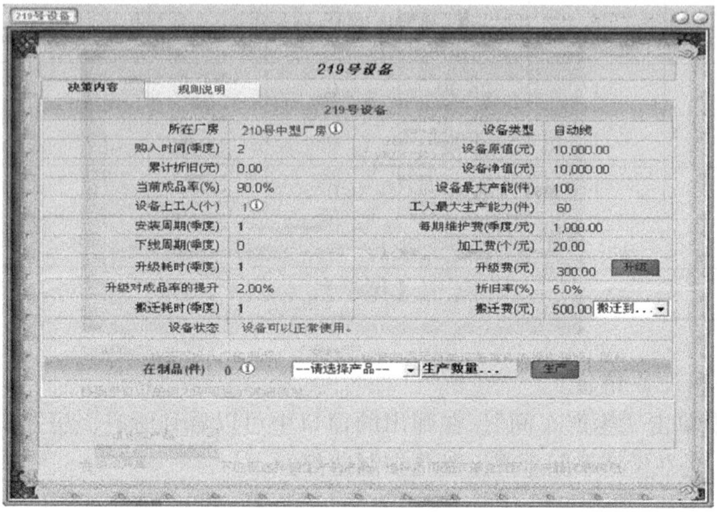

图 17-21　设备投产与管理

4. 人力资源部业务

1）人员招聘

人力资源总监在主场景中单击“交易市场”——“人才市场”进入招聘界面，完成招聘计划。需要招聘的公司员工包括销售人员（见图 17-22）和生产工人两类（见图 17-23）。

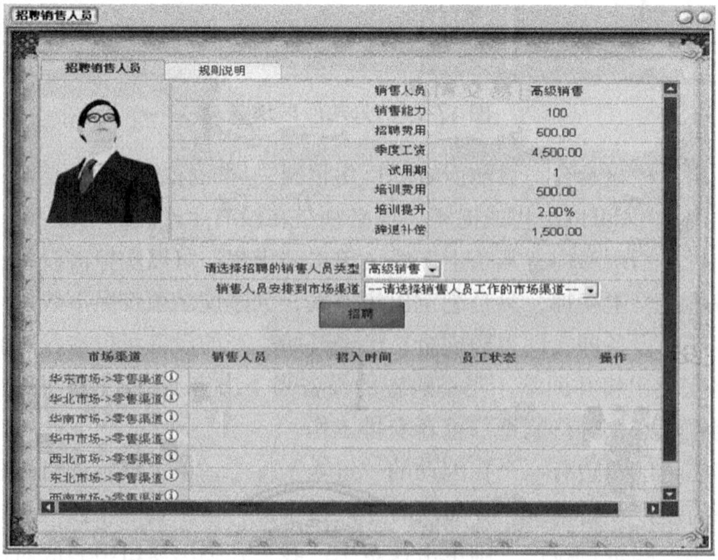

图 17-22　销售人员招聘界面

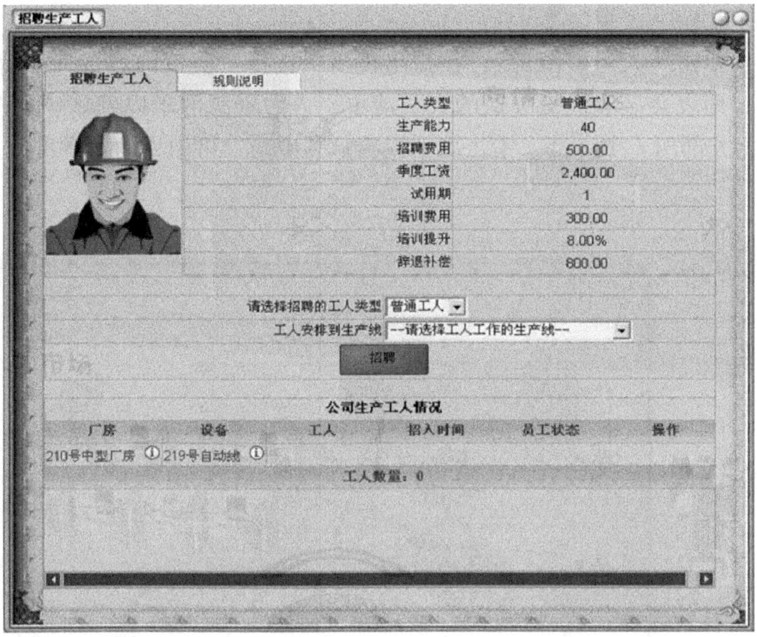

图 17-23　生产工人招聘界面

2）签订合同

回到“人力资源部”，在弹出视窗中选择“决策内容”→“签订合同”，与公司管理层人员和招聘的员工签订劳动合同（见图 17-24）。

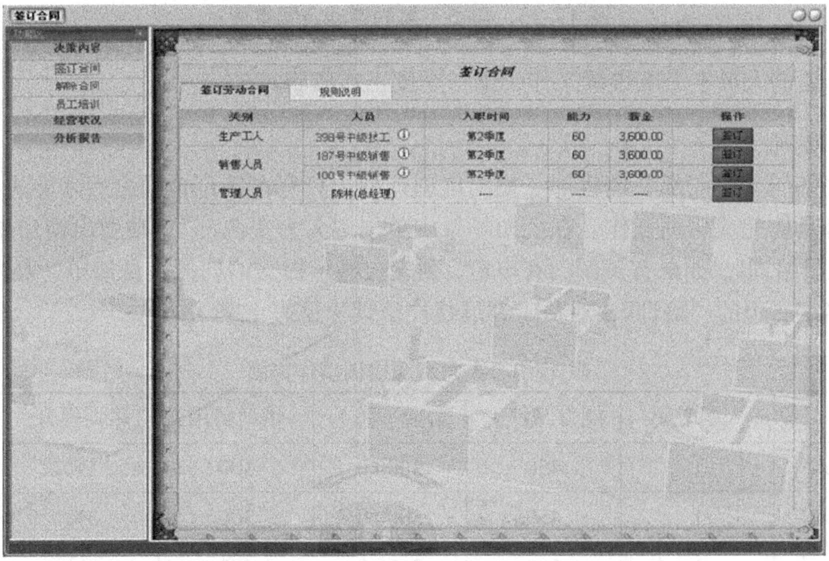

图 17-24　与员工签订劳动合同界面

说明：每位员工（包括管理团队成员）都要签订劳动合同、办理养老保险，否则将会被罚款。单击相关人员名字右边的“签订”，即会出现合同提示，在甲方盖章处单击印章，印上公司合同专用章后，该合同正式生效。

3）解除合同

在公司场景中单击“人力资源部”，在弹出视窗中选择“决策内容”→“解除合同”，如果相关部门有申请，列表会显示提交辞退的人员清单，人力资源部予以确认（见图 17-25）。也就是说，首先要由相关部门（生产部、销售部）提出解聘申请，再由人力资源部完成劳动合同解除事项。

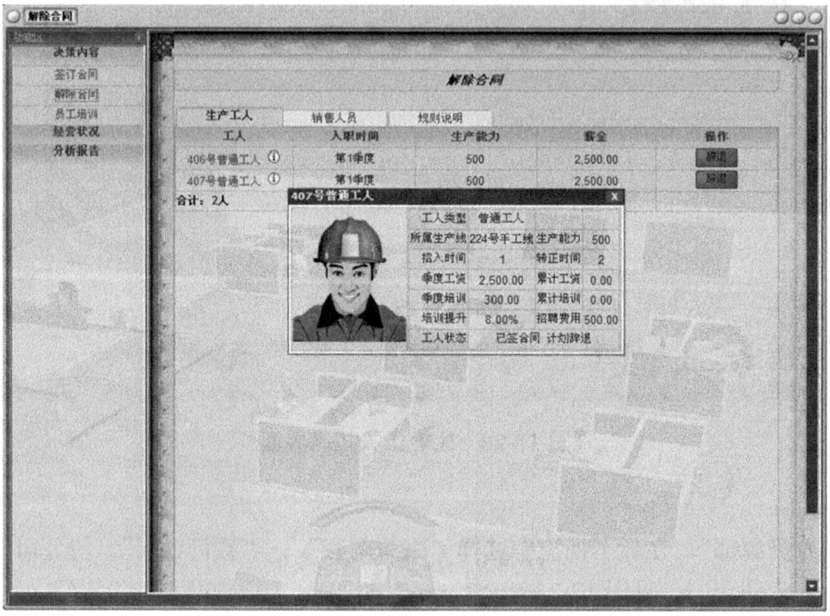

图 17-25　与员工解聘劳动合同界面

说明：辞退的人员本季度继续工作，下一季度正式离职。

4）人员培训

先由有关部门（生产部、销售部）提出培训计划（只有在签订合同之后才能进行培训），再由人力资源部具体完成培训工作。在公司场景中单击“人力资源部”，在弹出窗口中选择“决策内容”→“人员培训”，如果有关部门有申请，列表会显示提交培训的人员清单，人力资源部予以确认。单击名字右边的“培训”，对员工开展技能培训（见表 17-8）。

表 17-8　人力资源培训操作界面

人员	入职时间	能力（件）	薪金（元）	培训费用	培训提升	操作
10001 号工人	1	450	3000.0	300	3%	培训
10002 号工人	1	450	3000.0	300	3%	培训
20001 号业务员	1	500	3600.0	500	5%	培训
20002 号业务员	1	500	3600.0	500	5%	培训

说明：以上操作在提交决策之前，均可撤销相关计划。

5. 市场部业务

1）市场开发

在公司场景中单击“市场部”，在弹出视窗中选择“决策内容”→“市场开发”进入开发目标市场操作界面（见图 17-26）。选择需开发的市场，在“操作”栏单击“开发”，完成本季度的开发投入。同时，在决策结束之前可以“撤销”。如果某个市场开发需要多个周期，在后面的经营中还需要继续投入“开发”，直到完成开发才可以在该市场上进行产品销售。

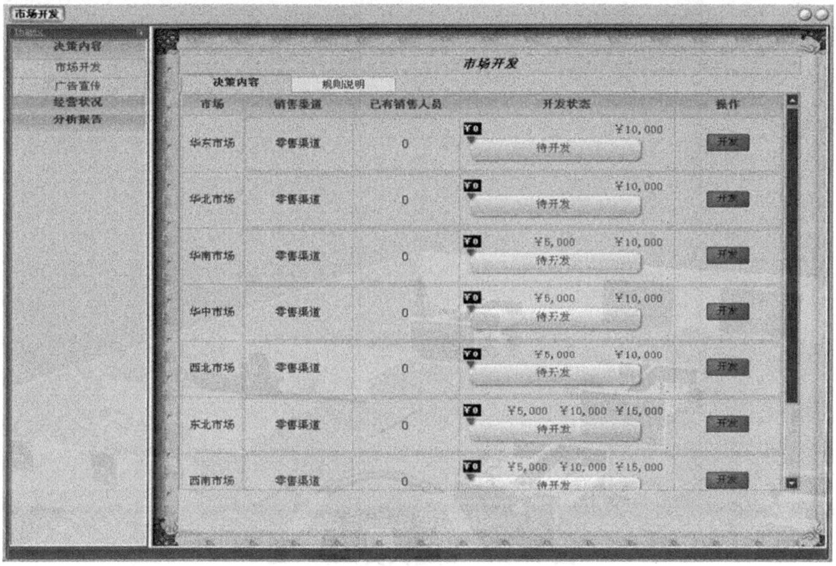

图 17-26　市场开发操作界面

2）广告宣传

在公司场景中单击“市场部”，在弹出窗口中选取“决策内容”→“广告宣传”，录入当前季度公司计划投入的广告费用（见表 17-9）。

表 17-9　广告投放操作界面

产品	累计投入（元）	累积效应（元）	本期投入金额（元）
实惠 1	0.00	0	2000.0
经济 1	0.00	0	5000.0
品质 1	0.00	0	10000.0
实惠 2	0.00	0	

说明：①广告宣传是以产品品牌为单位投放的（对所有市场均有影响），公司可针对各种产品的竞争程度和期望，来确定具体的投放金额。在“本期投入金额”栏中录入本季度需要投放的广告金额，最后单击保存。

②“累计投入”显示的是公司在该品牌上的广告投放数额，“累计效应”显示的是广告投放至今仍对消费者产生的影响力。

③运营规划（参数）通常会规定最低广告投入数额，即你要么不投，投就不能低于这个数。

6. 销售部业务

1）销售人员管理

在公司场景中单击“销售部”，在弹出视窗中选择“决策内容”→“销售人员”，对销售部门的所有销售人员进行内部职责控制（见图 17-27），包括内部管理的调整、计划和辞退等，其中，培训和辞退是由销售部提出申请后，由人力资源部具体执行。

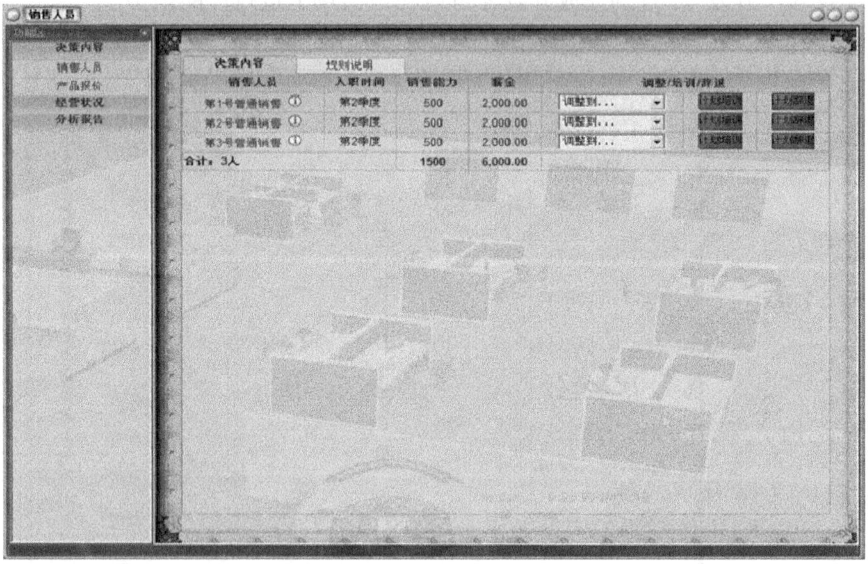

图 17-27　销售人员管理界面

2）产品报价

在公司场景中单击“销售部”，在弹出视窗中选择“决策内容”→“产品报价”进入产品报价界面（见图 17-28），填报各产品市场报价及其预期的最大订货数量（上限数）。

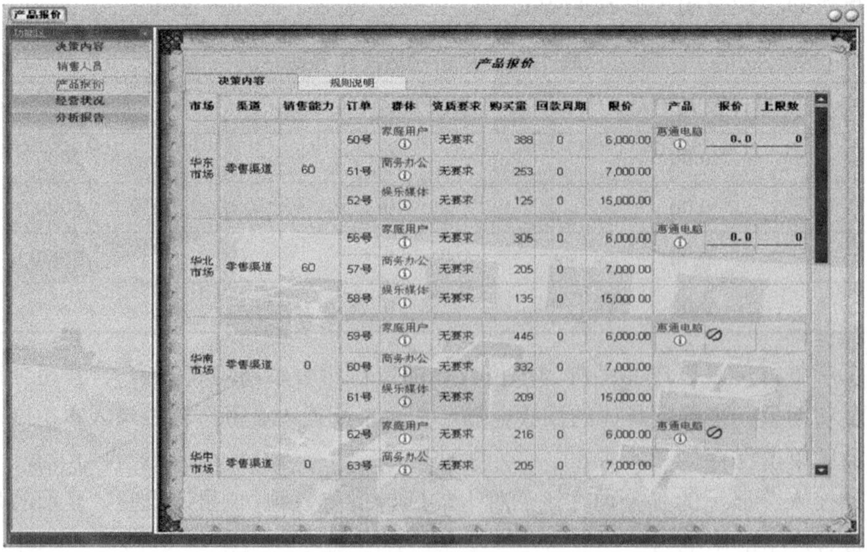

图 17-28　产品报价操作界面

说明：①只有完成市场开发、产品研发和招聘环节的销售人员才能进入市场报价。

②“报价”一栏的金额是指产品销售单价，不能超过产品在该市场的最高限价。

③“上限数”一栏的数字表示在市场上该产品最多期望拿到的订单量，要防止拿到过多的订单量而造成无法交货（违约）的情况，这是“以产定销”的原则，要求销售部门与生产部门密切沟通。特别提醒的是：由于上限数最少为 1，所以如果一件订单都不需要，那么就不要报价，不改动即可。

④销售人员的 500 件销售能力是针对每款产品的，如果在同一市场销售多款产品，那么每个产品都将拥有最高达 500 件的销售能力。

3）销售订单的分配

产品报价通常是决策工作的最后一步，接下来公司最关心的就是自己能够拿到多少销售订单。那么，系统是如何分配订单的呢？

①系统将根据公司决策中的五项因素对产品进行评价（见表 17-10），某产品评价得分占所有参与市场竞争产品评价总分的比重，就是你获得市场订单的比重。

②要想得到更多的订单，就必须争取到最高的分数；如果不需要那么多订单，就不需要那么高的分数，因为要获得更高的分数是要付出代价的（花费更多的开支），以免资源浪费。

③掌握消费者的需求特性可能会使你以更少的花费获得更高的分数。

表 17-10 影响产品评价得分的 5 个因素

项目	解释
产品价格	产品价格是指公司销售产品时所报价格，与竞争对手相比，价格越低越能获得消费者的认可
产品功能	产品功能主要指每个公司设计新产品时选定的功能配置表（BOM 表），与竞争对手相比，累计投入广告越多，产品品牌知名度就越高，越能获得消费者的认可
产品品牌	产品品牌由公司市场部门在产品上所投入的累计宣传广告多少决定，与竞争对手相比，累计投入广告越多，产品品牌知名度就越高，越能获得消费者的认可
产品口碑	产品口碑是指该产品的历史销售情况，与竞争对手相比，产品累计销售的数量、产品订单交付完成率越高，消费者对产品的认可就越高
产品销售	产品销售是指公司当前销售产品所具备的总销售能力，与竞争对手相比，总销售能力越高，获得消费者的认可度也越高

7. 制造部交货业务

这是属于第二阶段的交货业务。

在学生决策提交之后，即教师端单击“产品配送”按钮后，学生端面就可以查看中标的销售订单情况。到“制造部”，在弹出窗口中选择“决策内容”→“订单交货”进入交货操作（见表 17-11），完成订单交货。

表 17-11 订单交付情况

市场	订单	产品	订单量	已交	未交	单价	交付数量	价税合计
北京	29 号	实惠 1	500	130	370	92.00	0	0
	30 号	经济 1	500	150	350	115.00	0	0
	49 号	品质 1	500	0	500	142.00	0	0
上海	31 号	实惠 1	500	500	0	98.00	0	0
	32 号	经济 1	500	165	335	115.00	0	0
	33 号	品质 1	500	360	140	158.00	0	0

成品库存

产品	库存数量（件）
实惠 1	0
经济 1	0
品质 1	0

说明：①窗口会显示所有市场上的中标订单情况，在窗口下方还会同时显示目前的全部库存产品情况。

②在“交付数量”栏输入每类产品需要交付的数量，单击“发货”完成订单的交付。未能按期交货的产品将按规则被判处罚金。

③如果库存不足以交货时，有两种选择：一是订单交易（如果规划允许）；二是选择较好的订单先交货，例如价格高的或重点市场，剩下的只能违约了。

④从该小组交货的情况看，决策上至少犯了两个错误：一是没有根据产品可供应能力来拿单，造成违约；二是在违约无法避免的情况下，没有优先交上海市场的订单，上海订单的价格显然更高。

8. 季度结算

产品交货之后，由总经理单击“完成”来完成所有工作，老师端单击“进入下一季度”，系统将自动完成各项结算和编制财务报表。有兴趣的学生也可自行编制财务报表，然后与系统自动出的报表进行对比，检查和锻炼自己的财务核算和报表编制的水平。

【实践训练】

【训练 17】 创业总动员模拟平台操作

1. 实训标题

创业总动员模拟平台操作。

2. 实训目的

登录系统，完成注册，熟悉操作步骤。

3. 实训要求与实训内容

根据操作指南，熟悉各部门业务流程。

任务十八　创业运营模拟实战技巧

【任务探究】

【任务 18】　如何衡量一个人分析问题、解决问题的能力？

本任务主要通过对公司经营状况（绩效）进行分析，对常见问题进行汇总，以提升学生在实战过程中分析问题和解决问题的能力。

【研究交流】

【探讨 18】　实战中有哪些常见问题？导致问题的原因有哪些？

教师归纳出学生实战过程中暴露出的问题，和学生一起分析原因，并让学生学会通过以下方法解决问题（见图 18-1）。

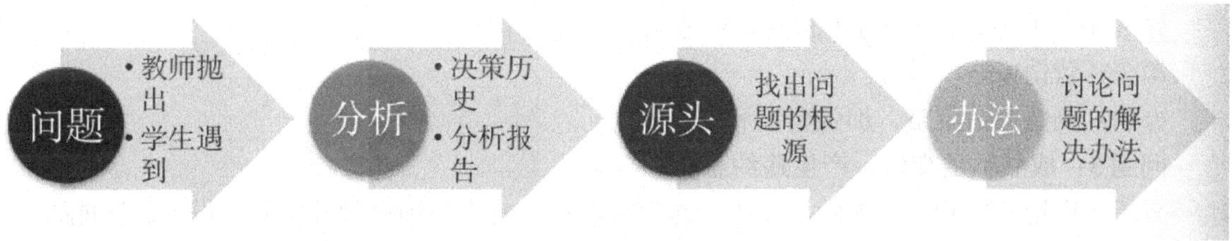

图 18-1　问题式教学方法

1. 财务类问题

问题 1：资金链断裂，出现紧急贷款。

分析：查看决策历史，发现季度初和季度末系统自动结算一些费用时，因储备资金不足而造成的系统自动给予紧急贷款。

源头：没有做好现金预算

解决办法：做好现金预算，为季度初和季度末的扣款留足资金。

问题 2：贷款贷多少，期末预留多少。

分析：制定本期现金预算，包括运营中的现金支出，期末的结算预留资金。

学生可以试运营 1、2 季度后，分析决策历史记录资金支付规律，形成表格。

源头：没有制定现金预算表

办法：制定现金预算表，对照期初资金，确定需融资部分。

问题 3：现金不足以支付正常生产运营。

分析：查看决策历史和财务报表，资金都转化成资产、存货及费用，营业资金没有及时回笼或营业收入过少导致现金不足。

源头：没有做好全面预算。

解决办法：做好全面预算。寻找回笼资金办法，如银行贷款、应收款贴现、卖掉闲置设备、通过营销途径出货回笼货款。

2. 营销问题

问题1：如何做销售预计？

分析：营销部先根据市场需求、竞争对手情况制定初期市场份额预计，生产经理根据设备产能情况给出最大产能预计，财务经理配合提供资金预计，总经理组织全体根据整体战略确定最终销售预计。

源头：部门间的交互沟通很重要。

办法：多分析，多讨论，确定目标，协调一致。

问题2：产品卖不出去。

分析：分析市场报告，如市场份额、产品评价。

原因1：市场份额够高，可能是销售预计太高。

原因2：市场份额不高，分析产品评价太低，比较哪项评分低，比如品牌效应低，品牌效应和广告投放有关，分析竞争对手广告投放情况，适量增加广告投放。

原因3：市场份额不高，产品评价也不错。可能是产品种类太少，增加产品组合。

原因4：单一市场竞争过于激烈，可考虑开发其他市场。

源头：营销策略没做好。

办法：调整营销策略，加强营销和生产沟通。

问题3：成品不足交付，产生违约金。

分析：产销不均衡。首先营销和生产部门有没有一起进行销售预计协调，设备最终能否生产出预计需求的产品；其次销售报价时有没有依据在制品数量加库存设定能接受订单的上限数。

源头：部门间没有做好沟通协作。

办法：销售预计，产能预计，销售上限统一。

问题4：有销量无利润。

分析：展开利润表分析，各项成本所占销售额的比率，相比较竞争对手或自身前期成绩展开纵向横向对比，看哪项成本显著削减了利润。如果各项成本相对正常，可能是定价太低。

源头：定价太低；成本没有控制好。

办法：提高定价；针对具体成本采取不同办法。比如营业成本过高从产品设计、产品生产处找原因；销售成本看广告费用市场开发销售人数；管理费用包括停工损失等；财务费用主要是各种利息；另外还有营业外支出。

问题5：广告投入多少合适？

分析：广告投放多少对订单分配有什么影响呢？引导学生分析订单分配原则。订单投入太多会有什么影响？

源头：对规则的不够熟悉。

办法：引导学生根据自身资金量、销售收入预计、产品面对的不同消费群体品牌关注度和竞争对手广告投放情况展开分析讨论，确定合适金额。

3. 销售类问题

问题 1：定价定多少合适？

分析：引导学生分析定价对拿订单的影响，最高多少，最低多少，定价太高会怎么样，定价太低会怎么样？太高了可能订单会拿少，太低了会没有盈利，想要不亏损，得知道成本多少。不同消费者对价格高低的关注度多少，其他竞争对手在上期如何定价？

源头：成本分析，竞争对手分析，消费者分析。

办法：成本基础上加上利润空间定价法，针对不同消费群体差异定价法，分析竞争对手定价策略跟从或竞争式定价法。

问题 2：销售人员招聘多少，上限数要不要修改。

分析：引导学生分析订单分配原则，销售人员多少对销量和成本的影响。上限数合计超过能交付的产量时可能会产生什么后果，调整上限数有什么好处？

源头：对规则的熟悉及分析。

办法：任何一项决策都不是必胜的，都会发生正反两方面的影响，让学生学会分析权衡利弊最终做出相对较好的决策。

4. 生产类问题

问题 1：不知道每期生产多少产品？

分析：生产经理要研究厂房设备工人等参数知道每台设备最大出货量多少，受哪些条件制约，如何提升产量。定生产计划时要和营销经理一起协商销售预计，由于原材料预订需要，需制定本期和下期两期销售预计。根据预计销售多少来确定预计生产多少，根据预计生产多少来确定设备原料采购工人招聘。

源头：部门之间没有充分讨论。

办法：充分讨论，做好表格。

问题 2：原材料采购不足或买错了。

分析：产品类别多，各类产品产量不一样，原材料配置也不一样。每类产品单独采购就不能享有批量采购的优惠。各产品每期单价不一样，有些原料需要提前预订。所以需要制定原材料采购计划表。

源头：没有制定原材料采购计划表。

办法：根据销售预计确定每个产品生产多少之后，结合不同设备能力安排生产，考虑合格率反推确定各产品的原材料需求，按照各产品的原料配制 1:1 编写两期原材料采购表。

综合考虑资金需求量、成本等各方面因素。

问题 3：下线成品和原料投入量不一致。

分析：再分析设备参数，理解合格率和废品的概念，理解工人能力和设备最大产能的差距。

源头：数据规则没有理解透。

办法：熟悉了解数据规则。设备最大下线成品量受设备产能、工人产能、投入原料数量、设备合格率影响。

问题 4：制造成本太高。

分析：制造成本包括哪些部分呢？根据生产部数据规则制造成本组成，一条条细分，找出哪项成本太高。

源头：不了解制造成本组成。

办法：根据制造成本组成想办法。比如原材料成本太高，可以通过批量采购取得一些折扣，提前下订单避免加急成本。

5. 研发部问题

问题 1：产品原料配置怎么选择，对于高端用户全部选择最好的行不行？

分析：引导学生分析产品设计和研发对订单的影响，对成本的影响。如何进行消费者细分，研究不同消费者对功能的要求。

源头：消费者细分，盈利模式。

办法：学会消费者细分，学会从整个盈利模式考虑盈利和成本。

问题 2：设计多少类产品？产品如何组合？

分析：引导学生分析多产品组合优缺点？对盈利和成本的影响？目标消费群体定位。

源头：没有做好消费市场分析，锁定目标消费群体。

办法：分析消费群体，锁定目标消费群体。根据资金需量及市场扩展控制逐步开展品牌组合，根据盈利预计，控制产品基础原料成本。

问题 3：有的产品需要研发有的不需要？

分析：软件设计模式本周期内很多决策可以撤销重做的，可以让学生多试几次，自己找出原因。

源头：规则不够熟悉，观察不够仔细。

办法：多分析，多揣摩，多测试。

6. 其他类问题

合作类：团队成员意见分歧怎么办？

分析：引导总经理让各人阐述不同决策的出发点，出于哪些方面考虑，是从本部门利益出发还是从整体公司利益出发，权衡利弊，哪种方式更贴合整体目标，公司资源（主要资金）能够支持，基于外部竞争形势哪种方式更能迎合市场规避风险，从长期影响评估哪种方式优势更突出一些。

源头：团队充分沟通协调合作很重要。

办法：分析清楚，权衡利弊之后，最终由总经理确定，并引用详细数据说服其他异议人员。最终评分里可以加一个团队内成员相互沟通合作专业知识管理水平方面的综合评分。

【知识梳理】

18.1 规则分析

1. 研发设计

每步决策前，请阅读对应的规则说明。

1）原料如何选择，产品如何设计

在设计之前，需要仔细阅读“系统帮助”和“消费群体”，以掌握该产品的消费人群特征，进而设计更适宜的产品以适应这些消费人群。

在选择产品原料时，应在“系统帮助”和“生产制造”里注意原料的价格走势以及市场是否紧缺等情况，以免影响后期生产经营。功能配置并不是越多越好，相反，配置多于消费者需求反而增加了成本，越贴近消费者需求的产品越容易得到消费者认可。

2）研发周期问题

确定新产品名称、选择对应目标群体、配置好新产品 BOM 物料表之后，BOM 物料表右下方有对应的研发周期。研发周期为 0 的，则无需开发，可以直接生产制造。研发周期为 1 的，需要进入产品研发模块，完成研发投入。

2. 生产制作

每步决策前，请阅读对应的规则说明。

1）当季怎么撤销购买或租用固定资产

在购买的页面下方会出现当季刚刚买入或租用的设备或厂房列表，单击列表最后面的“撤销”即可取消购买或租用。

2）厂房和设备如何出售

（1）可以季末出售的设备。生产线投产以后，可以预辞退工人和预售设备，到期末生产下线后，即可自动完成工人辞退和设备出售。

（2）可以季末出售或退租的厂房。在预售设备的同时，可以预售或预退租厂房，期末在设备出售后的同时，自动完成厂房的售出或退租。

（3）可以当季出售的设备：设备上并没有在生产，没有工人，也没有在搬迁等，就可以在决策阶段售出并回收资金。

（4）可以当季出售或退租的厂房：若厂房内没有其他设备，就可以在决策阶段售出并回收资金。

3）原材料如何撤销

对于本季度购买的原料，单击“原料子类”可看到购买记录明细，单击“撤销”可以撤销购买操作，撤销后将按原价退还购置款。注意：已经拆分使用的原料不能撤销。

4）资质认证的用途或什么时候开始认证

在不同的市场下，不同的订单对资质认证要求各不相同，资质认证有一定的周期，所以需要提前投入。可以到系统“帮助”→“生产制造”里面查看。没有完成资质认证，就不能对需要资质认证的订单进行报价。

5）去哪里投料生产产品

进入公司界面，单击右侧“生产车间”，选择“厂房”，进入厂房内部，单击各设备，选择需要生产的产品，下面有该产品对应的研发设计信息，BOM 原料配制表及原料平均成本和原料库存情况。投料生产将受到设备产能、工人产能和原料库存等多重约束。

6）如何提高设备实际产能

实际产能等于设备最大产能乘以设备成品率。其中设备最大产能以设备本身最大产能与设备上工人合计最大产能二者中较小的为准。例如，某设备最大产能 2000，设备上 4 个工人合计最大产能 1800，设备成品率 90%，则设备实际产能=1800×90%=1620。工人产能可以通过培训提高，设备成品率可以通过设备升级来提升。

7）次品和废品如何处理

生产线上由于存在成品率的原因，生产过程中会出现次品。次品做报废处理，与次品相对应的原材料价值会自动分摊到产出的成品中。

3. 市场销售

1）本季度各市场需求哪里看

一是在“市场预测”那里可以查到；二是在“销售部”→“产品报价”里可以看各市场各消费者的购买量，即总的需求。

2）产品报价上限数目如何设置

默认的报价上限是该市场的销售人员销售能力之和。这个数值可以修改，不大于本市场销售能力之和。

每个季度市场销售（报价）时都应该正确核算公司可供产品能力（成品=实际产能×成品率），再去决定参与多少订单报价。报价时直接设置上限数以限制拿单量，以免最后订单过多而导致违约。

3）产品报价的条件

只有在该市场已经开发完成，并且配备了销售人员和至少有一个已经可以投产的产品，符合这三项条件才能进行产品报价。

4）如何提高销售能力及销售能力体现

可以通过销售员培训提升销售能力。销售员的销售能力体现在本市场内的所有已经研发完成的产品上，即销售员对每个产品的销售能力基本均等。

5）市场需求曲线走势图为什么会随着经营而发生改变

市场需求会根据市场竞争情况而随之发生改变，比如北京市场一季度预计购买量为 2000，二季度预计为 3000，如果所有的公司一季度都未在北京市场做销售活动，那么到二季度时，一季度的 2000 购买量会自动累积到二季度，所以二季度需求量会变成 5000（也许只累计其中的 40%，具体看系统参数设置）。

6）公司如何进行广告宣传

可以在市场部开展广告宣传投资，广告投入是针对具体产品的。广告投入具有时间累积性，而且随着时间推移，前面投入的广告对后面季度的影响会逐渐减弱。例如某公司一季度针对 A 产品投入了 1 万元的广告，二季度又投入了 1 万元，则在二季度时，A 产品实际累积的广告效应应该大于 1 万元但小于 2 万元。

7）消费者如何确定购买哪家公司的产品，以及买多少

公司能获得多少订单是由五个因素决定的，一是产品功能；二是产品价格；三是产品广告；

四是销售服务能力；五是产品口碑。当然针对不同的消费者，五个因素影响的权重并不相同，5个因素的规划要因人而异。

4. 人力资源

1）工人或销售人员在哪里招聘

单击方向盘上的“市场”，或者从主界面进入“交易市场”。在“交易市场”场景里，门口处有“人才市场”，可以完成招聘工作。

2）工人或销售人员不签订合同会怎么样

未履行合约的企业将于每年期末被劳动部门根据未签订合同的人员情况判处罚款。具体金额将以系统数据规划为准。

3）工人、销售人员怎么进行培训或辞退

（1）在制造部递交工人培训或辞退计划，然后在人力资源部执行。

（2）可以在销售部递交销售人员培训或辞退计划，然后在人力资源部执行。

（3）辞退在决策中操作，季末才生效，也就是当季仍可工作。

（4）培训本期操作，下季度才生效，也就是下季度才提升能力。

4）工人、销售人员辞退的后果

（1）技术人员、市场营销人才在未签订合同前，可在人才交易市场撤销招聘，不要求缴纳管理费。

（2）一旦签订合同后，只能辞退。试用期（当季）辞退不需要支付赔偿金，但是基本工资还必须支付，下一季度辞退就必须同时支付赔偿金和基本工资。

5）管理人员工资和行政管理费

（1）管理人员工资指导小组管理团队所有人员的季度工资，不分人数多少，每个季度均为10 000元。

（2）行政管理费=（本季度管理人员+生产工人+销售人员）×1000.00元/人。

6. 公司税费

1）期初税费

（1）增值税精确数据需要自己计算，支付后的增值税可以在“总经理”→“决策历史”中查看，资产负债表应交增值税中可以看到累积到当前需要支付的增值税。要准确计算出初期要扣的增值税，就要把采购原料时的每笔进项税（采购原料时可以看到）和销售产品时（根据交货时的金额可以算出）的每笔销项税都详细记录下来，这样才能准确了解到下期初是否需要缴纳增值税。

（2）所得税在“总经理”→“决策历史”中查看，也可以查看当期损益表中所得税单项。

2）营业税

只有当季有营业以外收入时才需要缴纳营业税，否则不需要。

3）季度末扣除的制造费用包括哪些明细

“总经理决策”→“历史决策”信息里面有“本笔现金将在期末支付!”，这笔费用就属于制造费用。制造费用一般包括设备维护、工厂搬迁升级和产品加工费等。

4）营业成本

营业成本=交货的成品数×单个成品生产成本（包括直接材料+直接人工+制造费用）。

5）停工损失

（1）如果当前季度内某条生产线无法工作，则与该生产线有关的生产线折旧费、生产线维修费、该生产线上的工人工资和五险等计入“管理费用”→“停工损失”。

（2）若在某一厂房内的所有生产线都停工，则该厂房的租金或折旧、生产线折旧费、生产线维修费、该生产线上的工人工资和五险计入“管理费用”→“停工损失”。

6）最后一季度是否需要处理（出卖）设备

卖设备是属于固定资产向流动资产的转换，不影响资产总额。该操作对评分指标的影响需要自己去观察研究。

7）最后一季度是否需要贴现

依据自身条件可以自行选择。贴现是应收账款向现金的转换，同时需要支付一定贴现利率。影响其他的评分标准的指标需要自己去察看分析。

8）最后一季度购买厂房和设备是否有意义

由于厂房购买和设备安装当季不折旧，第 4 季度购买厂房和设备不产生基本费用，也不影响企业利润，所以，如果企业现金有剩余就可以购买厂房和设备，以增加投资表现得分。

18.2 销售订单分配原理

1. 产品评价与销售订单的分配

1）销售订单分配公式

产品订单量=市场订单总量×（产品评价得分÷总分）

2）几点说明

（1）评分由产品功能、价格、品牌、销售能力和产品口碑五项分数构成。

（2）在第 1 季度由于缺少了产品口碑这项分数，所以总分只有 90 分，其他季度的总分为 100 分。

（3）如果能够准确计算出自己获得产品的评价得分，就能知道这款产品可以分配到多少订单。有时候可能会多一些，这是因为其他小组控制拿单量（设置上限数）而使自己有机会获得更多的订单。根据自己产品可供量来设置订单上限数是一项十分重要的工作，必须重视。

2. 销售能力对产品评价的影响

产品销售能力对评分的影响也是相当直接的，某款产品销售能力得分=该公司在该市场安排的销售人员数×（销售能力总分÷该市场销售人员总数）。

注：销售人员的数量可以在“销售部”→“销售报告中查询。

18.3　经营结果分析

教师端主要公布综合表现、订单汇总、成品库存和产品评价等几项数据。

综合表现是经营结果最全面的绩效数据，是排名的直接依据，包括盈利表现、财务表现、市场表现、投资表现和成长表现五个方面的绩效（见表 18-1）。

表 18-1　第 1 季度综合表现报告

排名	公司名称	盈利表现	财务表现	市场表现	投资表现	成长表现	综合表现	紧急贷款次数	合计扣分	最终得分
第 1 名	9（9）	38.25	33.89	31.70	10.71	16.48	131.03	0.00	0.00	131.03
第 2 名	2（2）	29.27	32.19	32.08	11.20	16.60	121.34	0.00	0.00	121.34
第 3 名	7（7）	38.50	33.69	19.03	9.98	9.07	110.27	0.00	0.00	110.27
第 4 名	8（8）	37.29	31.42	17.48	10.71	7.93	104.83	1.00	5.00	99.83
第 5 名	3（3）	33.24	29.91	20.08	9.49	11.03	103.75	0.00	0.00	103.75
第 6 名	6（6）	26.92	30.97	22.17	11.68	11.77	103.51	0.00	0.00	103.51
第 7 名	1（1）	28.42	28.22	21.95	12.17	11.13	101.89	0.00	0.00	101.89
第 8 名	12（12）	23.15	29.59	17.75	11.68	9.39	91.56	0.00	0.00	91.56
第 9 名	10（10）	41.28	33.63	8.87	2.92	3.90	90.60	0.00	0.00	90.60
第 10 名	11（11）	20.91	27.71	20.95	8.76	10.20	88.53	0.00	0.00	88.53
第 11 名	4（4）	13.05	25.13	19.27	12.41	8.68	78.54	2.00	10.0	68.54
第 12 名	5（5）	29.71	23.64	8.67	8.28	3.81	74.11	0.00	0.00	74.11
行业平均	……	30.00	30.00	20.00	10.00	10.00	100.00	--	1.25	98.75

1）各项表现的计分方法

（1）盈利表现分=（所有者权益/所有企业平均所有者权益）×30 分。

（2）财务表现分=（本企业平均财务综合评价/所有企业平均财务综合评价的平均数）×30 分。

注：财务综合评分是从盈利、经营、偿债三大类 12 项指标计算并折合成分数的，可从“财务部——财务分析”查看财务综合评价得分。

（3）市场表现分=（本企业累计已交付订货量/所有企业平均累计订货量）×20 分。

（4）投资表现分=〔本企业累计产品研发投入+累计认证投入+累计市场开发投入+∑（各厂房、设备原值/相应的购买季度数）〕/所有企业平均投资水平×10 分。

（5）成长表现分=（本企业累计销售收入/所有企业平均累计销售收入）×10 分。

2）关于总得分的说明

各项表现最低点为权重分的 0 倍，最高点为权重分的 2 倍。即盈利表现最低 0 分、最高 60 分；财务表现最低 0 分、最高 60 分；市场表现最低 0 分、最高 40 分；投资表现最低 0 分、最高 20 分；投资表现最低 0 分、最高 20 分。总分最低 0 分、最高 200 分。

结论：对企业的经营绩效表现影响最大的因素就是销售收入，销售收入高，盈利能力就强、财务表现就好，市场表现和成长表现也好，所以说“销售为王”。

18.4 部门查询与分析

在公司场景下点击相应的部门，从各个部门中可以随时查看本公司乃至所有竞争对手的与本部门相关的一些经营状况。

1. 财务部查询与分析

1）经营状况

可以查询公司的基本费用、应收账款、应付账款和银行贷款等状况（见表 18-2），要随时掌握公司的财务状况，以确保有效利用资金。

表 18-2 公司经营状况查询界面

基本费用	应收账款	应付账款	银行贷款
（***公司）1 季度基本费用			
项目	值	项目	值
本期公司注册费	3000.00	累计公司注册费	3000.00
本期所得税	0.00	累计所得税	0.00
本期增值税	0.00	累计增值税	0.00
本期行政费用	0.00	累计行政费用	0.00
本期招聘费用	1500.00	累计招聘费用	1500.00
本期工资费用	0.00	累计工资费用	0.00
本期产品设计费用	90 000.00	累计产品设计费用	90 000.00
本期购买生产线费用	36 000.00	累计购买生产线费用	36 000.00
本期市场开发费用	80 000.00	累计市场开发费用	80 000.00

2）财务分析

公司的财务报告也就是三大报告：现金流量表、利润表和资产负债表，要重点关注公司的利润与权益变化状况。

财务分析方法主要是对盈利能力分析、经营能力分析和偿债能力分析等 12 个指标进行分析，对各项指标的得分进行比较，分析在行业中的水平，并努力加以改进。

3）趋势分析

对三大报表中的主要指标，例如营业收入、销售费用、净利润的发展趋势进行分析，可以了解公司的发展状况，是走上坡路还是走下坡路，如果公司陷入困境就要想办法改进公司的发展策略。

2. 研发部查询与分析

1）经营状况

主要是查询自己公司产品的设计与研发完成状况。

2）分析报告

（1）产品分析（见表 18-3）。

表 18-3　各公司品质型的设计

☑ 超级小飞侠 6（6） ☑ 滑稽宝宝 12（12） ☑ 人小鬼大 □棉尾兔 1（1） ☑ 哈哈笑 11（11）
□财政 1（1） □BB 熊 11（11） □咪卡 3（3） □大白宝宝 12（12） □变形金刚 6（6） □AI 3（3）
□海豚 4（4） □熊二 4（4） □Ao 3（3）

原料	超级小飞侠	人小鬼大	哈哈笑	滑稽宝宝
玻璃纸	☑		☑	☑
纸盒				
金属盒		☑		
短平绒	☑		☑	
松针绒		☑		
玫瑰绒				
PP 棉	☑		☑	☑
珍珠棉		☑		
棉花				
发声	☑	☑	☑	
发光				

说明：想查看哪些产品的设计就选择它，通过分析产品评价得分和产品设计 BOM，就可以了解什么样的设计比较合适。

（2）参与市场分析（见表 18-4）。

表 18-4　各公司参与某市场竞争的产品

区域市场	公司	品质型客户	经济型客户	实惠型客户
北京市场	1（1）		灰灰	金金
	2（2）		熊熊	马马
	3（3）			happy 实惠 1
				happy 实惠 2
	4（4）			实惠型 low
	5（5）		大大经济 1	大大实惠 1
	6（6）		甜甜 2	甜甜
	7（7）			小咖
	8（8）			羊羊
	9（9）		一发	宝剑
	10（10）			小龙女
				大户

说明：由表中可见，第 1 季度各公司在北京市场上的竞争基本上集中在实惠型客户上，居然没有一个小组针对品质型消费群体提供产品。

3. 制造部查询与分析

1）经营状况

可以查询公司生产制造单位的厂房、设备、工人在制品等方面状况（见表 18-5）。

表 18-5 公司生产制造状况查询

厂房	设备（条）	生产工人（个）	在制品（件）
14466 号中型厂房！	52647 号柔性线！	0	0
	52678 号柔性线！	0	0
	52655 号手工线！	2！	900！
	52742 号手工线！	1！	450
	共 4 条	共 3 人	1350

说明：点击“！”可查看参数详情。

2）分析报告

可以分析公司资质认证的进度、生产配置的利用程度、原料库存和成品库存的状况，其中，原料库存与成品库存将反映公司的运营水平和战略意图。从战略意图上讲，有时候为了采购折扣或充分利用产能，在资金允许的情况下是可以多准备一些库存的。

4. 市场部查询与分析

1）经营状况

可以及时了解公司各区域市场的开发进度及完成情况。

2）分析报告

可查看公司的品牌（产品）设计、各公司的产品评价得分（以及明细到价格评价、广告评价、功能评价、能力评价和口碑评价的得分）、各公司的产品设计分析、各公司的广告效应分析和各公司的报价分析等（见表 18-6）。

表 18-6 市场部功能区——市场报告

<table>
<tr><td>市场报告</td><td colspan="7">1 季度——所有市场——全部消费者——产品评价</td></tr>
<tr><td>品牌设计</td><td>市场</td><td>产品</td><td>产品价格</td><td>产品品牌</td><td>产品功能</td><td>销售能力</td><td>产品口碑</td></tr>
<tr><td>产品评价</td><td rowspan="3">北京</td><td>实惠 1</td><td></td><td></td><td></td><td></td><td></td></tr>
<tr><td>价格评价</td><td>经济 1</td><td></td><td></td><td></td><td></td><td></td></tr>
<tr><td>广告评价</td><td>品质 1</td><td></td><td></td><td></td><td></td><td></td></tr>
<tr><td>功能评价</td><td></td><td></td><td></td><td></td><td></td><td></td><td></td></tr>
<tr><td>能力评价</td><td></td><td></td><td></td><td></td><td></td><td></td><td></td></tr>
<tr><td>口碑评价</td><td></td><td></td><td></td><td></td><td></td><td></td><td></td></tr>
<tr><td>产品设计分析</td><td></td><td></td><td></td><td></td><td></td><td></td><td></td></tr>
<tr><td>广告效应分析</td><td></td><td></td><td></td><td></td><td></td><td></td><td></td></tr>
<tr><td>产品报价分析</td><td></td><td></td><td></td><td></td><td></td><td></td><td></td></tr>
</table>

这部分信息非常重要，不仅可以查询本公司的状况，还可以查询其他公司的状况，是知己知彼的重要途径，是调整决策的重要信息来源。

5. 销售部查询与分析

1）经营状况

可以查询各季度、各市场、各消费群体的销售状况，是一项比较全面的销售状况查询（见表 18-7）。

表 18-7 第 1 季度销售经营状况

市场	实惠型			经济型			品质型		
	订单量	交付量	销售额	订单量	交付量	销售额	订单量	交付量	销售额
北京									
上海									
广州									
武汉									
成都									

2）分析报告

可以查看公司的收入分析、销售业绩（各个市场占有率和交付率）、细分市场（占有率）、订单汇总，以及市场最佳、市场增长、人均销售收入、产品利润、区域利润、销售力量等信息（这里可以查询所有竞争对手的数据）（见表 18-8）。

表 18-8 销售功能区——销售报告

销售报告	1 季度——所有消费群体——销售产品统计报表				
收入分析	产品（公司）	销售收入	销售成本	产品销售毛利	产品销售毛利率
销售业绩					
细分市场					
订单汇总					
市场最佳					
市场增长					
人均收入					
产品利润					
区域利润					
销售力量					

6. 人力资源部查询与分析

1）经营状况

能够获取公司的管理人员、销售人员、生产工人的人数等相关信息。

2）分析报告

可以查询人员结构、人力成本等信息，其中人力成本是编制财务预算和财务报表所需要的重要信息（见表 18-9）。本季度人员结构与生产工人、销售人员的成本要到期末才能查询。

表 18-9 公司人力成本

人力成本统计	人力成本堆栈	人力成本饼图		
人员类型	数量（人）	季工资（元）	季五险（元）	合计（元）
管理人员	5	10 000	3110	13 110
生产工人				
销售人员				
合计				

18.5 总经理查询与分析

1. 管理驾驶舱

管理驾驶舱提供了一个高度集中的分析功能，是总经理等高级管理人员常用的、较为简略的查询分析方法。在公司场景中单击“总经理”，在弹出窗口中选择“管理驾驶舱”→“财务管理”，可以查询用图形展示的公司经营能力、盈利能力、偿债能力等关键财务绩效指标的数据及行业平均值（见图 18-2）。

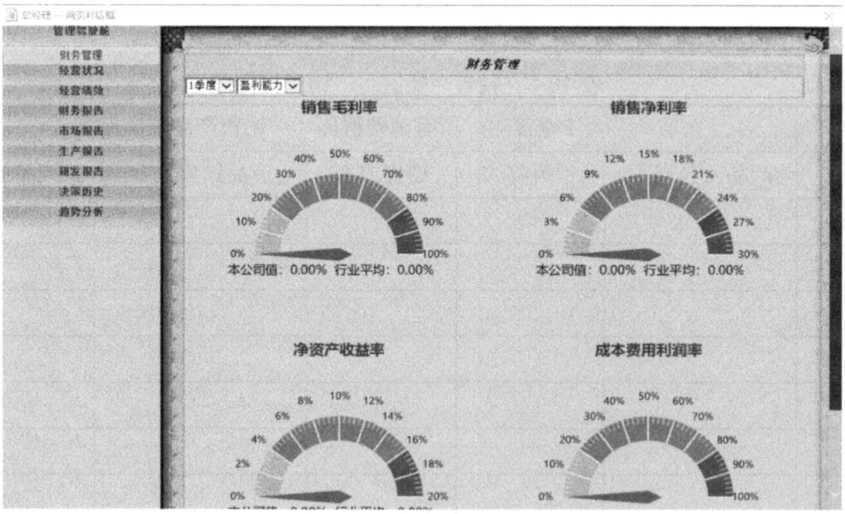

图 18-2 公司财务管理驾驶舱

2. 经营状况查询与分析

在总经理办公室同样可以查询各个部门的经营状况。

3. 经营绩效查询与分析

可以查看综合表现（盈利表现、财务表现、市场表现、投资表现、成长表现），所看到的信息与教师端公布的信息是一致的，这里不再复述。

4. 部门报告查询与分析

总共分为财务报告、市场报告、生产报告和研发报告，与各部门的分析所选也是一样的，这里不再复述。

5. 决策历史查询与分析

这是一项非常重要的查询功能，只有在总经理办公室才能查询。当然，所有管理人员都可以进入总经理办公室查阅决策历史。在这里可以查看到自己每步操作所带来的现金收支状况，当你怀疑自己操作或系统存在错误时，可以通过它来查证是否是自己做出的决策、决策是否已经产生效果（见表 18-10）。

表 18-10　公司决策历史（部分）

2（2） 第 1 季度决策历史明细		
自动更新	第 1 季度	2022-09-21 14:26:37.137
		经营开始，您的公司获得注资：600 000.00
自动更新	第 1 季度	2022-09-21 14:26:39.463
自动更新		公司注册费用 扣除前现金余量：600 000.00 扣除公司注册费用：3000.00 扣除后现金余量：597 000.00
自动更新	第 1 季度	2022-09-21 14:26:39.51
		季度初扣除办公室租金：10 000.00 扣除前现金余量：597 000.00 扣除办公室租金：10 000.00 扣除后现金余量：587 000.00
自动更新	第 1 季度	2022-09-21 14:26:39.65
		季度初公司现金：587 000.00
签订合同	第 1 季度	2022-09-21 14:26:39.59
		与李萌签订了劳动合同
渠道开发	1 季度	2022-09-21 14:53:11.103
		投入对：上海 下的 零售渠道 的开发 扣除前现金余量：587 000.00 扣除市场开发费用：20 000.00 扣除后现金余量：567 000.00
		投入对：广州 下的 零售渠道 的开发 扣除前现金余量：567 000.00 扣除市场开发费用：20 000.00 扣除后现金余量：547 000.00
……	……	……

【实践训练】

【训练 18-1】 编制项目五教案

1. 实训标题

编制任务五教案。

2. 实训目的

掌握企业经营管理内容，提升自我管理和归纳总结能力。

3. 实训要求与实训内容

仿照教师的教案（见表 18-11），完成本任务的知识归纳与整理。

表 18-11　教案范例

课程项目	创新创业模拟经营		课时	第 2 课时
项目任务	第二季度模拟经营		授课对象	大二
01 教学分析				
内容分析	经过前面课时的学习，同学们能够根据市场需求、竞争对手情况制定初期市场份额预计。本次课同学们需要制定本季度的整体战略，学会做资金预算表，保证下个季度有足够的现金			
学情分析	学生已掌握市场份额预计和产能预计理论知识，但对抽象理论学习缺乏兴趣，喜欢操作性学习、喜欢上网游戏式学习，喜欢通过活动或对抗的方式进行学习			
教学目标	素质目标	知识目标	能力目标	思政元素设计
	1. 培养学生良好的语言表述、沟通能力。 2. 培养学生勤奋学习、严谨务实的工匠精神。 3. 培养学生高度的责任心和合作精神	1. 掌握企业战略制定与实施的要点。 2. 掌握企业管理、财务管理、市场营销、理论知识	1. 能够合理制定战略决策。 2. 会做资金预算表	整体观、大局意识；诚实守信、严谨务实的工匠精神
教学重点	企业战略制定与实施			
教学难点	现金流管理			
教学策略	在以“学生为中心、能力本位”的教学理念指导下，我们优先了以下教学策略： 1. 以学生喜欢的案例教学作为切入点，丰富课堂内涵。 2. 采用项目式教学，问题导向发挥学生主体作用。 3. 合理运用信息化技术，增强课堂趣味性，有效突破重难点			
教学资源	1. 我们与企业专家，组建了一支双师型队伍。 2. 校企共建课程资源（国家级规划教材、教学资源库等）			

续表 18-11

02 教学实施			
课前导学			
教学环节	教师活动 （导学）	学生活动 （自主学习）	设计意图
课前准备	教师通过学习通发布任务：企业如何实行竞争战略制定与实施	学生观看慕课视频，完成课前测试	将学习任务设计成进阶游戏的形式，激发学生的学习兴趣，把抽象理论形象化
	教师根据测试结果确定教学重难点，优化教学实施	学生混层分组	将学生混层分组，保证组内优势互补，组间实力相当，提高学生的参与度
课中启学			
教学环节	教师活动 （启学）	学生活动 （做中学）	设计意图
1. 视频指导情境 （8 分钟）	（1）教师播放情境视频，导入任务。 （2）教师运用微课和动画演示解析企业经营第 1 季操作要点	学生通过观看第 1 季动画，展开讨论，通过学习通参与抢答	通过微课和动画回放，再现情境，内化巩固教学重点，培养学生整体观、大局意识
2. 动画解重点 （15 分钟）	（1）教师播放第 2 季操作动画，并提问“经营中现金不足怎么办？” （2）答题结束后，教师进入指导评分，并总结梳理相关理论知识	学生观看第 2 季动画视频，展开讨论，通过学习通参与抢答	问题导向，培养学生问题导向的思维方式，提高学生分析问题和解决问题的能力，同时培养学生诚实守信的职业素养
3. 挑战破难点 （20 分钟）	（1）教师发布第 1、2 季现金流管理决策的任务。 （2）教师全程监控实践落地，针对学生经营破产的情况，一观现象；二定问题；三查数据；四决痛点。针对学生出现的高发问题，进行示范操作	各小组参与线下企业经营沙盘模拟对抗，将对抗成绩拍照发布到学习通主题讨论	通过线下企业经营沙盘模拟对抗，让学生养成“一观现象；二定问题；三查数据；四决痛点”严谨务实的工匠精神，破解教学难点
4. 总揽全局 （2 分钟）	（1）小结：“制定战略很重要，计划执行要跟牢，中途若遇“暴风雨”，赶快改变别停靠。” （2）布置作业：完成第 3 季和第 4 季对抗	学生背熟经营口诀，并完成课后作业，并将对抗过程拍成抖音，上传学习通	通过晒抖音的形式，激发学生学习兴趣
课后评学			
学习通全程管理，根据系统生成的学习综合成绩，评选创业之星。			

【训练 18-2】 完成 8 个季度的企业运营管理任务

1. 实训标题

公司运营方案的执行

2. 实训目的

掌握企业经营管理规律，提升创业计划执行能力和企业经营管理能力。

3. 实训要求

根据相关行业的背景和规则，完成 8 个季度的企业运营管理任务。

4. 实训内容

每个季度的运营管理均需完成以下工作。

（1）决策阶段工作。

（2）交货阶段工作。

（3）决算阶段工作。

（4）完成实践报告。

做好了企业运营方案，掌握了企业运营规则、操作方法，以及查询分析方法后，试运营 1 个季度，就可以开始正式运营了。

实训报告

_____班____组　　　　　　　　　　　　（　　）季度

项目	经营绩效	原因分析及相应对策
销售目标 完成状况	销售量目标（　　） 实际完成（　　）	提示：哪个市场完成好，哪个市场完成不好，原因何在？
产销匹配性	违约（　　） 剩余库存（　　）	
资金运用	资金链断裂（　　） 剩余现金（　　）	
利润完成		
综合表现排名		

任务十九　撰写“挑战杯”创业大赛商务计划书

【课程思政引领】

李克强总理在 2014 年 9 月的夏季达沃斯论坛上首次公开提出了“大众创业、万众创新”的主张。从那时起，无论是在首届世界互联网大会、国务院常务会议，或是其他各类场合，他都频繁地对这一核心观念进行强调和阐释。

什么是“大众创业，万众创新”呢？顾名思义就是鼓励广大人民群众去创新创业。

为实施《国务院关于大力推进大众创业万众创新若干政策措施的意见》，携手推动大众创业万众创新充满活力的发展，国务院同意由国家发展和改革委员会主导，设立推动大众创业万众创新部际联席会议制度。加大创业教育的力度，提供政策支持，深化创业和创新的文化建设等等，国家正在大力进行这方面的改革工作，可以预见，创新创业的崭新篇章，必将在全民的参与之下，带来翻天覆地的变化。

【任务探究】

【任务 19】　如何撰写合格的商业计划书

写一份创业计划书的目的在于详尽地展示创业项目的各个方面，包括产品的市场状况，竞争中可能面临的风险，未来的发展机会和融资需求等。它不仅仅是为了达成融资目标，更重要的是帮助整理和展示公司的发展方向。

虽然创业计划书的价值和意义较为恒定，但却不存在一套唯一且不变的模板格式，这些模板的存在是为了服务于项目的价值和意义。因此，建议创业团队根据自身项目的优势，参考通用模板来建立符合自己需求的框架体系。

参赛的创业计划书，并不是真正的创业计划书，说得简单点它就是你的项目策划方案，其目的就是捕获评审专家或投资人的心。

对新兴的风险业务而言，创业计划书具有至关重要的地位，处于酝酿阶段的项目常常十分模糊不清，但通过形成一个创业计划书，明确所有的优缺点并记录下来，稍后对其进行逐项审查。这样，创业者能够更准确地理解这个项目。也就是说，创业计划书首要的任务便是将即将建立的企业呈现给创业者自己。

接下来，商业计划书也能助力将带有风险的项目向风险资本家进行推介。构建商业计划书的一个主要目标就是为了募集资金。所以，商业计划书必须明确阐述：

（1）开设公司的初衷。究竟为何要投入时间、精力、资源和资金去开展有风险的商业活动？

（2）要创立一家企业，我们需要多大规模的资金？为何要进行如此巨大的投入，投资者们又为何应该出资支持这个计划？

对现有的高风险企业而言，创业计划书可以明确地为企业的扩张提供方向和重点，使员工清楚公司的经营目标并激发他们为共同的目标付出努力。更关键的是，这能使企业的投资者以及供应链合作伙伴、销售伙伴等更好地理解公司的经营状况和目标，进而说服投资者（新的或旧的）提供资金，推动公司的进一步发展。正是由于以上所述，创业计划书在创业者撰写的所有商业相关文件中，其重要性首屈一指。所以，应怎样编写一份有效的商业计划书呢？接下来在就由我们一起来探讨。

【研究交流】

创新创业大赛的赛事很多，“挑战杯”大学生创业计划大赛与“互联网+”创新创业大赛是参与人数较多的创新创业大赛。两者虽然比赛流程类似，但对于项目的表达上二者有一些不同。

请同学们依次看一下两种比赛的通知（以第十三届挑战杯中国大学生创业计划竞赛与第九届互联网+创新创业大赛通知文件为例），探讨一下两种比赛的核心是什么，有什么本质上的区别？

【探讨 19-1】“挑战杯”创业计划大赛的核心是什么？

1. 挑战杯介绍

“挑战杯”全称为“挑战杯”全国大学生系列科技学术竞赛，这项全国性的学生课外学术活动竞赛由共青团中央、中国科协、教育部以及全国学联联合主导。它是国内大学生科技创新品类中等级最高、规模最庞大、涵盖人群最广的比赛，并被赞誉为大学生科技创新的最崇高荣誉。其比赛的规模与“奥运会”相媲美，获得教育部的正式承认，其金牌价值仅次于“互联网+”创新创业大赛。

2. 挑战杯共有两个并列项目

（1）一个是“挑战杯”中国大学生创业计划竞赛，也就是大家常说的“小挑”。

（2）“大挑”，即“挑战杯”全国大学生课外学术科技作品竞赛，和另一项活动一同在国内各地实行。

比如在 2021 年，第十七届全国大学生课外学术科技作品的“挑战杯”竞赛成功举办，待到 2022 年，“挑战杯”又计划再举办创业方案的竞赛。

3. “大挑”和“小挑”的区别

结合往届情况对比来看，“大挑”比“小挑”难度稍高，二者在参赛项目和比赛侧重点有所不同：

1）参赛作品

（1）“大挑”比赛中的项目主要可以按照类型进行分类，包括自然科学领域的学术论文，哲学与社会科学领域的社会调查报告和学术论文，还有科技领域的发明和创新。

（2）“小挑”为商业计划竞赛，其参赛载体是一项商业项目的规划，涉及提出一种有着市场潜力的技术、产品或服务，针对这一技术、产品或服务，目标是吸收风险投资，搭建一份全面、详实、深度的创新计划。

2）比赛侧重点

（1）重视学术科技创新的实际应用和特性是大挑的主要特点，他们更倾向于评估学生的科技创新技巧，以及他们对社会问题的敏感度和问题解决的技巧。

（2）“小挑”更注重市场与技术服务的结合，偏重考察参赛人员商业性与商业嗅觉敏感性。

4. 赛事时间

“挑战杯”创业计划竞赛分三级进行：

（1）校级初赛：时间不固定，由各校自行发动并组织学生参与，遴选优秀项目参加省级复赛。

（2）省级复赛：每年5~6月进行，由各省（自治区、直辖市）组织，遴选参加决赛项目。

（3）全国决赛：每年 10~11 月进行，由全国组委会聘请专家进行评定，决出金奖、银奖、铜奖等项目。

5. 参赛对象

（1）普通高校学生：全日制非成人教育的各类普通高等学校在校专科生、本科生、硕士研究生（不含在职研究生）均可参加。

（2）职业院校学生：全日制职业教育本科、高职高专和中职中专在校学生。

注意：已获往届“挑战杯”中国大学生创业计划竞赛、“创青春”全国大学生创业大赛、“挑战杯——彩虹人生”全国职业学校创新创效创业大赛全国金奖（特等奖）、银奖（一等奖）的项目，不可重复报名。

6. 赛事组别：

大赛共分五个组别，分别是：

（1）科技创新和未来产业组。

（2）乡村振兴和脱贫攻坚组。

（3）城市治理和社会服务组。

（4）生态环保和可持续发展组。

（5）文化创意和区域合作组。

7. 项目参赛要求：

“挑战杯”创业计划竞赛的参赛形式均以学校为单位统一申报，以项目团队形式参赛，每个团队人数原则上不超过10人，项目指导教师原则上不超过3人。

8. 比赛参赛材料：

“挑战杯”的项目申报材料包括项目申报表与项目创业计划书（也称商业计划书/项目计划书等）

（1）项目申报表包括项目基本情况以及项目的简要概述，大致分为：项目简介、社会价值、实践过程、创新意义、发展前景等部分。

（2）创业计划书则是项目的详细计划书，需分模块、系统地介绍参赛项目，是一个可落地的产物。

9. 材料撰写重点：

“挑战杯”创业计划竞赛注重市场与技术服务的结合，考察项目商业性与商业嗅觉，可落地、有市场、前景广、竞争力强是项目需着重体现的。

（1）如果项目偏重商业模式创新，撰写材料时要注意项目执行性与项目市场分析的撰写，突出创新性。

（2）如果项目偏重技术创新，要注重新技术与现有技术的对比，以及新技术的商业性体现。

【探讨 19-2】“互联网+”创新创业大赛的核心是什么？

“互联网+”大赛全称为中国国际“互联网+”大学生创新创业大赛，是由教育部等部门与地方政府联合主办的一项全国技能大赛。受教育部认可，在全国普通高校大学生竞赛排行榜中位列第一，含金量非常高。

比赛发展至今，已有 8 年历史，各省高校越来越重视，部分省把它设为学校本科评估、双一流评估的评估要点，还专门出台措施鼓励师生积极参赛。

（1）对参赛老师在工作量评估、成果申报、职称评审、年度考核方面都有一定激励。

（2）对参赛学生在专升本考试、考研、奖金、学分认定、绩点等方面有一定激励，有学校直接奖励国赛金奖项目 200 万人民币。

1. 大赛内容

大赛由一项主体赛事，一项红色活动以及三项同期活动组成。

（1）一项主体赛事：大赛有五个赛道，高教主赛道、“青年红色筑梦之旅”赛道（“红旅”赛道）、职教赛道、产业命题赛道、萌芽赛道。每个赛道下又细分不同组别，一个项目只能报名参加一个赛道的一个组别。

提示：萌芽赛道针对普通高等中学在校学生。

（2）一项红色活动：“青年红色筑梦之旅”活动，是“互联网+”大赛的实践活动，由各地、各校组织举行，全国“青年红色筑梦之旅”活动启动仪式在 5 月下旬启动。

注意：报名“红旅”赛道的项目必须参加“青年红色筑梦之旅”活动。

（3）三项同期活动：“创撷硕果”——国际大学生创新创业成果展、“创联虹桥”——大赛优秀项目资源对接会、“创享未来”——“新工科、新医科、新农科、新文科”世界高等教育发展校长论坛。

2. 大赛赛制

大赛报名以项目团队为单位，每级赛事分网评、路演答辩两个阶段。

（1）网评：是项目团队提交项目材料电子文档后，评委通过登录评分平台或邮箱接收材料，并根据评审规则对项目材料进行打分，赛事组委会根据评委打分，对项目排名得到项目最终网评结果。

（2）路演答辩：是路演、答辩的总称。

路演是项目路演人在有限时间内，通过线上/线下的形式，向评委/投资人讲解介绍自己的项目。

答辩一般在项目路演结束后，由评委/投资人对路演人根据路演情况对路演人进行提问，以此来深度了解项目、考核项目。

3. 大赛参赛材料

1）项目商业计划书（也叫创业计划书）

商业计划书是围绕项目商业价值制定的包含项目状况及未来发展潜力的可行性计划书，好的商业计划书要具备以下特点：

（1）逻辑清晰，亮点突出。

（2）内容简介，数据可靠。

（3）排版美观，便于阅读。

2）项目介绍 PPT

商业计划书的精炼化呈现，能清晰展示项目重点、项目核心竞争力的重点材料，PPT 制作要注意以下几点：

（1）能用图表的不用文字。

（2）能用图片的不要叙述。

（3）能用模型的不用解释。

3）项目介绍视频

将项目概述、重点、亮点等用视频来呈现，能更生动说明项目，时长不用太长，多用于路演时展现。

项目商业计划书、项目介绍 PPT 为网评、路演答辩的必备材料，项目介绍视频不强制要求。

4. 大赛赛程安排

大赛报名截止时间：7 月 31 日。

4~7 月：参赛报名。

6~8 月：高校初赛。

6~8 月：省市复赛。

10 月：国赛总决赛。

（以第八届互联网+大赛为参考）。

5. 参赛雷区

1）不懂评审规则就备赛

评审规则作为评委评分的依据，不懂评审规则备赛等于无效备赛，项目如何更好体现、项目材料有哪些需重点呈现都是项目团队要重点思考的内容。

2）认为材料上写了就能得分

在省赛及以上层级比赛网评中，评委通常会先看项目 PPT，对项目重点、亮点有基本了解，如有疑问再在计划书中找答案，所以项目网评材料（尤其是 PPT）一定要重点突出、亮点明确，能体现出项目核心竞争力。

3）认为参赛重点是写计划书

“互联网+”大赛重点是培养学生创新创业能力，看中项目落地性，实践效果，要从产品创新、服务创新、商业模式创新等方面着手开展创新创业实践，这也是评审规则中创新维度明确规定的。

针对“互联网+创新创业大赛”具体的赛事，同学们可以关注微信公众号“中国互联网+大学生创新创业大赛”，结合公司账号中对“互联网+创新创业大赛”赛事的所有通知与解读，分析赛项的核心点。

【案例 19-1】 分享获得省金项目商务计划书的撰写经验

如何制订一份合格的创业计划书呢？欢迎倾听那些在“挑战杯”中国大学生创业计划竞赛和互联网+创新创业大赛中赢得省级金奖的团队对这个问题的独到见解和经验分享！

1. 怎样写好创业计划书

对于那些既没法提供充足信息，又无法触动投资者情绪的商业策划，最后的下场无非是被丢进了废纸篓。为了让商业策划书能够“中靶”，创业者需要注意以下几个关键点：

1）关注产品

当你制定创业计划时，你需要全面阐述商务活动及服务的所有具体细节，包括所有的研究和调查。这样的问题包括：产品目前处在什么发展水平，它有何独特之处，产品是如何分销的，目标用户是谁，为什么选择他们，产品的制造成本和售价是多少，新产品研发的战略是什么？需要尽全力吸引投资者对公司的产品或服务产生兴趣，让他们如同企业家一样对产品充满热忱。在创业计划里，企业家应尽量用易懂的语言描述每一个事项，对创业者来说，产品及其特性可能非常明显，但对其他人可能就不那么明显了。创业计划的目的不止是让投资者相信公司的产品能够带来全球性的变革，也要让他们认为公司有理有据。创业计划关于产品的介绍，应该让投资者感到：“哇，这个产品真棒，真有鼓舞人心的地方！”

2）敢于竞争

在商业计划中，企业领袖需要详尽地分析竞争对手的情况。竞争对手是谁，他们的产品是如何运营的？相对于我们的产品，竞争对手的产品有何优势和不足，他们的商业策略是什么？必须清晰地了解每一个竞争对手的销售额、毛利润、收入和市场份额，然后对我们与每一个竞争对手的优势进行深入地说明，向投资者展示，使他们明了客户为何会选择我们：我们的产品质量优良，配送效率高等。

在创业计划书中，需要向读者证明，我们的企业不只是行业内的重要对手，还有潜力成为未来设定行业规则的先锋。此外，企业家也需要在计划书中明确说明竞争对手对本企业造成的威胁，以及自家已经采取的防范措施。这都在说明，我们的产品定位适宜，价格合适等优势。

3）了解市场

企业必须在商业计划书中向投资方深度剖析和认识其目标市场。需要进行详尽地分析。

经济情况、地域因素、职业背景、心理状态等多种元素都将对消费者购买我公司产品的决定产生影响，并对其影响程度进行展现。我们在特定的商业策略中，要构建一套重要的市场宣传策略，在策略中明确广告、推广及公关活动的开展地点，简明扼要地描述各项行动所需的预算和预期的收益。商业策略中还应对销售策略进行概括：我们是雇佣外部销售代表还是依赖内部员工，我们是与经销商配合还是与特许经营者合作，我们会提供哪些类型的销售培训？同时在商业策略中应高度关注销售环节的具体细节。

4）表明行动的方针

商业行动方案必须无瑕疵。在创业规划书中，应该明确以下几点：企业将如何将产品推广到市场，生产线的设计和产品的组装过程如何进行，企业在生产过程中需要哪些物料？企业目前占有哪些生产资源，还需要获取哪些资源？生产和设备的花费是多少，企业会选择购买还是租赁设备？描述与产品组装、储藏和运输相关的固定及可变成本的情况。

5）展示你的管理队伍

将一个观念转化为一家有产出的风险企业，首个要素就是拥有一批具备竞争力的管理精英。这个团队必须具有深度的专业知识、管理能力和丰富的经验，让投资人一眼就可以看出他们的实力，仿佛是在说："看这个团队的成员都是多么优秀！如果这个公司是一支足球队伍，他们肯定可以直接闯入世界杯决赛！"管理者的职责就是对企业目标的设定、组织、监督和引导。在商业计划书中，应当优先解释管理团队和他们的职责，接下来再一一描写每一个管理者的独特才干、特性和成绩，详细解析他们能对公司做出的贡献。计划书应该明确标注管理目标，以及公司的组织架构图。

6）出色的计划摘要

在商业计划书中，计划概述的地位无比关键。它的作用是激发读者的好奇心，点燃他们想要深入探求更多细节的热情，给他们留下深刻印象。虽然计划概述常常是创业者最后书写的一节，但在投资者眼中无疑是最先被关注的一部份。概述中包含了与融资关系紧密的关键元素：包括公司的基本状况，商业强项和弱点，竞争态势，市场与财务策略的详细而生动的表述。如果将一家企业比喻成一本书，那么这个概述就好比是封面，精心制作的话，就能吸引投资者的注意力。它能够为风险投资者传达这样的信息：这家企业有潜力在市场中崭露头角，我迫切地想要探究这份计划的更多内容。

2. 创业计划书的内容

1）计划摘要

创业计划书的开头通常是计划摘要，这是对整个计划书内容提炼和压缩的结果。计划纲要包含了计划的关键信息，旨在帮助读者迅速理解和评价计划，为接下来的决策提供依据。通常，计划摘要包括：公司介绍、核心产品及服务范围、市场概述、营销战略、销售计划、生产和管理计划、领导团队及组织结构、财务规划以及资金需求情况等内容。在对公司的介绍部分，应先阐述新公司成立的背后思路，以及新思想的形成过程。

首先，必须明确企业的预设目标和发展规划。然后，要对企业的现状、历史背景和运营的业务领域进行总结。在这个环节，需要公正的评估企业过去的运行情况，并坦诚面对以往的失误。

公开透明的分析，更可以取得他人的信任，使人们更容易接受企业的商业计划。最后，还需详细介绍创业者的个人经历、生活历程、职业经验以及优势等。创业者本身的素质通常是企业成功与否的决定性因素。因此，创业者应该尽可能展示自己的优点，并展示出自己的雄心壮志，以便在投资者的心中塑造良好的形象。

在规划概述中，公司还需解答以下疑问：①公司所在的行业，以及公司运营的特性和规模；②公司的主要产品是什么；③公司的市场位置，公司的消费者是谁以及他们的需求情况；④公司的合作伙伴和投资者是谁；⑤公司的主要竞争者以及竞争者对公司发展的可能影响。

简洁而有趣的总结是关键。尤其要清晰阐述自家公司的独特性质和其成功商业模式的要素。假设企业家对自己的业务有深入了解，他只需两页纸的摘要。反之，如果他对自己的业务理解不透，那么可能需要超过 20 页的摘要。因此，一些投资者就会通过摘要的篇幅来“筛选麦穗中的颗粒”。

2）产品（服务）介绍

在评估投资项目的过程当中，投资者高度关注的问题包括风险企业的产品、技术或服务是否能以及在何种程度上解决实际生活中的问题，或者他们的产品（服务）是否能帮助消费者节省消费，增加利润。因此，产品的描述是商业计划书的重要组成部分。一般而言，产品描述需要包括：产品理念、性能和特征；主要产品的介绍；产品在市场的竞争状态；产品的研发过程；新产品的开发规划以及成本分析；产品未来市场的预测；产品的品牌及其专利。在对产品（服务）的描述章节，企业家需要给出详实的描述，这个描述需要既准确又通俗易懂，以便让非专业的投资者也能理解。通常，产品描述应展示产品模型、照片或者其他示例。

一般来说，产品描述应详细地解答以下问题：①消费者期望企业的产品能够解决何种问题，他们能从这些产品中获取哪些优点？②与市场上的竞品相比，企业产品的优缺点是什么，消费者为什么会偏爱我们的产品？③公司为产品采用了哪些保护措施，企业持有什么专利、许可，或与申请过专利的制造商有什么合作协议？④如何定价以保证公司获得满意的利润，消费者为何会持续购买我们的产品？⑤企业计划用什么策略来提升产品的质量和功能，企业对新产品的发展有何计划等等。由于产品（服务）的描述比较具体，因此编写较为简便。尽管赞扬自家的产品在销售中是必要的，但需要警告的是，企业的每一项承诺就像“一笔债务”，必须全力以赴去实现。口头的承诺可能短期内会有所收益，但如果企业无法实现承诺，赎回债务，企业的声誉将会被严重破坏，这是真正的企业家不会做的事情。同时，企业家和投资者建立的是一种长期的、共同发展的伙伴关系。

3）人员及组织结构

在产品创新出来以后，下一步就是形成一支富有战斗力的管理团队。公司的管理能力如何，会直接关联到公司运营的风险程度。优秀的管理人才和良好的组织结构是成功经营公司的重要部分。因此，风险投资人对管理团队的能力会特别关注。公司的管理层应该相辅相成，并具有强大的团队凝聚力。一个企业必须具备各种人才，涵盖产品设计与开发、市场营销、生产管理、企业财务等专业人才。在创业计划书中，需要详细描述主要管理人员，包含他们的技术技能、在公司的角色和任务以及他们之前的经验和后台。更进一步，创业计划书需要简洁地描述公司的结构，包括：公司的组织图；各部门的功能和职责；各部门的领导以及重要员工；公司的工资制度；股东名录，包括他们的股权数目、比例以及特权；公司的董事会成员；董事们的背景信息。

4）市场预测

当公司打算推出新的商品或扩大其市场覆盖面时，市场预测是首要考虑的任务。如果预测结果并不理想，或者预测的可靠性值得质疑，那么投资人就可能要面临更大的风险，这对于大部分的风险投资者来说是不能容忍的。市场预测首先要从需求预测开始：是否有消费者对此类产品感兴趣，需求的规模是否能为公司产生预期的利润，新的市场有多大，需求的未来走向和其状态如何，影响需求的因素有哪些？接下来，市场预测还要分析市场竞争状况：主要的竞品有哪些，是否存在有利于自家产品的市场缺口，公司预计能拿下多大的市场份额，公司的进入会引发怎样的竞争者反应，对公司会产生何种影响？等等。

创新创业计划在内，商业预测应涵盖以下几个核心内容：市场现状的综述；对手的基本信息；目标用户与目标市场；公司产品在市场上的地位；市场分割及其特点等。对于承受风险的商业实体，其市场预测应基于精准且科学的市场研究。这类风险企业所面向的市场，通常更具不稳定性和不可预知性。因此，这类企业应尽可能扩大信息采集范围，多关注环境预测，并使用科学的预测工具和方法。所有的创业者都应清楚，市场预测并非空想，对市场的误解会成为企业失败的主要因素之一。

5）营销策略

营销策略在商业活动中具有极高的挑战性，影响营销策略的核心要素主要包括：①客户的属性；②货品的特性；③公司的现状；④市场环境的因素。营销费用和效益是决定营销策略的关键因素。在商业计划书中，营销策略应囊括以下要点：①选择市场体系和销售渠道；②销售团队和管理；③推广方案和广告策略；④定价决策。对于初创公司而言，由于产品与公司的知名度较低，很难打入其他公司已占据的稳定销售渠道。因此，这些公司不得不暂时使用高成本和低回报的销售方法，如上门服务，大规模地商品宣传，对批发商和零售商进行优惠，或是找愿意售卖他们产品的公司合作等。对于发展型公司来说，既可以沿用现有销售渠道，也可以拓展新的销售渠道来适应公司发展的需要。

6）制造计划

当我们编写一个商业计划书的时候，关于生产和制造部分的规划应该包含如下信息：目前的产品和使用技术设备的状况，新产品开发和生产计划的实施，技术升级和设备提升的要求以及质量监控和质量提升的策略。在引入投资的途径中，为了增加公司在获得投资前的估值，企业家应付出努力使生产和制造的规划更具详细性和可信度。通常情况下，制造和生产规划应解答以下一系列问题：公司需要的生产设施和设备状态，如何保障新产品在批量生产中的稳定性和可依赖性，设备购买和装置的 Steps 以及供应商的身份，产线的设计和产品的装配手法，供应商交货时间和资源需求的估量，设立生产周期标准以及制定生产任务计划，物料需求规划及其保护措施，质量管理的方法，以及其他相关的问题。

7）财务规划

在进行金融规划的过程中，需要付出巨大的努力进行深层次的研究，这包括预先准备现金流量表、资产负债表以及利润表。对于企业来说，流动资金就是其生命线，因此在创办业务或者进行规模扩张时，必须提前设定明确的流动资金规划并在实施过程中进行严格的监管。利润表呈现的是企业的利润部分，这是企业经营一段时期后的成果呈现。然后，资产负债表就像是一个在特定时间点记录下的公司快照，投资者可以根据该表中的数据的比率来评价公司的经营状况，以及可能产出的投资回报率。

在经济规划中，通常包含以下几个部分：①商业计划书中的指定情况；②预计的财务状态报告；③预见的收入支出表；④现金流分析以及资金的筹集和使用。简单来说，商业计划书以简洁明了的方式描述了创业者在筹资过程中需要完成的任务，财务规划则对商业计划书进行补充和说明。因此，高品质的财务规划对于预估风险企业所需的资金，以及增加风险企业获取投资的可能性，起着至关重要的作用。但是，如果财务规划的准备工作不充分，可能会让投资者觉得公司管理层经验不够，从而降低风险企业的评估价值，并增大企业运营的风险。所以，如何审慎地为一个企业设置财务规划呢？这主要取决于企业的未来计划——是为一个新市场开发一个新产品，还是进入一个有大量财务信息的已有市场。专门从事新科技或创新产品的新兴企业无法参照已经存在的市场数据、价格和营销策略，因此，它需要自己预估进入市场的增长速度和潜在的利益，并向投资者展示其概念、管理团队和财务模型。但是，准备进入现有市场的风险企业可以轻松地介绍该市场的规模和优化策略。风险企业可以根据收集到的目标市场信息，计划企业的初期销售规模。企业的开创预案应在财务规划中得到充分体现，这是由于它密切地与生产计划、员工处理、销售策略等业务运作环节相连。在建立财务规划过程中，以下几个事项需要明确列出：首先，各个阶段产品的发货数量是多少？其次，产品线何时进行扩充？再次，每个产品的生产花费是多少？然后，每个产品的标价是多少，销售通过哪个渠道进行，预计的开支和收益是多少，需要聘请哪些种类的员工？最后，应该何时开始招聘，薪资预算是多少？

3. 检查

创业者在完成创业计划书的撰写后，最佳做法是再次审阅计划书，对照投资者可能提出的问题看是否能有确切的答案，以求赢得投资者对公司的信赖。一般来说，我们可以从以下几个点去复审计划书：

（1）你的商业计划是否表明你拥有经营企业的经验？如果你自身无法胜任公司管理的工作，务必要清楚地表达出，你已经聘请了一位业界精英来负责你企业的运营。

（2）你的商业提案是否表明你具有偿还债务的能力？确保为潜在的投资者提供全面的比例分析。

（3）你是否在商业计划中明确展示了你已经完成的市场调查？你必须让投资者坚定地相信，你在计划中列出的产品需求是存在的。

（4）你的商业计划书是否足够透明，以致投资者能够轻松理解？为了更方便投资者查阅各环节，你需要提供索引和目录。此外，也应认真检查目录中的信息是否逻辑性强并且实用。

（5）在你的商业策划书中，你是否将商业摘要置于首位？这个商业摘要恰如其分地充当了你的企业创业方案书的封面，也是投资者的首选阅读内容。为了保持投资者的关注度，这个摘要应该尽可能地吸引人。

（6）你的商业计划书是否在语法上完全无误？如果你无法确定，那就找人帮你梳理一遍吧。拼写出错或者印刷失误会让创业者失去机会。

（7）你能否借由你的商业方案来消弭投资者对产品或服务的担忧呢？如果需要的话，还可以提供产品样本。而在募资成功的问题上，商业方案的多个方面都起着一定的作用。所以，如果你对自己的商业方案并不够信任，你可以参考相关的教程，或者寻求专家的建议。

【案例 19-2】 商务计划书大纲参照

无论何种创新创业大赛，商务计划书的大致内容都差不多，只是在表达的顺序和表达的重点上会有所区别。

摘　　要

1. 公司基本情况（公司名称、成立时间、注册地区、注册资本，主要股东、股份比例，主营业务，过去三年的销售收入、毛利润、纯利润，公司地点、电话、传真、联系人）。

2. 主要管理者情况（姓名、性别、年龄、籍贯，学历/学位、毕业院校，政治面貌，行业从业年限，主要经历和经营业绩）。

3. 产品/服务描述（产品/服务介绍，产品技术水平，产品的新颖性、先进性和独特性，产品的竞争优势）。

4. 研究与开发（已有的技术成果及技术水平，研发队伍技术水平、竞争力及对外合作情况，已经投入的研发经费及今后投入计划，对研发人员的激励机制）。

5. 行业及市场（行业历史与前景，市场规模及增长趋势，行业竞争对手及本公司竞争优势，未来 3 年市场销售预测）。

6. 营销策略（在价格、促销、建立销售网络等各方面拟采取的策略及其可操作性和有效性，对销售人员的激励机制）。

7. 产品制造（生产方式，生产设备，质量保证，成本控制）。

8. 管理（机构设置，员工持股，劳动合同，知识产权管理，人事计划）。

9. 融资说明（资金需求量、用途、使用计划，拟出让股份，投资者权利，退出方式）。

10. 财务预测（未来 3 年或 5 年的销售收入、利润、资产回报率等）。

11. 风险控制（项目实施可能出现的风险及拟采取的控制措施）。

目　　录

第一章 公司基本情况

一、项目公司与关联公司

二、公司组织结构

三、公司管理层构成

四、历史财务经营状况

五、历史管理与营销基础

六、公司地理位置

七、公司发展战略

八、公司内部控制管理

第二章 产品介绍

一、产品/服务描述（分类、名称、规格、型号、产量、价格等）

二、产品特性

三、产品商标注册情况

四、产品更新换代周期

五、产品标准

六、产品生产原料

七、产品加工工艺

八、生产线主要设备

九、核心生产设备

十、研究与开发

1. 正在开发/待开发产品简介

2. 公司以往的研究与开发成果及其技术先进性

3. 研发计划及时间表

4. 知识产权策略

5. 公司现有技术开发资源以及技术储备情况

6. 无形资产（商标知识产权专利等）

十一、产品的售后服务网络和用户技术支持

十二、项目地理位置与背景

十三、项目建设基本方案

第三章 行业及产品市场分析

一、行业情况（行业发展历史及趋势，哪些行业的变化对产品利润、利润率影响较大，进入该行业的技术壁垒、贸易壁垒。政策限制等，行业市场前景分析与预测）

二、产品原料市场分析

三、目标区域产品供需现状与预测（目标市场分析）

四、产品市场供给状况分析

五、产品市场需求状况分析

六、产品市场平衡性分析

七、产品销售渠道分析

八、竞争对手情况与分析

1. 竞争对手情况

2. 本公司与行业内五个主要竞争对手的比较

九、行业准入与政策环境分析

十、产品市场预测

第四章 产品生产发展战略与营销实施计划

一、项目执行战略

二、项目合作方案

三、公司发展战略

四、市场快速反应系统（IIS）建设

五、企业安全管理系统（SHE）建设

六、产品销售成本的构成及销售价格制订的依据

七、产品市场营销策略

1. 在建立销售网络、销售渠道、设立代理商、分销商方面的策略与实施

2. 在广告促销方面的策略与实施

3. 在产品销售价格方面的策略与实施
4. 在建立良好销售队伍方面的策略与实施
八、产品销售代理系统
九、产品销售计划
十、产品售后服务方面的策略与实施
第五章　产品生产及 SWOT 综合分析
一、项目产品制造情况
1. 产品生产厂房情况
2. 现有生产设备情况
3. 产品的生产制造过程、工艺流程
4. 主要原材料供应商情况
二、项目优势分析
三、项目弱势分析
四、项目机会分析
五、项目威胁分析
六、SWOT 综合分析
第六章　管理与人员计划
一、组织结构
二、管理团队介绍
三、管理团队建设与完善
1. 公司对管理层及关键人员将采取怎样的激励机制
2. 是否考虑管理层持股问题
四、人员招聘与培训计划
五、人员管理制度与激励机制
六、成本控制管理
七、项目实施进度计划
第七章　风险分析与规避对策
一、经营管理风险及其规避
二、技术人才风险及其规避
三、安全、污染风险及控制
四、产品市场开拓风险及其规避
五、政策风险及其规避
六、中小企业融资风险与对策
七、对公司关键人员依赖的风险
第八章　投资估算与融资说明
一、项目中小企业融资需求与贷款方式
二、项目资金使用计划
三、中小企业融资资金使用计划
四、贷款方式及还款保证

五、投资方可享有哪些监督和管理权力
六、投资方以何种方式收回投资，具体方式和执行时间
第九章 财务预算及财务计划
（每一项财务数据要有依据，要进行财务数据说明）
一、财务分析说明
二、财务资料预测（未来 3—5 年）
1. 销售收入明细表
2. 成本费用明细表
3. 薪金水平明细表
4. 固定资产明细表
5. 资产负债表
6. 利润及利润分配明细表
7. 现金流量表
8. 财务收益能力分析
（1）财务盈利能力分析
（2）项目清偿能力分析
第十章 公司无形资产价值分析
一、分析方法的选择
二、收益年限的确定
三、基本数据
四、无形资产价值的确定
附件：
附件 I：项目实施进度
附件 II：其他补充内容

【知识梳理】

19.1 创新创业项目认知

举办大学生创新创业比赛的初衷是推动高等教育的全方位改革，激发学生的创新精神，催生社会创业和人民创新的新动力。在这个创新创业之旅中，提升我们的智力，磨练我们的坚毅品性，让充满激情的青春梦想成为中国梦的一部分。通过这些比赛，我们催生出创新创业教育和思想政治教育、专业教育的深度合作，有效地提高大学生的创新思维和创业观念以及创新创业能力，促使学生全面发展，成为拥有良好道德素质和才华的杰出人才。同时，推动比赛的成果转化，使其与产、学、研、用密切结合，形成以互联网+为主的新商业模式，以创新为主导，以创业为动力，推进就业，积极创建高质量的大学毕业生创业就业新模式。

1. 中国国际互联网+大学生创新创业大赛

主办单位：教育部

由教育部和众多高校共同发起的中国国际互联网+大学生创新创业比赛，其主要目标是深化高等教育改革，激发大学生的创新思维，打造成为大规模创业、全民创新的核心动力。同时，这项比赛亦促进了竞赛成果的转化应用，推动了互联网+新商业模式的蓬勃发展，提升服务经济的质量和效率，借由创新引领创业，拉动就业，并努力推动大学毕业生实现更优质的创业和就业。

2.“挑战杯”全国大学生课外学术科技作品竞赛与中国大学生创业计划竞赛

主办单位：共青团中央等

“挑战杯”是全国大学生科技学术系列竞赛的简称，这是由共青团中央、中国科协、教育部、全国学联及主办城市的人民政府联合策划并实行的一项大学生课外学术实践竞赛，这个竞赛展示了大众参与的创新创业竞赛特性。“挑战杯”竞赛包括了两个主要项目，那就是“挑战杯”中国大学生创业计划竞赛和“挑战杯”全国大学生课外学术科技作品竞赛。

3. 创青春中国青年创新创业大赛

主办单位：团中央

“创青春中国青年创新创业大赛”自 2014 年起，持续寻找富有高科技元素，能带来显著示范作用的项目。这个比赛广受青年群体的喜欢，并吸引了社会的大量关注，从而在创新创业领域树立了一个榜样。该比赛基于“挑战杯“中国大学生创业计划竞赛的基础，从 2014 年一起，举办了“创青春全国大学生创业大赛”，这个比赛每隔两年举行一次。

19.2 创新创业项目选择的原则

精确挑选适当的创业创新计划是创业创新竞赛胜利的根本。因此，全体同学必须保持严肃的立场，结合自我优点和财务能力对得出细粒度的行业深度分析。然而，许多同学对于怎样精确地挑选创业创新计划的知识储备比较匮乏。那么到底如何选择创新创业项目，选择创新创业项目有哪些原则呢？

1. 因势而动，选择具有前景的行业

假如你希望开创自己的业务，首要的任务是理解哪些产业正在得到政府的鼓励和支持，哪些产业有创业的可能，哪些受到了限制。选择被国家政策鼓励和支持的产业，对将来公司的成长会有深远的影响。另外，你还需要充分了解本地政府的优惠政策和银行的借款利率，以保证资金的充裕。

选择创业项目需要顺应市场形势，同学们要主要关注两个时期的市场动态：一是现阶段，观察现在的市场需求、市场缺口和市场的热销产品，当创业者选择现阶段热销的产品项目时，要理智分析，明确产品热销的真实原因。另一是未来，预测行业未来的发展空间，例如该行业是否与国家产业政策一致，是否适合人们的消费发展方向。

2. 以市场为导向，了解市场需求

许多学生误以为创办公司或企业的唯一目的就是赚钱，他们总是跟着赚钱的行业走，这种认识是错误的。当我们创业时，必须确立一个观念，那就是公司的存在本质是为了满足客户的需求，只有如此，企业才能稳定发展、持久兴旺。创业项目的选择应以市场为引导，必须基于社会需

求。要明白社会的需求，就需要进行市场研究，必须对市场有深入的了解。

理解顾客对产品（服务）的切身需求是首要工作。由于顾客在性别、年龄、教育经历、职业等各个方面均有不同，因此我们可以依据这些区别详细划分客户，将他们归类为不同的消费者群体，每个群体构建一个独立的细分市场，作为我们的主要服务目标。因此，创业者在选择项目的时候必须清晰知道他们要服务的群体是谁，以及他们对产品（服务）的需求强度如何。需求越迫切，项目越有可能成功；反之，需求越弱，项目也就越富有挑战性。

接下来，我们应该始终向自己询问关于项目的竞争性质，明确直接和间接的竞争者是谁，研究竞争的激烈程度，区分它是恶性还是良性的竞争。在面临恶性竞争时，我们要思考现有产品是否拥有独特价值来抵抗竞争，或者是否还存在其他的竞争较为平缓的项目可以选择。因此，从竞争的层面来理解，我们不应该仅观注竞争压力巨大的项目上，而是有必要寻求新颖且独特的产品或者找寻竞争相对平缓的新项目。然而，需要深刻理解的一点是，有些项目虽然十分独特，但并不意味着客户就会买账，因此创业者应选择那些既独特又受市场欢迎的产品或项目。

3. 因人而异，利用自身优势与长处

俗话说“隔行如隔山。”同学们应尽力挑选那些跟自身的专业、经历、爱好、优势相符合的项目。

对创新和创业的热忱构成了其基本支柱，项目如果能够引起团队的热情，那就是成功的重要要素。日本杰出的创客“米饭爷爷”几十年来对于烹饪的执着和热爱，使他能全身心投入而不感觉疲惫。许多创客和极客进入项目或开展企业时，他们往往选择自己热衷的领域。他们在工作时如同在享受，没有一丝疲倦之情。几年前，史玉柱在被询问为何要投资巨人网络这家游戏公司时，他坦白说：“我非常喜欢玩游戏，常在办公室玩游戏会有些尴尬，因此，我就选择了投资游戏公司。”对于创业者来说，出于热情而创业的公司往往能走得更远，也更有可能取得更大的成功。

爱好兴趣塑造了人的价值观。面临挑战与不顺时，我们是否坚守或者抛弃，常常基于自身对事物重要性和意义的理解，也就是价值观。因而，挑选项目时，需要时刻询问自己，何为我之所好，哪些事我认为重要？此项目能否满足我内心的需求，能否与我自身的价值取向相协调？

商业环境仿若无边的海洋，创业者就像其中的一粒微尘。然而，每个人都拥有特别的才能和优点，当你对某一领域或行业有深入的认识，并在技术上独具一格时，那就构成了你在行业中的优势。选定一个能让自己的才能和优点得到最大化利用，同时也是你感兴趣并且精通的行业，那么你已经成功地走出了一半的路程。

优秀的创新创业项目通常意味着当前的市场状况总体上是乐观的，大多数参与者能从中获利。然而，市场状况乐观的项目并不保证每个人都能通过它获得成功。即便项目再出色，如果与自身的情况不匹配，仍有可能遭遇失败。反过来，如果是那些被大众认为的市场情况疲软，不愿意进行投资的冷门行业，只要在这方面有所优势，也可以考虑去尝试。

了解创新创业项目选择的原则之后，同学们现在可以做出选择，选出适合自己的项目。

19.3 创业计划大赛评价维度

不同的比赛的评审维度是不一样的，重视的点也不一样，评分的标准以及分数的权重也不一样。这里以“互联网+创新创业大赛”不同赛道的评审规则为例进行分析，旨在让大家以后面对不同的比赛时，可以根据评审规则分析出比赛的侧重点，从而在计划书和PPT的表达上更加地准确。

第五届中国“互联网+”大学生创新创业大赛
高教主赛道评审规则

一、高教主赛道创意组项目评审要点

评审要点	评审内容	分值
创新性	突出原始创新和技术突破的价值，不鼓励模仿。在商业模式、产品服务、管理运营、市场营销、工艺流程、应用场景等方面寻求突破和创新。鼓励项目与高校科技成果转移转化相结合，取得一定数量和质量的创新成果（专利、创新奖励、行业认可等）	40
团队情况	团队成员的教育和工作背景、创新思想、价值观念、分工协作和能力互补情况。项目拟成立公司的组织构架、股权结构与人员配置安排合理。创业顾问、潜在投资人以及战略合作伙伴等外部资源的使用计划和有关情况	30
商业性	商业模式设计完整、可行，项目盈利能力推导过程合理。在商业机会识别与利用、竞争与合作、技术基础、产品或服务设计、资金及人员需求、现行法律法规限制等方面具有可行性。行业调查研究深入详实，项目市场、技术等调查工作形成一手资料，强调田野调查和实际操作检验。项目目标市场容量及市场前景，未来对相关产业升级或颠覆的可能性，近期融资需求及资金使用规划是否合理	20
社会效益	项目发展战略和规模扩张策略的合理性和可行性，预判项目可能带动社会就业的能力	10

二、高教主赛道初创组、成长组、师生共创组项目评审要点

评审要点	评审内容	分值
商业性	商业模式设计完整、可行，产品或服务成熟度及市场认可度，已获外部投资情况；经营绩效方面，重点考察项目存续时间、营业收入、企业利润、持续盈利能力、市场份额、客户（用户）情况、税收上缴、投入与产出比等情况；成长性方面，重点考察项目目标市场容量大小及可扩展性，是否有合适的计划和可靠资源（人力资源、资金、技术等方面）支持其未来持续快速成长；现金流及融资方面，关注维持企业正常经营的现金流情况，以及企业融资需求及资金使用规划是否合理	40
团队情况	团队成员的教育和工作背景、创新思想、价值观念、分工协作和能力互补情况，重点考察成员的投入程度、公司的组织构架、股权结构、人员配置以及激励制度是否合理，项目对创业顾问、投资人以及战略合作伙伴等外部资源的整合能力；师生共创组需特别关注师生分工协作、利益分配情况及合作关系稳定程度	30
创新性	具有原始创新或技术突破，取得一定数量和质量的创新成果（专利、创新奖励、行业认可等）；在商业模式、产品服务、管理运营、市场营销、工艺流程、应用场景等方面寻求突破和创新；鼓励项目与高校科技成果转移转化相结合，与区域经济发展、产业转型升级相结合	20
社会效益	项目发展战略和规模扩张策略的合理性和可行性，项目实际带动的直接就业人数，考察项目未来持续带动就业的能力	10

第五届中国“互联网+”大学生创新创业大赛 红旅赛道评审规则

一、红旅赛道公益组项目评审要点

评审要点	评审内容	分值
公益性	项目以社会价值为导向，以解决社会问题为使命，不以营利为目的，有可预见的公益成果，公益受众的覆盖面广，在公益服务领域有良好产品或服务模式	20
项目团队	团队成员的基本素质、业务能力、奉献意愿和价值观与项目需求相匹配；团队或公司组织架构与分工协作合理；团队权益结构或公司股权结构合理；团队的延续性或接替性	20
实效性	项目对精准扶贫、乡村振兴和社区治理等社会问题的贡献度；在引入社会资源方面对农村组织和农民增收、地方产业结构优化的效果；项目对促进就业、教育、医疗、养老、环境保护与生态建设等方面的效果	20
创新性	鼓励技术或服务创新、引入或运用新技术，鼓励高校科研成果转化；鼓励组织模式创新或进行资源整合	20
可持续性	项目的持续生存能力；创新研发、生产销售、资源整合等持续运营能力；项目模式可复制、可推广、具有示范效应等	20
必要条件	参加由学校、省市或全国组织的“青年红色筑梦之旅”活动，符合公益性要求	

二、红旅赛道商业组项目评审要点

评审要点	评审内容	分值
项目团队	团队成员的基本素质、业务能力、奉献意愿和价值观与项目需求相匹配；团队或公司组织架构与分工协作合理；团队权益结构或公司股权结构合理	20
实效性	项目对精准扶贫、乡村振兴和社区治理等社会问题的贡献度；在引入社会资源方面对农村组织和农民增收、地方产业结构优化的效果；项目对促进就业、教育、医疗、养老、环境保护与生态建设等方面的效果	20
创新性	鼓励技术或服务创新、引入或运用新技术，鼓励高校科研成果转化；鼓励在生产、服务、营销等商业模式要素上创新；鼓励组织模式创新或进行资源整合	20
可持续性	项目的持续生存能力；经济价值和社会价值适 度融合；创新研发、生产销售、资源整合等持 续运营能力；项目模式可复制、可推广等	20
社会效益	项目发展战略和规模扩张策略的合理性和可行性，项目实际带动的直接就业人数，考察项目未来持续带动就业的能力	20
必要条件	参加由学校、省市或全国组织的“青年红色筑梦之旅”活动	

第五届中国“互联网+”大学生创新创业大赛
职教赛道评审规则

一、职教赛道创意组项目评审要点

评审要点	评审内容	分数
创新性	鼓励原始创意、创造；鼓励面向培养“大国工匠”与能工巧匠的创意与创新；项目体现产教融合模式创新、校企合作模式创新、工学一体模式创新；鼓励面向职业和岗位的创意及创新，侧重于加工工艺创新、实用技术创新、产品（技术）改良、应用性优化、民生类创意等	40
团队情况	团队成员的教育和工作背景、创新思想、价值观念、分工协作和能力互补情况；项目拟成立公司的组织构架、股权结构与人员配置安排合理；创业顾问、潜在投资人以及战略合作伙伴等外部资源的使用计划和有关情况	30
商业性	商业模式设计完整、可行，项目盈利能力推导过程合理；在商业机会识别与利用、竞争与合作、技术基础、产品或服务设计、资金及人员需求、现行法律法规限制等方面具有可行性；行业调查研究深入详实，项目市场、技术等调查工作形成一手资料，强调田野调查和实际操作检验	20
社会效益	项目发展战略和规模扩张策略的合理性和可行性，预判项目可能带动社会就业的能力	10

二、职教赛道创业组项目评审要点

评审要点	评审内容	分数
商业性	商业模式设计完整、可行，产品或者服务成熟度及市场认可度，已获外部投资情况；经营绩效方面，重点考察项目存续时间、营业收入、企业利润、持续盈利能力、市场份额、客户（用户）情况、税收上缴、投入与产出比等情况。成长性方面，重点考察项目目标市场容量大小及可扩展性，是否有合适的计划和可靠资源（人力资源、资金、技术等方面）支持其未来持续快速成长。现金流及融资方面，关注维持企业正常经营的现金流情况，以及企业融资需求及资金使用规划是否合理	40
团队情况	团队成员的教育和工作背景、创新思想、价值观念、分工协作和能力互补情况，重点考察成员的投入程度、公司的组织构架、股权结构、人员配置以及激励制度是否合理；项目对创业顾问、投资人以及战略合作伙伴等外部资源的整合能力	30
创新性	鼓励原始创意、创造；鼓励面向培养“大国工匠”与能工巧匠的创意与创新；项目体现产教融合模式创新、校企合作模式创新、工学一体模式创新；鼓励面向职业和岗位的创意及创新，侧重于加工工艺创新、实用技术创新、产品（技术）改良、应用性优化、民生类创意等	20
社会效益	项目实际带动地直接就业人数，考察项目未来持续带动就业的能力	10

可以从评审规则中看出，高教赛道的规则更多的是偏向科技创新、技术创新方面，就是希望他们可以做出更多突破技术难题的创新创业项目。职教赛道更多的是鼓励实用，优化技术方面的创新。换句话说，大赛更期待高教赛道在创造，职教赛道在改造。而红旅、公益赛道则很明显把立意看得更加重要。

当然，并不是说侧重于某个点，其他的点就不用在乎了。其实总体来说，无论是哪个方面，计划书和 PPT 的展示中，都需要涉及。只是侧重不同，也就是整体的比重不同，但并不代表其他不侧重的点可以没有。也就是说，高教赛道虽然侧重突破技术，但是光靠技术突破的专利和论文是没有办法拿到好成绩的。在这里要注意，我们参加的是创新创业类大赛，这类大赛的宗旨就是要带动经济、带动就业。只有技术没有商业是不行的，也许你的技术很先进，也许你的创造很轰动，但是造价高，不普世，卖不出去，创造不了价值，那么在双创类比赛中就不是很好的项目。同理，职教组虽然不需要那么亮眼的强技术，但在保持商业价值的同时，依然需要有好的创新点，如果仅仅只是开了一家投资公司，依靠的就是老板眼光高，资本金足，那么尽管公司赚得很多，依然没有亮点。

所以，同学们也要会抓住评审规则中的侧重点，浓墨重彩且举重若轻地表达出来。但其他的点也不能放过，就算不能亮眼，但也得无功无过。

19.4 创业计划书概述

创业计划书是由创业家详细搭建并致力于实现创业愿景的途径，它是一个系统性的任务。创业计划涵盖从市场的宏观和微观状况、服务需求、竞争情况、启动项目的选择、服务产品的研发、商业盈利模型、公司发展策略、市场营销方法、启动团队建设项目、筹款计划、项目财务分析、项目风险评估与管理等方面的全方位描述。它是创业者对启动计划的反思、分析和规划.它既是项目策划、商业策划、也是公司战略和市场策略的设计，同时也包括融资和风险管理的规划，它既是技术计划又是操作流程。

创业提案就是我们的创业攻略，不只是指导创业者如何行动的路线图和实际操作步骤，同时也是开启投资者渠道的钥匙。创业提案是为自己以及创业伙伴和投资者准备的，展示给伙伴看是为了清晰阐述创业项目的未来展望和盈利能力，以便招揽他们加入创业队伍；展示给投资者看则是为了得到他们对项目的肯定，以寻求创业资金。

现状显示，我国大部分学生在接受教育的过程中，很少有机会接受系统的创业计划的专门训练，对于创业计划的制定和执行，以及其过程和重要性大多数都处于意识模糊的状态。从近年来我国高等院校所举办的大学生创新创业大赛中可以看出，很多大学生的创业计划书存在许多问题，例如计划书模型不完全，分析项目内容的能力不足，市场策划缺乏深度，项目风险分析不全面，所编写的创业计划书的质量普遍较低，在大赛中的表现常常不尽如人意。在参赛的创业计划书中，主要可以发现这 10 个方面的问题：第一，无法提炼创业项目的产品和服务的特色与优势；第二，不能清晰地描述市场规模和竞争状态；第三，不会使用 SWOT、PEST 等管理工具；第四，不知如何组建和打造杰出的创业团队；第五，无法设定公司的发展战略和市场策略；第六，不会运用创新的商业盈利模式；第七，不知如何估算和筹集创业项目所需的启动资金；第八，无法设置出创业项目最初三年的发展规划；第九，无法全面地分析创业项目所面临的风险；第十，不知如何设置有效的风险防控措施和应急预案。

19.5　创业计划书的重要性

创业者之所以需要撰写创业计划书，是因为它在决定创业项目能否顺利实施、获得投资，甚至影响到创业的生存与否和最终能否成功上，都起着举足轻重的作用。当创业者在编写创业计划书时，实际上是在操练一场沙盘战争，模拟创业的全过程。一份完备的策划方案是创业者在不断修改和梳理创业项目的核心思想，以提高其陈述性、完整性和创新性，更好地突出产品和服务的特性及竞争优势，为商业利润模式的创新做出合理预估，制定清晰明确的创业目标。同时，创业者还要对可能会遇到的风险进行分析，制定相应的应对措施，并评估创业项目的可行性。

实际上，撰写商业计划书就是一种对创业项目的自我分析和审查。当你对项目有全面的理解，知晓该项目的服务市场、市场需求、风险、创新之处、产品和服务的优势、项目的门槛、盈利之处、竞争者的存在及投入产出对比等，你就可以去实践你的创业想法。

撰写一份精准的创业规划书对于创新型企业家来说，是打造一项创业项目的核心工作和决定性步骤。一个精心设计的创业规划不仅有助于企业家理清创业的思维路径，能发现并明确创业项目潜在的挑战和缺点，更能让他们及时修订和强化项目规划和设计的不完备之处。一份良好的创业规划是成功创业的秘诀，如果你有志于创业并希望成功，务必要产出一份无懈可击的创业规划方案，并撰写一份优质的创业策划书。

19.6　创业计划书的构成

我们以创业计划书的大纲为例，展示创业计划书的构成。撰写创业计划书大纲的目的就是为真正撰写创业计划书提供一个思路参考，以下内容为创业计划书大纲例示。

1. 概述

（1）摘要。在这部分你需要回答以下几个问题。

你是谁，你或你的公司是做什么的，市场痛点是什么，谁能为你提供担保？

你目前的成就是什么，你的团队怎样，盈利模式是什么，有怎样的增长预期？

（2）解释你是谁。当你开始撰写创业计划书时，需要告诉潜在投资者你是谁？介绍你和你的公司、你的团队和团队成员的核心优势

（3）简短的项目前景介绍。对项目做一个简单的前景介绍，不需要多详细。如果你需要向他们展示你的项目，一定要突出主要成就，如果你的项目还未启动，你可以强调你的项目可带来的价值

（4）告诉投资人或评审人你的潜在用户是谁。

告诉投资人或评审人你的潜在用户是谁？向他们展示你的项目，解释你的服务理念。

2. 识别目标

（1）明确目标。要做到这一点，你需要回答以下几个问题。

①你为什么要做这个项目？

②你能提供什么？

③你怎样才能解决用户痛点？

（2）项目价值。告诉投资人或评审人你的项目价值是什么？让他们看到可投资的兴趣点。

3. 产品和市场

（1）市场分析。这部分需要说明你的市场如何？谁在使用公司的产品？

（2）竞争分析。竞争对手的情况？你相对于竞争对手的优势何在？

（3）产品分析。顾客希望企业的产品能解决什么问题，顾客能从企业的产品中获得什么好处？

企业的产品与竞争对手的产品相比有哪些优缺点？顾客为什么会选择本企业的产品？企业为自己的产品采取了何种保护措施？企业拥有哪些专利、许可证，或与已申请专利的厂家达成了哪些协议？

为什么企业的产品定价可以使企业产生足够的利润？为什么用户会大批量地购买企业的产品？

企业采用何种方式去改进产品的质量、性能？企业对发展新产品有哪些计划等？

（4）营销策略。产品的定价模型是什么，产品的营销方案是什么，销售成本的构成如何，你的长短期销售目标是什么？

4. 财务

（1）财务状况。这部分需要用简表说明公司的基本财务数据，包括主营收入、主营成本、主营利润、管理费用、财务费用、净利润、补贴收入、总资产、总负债和净资产，主营产品的盈亏平衡点、毛利率和净利率。

说明过去的财务状况之后，还需要对未来财务情况做一个合理预测，包括预测的资产负债表、现金流量表、盈亏平衡表等。

（2）融资需求。说明你的融资目的和融资额度是多少？融资额度确定之后，需要说明你打算出让的股份股权是多少，资金的用途和使用计划？可以列出一个资金进度表，说明融资后未来 3～5 年平均年投资回报率及有关依据。

19.7 创业计划书的内容

为了提高创业策划质量，将创业计划书的内容编辑得更全面，创业思路梳理得更清晰，创业计划的重点内容和亮点凝练得更突出，我们在编写创业计划书时可以按照下面的编制模板，逐步开展创业策划工作过程，并在各个模板部分重点加以描述编写创业计划书，主要包括以下 13 个重点模块。

1. 计划摘要模块

创业计划书的创业计划摘要部分是对整份业务计划的简要介绍和重点精炼，通常长度不宜过长，控制在 2 页 A4 纸的范围内。摘要的中心内容应该围绕的是创业项目在社会和经济背景下的情况、市场痛点与需求、市场的潜在规模、产品和服务的详细信息、创业团队的具体情况、创业项目的优点和特色、商业利润模式、投资回报预测、可能的风险分析以及资金筹集计划等关键信息。通过 2 页的摘要，读者应该能对创业项目有一个全面的理解。

创业计划书的摘要是整本计划书内容的提炼与浓缩，写作起来挑战性很大。由于有字数限制，如何成功地将项目的主要情况全面、明了地呈现给评委就显得尤为重要。通常，专家评委在审阅创业计划书时，会首先看摘要部分，如果创业计划书的摘要部分陈述不全面、缺乏创意，项目中找不到亮点，无法吸引注意，给评委的视觉印象就会打折，这将对比赛结果产生不利影响。

2. 公司介绍模块

公司介绍的目的就在于详细呈现创业企业的基本信息。在详述企业时，需确保评审专家了解企业的基本情况，如企业主营业务、成立年份、员工数量、产品详情、提供的服务，独立的知识产权，最近三年的财务健康状况，主要客户群，已经扩展的业务领域与地点，以及是否曾经进行过融资等。

对企业的介绍主要涵盖：创业公司的诞生日期；在注册企业时，其注册资金的多少及是否实缴或只是认缴；企业的员工规模以及各个学历背景（本科、硕士、博士等）和技术等级（初级、中级、高级）的分布情况；企业的主营业务以及企业的定位、经营宗旨与理念和愿景；企业的组织结构如何，是否在其他城市设有分部或办公处；企业的主要客户有哪些，以及企业所获得的各种资质、信誉证明、荣誉称号和奖项等。

当阐述公司的研究设施时，也需详细说明公司的办公空间大小、研究设备的种类和数量，以充分展示公司的研究设施。

介绍公司的知识产权状况时，需要详细阐述公司目前正在申请以及已经获取的专利权、软件版权、商标权等相关信息，这种方式有助于突显公司的技术创新实力和技术难度。

如果企业在国外建立了办公室或研究院，或者已经与国外机构展开了项目合作，同样需要详细说明，这能彰显企业进入国际市场的根基。

在创业公司尚未正式设立，仍处于创业团队阶段的情况下，也需要把团队的基本情况介绍出来。比如，团队的人数，成员的来源地，所学专业，以及他们掌握的具体的专业知识和服务技巧等。

3. 产品与服务模块

创业计划书的主要内容以及创业大赛评审的关键标准就是商品和服务。在描绘产品的过程中，应从多个领域如产品材质、应用技术、制作方法、设计概念、品质标准、功能特点、外观外形、规格尺寸、包装方式等行业标准出发，同时也要强调产品的技术储备、产品独特性、知识产权成果以及在各类比赛中获得的荣誉。介绍产品和服务的目标，实质上是详细阐述产品的特性、应用场景、性能特性和解决问题的独特方式，必须全面深入地描述你的创业项目产品，清晰地向评委展示产品的全貌。在产品的详细介绍中，可以聚焦于以下几个重点领域展开描述。

1）技术水平

项目技术能力的高低可以直接反映其科技前沿性。现在许多创新性的项目跨越了新型材料、电子科技、智能制造、环保节能、生物医药、电动车、文化创意和航天等多样领域，这些都是科技含量较高的创新项目。对于这类科技项目，解释其技术水平显得至关重要。为了直接展示项目的技术水平，你可以根据项目产品的技术水平是否达到国际领先、国际先进、国内领先、国内先进等不同的层次进行描述。

2）自主知识产品

项目的创新程度可以由其知识产权反映出来，有自主知识产权的项目在某种程度上可以形成一种保护屏障。知识产权种类繁多，包揽了发明专利、实用新型和外观设计等多种专利权，此外，软件著作权、企业商标权、版权、工业品设计权、集成电路设计权、植物或动物新种类、未公开的信息（商业秘密）等专有权也是其中的一部分。

3）产品设计与生产

针对制造业类别的启动计划，需要详细阐述原料购置、产品构思、产品生产、质量检验、包裹运送、产品推销以及售后支持等不同阶段。

4）产品销售服务

在项目运营中，商品推广占有关键地位，特别需要着重阐述。尤其是应该对市场情况、定价方案、分销路线、销售手段、宣传计划等方面做出完整且深度的详解。

关于市场策略，鉴于创业公司通常规模较小，市场竞争力有限，建议倾向于选择蓝海战略而非红海战略，积极寻求市场的机会和未被开发的领域，尽量避免与竞争对手进行直接对抗，充分运用公司的技术优势和商业盈利模式，迅速占据和发展市场，塑造自身的品牌影响力。

关于定价策略，需要明确我们公司产品的角色定位，清晰地知道产品销售的目标人群是谁，是否是定向于高端、中端或低端的客户。根据销售给不同客户的情况，结合生产成本、市场顾客需要什么以及竞品的情况，来决定产品价格应该如何定位。

对于销售策略的制定，我们需要探索适合的销售方法和途径，依据自身拥有的销售数据进行销售分析指导，并明确我们能使用的销售渠道有哪些，包括线上和线下的方式。在可利用的各大媒体推广平台，如电视、网络，平面（报纸、杂志、海报、广告等）中，我们可以整合并运用它们进行广告宣传以提升销量。通过媒体的宣传，我们能够触及大量潜在客户，并对他们进行详细的后续跟进和推销服务。还要在销售策略中，把握好诸如 4P、4C、4R 和 4SS 等销售理论工具，并结合互联网增值服务，利用微信公众号、微博、QQ 群、在线直播等网络和移动互联网平台，打造组合营销的优势，从而有可能提升产品的销售实力。

5）产品与服务的特色

仅仅对产品和服务进行基本描述是不够的，我们还需深化对产品和服务特质及优势的剖析。产品和服务的独特性是重点关注的核心，拥有独到之处的产品以及创新的特色服务，是营收的关键所在，也是评判创业项目优劣的重要准则。在创业大赛中，评委们会尤其关注产品特性与服务方式，询及你的产品特性和主要竞争力，以及你的盈利方式和持续盈利的可能性。在描述产品及服务时，我们要能够挑明其独特性、优势、核心竞争力，以及服务的新颖盈利方式和独特性，以及这些特性与市场上其他相似产品、服务的差异，以及他们的竞争优势是什么。

有关一个产品的特性，我们可以从各个角度进行详细阐述，这其中包括价格的合理性、操作的便利性、环保符合度、安全度和舒适性、外观的美感和流行程度、多元功能，以及科技成分等。举个例子，一方面，我们需要考虑产品的普适性，包括其是否适合应用于各种领域，是否满足了众多人群和各种使用环境的需求；另一方面，我们需要探究产品价格的竞争力，比较其是否比同类产品在市场上有更大的优势，是否更经济实惠；产品操作的简易性也是我们关注的重点，消费者是否能够通过简明的教程学会使用它；我们还需要检查产品是否具备环保节能的属性，以及其对环境产生的影响；产品是否遵循人体工程学设计，能否给用户带来舒适的使用体验，同时考虑到用户的健康和安全；外观设计是否时髦且好看，是否有自身独特的风格；产品是否使用了像纳米、碳纤维或者石墨烯等先进的科技材料，这样可以使产品具有特殊性能；功能的全面性也是另一个考量标准，是否能满足各种人群在各种场合的需求；高科技含量，如自动化、智能化、信息化是否被应用于产品；产品是否有自己的技术优势，如是否有专利权、软件版权等独自的知识产权。

你需要围绕创新和特色的服务模式阐述你的产品特性。详细阐述你的服务的独特性，使其与其他服务形成差异，以及你的服务的亮点和创新之处。请清晰地说明你如何依据产品、价格和服务的定位来展开服务，如何整合优质资源，如何构建渠道以拓展市场和获取用户。同时，描述在传统服务模式下的运作方式，以及借助互联网思维的新模式下的运作方式。请说明你是否利用了跨越领域结合的方式来提升服务能力，是否利用了分享和共享的原则以提升运营服务能力。请列举你能提供的增值服务和高附加值产品，并说明你将采取何种策略来维持客户的忠诚度和黏性。

4. 创业团队模块

启动企业是否能够成功，取决于创始团队的能力和贡献。他们对于项目的高效管理和推动所发挥的作用，是决定项目能否取得成功的关键因素。因此，在评估创业项目的过程中，评审们更在意创始团队所展示出的能力。他们坚信，没有杰出的创始团队，再出色的想法也无法变成成功的项目。在创业比赛中，创始团队的表现是评审的重要考察因素。因此，在创业方案中，对创始团队的介绍尤其关键。那么，如何完整地阐述创始团队，并充分展示他们的优点呢？对于大学生创业项目，除了确保团队的价值观和经营思路一致外，也要强调他们在专业知识、个人技能、社会经验以及性格脾气等方面的互补性。创始团队的介绍可以围绕以下关键点来进行。

1）学历、专业与技能情况

在呈现创业团队的过程中，有必要详细阐述团队成员的基本信息，如姓名、性别、年龄、就读学校、专业、年级、技术能力、学位等，并且要确切地表示出项目领导者是谁. 以及各成员负责的职位，揭示他们各自的专业优势，如技术研究才能、软件编程技能、产品创新才华、项目计划能力、信息检索技能、市场推广才能、广告推广技术、项目实行才能、组织协调才能、财务管理技巧及筹款能力等。如果有成员已经拥有几年实际工作经验，最好能详细介绍他的工作情况，包括其承担的职责以及所获得的成就。特别是全国在像 BATJ 或大型的国企以及一些知名公司实习或工作过的成员，有必要强调这样的经历，来证明他们的实践能力。

2）曾经获得的荣誉与奖励情况

启动项目的团队成员过去的各项获奖和荣誉情况是反映他们素质的重要因素。如果团队中的成员有过获得特定类型的奖项或荣誉的经历，应充分介绍。比如：在“挑战杯”中国创新创业竞赛或互联网+创新创业大赛中名列前茅，被学校授予三好生荣誉，获得“学习优秀标兵”的称号，数学竞赛获奖，演讲比赛获奖等。

3）参加社会实践与社团活动情况

在创业竞赛中，评委们更倾向于具有社会实践经验的大学生，他们坚信这些参与过社会实践和集体活动的学生，会拥有更强的行动竞争力和组织能力。因此，在呈现创业团队时，需要详细阐述每一位成员的社会实践和集体活动经历，涵盖全部曾参与过的重要社会实践活动。例如，参加过哪些社团组织，成功组织过哪些活动，或者是作为志愿者参与过哪些活动。

4）团队合作与组织协调情况

具有相同的价值观和思想理念，积极进取的工作态度和卓越的团队协作能力，以及熟练的组织调节能力的成员，能塑造出创业团队的强劲战斗能力。对于新成立的公司，队员之间的视野与理念的共融、互相尊重、协同工作和技能的互补，均需要团队成员间的有效协作。因此，这些因素能更深入地展现出创业团队的实质状况。而且，投资者更喜欢投资拥有“三老”特质的创业团队，亦即“老同学、老同事、老朋友”。

5）专业知识与个人能力互补情况

在新创企业的初期，会触及到众多跨领域的工作任务，如科技、企管、行销、企划、人资、制造、会计、律法等。难以期望每个人都能全会，掌握所有的专业观念和技巧。因此，当我们去评估一个创业团队的时候，最好能真实地揭示团队成员的专业特长和专门技能。这样才能更准确了解该团队是不是具有专业互补、才能互补、优点和缺点互补，是否能达成最理想的配对。理想中的创业团队应是各有所长，确保弱点最小化。许多以大学生为主力的创业公司都是以科技人才为领军，他们可能只擅长技术领域，对于市场运作、行销策略、企业管理，甚至更复杂的财务规划和法规事项则不太熟悉，企业运营风险性很高，投资人也常因此对这样的团队保持警觉。

5. 技术分析模块

一定要在创业计划书中附上技术分析。多数参赛的创业项目都是技术类项目，因此必须对其进行公正的技术分析，这样才能确认该项目的技术水平是否优秀，技术附加值是否巨大，技术的可扩展性、可延伸性和兼容性是否强大。以下是进行技术分析可能涵盖的几个要点。

1）技术水平

在企业创新大赛中，裁判团对创业项目的技术实力非常看重。常规上，鉴定技术力量的高下可以基于国际最前沿、国际先端、国内最前行及国内先端这四个水准来评定和比较，从而确定该技术处于何种阶段。对于那些富含创新的技术，应对其创新性进行验证，从而确定其是否补全了国内外的技术缺口；面对技术更新换代快速的，要清晰其所处的技术世代是哪一代；对于技术使用面广的，应指明其能在何种行业或领域产生实际效用。就核心技术、关键工艺和技术指标来说，无需过度进行细节的阐述，以防止技术秘密的泄露。

2）项目的创新性

因为这是一个创业项目，创新就成了不可或缺的一部分。对于投资者和创业比赛的评委来说，他们最希望了解的就是该项目的创新性在哪儿以及具备哪些创新元素。然而，有很多的创业者并不能清晰的阐述项目的创新之处，也不清楚如何去分析和表述。通常，一个项目的创新可以从技术、产品、工程、设计、应用、整合、原理、模式、管理、金融、组织、知识以及组合等多方面进行分析和阐述。项目每增加一个创新性，就给创业项目的创新竞争力加了一分，项目的创新性越多、创新点越多，竞争力也越强，创业大赛评委对创业项目的评价也会越高。

3）自主知识产权

目前，我国高度重视自主创新的知识产权技术。因此，所有具有自主知识产权的创业项目，无论是正在申请还是已经成功获得国家授权，都必须在创业计划书中特别标注。对于拥有自主知识产权的创业项目，由此可形成技术壁垒，令项目的技术层面更具有竞争优势。知识产权主要包括三种专利权，如发明专利、实用新型专利以及外观设计专利等，也可能包含软件版权、版权、公司标志权、商业秘密权等。尽管有些技术产品正在申请专利但并未得到授权，也需要在项目提案中详细解释。总的来说，发明专利相比实用新型专利和外观设计专利的价值更为显著，因此创业比赛的评审团会更加专注于项目的发明专利数量以及授权状况。当然，任何可能引发知识产权混乱或知识产权争端的情形都应避免出现在项目提案中。特别是对于许多以指导教授的技术创新为基础的学生创业项目，必须明确知识产权是属于校方或指导教师。在创业过程中使用这些技术成果，需要得到学校和教师的正式授权，并将其作为附件纳入创业计划书中。

4）技术研发的基础条件

创新企业和创新团队的研究开发能力能够从一定程度上通过创新工程的科技开发基础设施来展现。这些基础设施主要包括：供科技研究的实验室面积，产品开发所需的设备器具型号与数量，研发团队成员的学历背景、职业资历，曾经的课题研究和所获奖项，由科技研发产生的专利权、著作权等知识产权的数量、种类、名称及编号，已发表在知名专业杂志的论文数量，每年投入的研发经费，以及已经开发的科技成果等情况。

5）技术的成熟度

很多具有创新精神的企业家对技术的成熟程度缺乏深刻的认识，他们错误地认为一旦掌握了某种技术，就可以开发出市场所需的产品，充满乐观态度地向客户提供产品和服务。但实际上，一个技术要达到成熟状态需要经过开发、实践、改进和优化的长期过程。一般来说，技术的成熟度可以被分为：实验室阶段、样品和样机阶段、小规模试验和小型生产阶段、中期试验阶段、大规模生产阶段。当前，大部分高等学院的技术成果仍停留在实验室阶段，只有极少数通过研发已经寻找到了样品和样机，但产品性能尚不稳定，还需要进行小规模生产的试验。有一些研究成果通过与厂商的合作已经实现了小规模的生产，但由于技术流程和性能标准的不稳定，还需要进一步对其进行优化。由于大多数高校仅具备实验室级别的研发力量，因此，他们的技术成就基本无法达到产品中期试验阶段。所以在介绍创新项目的技术成熟度时，必须如实地描述研发成果处于何种阶段，是否已经开发出样品或样机，以及该样品是否已经步入了小规模生产阶段。

6. 市场环境分析模块

分析市场环境是营业策划中的关键组件。在创新项目开展之前，创业家们必须提前进行深入的市场研究，通过如网络平台、微信、微博、电视、电台、新闻纸、杂志、宣传广告、会议、展示等多种方式搜集信息，并对产品的市场进行全方位和认真地分析。市场环境的分析主要围绕以下几部分。

1）政策环境分析

启动创业项目前，要仔细研究其是否合乎国家政策的扶持规定。一个优秀的创业项目应确保与国家产业扶持政策和地区发展策略保持一致，利用国家和地区的政策作发展的推动力，寻找项目是否处在有利的位置，有没有能力随风翱翔。在项目展开前，应深入研究创业项目所在领域和产业的政策走向，考虑是否具备政策支持，或者遭受政策限制，以及是否存在发展扶援资金或税务优惠政策。比如，如果你的创业项目是文化创新项目，而国家对此大力扶持，那就可以利用政策做大做强；如果你的项目是智能机器人研究，而国家正在极力推动中国工业 3.0，推出了对高端设备制造的支持政策，你有机会依靠这个政策之船开拓海外；如果你的项目是健康养老领域，而国家发布了很多鼓励我国健康养老产业发展的政策，那么市场发展就有很大的可能性。但如果你的创业项目会产生废气排放，带来能源消耗过大，对水资源产生严重污染等问题，与国家政策的发展方向违背，那么不建议执行这个项目。

2）市场容量分析

判断是否有足够的业务潜力以及发展空间，是一个创业项目在启动阶段必须进行的工作。初步的研究应包括了解相关的国家及地区产业扶持政策，但更为重要的是深入洞察市场的状况，识别市场中存在的问题、需求以及市场的大致规模。如果市场规模不足或需求不旺，将限制该项目的发展规模，进而影响整个项目的可行性。以市场规模为例，如果市场容量仅为 1 亿元且存在 10 家竞争对手，那么每家平均只能达到 1000 万元的利润。因此，必须深入考察市场的痛点、需求所在，包括需求的刚性和潜力，目标用户和潜在用户的数量，以及项目预期每年的销售额和市场容量、年度增长情况。通常来看，投资人倾向于选择市场空间不低于 10 亿元的项目，同时随着互联网和移动互联网的应用，投资人们对于市场容量在 30～50 亿元以上的项目更为看好。目前大量的参赛项目涵盖教育培训、智能机器人和智能家居等领域，因此，对于你的项目，其市场空间的考察分析也成为了关键所在。确定你所在的市场领域有多大的市场空间，是你接下来需要重点进行的研究。

3）竞品分析

我们需要知道哪些企业是我们的市场竞争者以及他们的状况。分析政策和市场潜力后，我们必须关注的重点是竞争者的动态。我们要清楚地了解竞争者的数量，他们所在地市场地理环境，他们的产品技术能力如何，产品和服务质量是什么水平，他们的产品定价是多少，推广手段是怎样，他们的商业模式是什么样，他们的优势和劣势，他们在资金、人才、技术、品牌、服务和销售通路等方面的现状如何，我们相对他们有什么优势和劣势，我们是否有领先他们的潜力，我们需要采取什么样的市场和营销策略来击败他们。当我们的初创企业进入市场竞争激烈的环境时，已有很多强大的竞争对手，我们需要对他们的产品、技术、研发、质量、服务、物流、价格、配送周期、市场策略、品牌宣传等进行深度研究，以便我们制定最适宜的市场策略。反之，如果我们进入的市场竞争压力较小，甚至没有竞争对手，我们需要确定合适的价格和营销策略，建立合适的商业模式，制定有效的策略，以快速占领市场，构建和塑造公司的品牌形象。我们可以在比较产品时，从不同的角度进行评估，如项目的科技能力、专利权、设计实力、研发实力、生产花费、功能表现、产品质量、产品使用时长以及产品的绿色环保性、安全性、易用性和低价性等。

4）产品定位分析

每个创业项目都必须具有明确的产品定位。这个定位需专注于目标用户和价格的设定，对产品的目标用户进行精确分析是精细化市场营销的关键部分。为了满足各种客户需求，我们应制定一套价格混合策略。我们可以从年龄、性别、收入级别以及教育水平等多个维度进行客户分析。

对于项目产品，制定合适的价格策略也是至关重要的，它是一种提升客户获取能力、增强市场竞争力的关键途径。定价过高则可能导致产品滞销，客户会选择其他选项；定价过低则会影响到公司的收益，甚至可能造成亏损。因此，在确定产品价格之前，必须先了解同类产品在市场上的价格，进行横向比较。基于项目产品的质量、功能、材质、独特之处以及服务价值，明确目标客户群体，然后规定出相对应的价格策略。

如果你的创新项目落在教育和训练领域，那么你可能需要从客户的立场更深入地进行分析。例如，如果是针对幼儿的教育训练，你需要考虑的是训练产品、形式及讲师构成；如果是针对基础教育阶段学生的训练项目，你需要考虑的则是培训课程设计以及训练体系建立；若是针对留学生的培训项目，你应当去思考合适的训练内容、形式以及焦点。谁将支付这些训练费用，是学生自身还是他们的家长；要设定多少售价才合适，是否单独销售还是套餐售卖，是否销售次卡、月卡、季卡还是年卡；如果同时进行线上线下训练，那么应如何操作和销售。你对训练项目的描述越详细、全面、透彻和完整，你对自己项目的理解也就越深入。

如果一个创新项目是关于健康养老，那么它的目标客户可能大多是 60 岁以上的老年人。那此时我们需要考虑的是：他们需要什么类型的产品或服务？是关于慢性病的健康管理，还是健康医疗；是家政服务，还是老年人亲情护理；是针对老年人的健康旅游，还是老年人的保健产品；是老年人的心理咨询，还是理疗按摩。然后，我们需要知道他们能接受哪些服务的产品，他们可以接受的价格是多少，是老年人自己支付，还是他们的子女支付。针对不同的购买者，我们应该采取什么样的定价策略。

如果你的创业项目是关于服装设计的，你需要从性别、年龄、收入水平来考虑各种产品和销售方案。例如，你应该如何设计男装、女装和儿童装，你应该选择哪种类型的面料，是否应该使用新型功能性纤维材料或碳纤维材料，针对不同季节你需要设计什么样的时尚产品，你的主打产品是什么，你的设计是标准化的还是个性化的？你计划生产全套服装，还是只专注于某几款产品？你需要通过确定顾客的定位来确定产品定位，并根据市场策略确定价格定位。所有的这些问题，比如如何操作，如何实施，都需要你仔细思考。

5）销售渠道分析

对于初创企业来说，产品的推销总是最令人头痛且棘手的环节。谈及大学生创业时，这个问题愈发显著。由于他们在校期间的生活学习范围有限，对社会的理解和体验并不深厚，无论是人脉生态还是销售渠道都略显不足。这意味着，即便他们有再优秀的产品，也难以销售出去。如果一家创业公司总是只有成本投入却没有销售收益，其现金流肯定无法达到预期。若公司连续长时间无法盈利，导致创业资金用尽，无法获得后续投资，公司的长期发展岌岌可危，甚至面临破产的风险。因此，初创企业必须认真考虑如何推销产品，如何运用和拓展人脉关系及销售渠道，如何利用现有销售平台，如何迅速建构自己的分销渠道，以及如何搭建个人的销售平台，并且应选择实战效果良好的创新销售模式。

7. 竞争态势分析模块

在创业规划阶段，对创业项目的竞争状况进行分析是必须的，这将促进对项目整体状况和实行可能性的深入评价。常见的竞争状况分析管理工具有 SWOT 分析、PEST 分析和波特五力模型。

1）SWOT 分析

实际上，SWOT 分析是一种全面综述企业内外因素的方式，以便评估其优点、缺点、潜在的机遇和风险。SWOT 分析可以清晰且全方位地展示创业者项目的优势和弱点，预测可能的机会和风险，识别竞争情况，实现对自我和对手的深度理解，强化内部稳固性以避免创业失败的目标。SWOT 分析工具的关键包括四个主要分析要素：优势、劣势、机会和威胁。

2）PEST 分析工具

实质上，PEST 分析工具是一种被普遍用于研究宏观环境的常用工具。宏观环境也常被称作总体环境，它囊括了所有能对各行各业及公司产生作用的元素。在进行宏观环境元素的分析过程中，不同的行业和企业会根据他们独特的特点和商务需求对分析的具体内容进行修正。PEST 分析工具主要由四个核心分析因素构建，它们是政治（Politics）、经济（Economy）、社会（Society）以及技术（Technology）。

3）波特五力分析模型

“波特五力”理论模型是由迈克尔·波特在 20 世纪 80 年代初期创建的，并在全球商业战略建设中产生了深远影响。这个模型是一个有效分析和理解竞争环境的工具。“五力”包括：供应商的议价力、消费者的议价力、潜在竞争者的进入难易程度、替代品的影响力，以及行业中现有竞争者的竞态力。

8. 风险分析与控制模块

在开始创业的规划中，对于风险的纵览与控制部分是至关重要的。这能帮助创业者精确地观察到可能存在的风险点，量化创业面临的风险大小，以及应该如何避免这些风险，同时设定相应的风险应对策略来管理创业中的风险。尽管如此，很多创业者对于风险分析的方法却知之甚少。通常，他们可以参照创业过程中最常见的六个风险因素进行深入的分析和详细的描述。

1）政策风险

在创业过程中，政策风险是最关键的因素。如果一个创业计划中含有大量的政策风险，那么无论其技术或者团队多么优秀，都难以成功运营并扩展。因此，我们需要认真分析政策风险，关键是看创业计划是否与国家的产业发展政策相矛盾，或者是否属于国家不希望发展的行业，如逐渐衰落的产业或被限制发展的产业。如果你的创业计划与国家的产业和环保政策有冲突，那么存在极高的政策风险。例如，你选择的创业计划如果具有大量的能源消耗和致污排放物，会对环境造成严重的破坏。由于我国一直积极倡导节能减排，支持绿色生产和生态建设，因此这样的创业计划具有很大的政策风险。所以，对于存在政策风险的创业项目，要保持警惕，努力降低政策风险。

2）技术风险

针对初创科技企业来说，首要的挑战便是技术风险，这一点需要特别重要地去分析和详细阐述。对技术风险的评定，主要得看创业项目的技术标准是否达到全国甚至世界的水平，是否拥有已申请的专利权或是软件版权等私有知识产权，能否得到授权，并且申请和授权的数量多少，能否使用这项前沿技术设立较高的技术门槛。在现代社会，技术更新的速度之快，有些技术甚至两年就会有一次升级，所以创业项目的技术寿命长短是极其关键的，一定要有清晰的认识和判断。通常来讲，理想的创业项目的技术寿命应该至少维持 5 到 10 年，或者更久。再者，是否可以持续进行技术研发也同样重要。一般的成长型创业企业都会采取“一代研发、一代生产、一代储备”的技术研发策略。因此，若想保证产品在技术层面的领先地位，必须保证不断地投入用于科技研发的资金。

3）人才风险

对于任何初创企业来说，人才流失造成的风险是不能轻视的。如果关键人员离开，创业进程将遭受严重打击并陷入困境。在当前市场竞逐已经趋于白热化的环境中，大型公司如 BAT 等通过高薪获取高层技术人才的行为屡见不鲜，这使得初创企业的技术和管理骨干难以抵抗诱惑，转行或离职的事件频发。另一方面，有的关键技术或销售人员掌握了公司核心技术和销售渠道后，会选择自立门户。在创业过程中，人才无疑是最重要和最难把握的资源，人才流动的风险随时存在。因此，任何初创企业都必须设计出针对关键技术人才和核心骨干的吸引力强、激励性的股权制度，同时也要有良好的技术保密条例。否则，一旦关键技术人才和骨干员工离开，产品研发、设计生产和市场销售将受到重大冲击和损失。

4）市场风险

新兴企业必须强烈关注市场风险，因为新技术、新政策甚至行业巨擘的崛起，都能给原来的市场格局带来变化。新技术的诞生可能会干预和替代旧有技术，改变消费者的购买行为，对市场需求构成大的冲击。例如，随着数码技术的诞生，人们已经不再依赖胶片相机，因为电子照片的储存不受胶片数量的限制，更多人开始频繁使用数码相机，柯达公司未能及时预见数码技术对胶片市场的打击，结果是连年的财务亏损。所以，针对市场风险，创业家必须进行深度分析，并预期制定风险应对计划。

5）管理风险

对风险的掌控是新创企业共同面临的问题。无论是新创企业还是其创业团队，常常耗费较长时间在团队协作上，以解决因为员工学历、能力和思维方式等差异所带来的诸多问题。另外，新创企业组织刚新建，员工常常不足，一般都是一个人多岗位多职责，高风险的岗位跨越使得冲突和矛盾时常发生。这种情况在大企业中并不常见，所以在新创企业中容易让人感觉到管理的混乱和不规范。因此，新创企业需要就公司制度、文件、项目、信息、战略、策略、研发、设计、生产、成本、价格、渠道、售后、财务、薪酬、品牌、人力资源、供应商等方面做好风险分析，并且要设定实际有效的管理策略与风险预案，以此来保证新创企业的规范、标准、合理和持续地发展。

6）资金风险

作为创业者，必须要深入理解和考虑到资金风险的严重性。资金就好比是公司的血液，如果没有足够的资金来支撑，创业公司将面对被迅速淘汰的危险。因此，资金风险应当是在构建创业计划时候需要仔细斟酌的一个部分。比如，有的创业项目的初始资金需求可能非常大，但是可以筹措到的资金可能很有限，使得项目的顺利推进几乎无法保障；有的项目也许需要半年，一年甚至更长的时间来实现盈利，在手头资金不足的情况下，企业可能被迫停止运营；再者，有的创业公司在刚刚起步的时候就没有注意节约成本，各种开支过多，再加上商业收入不佳，其结果只能是财务紧张，导致创业失败。同时，无法及时回收账款也会对公司的持续运营造成打击。基于这些可能会出现的资金风险，创业者必须在筹资、运营以及回款等各个环节进行全面分析，并提前准备好随时可能需要的应急预案和应对措施，以减小资金风险的影响。

9. 市场营销策略模块

新兴公司在最初就面临如何成功售卖产品，以及如何为消费者提供产品和服务的挑战，这直接关联到企业的市场推广战略。许多有创业想法的大学生并未接触过企业管理和市场推广课程，对于市场推广战略涵盖哪些元素，并且如何设定产品的市场推广策略并不清楚。为了更具条理性、系统性地整理市场推广策略，创业人士可以依据市场推广的活动和内容，将企业的市场推广策略按产品定价战略、分销渠道策略、营销策略、售后服务策略、市场宣传策略、竞品分析策略、知识管理策略、版权保护策略以及品牌创建策略等进行设计和设定。在市场推广过程中，如4P、4S、4C、4R 等许多现代推广理论都可以作为参考和实践，新兴公司也可以把这些推广管理工具进行组合使用。

近年来，因为市场竞争的逐渐激烈，营销策略同样也在向更深层次演进，除了可以使用 4P 等方法外，市场上也涌现出了许多具备很好实战应用效果的营销方法。例如，感性营销、互动体验营销、产品植入营销、口碑传播营销、事件营销、比喻式营销、饥饿式营销、会员专享营销、互联网+销售和衍生式营销等营销策略。当我们进行市场推广策略的设计时，可以根据实际情况将这些策略灵活组合使用。

1）情感营销策略

情绪营销的核心在于将顾客个体的感情差异和需求融进公司的品牌宣传策略中，通过如情绪包装、情绪推广、情绪广告、口碑和设计策略达成公司的商业目标。在这个情绪消费的时代，消费者选择产品不再只看数量、质量或价格，他们追求满足自己的情绪，寻找内心的认同。情绪营销是以消费者的感情需求为起点，唤起并触发消费者的情感需求，引发消费者内心的共鸣，将情感溶入宣传活动，让充满情感的营销在激烈的竞争中引人注目。实际执行中，情绪营销就是要和客户建立联系，分享情感，拉近距离，从情感层面影响客户，从情感层面促进销售。

2）体验营销策略

由 B · Joseph · Pinell 和 James · H · Gilmore 共同创建的战略地平线 LLP 公司源自美国，他们在 1998 年首次提出了体验营销的理念。他们对体验营销的定义是重新诠释消费者的感知、感觉、思考、行动和关系等 5 种元素并基于此制定营销策略。他们深信，消费者在购买活动中同时体现理性和感性的特性，而消费者在购买前、购买中以及购买后的各期体验是研究消费行为和品牌管理的关键因素。体验营销依靠观测、倾听、运用、参与等方式，激活并驱动消费者的感知、情感、思维、行为以及关系等感性和理性元素，并以此为依据重新设计和制定的营销策略。这种思考方式打破了对传统的“理性消费者”观念，相信消费者在购买过程中是理性与感性共存的，而消费者在购买前、购买中以及购买后的体验对于购买行为和品牌管理至关重要。目前许多产品都采用了体验营销的方式进行推广，比如开设体验店、让潜在客户试用产品功能，从而提升产品的销量。

3）植入营销策略

植入式营销的本质是以策略为导向，将产品或品牌，甚至服务内容以及相应的视觉元素，巧妙地灵活分布在电信剧、电影或电视节目中，目的是让观众在不知不觉中对产品和品牌形成印象，从而达到营销目的。植入式营销主要有四种手法：情景插入、对话插入、剧情插入以及角色插入。在各类具有媒体影响力的电影和电视中，植入式营销被广泛并且经常性地采用。例如，借助建筑场景，能展示出银行或酒店、饭店的品牌；通过角色驾驶车辆，能展现新车或豪车的品牌；通过角色的穿着，能展现某些品牌的服饰；通过角色购物，能展现某些品牌的香水、鞋子、包包、饰品；通过角色品酒，能揭示特定品牌的酒。借助电影、电视剧、微视频等多媒体手段，可以将植入式营销发挥到极致。

4）口碑营销策略

口碑营销便是公司在研究市场要求的过程中，为用户供应所需的商品及服务，并构筑一套口碑宣传策略，这样可以使得消费者自发传播对公司商品和服务的正面评价，以此让公众通过口碑认识商品、打造品牌、提高市场知名度，最终实现公司的产品销售。口碑就是指大众对特定公司或其产品信息的理解、看法、评判，并在各类公众集群中相互流传。口碑包含三大要素，首先是体验环节，即大众对公司或机构的相关信息的理解、看法、评判；接下来是传递环节，即传递过程中的案例、意见等传递素材；最后是公众对其的认可环节，即好坏评价。形成良好口碑需依赖商品的质量、服务等为消费者提供愉快的使用体验。目前口碑营销非常普遍，像网上对电影的评价、对书籍的评价，对美食的评价、对餐馆的评价、对旅游的评价等，都算是口碑营销的一部分。

5）事件营销策略

Event Marketing 在英语里即是我们平时所称的“事件营销”或“活动营销”。这项营销策略让公司能通过计划、筹备及运用具有新闻价值、社会影响和明星效应的人物或事件来吸引媒体、社会团体以及消费者的兴趣和关注，以提升公司或产品的知名度和声誉，构建积极的品牌形象，以促使产品或服务的销售。事件营销在全球范围内深受喜爱，是一种整合了新闻效应、广告效应、公共关系、形象传播和客户关系等元素的公共关系传播和市场推广手段，为新产品推广、品牌展示提供了绝佳的机会，有助于建立品牌认知和品牌定位，也是一个迅速提升品牌知名度和声誉的有效方法。由于互联网和移动互联网的飞速发展，为事件营销带来了众多机会。利用电视媒体、网络媒体、微博、微信、微信朋友圈和微信直播，人们能轻松地传播一个事件或话题并激起人们的关注，许多成功的事件营销案例就足以证明这一点。

6）比附营销策略

依附比对策略是一种引领者推销的极效方法，它可以使目标用户迅速理解市场战略、引发关注并进入购买阶段。在这种策略下，尽可能地建立与业内知名品牌的某种联系（例如搭上知名品牌的马车），然后进行比对，即使接受自身稍逊一筹的事实，这种方法的核心观念是：①搭上知名品牌的壮大阵容，承认自己稍微逊色，观众会觉得我们是诚信可依赖的，没有夸大其词，由此更容易获得观众的信赖。②当我们的品牌与顶级品牌同时展现在一个广告环节，加上我们广告宣传的指引，消费者会自然地将我们的品牌和顶级品牌联系在一起，并且在无意识下，将对顶级品牌的信赖感转移至我们的品牌，从而使那些对我们的品牌不熟悉或者不信任的消费者开始对我们的品牌产生认同和信任，最后达成购买意向。

7）饥饿营销策略

饥饿销售这个策略在卖方中十分普遍，企业刻意减少生产量，以实现对市场供求平衡的把控，创造产品短缺的“虚象”，还能维持商品的高价和利润。这是一种通过控制市场的供应和需求以改变商品最终售价，以便达到价格提升的目的的手段。操作其实很简单：打上诱人的低价标签，吸引可能的买家，然后限定商品供应，人为制造商品短缺的销售噱头，由此提高商品价格，赚取更多利润。然而，“饥饿销售”的最后成果并不在于价格的调整，而在于由品牌所带来的额外价值。目前，手机品牌、汽车品牌和房地产开发项目在销售过程中最常采用这一方法。

8）衍生营销策略

近年有一种兴起的营销方式叫做衍生营销，它的主要运作模式可以被形象地描述为“把羊毛长在猪身上然后让狗买单”。换而言之，销售产品时，并非直接通过销售给消费者赚取资金，而是盈利于这项服务所带来的副产品。如你举办健康养生训练课程，无需从学员那儿收取培训费用，但可以在训练场地摆设与课程相关的健康养生书籍和保健产品，通过提供免费训练机会把学员聚集起来，顺便销售这些书籍和产品以获取收益，该营销方式比直接销售更为简单直接，且利益可能还超过收取培训费。

10. 三年发展规划模块

在创业领域，初创企业生存率极低，能存活的都是英勇无畏的。根据媒体的数据显示，创业公司有超过 95%在三年内倒闭。对于新创公司来说，能够熬过这个关键的三年期，具有重要的意义。因此，创业公司首当其冲的挑战就是如何才能熬过这三年，如何尽速完善产品，如何去扩充生产和销售的规模，如何具体寻找到亏损变盈利的商业模式，如何产生持续且稳定的资金流。行业内有一种说法，大公司要做得更大更强，而小公司则应专注于做好自家的产品与服务，优化商业模式，提升市场竞争力。因此，大学生在创立公司时，应该精心制定公司的三个阶段的发展规划，尤其是前三年的发展规划，对公司的发展理念进行规划，搭建公司的发展框架，优化公司的管理体制，建立一个良好的创业基础。

公司应在前三年内，抓紧时间打造和协调创业队伍，增强团队成员的素质和技能；需要持续完善创业项目，探索创新的商务服务方式，以提升公司的市场竞争优势；需要努力提高市场份额和覆盖面；需要增进社会关系并建设销售通道；必须加强企业的诚实信用，并重视公司品牌和形象的塑造和推广；还需要持续集成、优化和配置资源，将资源转化为竞争和生产的动力。

启动的企业尽管规模小，但设施配套，拥有基础的组织构架和各职能部门，经营的领域也多样化。因此，必须提前规划好公司的发展蓝图，以此为公司的运营和成长搭建稳健的基石。

11. 项目融资与筹措模块

仅凭技术和创新想法并不足以成功创业，还必须有启动资本，有创业基金。人们普遍认为，资金就好比是公司的血液，保障了公司的正常运作。倘若没了充足的资本，公司就可能无法进行常规的业务活动，有可能会破产。大学生若想独立创业，必须有充足的启动资金。在开始创业项目之前，创业者必须先明确需要多少启动资金，接着再琢磨有哪些筹款途径或方法，通过怎样的方式来筹备资金，这些都需要在计划书里写清楚。

12. 项目财务分析模块

企业发展计划中，财务分析成为了关键的步骤，无法避免。三份核心的财务报表包含：资产和负债的报表、收益报表以及现金流报表。

资产负债表，也就是所谓的财务状况表，是一种显示公司在特定日期财务情况的表格文档。该文档揭示了公司的整体规模和财务构成，包括资产、负债和所有者权益，使得读者能在最短时间内了解到公司的运营状况。特定日期的财务状况就是公司运营活动成果的直接反映。深度分析资产负债表，可以全盘洞察公司的短期偿债能力、经营稳定性、风险管理能力，以及公司的总体运营管理水准。在遵循会计平衡原则的前提下，资产负债表将符合会计原则的资产、负债、股东权益科目归类为“资产”和“负债及股东权益”两大部分，在进行账目处理、转账、分类记账、预算和调整等会计操作后，最终在特定日期内产生一份简洁的报告，反映了公司的实际情况。

收益报表还称为收支对照表或者现金流量表的收益表，它详细描述了某企业在一段特定时间里的盈利状态。这就是一份能体现某特定会计周期内运营成果的报告。借助收益报表，我们就能明确企业在特定会计期间的收益、支出，以及利润的多少和构成，深层次地解读企业的营业业绩，从而评价企业的盈利潜力和利润增长趋势，为制定经济决策提供准确依据。

现金流量表，亦称作财务状况变动表，其目的在于揭示一个特定的时间周期（例如一个月或一个季度）中，公司现金（包含现金等价物）的增减状况。这张表格主要是用来评估公司的短暂经营能力，尤其是偿还债务的实力。该现金流量表是一份反映公司在某一时间段内现金收入和支出变化情况的报告。它的组成部分和资产负债表、利润表保持一致。通过现金流量表，我们可以得出经营活动、投资活动和融资活动对公司现金收入和支出的影响，对于评估公司盈利、财务状况和财务管理，相比于传统的利润表能提供更精准的依据。现金流量表有助于确认一家公司的经营表现是否良好。

创新大赛的评委在浏览计划书的时候，财务分析及报表是着重考察的一部分，因为这一部分可以说明很多问题，无论项目的营销模式是否精妙绝伦，最终还是看公司的财务说明情况。一个项目好不好，通过财务报表是可以看出来的，所以财务分析这一块非常重要。在学校，很多参加创业比赛的学生没学过财务知识，最好招募一个懂财务知识的人来完善项目财务内容。

13. 团队股权结构模块

企业的股权结构包括企业的股东数量以及各个股东的股权份额。大学生在筹备创业计划小组时，应预先明确股东数量和股权份额。选择创业伙伴至关重要，伙伴之间必须在价值观念上取得一致，以便在各自的专业技能上达到互补，在资源管理上实现合理优化，这样才能协同配合，从而实现创业目标。

普遍认为，合作伙伴的股东人数适宜在 2 ~ 10 人之间，股东的数量不应过多，防止在召集股东大会时出现意见混乱，导致观点缺乏一致性等问题，最终耽搁公司决策，妨碍公司的常规运作。

这一项，可以不阐述得很清楚，但是不能乱阐述。不良的股权分配会导致大赛评委对项目的不认可。若公司对股权分配这一块没有特别的要求，可以找一套标准的股权分配方案来完善计划书的内容。

19.8 创业计划书撰写要求

当前许多创新创业竞赛都需要参赛者提交创业计划书、创业项目 PPT、1 到 2 分钟的创业项目介绍短视频以及创业项目相关的信息。特别是，创业计划书在创新创业竞赛中是个关键的项目评估文件，其编写的优劣程度直接关联到项目评审的得分。根据作者多年的参与创新创业竞赛评审的经验，建议参赛者在创业计划书中特别强调这 9 个方面：规范性、创新性、盈利性、融资性、示范性、带动性、政策性、真实性和落地性。

1. 规范性

创业方案是由众多部分构成，每一部分都是其关键组件。参加创新创业比赛时，最为关键的是依据创业方案的标准模板来阐述项目内容，绝对不能遗漏或错误，否则可能会造成项目内容描述不全，编写不标准，关键内容无法看到，项目优势也不明显。因此，你在撰写创业方案时，必须确保每个模块的完整性和规范性，并按照每个模块的内容进行详细描述。

2. 创新性

目前的创新大赛并不只针对创业，而是寻求创新和创业的结合，对于我们参赛者来讲，必须要关注创业项目的创新性。因为创新的概念非常抽象，许多参赛者并没有科研经验，不清楚如何阐述项目的创新之处，以抓取创新元素。

3. 盈利性

在编写创业方案的过程中，创业者必须深度探讨并精确分析项目的盈利潜力，以吸引专业评估团和投资人的关注。务必将项目的盈利能力凸显出来。详细的财务数据可以帮助说明这一点，关键在于准确地揭示关乎利润的关键财务指标。比如，项目的销售状况如何，销售收入的具体数字是多少，利润总额是多少，每月或每季度是否有稳定的正向现金流入，项目的年度销售数量和净利润的增长比例是多少，投资回报率和投资回收期限是多长时间等。

4. 融资性

当前，项目融资能力的存在是大赛组委会和投资人非常关注的重点，竞赛项目必须在创业计划中展示其融资能力。然而，许多参赛者并不明白什么样的创业计划具有融资能力，他们不明白投资人的喜好。通常，投资人喜欢投入少，见效快，附加价值高的项目。在投资领域里有一种通行的理念——人比项目更重要，即便再好的项目也需要有人去操作和执行。

5. 示范性

在进行创业大赛的评审中，一个项目是否拥有示范性是评委们关注的焦点。你的创业项目实施完后，能否产生示范效果，能否适用于在大学、行业和某个区域进行推广，都是评审团的重点考察指标。因此，在检查自己的创业计划书时，必须分析自己的项目是否具有示范性，并紧密围绕如何清晰高效地展示这种示范性进行描述。例如，如果你的项目是利用无人机在高速公路上进行路况监控，那么其就具有普遍适用性，既可以应用于城市交通路况检查，也可以用于景区游客流量分析，甚至是海上渔船的监控。同样，如果你的项目是英语教学机器人，它的示范性不仅限于英语或数学教学，也可以扩展应用于少儿益智科普项目。

6. 带动性

在创业大赛中，评委会非常注重项目的推动力。即你的项目完成后，能否鼓励更多的人参与进来，是否有潜力引导他们一同创业就业。因此你需要深度评估自己的项目，强调其推动作用。例如，我们的一个公益项目旨在扶持教育贫困，我们通过为偏远贫困山区的孩子提供电脑和网络知识的培训，同时教导他们如何利用互联网和物联网技术构建电商平台，销售家乡特产。这样不仅激励他人参与公益项目，也能对偏远贫困地区的孩子的创业就业产生推动作用。同样，我们的一个提供兼职信息服务的平台项目，通过推荐兼职信息，能帮助其他同学实现社会兼职。这种项目就具备强大的推动力，能引导其他同学通过社会兼职达成创业就业的目标。

7. 政策性

符合国家的产业援助政策对创业项目至关重要，这也是竞赛评委们在评审时格外关注的部分。假如你的创业项目与国家产业政策或地方扶植政策的方向背道而驰，不论你的项目多么出色，收益能力多么优秀，也很难在评审中获得高分。比如说，你的项目是一个产生废气的冶金项目，而我国当前正在全力推进环保建设，执行蓝天保卫行动，各地都在进行空气污染治理，那么这个项目显然是违反了国家产业和地区扶植政策的方向，即使该项目的财务收益很高，评委依然很难给予高分。

8. 真实性

验证创业计划数据的真实性和可靠性是评委们关注的焦点。近几年，很多竞赛项目用到的市场统计资料、研究资料及调研资料的来源都不明确，没有详尽的来源和财务数据的计算过程，这使得项目信息中的数据真实性难以保证。如果在市场分析时，你无法引用政府权威部门提供的统计数据，或者是知名咨询机构的研究报告中的数据，项目所提供的财务数据又没有合理的推演和解释，那么审评专家就会因数据真实性的问题而扣分，我们必须对这一要点给予高度注意。

9. 落地性

创新创业项目的实施可能性是主办方集中关注的焦点。主办方领导们期盼得奖的优秀项目能顺利开设公司，并在经历创业孵化之后能够繁荣兴旺，成为鼓舞他人创新创业的范例。因此，比赛评审对项目的实施可能性也非常重视。如果你的项目发展看好，拥有强大的发展潜力，你一定要竭尽所能围绕项目未来发展进行介绍，力争使评审给出高分。

19.9 创业计划书撰写技巧

根据创业计划书的内容，依次对创业计划书的版块进行一定的分析。

1. 策划书摘要（2 页）

摘要主要是用来介绍做什么的？需要清楚明了，一般 2 页，不可过多，但是一定要讲清楚、逻辑要清晰。摘要后，再放目录，进入正文。

摘要主要内容包括：

- 产品或服务特点。
- 市场分析要点。
- 商业模式。
- 市场营销策略要点。
- 商业模式分析要点。
- 融资与财务。
- 风险控制。

2. 产品与服务（4 页）

在产品与服务版块，需要解决具体需求。场景化、具体化要建立在用户调研基础上，同时需要考虑产品可否继续改进。主要包括内容：

- 技术先进程度（专利、标准）。
- 产品与服务特色。

- 与现有比较。
- 与竞争对手比较。
- 产品的市场价值与客户价值。
- 产品的可扩张性。
- 技术的可转移性。

在对于产品的描述技术上里需要能够在极简短篇幅内讲清楚产品或服务的相关问题：

- 目标市场：产品或服务是针对谁提供的？
- 产品定义：产品是什么，属于什么品类？
- 核心产品：产品服务提供的核心利益，满足哪些需求？
- 产品描述：产品形体如何，有哪些功能，为顾客提供哪些价值？
- 产品创新：与市场已有产品服务有什么差异？
- 竞争优势：与市场同类产品或替代产品相比有什么优势？
- 技术含量：产品技术是否先进和成熟，技术含量是否足够高？
- 产品生产：哪些事自己做，哪些通过外包或策略联盟做？

3. 行业及市场分析（4 页）

主要内容包括：

- 行业的现状（关键要点出机会）。
- 市场特点与市场潜力。
- 市场的可扩张性。
- 目标市场在哪里？
- 消费习惯、消费方式。
- 未来趋势与政策的影响。
- 竞争的优劣势分析（PEST、SWOT 分析等）。

这里需要记住，整个创业计划书的核心都是发现问题，找到需求，解决问题。很多人在分析行业和市场的时候，无体系、无个性、无素材、无时间。在这里需要大家系统调研、建立知识体系、选好模板；排版上突出个性内容；建立企业级素材库、目录管理；提前规划时间、坚持自己写。

4. 组织与管理（3-4 页）

主要内容包括：

- 公司架构（名称、主要股东、董事会成员）。
- 团队成员特点与经验。
- 新员工的招聘与来源。
- 如何进行管理。

在组织管理版块，有一个很重要的内容就是介绍团队，那么怎么介绍核心团队呢？①核心成员的简介；②列出曾经工作的公司名字，并突出重要成果；③如果聘请了知名的顾问，把名字也列上。

例如，CEO 王 XX 在管理、技术开发、销售、团队管理等方面经验丰富，他主导了很多实习活动，是我们团队的领军人物。

改后：CEO 王 XX 曾经是淘宝客户部的高级实习员工。在淘宝实习工作期间，他领导 10 人校园团队，实现收入超过 20 万元，名列实习团队第一名。在此之前他还曾在 2017 湖北省营销策划大赛中组队获得银奖。

当然，在介绍核心团队时，需要附上照片。照片并不需要一定用证件照，但是需要清晰的照片，尽量去专业的地方拍摄。

5. 产品或服务的制造（3-4 页）

主要内容包括：

- 厂房自建还是租赁。
- 原材料的来源。
- 生产工艺。
- 设备的来源。
- 生产量。
- 成本控制。

6. 商业模式分析（2 页）

主要内容包括：

- 价值定位与价值主张。
- 渠道特点。
- 盈利点。
- 商业生态系统如何。

此版块重点在于商业模式是否可验证，是否可复制，是否清晰。一定要论述清楚，但是度也要把握好。例如是否可验证，是否可复制在创新创业这一块本身就有一定的矛盾，不能验证不可复制的一定是失败的商业模式，但是可以验证可以复制的。在答辩环节容易被提问，这种做法大家都可以模仿，当别人模仿后，你又怎么保持你的优势呢？所以在商业模式这一块？一定需要把握好，商业模式可验证可复制，但自家的团队也要有一定的特殊性，在运用商业模式的时候更有优势。

在是否清晰这一块，给大家列出商业模式的 9 大模块，同学们可以对应去思考。

（1）价值理念。产品/服务能够提供给用户怎样的价值。展现出统一化/定制化的服务解决策略、广泛/有限的产品线。

（2）对顾客进行分割。这是在市场分割之后所针对的购买者群体。具体来说可分为本地/全国/全球、政府/商业/个体购买者、普通民众/跨部门/细化市场。

（3）分销路径。描述用于接触和将价值转化为目标顾客的各种方式。展示形式有直接或间接、单一或多路径。

（4）与消费者的沟通。详细阐述了与消费者建立的联系，这主要依靠信息的互相流动和回响。特征有交易性和关系性、直接衔接和间接衔接。

（5）利润获取（收益渠道）。描绘出通过多种收益形式建立财富的路径。展现出稳定/可变的价位、高/中/低的盈利比例、高/中/低的销售额、唯一/多元/变通的销售途径。

（6）主要资产。概括实行商业方案所需的主要资产和能力。如科技/专利、品牌/成本/品质优势。

（7）核心业务。阐述了业务流程的设计与资源的分布。展现出规范化/灵活的生产系统、有力/较弱的研究开发部门、效率高/效率低的供应链管理。

（8）这是指与其他企业或团队建立的协作网络，目的是为了更好地创造价值，这一网络的表现形式包括上下游合作伙伴、存在竞争或互补关系的企业、加入或未加入的联盟。

（9）费用构成，也就是对采用某种商业方式的资金状况的描绘。主要表现在静态/动态开支的比例、高/低经营杠杆。

7. 营销渠道与策略（4 页）

主要内容包括：

- 现有渠道。
- 你选择的渠道。
- 渠道的创新性。
- 营销策略可以围绕 4Ps 来进行。
- 与数字化策略如何结合。

8. 融资计划（2 页）

主要内容包括：

- 需要融资吗？
- 融资依据？
- 如何融资？
- 融资多少？
- 外来资金的控制权问题。

9. 财务管理（3-4 页）

主要内容包括：

- 盈利性如何？
- 投入产出比 3 ~ 5 年。
- 计算依据。
- 管理的规范性。
- 上市吗，什么时候，怎么样上市，在哪里上市，第几版上市？

10. 风险评估与控制（2 页）

主要内容包括：

- 风险多大？
- 怎样控制风险？

11. 项目进度与实施（2 页）

主要内容包括：

- 项目的进行程度如何？
- 怎么样实施？
- 未来怎么发展？（发展战略）

【实践训练】

【训练 19-1】 选择合适的创业项目

同学们，请根据以上的学习，来选择合适的创业项目吧！参考以上所学，选择以下两个项目作为创新创业大赛的参赛项目，分析项目选择的合理性和项目实施的可行性。

项目一：心狗健康心电血压可穿戴监护仪。心血管疾病是危害人类健康的第一顽疾，同时也是我国城乡居民的首要死亡原因，目前对心血管疾病的预诊断主要是通过心电图来实现的。主流的心电监护仪具有价格昂贵、体积大、携带不便等问题，不利于患者在家中进行心血管疾病的预诊断。心狗健康心电血压可穿戴监护仪是一种基于移动端和云技术的先进诊断设备，它利用手机作为心电信号的显示，配合心电和血压模块实现测量心电图和血压，并对 10 种心血管疾病在线评分，结合专家系统迅速给出就医和饮食建议。该产品由上海沪新信息技术科技有限公司经过 10 余年研发，成功通过测试，已经申请了 10 余项专利，6 项计算机软件著作。掌握多项核心技术，使竞争者无法模仿。

项目二：路云公路健康管家。由上海莫威交通科技有限公司开发，旨在打造道路健康管家，检测道路病害，为养护服务提供数据支持。它建立了从快速数据采集到云端数据管理公路养护系统，最终实现养护决策服务智能化。通过自主研发的路面平整度快速检测系统可降低传统激光仪检测方法 50%的设备费用，且可实现每日 350 公里公路的快速检测，同步推出数据管理云平台，实现数据的移动互联管理。

【训练 19-2】 撰写出相关项目的创业计划书

相信同学们经过选择项目的实训，对项目选择这一方面的能力已有所提升，那么请同学们自由组队，根据自己的兴趣以及所了解的行业，选择一个属于自己的创新创业项目，并开始撰写项目的创业计划书。

任务二十　制作大赛 PPT

【任务探究】

【任务 20】 如何制作符合要求的大赛 PPT

在创新创业大赛网评中，见参赛材料如见项目，如何制作一份让评委青睐的 PPT 呢？

PPT 的组成是由封面、目录、过渡页、内容页、结尾页等 5 部分组成，PPT 的制作流程则是从“模板选择—大纲整理—内容填充—排版美化—保存备份”这 5 个方面依次进行。

【研究交流】

【探讨 20】 如果你是评委，你会选择哪个项目？

以下是两个项目针对各自的项目痛点的表达方式，请同学们观看并思考，如果你们是大赛的评委，你觉得哪个项目更用心？

请同学们探讨一下，你们觉得这两个项目中评委会更喜欢哪个项目？如果只看 PPT 的话，你们觉得评委会选择哪个项目呢，为什么？

【知识梳理】

20.1　“挑战杯”中国创业计划竞赛中 PPT 的分类

项目 PPT 根据提交的阶段不同可以分为初审 PPT（网评 PPT）和路演 PPT，这两个完全可以相同，没有明确要求区分为网评 PPT 还是路演 PPT，但是，为了能让我们的项目展示效果更好，可以根据项目提交的阶段去有侧重点的调整 PPT。

1. 初审 PPT

网评阶段，项目提交的初审 PPT（即商业计划书 PPT）是重中之重。它是评委评分的首要依据，评委通过网评 PPT，快速了解项目全貌及优势亮点等，据此对项目进行评分。网评时评委要评的项目很多，不建议大家事无巨细地往初审 PPT 上放太多内容，正确的做法是清晰地展示项目所属比赛要求的所有内容，并把重点突出显示，以确保评委能快速看懂项目，发现项目亮点，避免出现因内容缺失导致评委不好评分的情况（比如有些项目 PPT 中不放商业模式或团队介绍），页数建议 20 ~ 30 页。

2. 路演 PPT

进入决赛路演阶段，项目要用路演 PPT 进行现场路演，并回答评委的提问。此时展示的路演 PPT 是商业计划书的精华概括，要能配合路演人 5 分钟的讲解，让评委迅速发现项目亮点，给评委留下深刻印象。

路演 PPT 在内容上不求全面，但求精练，展示的一定是项目最核心的内容，并配上精美的排版设计，给路演人的路演充当最给力的助攻。页数建议在 20 页以内。

20.2 初审 PPT 的结构

1. 内容更详细

初审 PPT 是给评委直接看的书面材料，项目成员不能进行讲解，所以为了能让评委看懂，内容要比路演 PPT 更详细，标题等必要的文字说明不能少。

2. 内容逻辑性强

必须保证让评委能快速看懂项目，通过标题、大纲等设计，层层递进，清晰展示项目信息。

3. 排版简洁即可，不要有动画

初审 PPT 的排版可以不像路演 PPT 那么精美，但页面一定要是简洁的、清晰的，看起来舒服的。并且网评时，评委浏览 PPT 基本在大纲页进行，不会点开播放，如设计过多动画效果，特别是图片/文字叠加动画，页面会显得混乱，不建议设置动画等复杂效果。

初审 PPT 的结构与各自计划书结构相符合，基本上就是各自计划书的 PPT 版本。只要是项目计划书里包括的内容，在初审 PPT 上就要有所体现，PPT 的表达内容尽可能地全面且详细。

20.3 初审 PPT 的评审维度

1. PPT 字体大小

PPT 的字体大小问题几乎每一次比赛都会有同学出现问题，不是太大就是太小，而这类 PPT 的比赛成绩一般比较差。原因很简单，字体太大呢，PPT 不美观，显得不精致，就更加体现不了用心，评分自然不会很高。在电脑上看和在纸上看图片及文字感觉是完全不一样的，如果字太小，评委看着吃力，那么他会选择干脆不看，这就会导致评分下降。

解决办法：

（1）字体应尽可能大，同时注意标题字体和正文字体大小的区别。

（2）正文中的重点内容进行加粗或者利用醒目的颜色标注。要记住，你要通过 PPT 让评委迅速抓住你项目的重点和亮点，而不是看了半天，还看不清字。

2. PPT 字数多少

可以想象得到，如果一页 PPT 中全是文字，评委一眼都不会认真看的。初审阶段一个评委一天就要看几十份、上百份 PPT 和计划书，有些评委想快速浏览项目，就会选择先看 PPT，但如果 PPT 上都是密密麻麻的一连串文字，那还不如去看计划书，至少还有目录。

解决办法：

（1）找过你的关键词，并且提炼出来，展示的时候，只展示关键词。

（2）利用数据、图表与文字结合，甚至利用图片也可以。

（3）在一页 PPT 中，尽量不要出现大段阐述，要学会精炼表达，让评委迅速抓住你项目的重点和亮点。

3. PPT 重点不突出

在一个 PPT 中把你的项目特点、项目亮点、项目优势、项目创新、项目盈利等讲清楚很重要。如果你在 PPT 里不能精准地展示出项目亮点与项目优势，不能突出创新性、成长性与特色，就注定是不会获得高分的。所以：

（1）PPT 一定围绕商业计划书展开，它是商业计划书的精髓概括，是你提炼出的精华。

（2）要有理有据，条理完整，逻辑通顺。

（3）清楚内容的取舍。

4. PPT 的内容部分缺失

一个完整的 PPT，至少要包含起始页、结束页、创业团队、产品服务、市场分析、风险分析、竞争分析、发展规划、财务分析商业模式、核心技术等。

PPT 简单来说就是对商业计划书的一个精华的提炼，目的是让评委能快速认知你的项目，并且对你项目产生兴趣。

我们不可能把商业计划书的东西都搬过来，但是一些主要的模块都要有，如果内容有缺失，比如项目团队落下了，那么你可想象一下，单纯地从比较方面来看，别的队伍都有团队介绍，而你的没有，评委可能直接就会评价为内容缺失，那么评分自然也不会高。

20.4　路演 PPT 的结构

路演 PPT 不会像初审 PPT 那样将项目计划书上每一个板块都搬上来。路演 PPT 必备的模块，有以下内容：

1. 起始页

大标题加上符合项目的标语。

2. 市场痛点，强调问题严重性以及竞争对手无法满足市场需求的客观事实

你要写出你的市场很大，让评委动心。市场痛点是什么，你是怎么解决的，为什么人们有这个核心需求，你的项目到底解决了市场上什么问题，给人们带来了什么便利，你的目标客户有多少，你的潜在客户是哪些群体？你的市场空间和潜力等，要分析透彻。你不需要都体现出来，结合项目特色体现出你优势的部分即可。

3. 市场分析，描述客户、市场和面临的问题（暂时不要介绍你的产品）

体现出你项目面临的市场是蓝海、红海还是血海。这里多关注市场痛点。要将项目创意的来源说清楚，介绍当前的市场环境，针对市场痛点有哪些市场服务需求，针对这个需求有多大的市场机会，然后开始展开你的项目介绍。

可以从市场价格、产品质量、产品性能、产品安全、服务质量等角度来分析痛点。

比如大学生校内兼职或者校内二手交易是不是就是一个痛点？没有一个规范的、流量大的平台来提供这个渠道，大多是通过一些互助群等。再比如英语口语的学习，就存在很大的市场痛点，没有学习地方，没有专业的知识体系，没有大块的时间等，由此诞生了英语流利说。再比如你是

做农产品的项目，那么市场上就有个很大的问题：不打药，农产品长不好而且产量低；打药，对人身体有危害，对农田有危害，但是农产品产量高。你就可以根据这个痛点，来设计一些服务或者产品。比如共享农村，让城市的人体验种菜，提供休闲娱乐的同时享受干干净净、健健康康的农产品，可以让城市里的人们在忙碌之余，周末抽时间到乡下来耕种，并且通过物联网技术可以实时监控，精准栽培等。

4. 消费者是谁

这一部分需要你来进行详细阐述。你将如何获得客户？你已经获得哪些客户？

多放数据和图表，这个会比干巴巴的文字强得多。比如你做的项目是关于养老的，就可以放一些关于老龄化严重的图表分析。图片会有很强的冲击力和说服力，能打动评委。

项目的产品与服务是评委的重点关心内容。在这一部分需要把握几个重点，如产品的设计与生产、知识产权、核心技术、亮点。

产品的设计与生产可以体现出你项目的落地性，真实性。你要在 PPT 中表达清楚你的产品是如何设计的，怎么想到的，谁设计的，创新点是什么，生产的渠道和销售的渠道是什么等。

知识产权也可以是你一个项目的亮点，如果你有发明专利就最好了，没有也没事。你要写出你的技术壁垒，就是别人为什么不能很快地做出超越你的产品。

核心技术，你用了哪些技术，核心竞争力是什么？

亮点，你产品的创新点是什么，采用了什么创新，能解决哪些问题？这通常是评委比较感兴趣的地方。俗话说好看的皮囊千篇一律，有趣的灵魂万里挑一，你的亮点就是你项目的灵魂，一定要抓住评委眼球。

5. 核心团队

介绍顾问专家和指导教师，按顺序解析他们的学术荣誉和社会身份，以及他们将如何为项目提供指导。接下来，介绍团队的构成，通常由 4 个人组成，包括管理者、技术研发工作者、市场营销工作者（通常有两个）。

负责管理的领导需要分享他策划一些重要活动的故事和心得，以便能让评委确信他拥有出色的组织才能，并有能力妥善处理这个项目。

技术开发团队则需要展示他们手中的专利或技术突破，以凸显他们的专业实力。

营销人员需要展示他们的产品推广技能以及在某些商务活动中的销售成绩，他们具有强大的市场推广实力。

请务必记住，避免去描述团队成员的个人爱好等无关项目的内容，这无助于项目，也可能给评委们塑造出不专业的形象。

6. 竞争分析

面对市场上的竞争产品，你的核心竞争力是什么，为什么你能占据市场，要有理有据地讲清楚。

举个例子，产品优势方面，你可以写你产品用了哪些别人不具备的材料，你在你产品上做了哪些创意能提升生产效率。你产品的美观、实用、功能、环保等的优点，你产品运用了哪些高科技的技术，结合了多少专业的知识等。

7. 财务分析

重点放在盈利模式上，比如收入来源，各阶段的目标及安排计划。你公司的现金流，你的资产等。

如果你的项目是创业组，那么一定要说明有收益，就是能赚钱，赚了多少钱。

如果你真的有财务收入，那么建议在 PPT 中将年销售额、利润，毛利以及增长曲线体现出来。

如果你是初创，那么可以预测第二、第三、第四年的收入情况，在 PPT 中展现出来并加以说明。

8. 发展规划

你的愿景必须具备强烈的驱动力，评审团将由此去察觉你产品的潜在价值以及对将来的把控能力。该部分你需要阐述的是你的创业团队构建情况，比如招募具有特定技能和经验的顶尖人才。也需要描述你的发展战略，例如，在若干年内完成特定目标的计划。同时，你需要对产品策略进行表述，是否根据市场需要做出持续的调整，制定出产品从 1.0 到 2.0、3.0 的发展阶段计划。建议加入一张表格，使你的规划清晰可见。

9. 核心优势

比如拥有自主知识产品，有多少项发明专利，多少项实用新型专利，多少项外观专利。比如在技术上，你哪个技术是国内领先的；在生产工艺上，可以控制成本；在产品迭代上，你们的产品更新快，市场适应能力；以及你们有什么资源是别人没法比的，都可以写上。

20.5 路演 PPT 的评审维度

1. 项目陈述评分标准（10 分钟，50%）

产品/服务概述：全方位且中立地描述和评估产品/服务的特性、属性以及市场潜力。

市场研究：实施了对市场的深度挖掘，并对挖掘成果做了严谨和科学的解析。

公司的短期与长期发展计划以及适应各种时期的营销策略都是公司的战略和营销手段。

对于本企业的团队实力有深入了解，并且对团队的营运管理特性有全面把握，对公司的经营状况和组织架构也有清楚的理解。

商业经济/金融状况：无论在哪个经营阶段，该企业的经济/金融状况都依然清楚易明，经济/金融报告非常严谨。

计划与收益：存在经过深思熟虑且坚实可行的商业资金筹措计划，同时也对公司的资本收益率进行了评估。

对企业运营可能出现的重大风险和问题的预先探究和研究：对企业在运作过程中可能会面临的显著风险和问题进行了预先思考和分析，并配备相应的实质性应对策略。

2. 现场问辩评分标准（5 分钟，40%）

确保对评委的问题有正确的把握：对评委提出的问题的核心意思有清晰的认识，给出的回答应具有针对性而非含糊其词。

在评委提问完毕后能立刻给出答案，而且答案内容有条不紊，逻辑清晰。

答案完全可靠：答案是基于完全准确的事实和可靠的逻辑推断。

对指明领域的详尽描述：能够就评委特别提到的领域进行深入的阐述和解答。

3. 团队整体表现评分标准（10%）

全套答辩的合理性和明确性：所阐述的及回应问题的信息都表现出全面的一致，言辞简洁易懂。

团队成员之间保持良好的协同，能在阐述观点时进行有效的配合作用，共同协作并互为补充，对所在领域的问题能做出明确的阐述。

按照设定的时间期限及时响应：按照确定的时间框架内对评委的问题作出答复，不存在任何延误的情况。

路演 PPT 是与路演和答辩一起展示给评委看的，所以在路演 PPT 这一块，主要以评审标准为主，不缺少内容，并且足够美观、大气，同时要注意亮点和重点的表达。因为有演讲作陪，所以 PPT 不需要很多文字，只用精炼的词语或短句代替即可。因为更多的内容是由路演者讲出来的，所以对 PPT 的美观程度有着更高的要求。

20.6 大赛 PPT 的美化

无论是路演 PPT 还是初审 PPT，本质上都是需要用 PPT 去表达商业计划书的内容。而不是照搬复制文字上去，那么 PPT 的排版美化，表达方式就尤为重要。如何做出一份精美的 PPT 呢？我们一起来探究。

1. PPT 的模板选择

PPT 可以选择自己制作模板，也可以在网上找模板，但无论是自己做还是去找现场的模板，都需要注意一些规范：

1）PPT 比例

大赛投影常用比例：4：3 或 16：9 或宽屏（一般来说是 16：9）。

2）文本标准

中文字体：微软雅黑（投影常用字体）。

英文字体：Arial 或 Arial rarrow。

3）封面模板样式

简约型封面

多图型封面

扁平化封面

4）目录模板样式

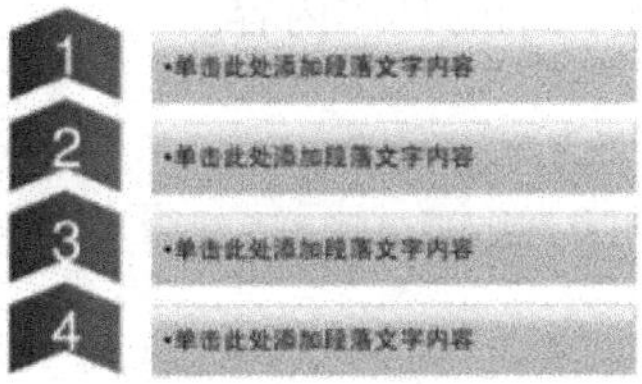

文字型目录

图标型目录

5）过渡页模板样式

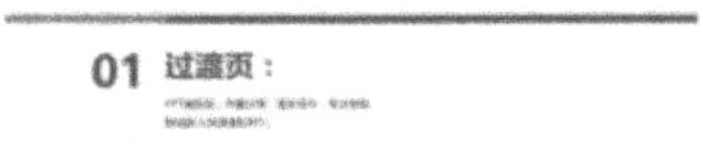

直线性过渡页

符号型过渡页

混合型过渡页

6）内容页模板样式

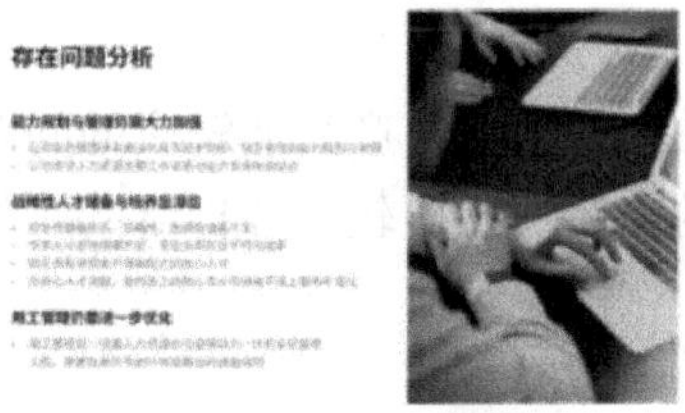

问题拆解类

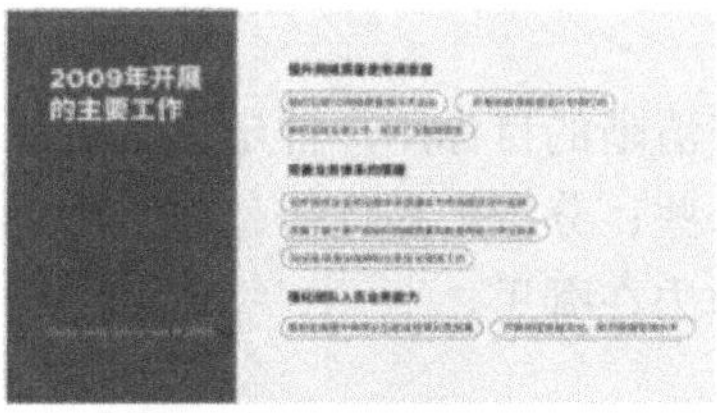

共性归纳类

图文相关类

7）尾页模板样式

感谢型尾页

指正型尾页

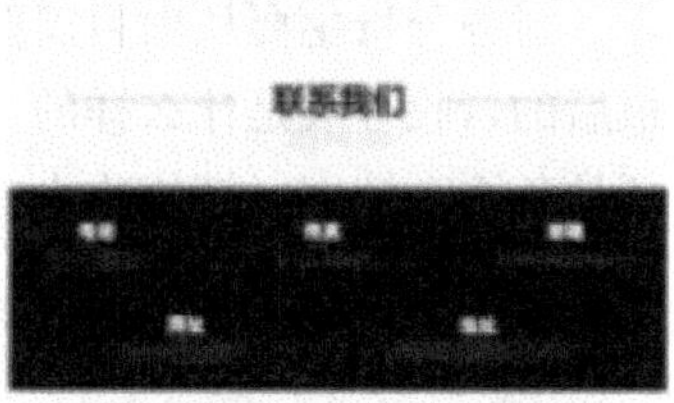

联系型尾页

2. PPT 大纲整理

PPT 的大纲主要来源于参赛项目本身，可以从以下几个方面确定大纲的具体内容。

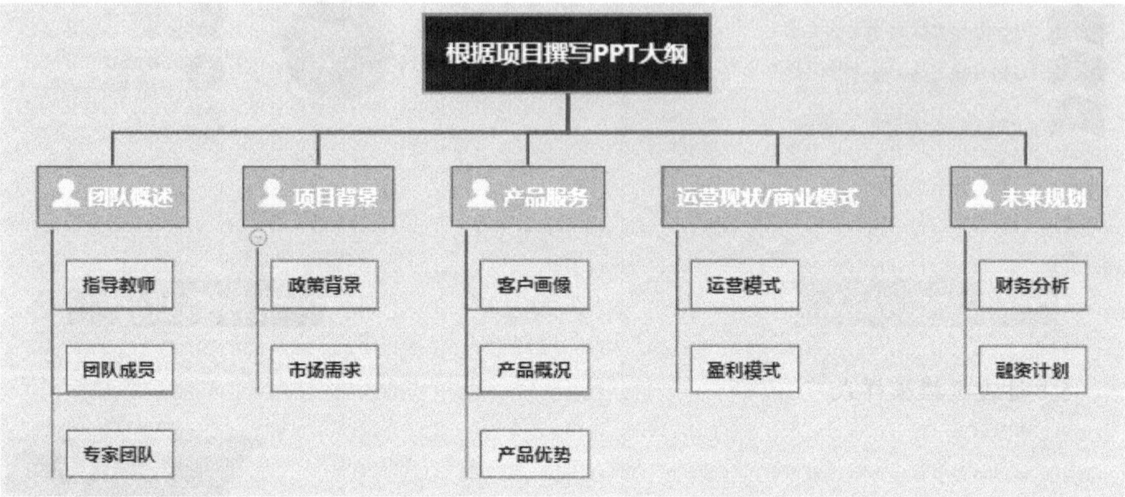

1）团队概述

讲清楚指导教师、团队成员、专家团队在项目中的分工以及给项目创造的优势，让听众相信，这件事一定需要你们来做，且能做好。

2）项目背景

讲清楚目前与项目相关的行业背景、政策背景，市场发展趋势等。且在市场需求方面，要认真调研，让用户明白项目的存在是有必要且有需求的。

3）产品服务

明确产品客户画像，项目要有清晰的目标用户群定位；讲明白产品概况，产品能解决的问题是什么，为用户提供的功能都有哪些；分析产品优势，与市面上的竞品进行比较，分析自己产品得天独厚的优势在哪里，核心竞争力在哪里。

4）运营现状/商业模式

不要追求大而全，要让听众真的觉得你的产品对用户有价值，阐明商业模式，具体的运营方式以及采用的运营手段和运营渠道等。

5）未来规划

财务分析主要从项目需要的金钱以及金钱的具体用处等方面分析，这笔钱能达成什么目标，最后的营收分成是什么样的。这里对于项目的估值，要注意简述估值逻辑，是基于市盈率 × 利润，还是基于市销率 × 销售收入，或是基于对标竞品等方式算出来的。

3. PPT 内容填充

在完成 PPT 的大纲整理后，按照大纲的具体要求，对具体板块进行内容填充即可。路演 PPT 的内容填充要记得一个原则，那就是能不用大段文字。在 PPT 中，图片、表格、模型占比在 80%，文字说明只占 20%。具体内容来源于商业计划书凝练。在 PPT 中能用图、表、模型展现的都不用文字展现，能用数据说明的都不要用程度副词，比如我们的产品在某次促销活动中销量非常好。这样的表达就不太合适，非常好是多好？应该表述为我们的产品在某次促销活动中，仅在活动开始一个小时后，销量就达到了 ××万。

1）能用图表的不用文字

比如竞争分析、财务数据、产品分类等，可用图表展示的，无需用大段文字做阐述，精简清晰才是硬道理。

2）能用图片的不要叙述

项目背景、发展现状等，与其用大量文字介绍，不如用图片展示更具体形象。

3）能用模型的不用解释

产品体系、商业模式、发展规划等可用模型直观展示，且模型可以让读者直接看到关键点、核心亮点，以及关键点之间的逻辑等，大大降低读者的理解难度，让整个商业计划书商业性更强，专业性更强。

4. PPT 的排版美化

完成了 PPT 的内容制作，还没到万事大吉的时候，还需对 PPT 进行一定程度的美化，使得 PPT 整体在字号、配色风格上更加和谐，更让人感到用心和舒适。

1）母版制作修改

根据前期模板制作，修改 PPT 母版，方便统一编辑。

2）同级文字调至统一格式

除主标题外，内容文字字体大小同页内统一即可。

3）图片调至统一格式

柔化边缘、阴影或倒影。

4）整体页面布局

适当留白，内容比例对称。

5. PPT 制作的一些小技巧

1）文字

一般而言，PPT 的中文字体和英文字体分别为微软雅黑和 Arial，但这是对文字的要求。如果是封面的标题、标语等文字，可以用一些美化的特色文字。文字排版的行间距一般为 1.0 ~ 1.5 倍字体高度。

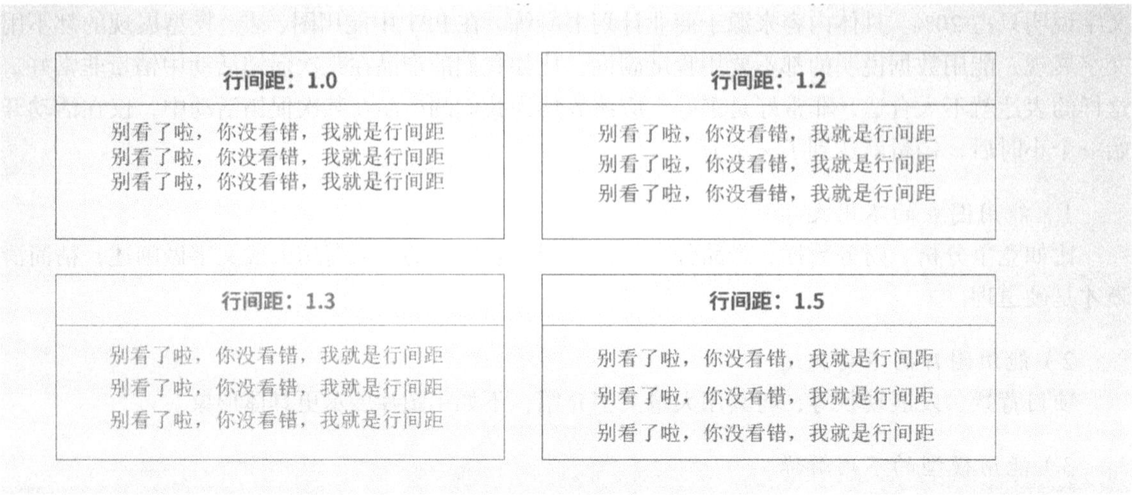

建议同学们可以平时收集一些特色文字（注意版权问题）的模板，在用的时候会更加得心应手一些

2）图片

配图技巧有下列几种：

（1）具象化配图

用具象的海龟来表现抽象的产品生命周期较长这一概念；用具象的金鱼来表现出抽象的记忆力差这一概念；用具象的地标建筑来表现出抽象的国家或城市这一概念。

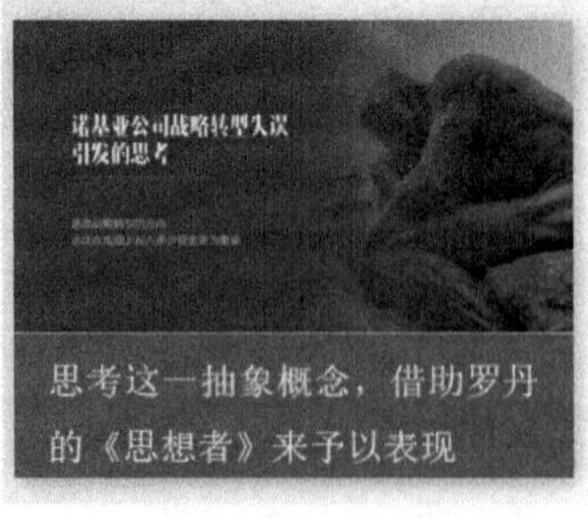

思考这一抽象概念，借助罗丹的《思想者》来予以表现

营销策略方案这一抽象概念，借助具象的棋盘来予以表现

品牌差异化这一抽象概念，借助不同色彩，比如伞来表现

（2）场景化配图

这种方法中提到的场景可以是大脑印象中的场景，也可以是电影、电视剧甚至游戏场景等，只要能够激发观众的感性联想即可。

具象的山羊角斗的场景，来表现出博弈这一抽象概念

具象的直播场景，来表现出抽象的网红经济这一概念

动物行走的场景，表现抽象的巨头和创业者竞争的概念

（3）结果化配图

结果化配图是指我们在为文案进行配图时，考虑的是文案内容被执行后所导致的结果，而非文案本身所传递的含义。

用空荡荡的厂房来表现出企业破产的概念

使用微笑的照片来表现出用户满意度较高的概念

用医院病房的病人来表现出流感传染的概念

（4）意境化配图

意境化配图被用来搜寻背景图，以衬托一种气氛，并不表现实际的内容含义，就是简单地烘托一种感觉而已。

使用云里雾里的天空用作背景表现出一种大气的感觉

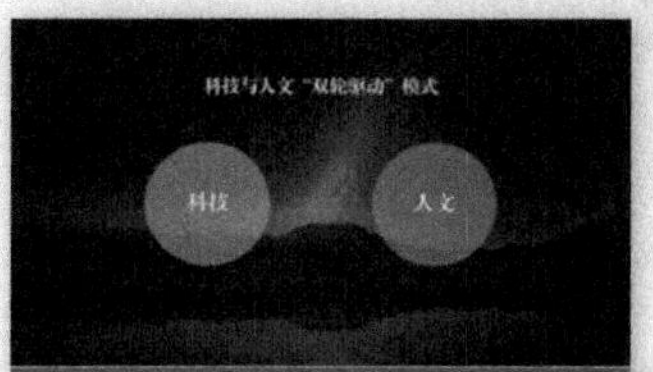

科技企业使用星空作为背景，表现一种深邃未知的感觉

图片网站：

全球最大免费图库　https://pixabay.com/

最精致的免费图库　https://www.pexels.com/

主打风景图片　https://unsplash.com/

支持中文搜索商用　http://www.quanjing.com/

富有设计感的图片 http://www.gratisography.com/

最出色的摄影社区 https://500px.me/

有一些图片网站是收费的，有一些是免费的，大家在使用的时候要注意版权问题。

3）配色

（1）配色网站

http://www.lolcolors.com

http://www.colorhunt.co/

（2）作品配色收集

可以在平时生活中，收集一些你觉得好看的 PPT 的配色方案

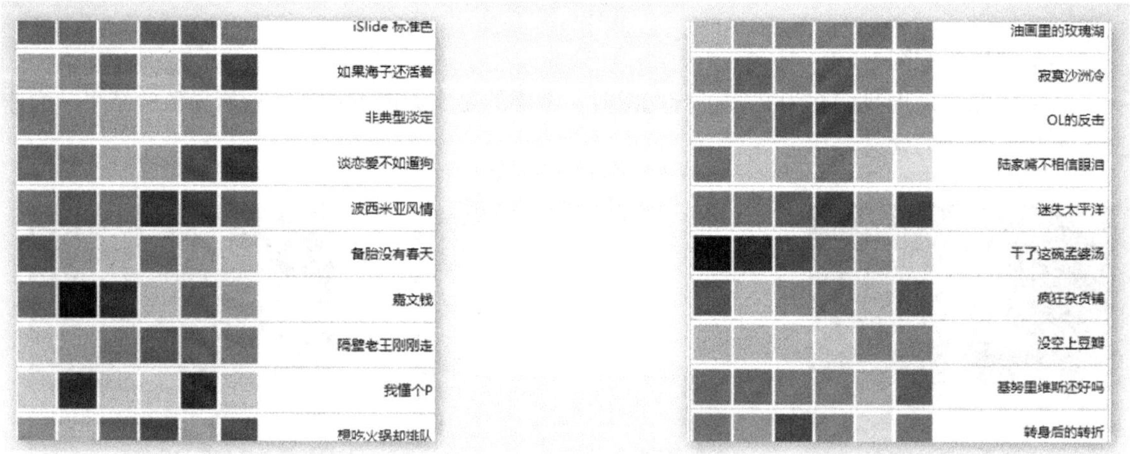

（3）PPT 自带配色

PPT 也有自带的配色系统，如果实在是对自己配色的审美没有信心，也可以用 PPT 自带的配色。

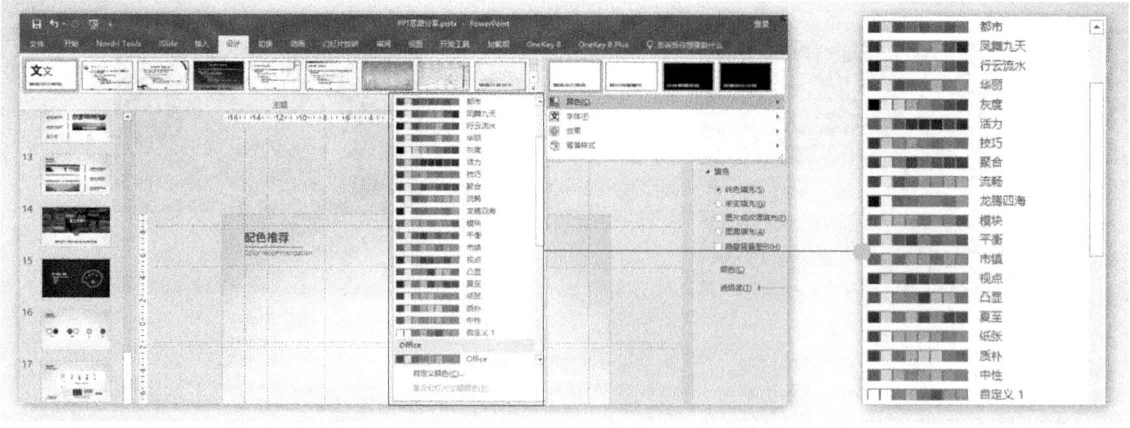

4）图标

图标帮助观众理解内容，让观众可以看图标就了解演讲内容的方向，并加深观众的印象；在有图标的情况下，图标与标题同等重要，甚至比标题更需要动脑。

图标具体如何排版及灵活使用，在于日常对于案例的积累。

常用图标网站：

http://www.iconfont.cn/

http://www.easyicon.net/

5）推荐

如果有时间，推荐大家看一下具体制作 PPT 的相关书籍，学会制作精美的 PPT 不光是对创新创业大赛有着至关重要的作用。在生活中，工作中都是不错的技能。

【实践训练】

【训练 20-1】 制作初审 PPT

以下有一份缩减版的商业计划书（体育体感游戏创业计划书），请同学们分小组根据计划书的内容，以小组为单位制作初审版 PPT（成员介绍部分填写各自小组人员）

体育体感游戏创业计划书

1. 项目介绍

1.1 项目描述

体感游戏 2006 年出现在人们的视野中，人们对体感游戏迅速产生兴趣。因为体感游戏本身极具社交属性，而且非常健康，它会锻炼玩家的运动能力和肢体协调能力，深受人们喜爱。体感游戏适合任何年龄段的人，但主流消费人群一般为 18～35 岁，这个年龄段的年轻群体应该说是最具消费能力了。

1.2 市场前景

随着网络宣传，体感游戏越来越被人熟知。因为体感游戏能烘托聚会氛围，已成为学生聚会时休闲娱乐主要项目。由于体感游戏是新产生的，其市场竞争相对于其他行业小，具有很广阔的市场前景，并且发展趋势迅猛。

1.3 项目优势

首先，体育体感游戏有专业的游戏创新、平台运营、市场推广团队；其次，体育体感游戏有独创的引流模式和精准的切入点，能满足不同顾客对游戏的需求。

1.4 盈利模式

体育体感游戏的盈利模式主要是线下实体店的销售。

1.5 战略规划

体育体感游戏有以下的计划：

（1）通过线上线下宣传结合的模式增加顾客流量；线上通过抖音短视频进行快速引流，线下通过在各大学校、写字楼发宣传海报进行客户引流。

（2）在店铺规模发展到一定阶段进行融资开设分店，增加市场份额占比。

（3）与当地商家企业合作，建立互利共赢的服务模式，增强顾客黏度。

2. 产品服务介绍

所谓体感游戏，与一般游戏最大的区别就在于游戏操控方式上的不同，一般的游戏往往需要玩家借助某些输入设备实现对游戏的控制，例如玩家们熟悉的键鼠、手柄等，而体感游戏虽然也有些作品需要玩家借助输入设备进行控制，但更多地依靠玩家通过肢体上的动作来实现对游戏的操作，玩家在玩体感游戏时需要进行的身体动作幅度比起传统操控要大上不少，而体感游戏则正是以此来实现帮助玩家健身的效果。

体感游戏其实在电子游戏的发展历程中已经存在多年，而这一概念的正式成型与普及则是在近几年的事情。例如许多城市当中都有电玩城这类公共场所，而其中所包含的跳舞机、赛车驾驶座、音乐节奏类机台等基本也能够看做是体感游戏的最初表现形式。许多玩家十分喜爱游玩这些机台时的感受，但这些庞大的机台又不能随便搬进自己家中，而人们的这种想法也正是电玩城的主要生意来源。

3. 市场分析

3.1 宏观分析

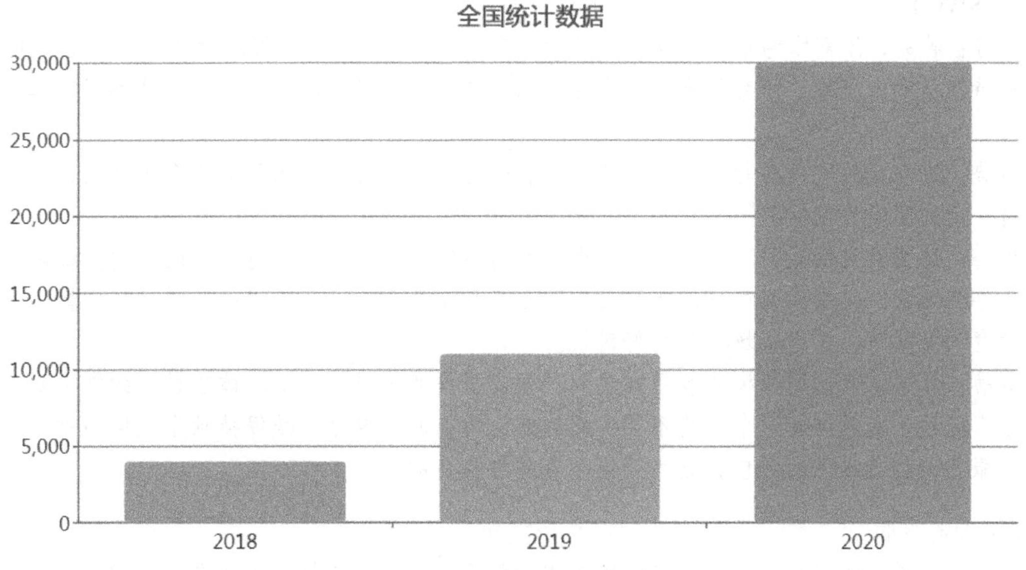

2018-2020 数据

第一层级：贵阳、成都、北京、上海、深圳、西安、重庆、长沙、南昌、南京、银川、兰州、昆明、长春等15个城市。

第二层级：沈阳、郑州、洛阳、济南、武汉、乌鲁木齐、杭州、哈尔滨、天津、遵义、无锡、苏州、合肥等28个城市。

第三层级：镇江、芜湖、石家庄、珠海、福州、赣州、绵阳、慈溪、西宁、临沂、凯里、衡阳、常州、南通、海口等294个城市。

采集方法：随机抽取2020年多个知名度较高的独家游戏为参考，第一层级是该城市有购买7个以上游戏的，第二层级为4个以上，第三层级为4个以下。第一层级也是全国承办展会最频繁的城市，除南昌、兰州、长春、成都之外都承办过游戏展会。第一层级店家数量在70家以上，第二层级在30～70家，第三层级在30家以内。

2018年做过一次抽样调查提取16个城市进行店家统计，预测全国店家数量为4000+

2019年12月小黑炭公布正版店家数量810家，但是如北京（丰台区）只统计31家，而实际数量在300+，大连只统计1家，实际某团购平台显示30+，加上之前统计的数据，预估全国店家数量11 000+。

2020年11月某团数据显示，因疫情原因关店4000+，新开店铺16 000+，11月底不完全统计全国体感游戏实体店数接近30 000+，出现井喷式增长。

3.2 分析总结

体感游戏行业已进入井喷期，2019年全国店家增速在6000+以上。对于一二线城市来说已经完成蓝海到红海过渡，单纯拼游戏数量的时代已经过去，装修也只是锦上添花，线下体感游戏店铺如何通过“软实力”增加用户黏性，提升复购率和好评率才是重中之重；对于四、五线城市，比如江苏盐城，一家线下体感游戏店铺都没有，但同样在江苏省的张家港市，2019年底开始出现店铺，说明体感游戏线下市场的拓展已经逐渐从一线城市快速蔓延到2～5线城市，下沉市场空间依然充足，市场潜力巨大。

3.3 SWOT分析

优势：首先，体育体感游戏有专业的游戏玩家、平台运营、市场推广团队，以稳定经营X年且实现持续盈利；其次，体育体感游戏有独创的引流模式和精准的切入点，满足不同顾客对游戏的需求。

劣势：进入比较晚，在起步阶段，相对而言资源缺乏，再加上团队磨合需要时间，这对项目启动有一定的阻碍作用。

机会：值得肯定的是，这个市场足够大，目前体感游戏市场还没有出现成熟的品牌系列，没有出现垄断现象。这是体育体感游戏充分利用自己独家的游戏、沉浸式的背景、高质量服务增加客户黏度和复购率，扩大市场份额的好时机。

威胁：体感游戏的剧情模式容易被复制，很容易被竞争对手模仿。体感游戏的剧情要保持更新，顾客玩过一次就会对这个剧情不再有新鲜感。解决的主要办法是保持独家剧情的更新，深耕实体店服务，打造自己的特色，这才是最不容易被模仿的。

3.4 目标定位

体育体感游戏的目标定位是一二线城市中的学生、公司职员等，年龄在14～30岁这个年龄段的消费群体。理由是，第一，体感游戏属于新事物，年轻人接受相对较快；第二，相比于其他年龄段的人群，这个年龄段的人群消费潜力大。

4. 公司组织结构

4.1 本公司发展管理层次，各小组自行决定

4.2 公司发展规划

4.2.1 发展战略

本公司属于当前初创项目，其发展目标主要是能够达到较好的推广和认可，被广大客户所认可，发展计划分为三个阶段：

第一阶段：在 2021 年内争取发展客户 1000 个，并且推出符合当下需求的套餐供客户使用。

第二阶段：在 2022 年，争取发展客户 5000 个，针对时下市场发展作出相对的产品和服务模式，并且发展系统的线上程序。

第三阶段：在 2023 年，争取发展客户 10 000 个，并且保证线上以及线上粉丝过 200 万。

4.2.2 整体经营目标

整体经营目标为争取利润最大化，最大程度上获得地区客户群体的认可，同时争取市场的扩大化。

4.2.3 未来三年发展规划

（1）研发规划

未来三年的目标是将生涯规划研发出一个符合当前职业需求和社会发展的服务系统，进而最大程度上满足当下时代需求。

（2）产品（服务）规划

2021 年：推出不同系列的服务措施，并且就实际需求不断改进。

2022 年：服务在线上和线下同步进行。

2023 年：网络平台建立全套服务模式，并且获得足够多的客户流量。

（3）营销规划

2021 年：举行公开活动 200 场进行宣传，网络直播一周三次，小视频宣传每天一个。

2022 年：联合当前一些互联网“大咖”进行合作，将产品进行最大程度的宣传，进而举行线上线下活动共 500 场左右。

2023 年：在各大网络社交软件上都有一定的宣传平台，并且保证线上粉丝达到 100 万，进而将资源最大化利用。

4.3 成员介绍

各小组自行决定。

5. 市场营销

5.1 线上推广

（1）热点营销：体育体感游戏的线上宣传方案为定期或不定期进行营销氛围炒作活动。定期促销活动为每年国内重点时间，吸引客户的关注。

（2）短视频推广：在抖音、快手、西瓜视频等知名流量平台发布关于体育体感游戏的宣传视频快速吸引“粉丝”。

5.2 线下推广

利用宣传经费印制纸质宣传单和各种海报，作宣传。

（1）介绍海报：在人流量多且可免费宣传的地方张贴海报宣传。

（2）宣传单：与合作商家商议，将宣传单曝光于商家跟用户接触的地方。

（3）地推卡传单：制作精美传单，在学校和办公区域相对集中的地方、商场发布传单。

5.3 打造特色店铺

5.3.1 独家游戏

体育体感游戏致力于做独具特色的体感游戏实体店。在游戏方面会培养专业游戏玩家，提供各种独具特色的游戏情节。满足各种人群对游戏的需求，同时增加了复购率和客户黏性，让顾客对体育体感游戏保持新鲜感。

5.3.2 特色装修风格

体育体感游戏在店铺装修时会使每间房间的装修风格不一样，每个房间对应相应的装修风格，比如惊悚悬疑类的游戏房间就会装修成暗色调。

5.3.3 提供多种道具

每种游戏都会提供相应的道具和服装，带给顾客沉浸式的感受，充分让顾客感受到游戏里的情境。

5.4 提高服务质量

店内配置有充电宝、无线 WiFi、饮料、咖啡、零食小吃等，满足顾客的需求。店内服务员遵守顾客是上帝的原则，在顾客需求时，可以保证随叫随到。

6. 财务与融资计划

6.1 收入预测（见表 6.1）

表 6.1 收入预测 单位：元

单位（万元）	第一年	第二年	第三年	第四年	第五年
月均销售量	440	450	500	600	700
门票价格	330 ~ 390 元				
饮料、零食收入	20 000	55 000	85 000	95 000	156 000
月均收入	165 000	166 500	180 000	216 000	252 000
年收入	200 万	210 万	225 万	269 万	320 万

6.2 投资计划（见表 6.2）

表 6.2 投资计划 **单位：元**

序号	类别	金额	备注
1	房租	22 万	包括电、水费用
2	人工管理费用	75 万	
3	装修、道具购置	100 万	
4	营销推广	10 万	
5	流动资金	30	
	合计	237 万	

6.3 投资回收预测（见表 6.3）

表 6.3 投资回收预测 **单位：元**

单位（万元）	第一年	第二年	第三年	第四年	第五年
年收入	200 万	210 万	225 万	269 万	320 万
租金	22 万	22 万	22 万	22 万	22 万
装修、道具购置	100 万		10 万		10 万
经营管理费用	75 万	75 万	75 万	75 万	75 万
成本	197 万	97 万	107 万	97 万	107 万
利润	3 万	113 万	118 万	172 万	213 万
营业税		6 万	6 万	9 万	11 万
净利润	3 万	107 万	112 万	163 万	202 万

经保守估计，项目投资回收期 3 年。

6.4 资金来源

因公司发展初期，融资 200 万，转让 80%的股份

6.5 股份分配

序号	股东	出资	入股形式	股份占比	备注
1	创始人	50 万	出资	20%	
2	天使投资人	200 万	出资	80%	不享受经营权

6.6 资金应用

资金使用状况可以分为以下几类：

地租：店铺装修、道具购置、人员管理费。

推广：分为在线推广、线下推广、广告制作及宣传等。

流动资金：用于日常开销。

6.7 利润分配

公司在年终结算后，将盈利的一部分作为股息按股额均等分配给股东。公司根据股东出资比例或持有的股份，按照股东大会决议将公司盈余保留用于未来发展后的固定比例后（20%），向股东以现金的形式派发红利，天使投资人还将享受10%的收益。

6.8 融资归还

股东不得抽逃其股份。公司的法人财产独立于股东，股东一旦出资，用于出资的财产的所有权即转移至公司，每个股东都是公司的所有者，以其出资额为限对公司负有限责任，承担风险，分享利益。股东仅享有股权，公司则以其全部财产独立地对外承担责任，股东不得抽回出资。

融资会让体育体感游戏的发展上一个新的台阶，加快发展速度，因此，在未来公司的发展中，我们将尽力地维护和扩大此次合伙人的利益，包括以下几种方式：

融资款项作为贷款，清偿合伙人所需产品进价金额。中途退出，将支付违约金，公司收回其股份。

股权回购：在盈利稳定、有充足现金的状况下，公司可以向投资者提出回购股权的申请，由双方协商确定。

股权转让：投资者可以随时将所拥有的公司股权转让给其他投资者。

7. 风险管理

7.1 风险

按照市场对产品的需求状况，本项目的经营业绩应该能够得到保障，但也存在一定的不确定风险。例如由于宏观经济形势的低迷，人们对教育需求降低，有可能影响项目的经济效益。又如，项目是利用互联网这一新兴技术开展业务活动的，而互联网上众多黑客的存在对数据库的安全构成了威胁。因此，当数据库受到攻击时，有可能造成重大损失。

7.2 对策

（1）加强对世界宏观经济形势的关注，根据世界经济发展状况进行合理的产品定位，使我们的销售经营适应市场的要求。

（2）项目公司将根据我国各项经济政策和产业政策的变化，不断开拓创新，及时调整和完善发展目标和经营发展战略，合理规避可能遇到的政策风险。

（3）针对安全性风险，公司技术部门会紧密跟踪网络安全技术的发展，及时配置安全手段。

【训练 20-2】 制作路演 PPT

请同学们根据体育体感游戏创业计划书的内容，以小组为单位制作路演版 PPT。

任务二十一　路演与答辩

【任务探究】

【任务 21-1】 训练路演与答辩

进入创业创新大赛的决赛阶段，路演报告是不能避免的环节。路演节目的关键在于路演人员对项目的信手拈来，这也是评审专家最关心的部分。在准备 PPT 的过程中，他们需要掌握重点信息去制作和报告，以在有限的报告时间内凸显出项目的亮点和优越性，力争获得评审专家对汇报者以及他们的项目的良好反馈。

在 PPT 已经制作得没问题的情况下，路演的表现以及最后答辩的情况则尤为重要。可以说在创新创业大赛中，如果项目已经过五关斩六将进入了半决赛、决赛，那么路演则是最后定胜负的关键时刻。

所以，无论你的计划书多么让人赞不绝口，无论你的 PPT 做得多么美观，若路演过程出现纰漏，很有可能直接落入谷底。

【研究交流】

【探讨 21-1】 探讨路演的成功要点

当创业创新大赛走到总决赛的阶段，一般需要进行项目的路演展示。能否成为项目路演的胜出者，或者说路演之星，主要取决于参赛者是否对专家评委最感兴趣的项目内容有深入的理解。在整理 PPT 时，重点要清晰展示最关键的内容，并在有限的展示时间内，最大程度地突显出项目的高光时刻和优点，以最大化地吸引专家评委对汇报者本人及其项目的良好评价。

如果创业竞赛的参赛者能进入决赛，通常需进行项目的现场展示，也是最后决战的步骤，此时他们展示的资料需要使用 PPT 格式。尽管大部分人熟悉 PPT 的制作，但由于对项目汇报的关键要素和技巧不了解，也不清楚评审的主要关注点，最终使项目汇报的效果不尽如人意，和奖项擦肩而过。由于创业计划书的篇幅庞大，我们在路演的时候只有 5 ~ 10 分钟，需在这短时间内把创业计划书的重点和关键部分明确地表达出来，难度之大可想而知。为了更有效地进行项目现场演示，当制作 PPT 展示时，必须确保把评审专家最关心的点详尽地呈现出来。

一般路演内容主要包括以下几个方面的内容：

1）执行摘要/项目概况

简洁地总结描述以下几个关键点：策略定位、市场研究、目标用户、商品及服务、市场推广、商业模式、竞争优势、经营情况、发展计划、团队优势、预计收入以及投资需求等。

2）项目简介

项目介绍包括项目背景、技术方案、项目成果、应用场景。这个简介是投资者来了解项目的最关键部分，这个时候一定要把项目介绍清楚。在参加路演的时候，在开场2分钟之内要把项目是干什么的介绍清楚。项目简介一般包括两个方面一个是项目的来源，也就是你为什么要成立这个项目；另一个方面是你是怎么做的。换句话说就是先介绍痛点，然后说痛点的解决方案。

3）创业团队

无论是创业的理想还是宏伟蓝图，执行能力的有无决定了成功与失败。执行这件事肯定需要那些具有能力和天赋的人进行。每个创业项目都会面临竞争，但是一流的团队会产出优秀的产品以及品牌。对投资者来说，他们首先看中的是团队的实力，其次才是项目创意。

因此，在项目推介会上，创业者有必要向投资者明确你的团队优势在哪，你的团队成员各有哪些强项，是否可以形成优势互补。描述一下你和你的团队至今所取得的成绩（比如销售额，订单数量，强大的战略伙伴，产品的热销等），以使投资者对你和你的团队刮目相看。

向投资者展示意愿一致、彼此相信、业务配合紧密的团队非常必要，因为这是投资者所重视的关键因素。

团队介绍包括组织架构、团队成员、领导者的感召力、合理的人员配置、充足的行业资源、实际贡献的导师、知名的顾问等。紧紧围绕项目进行介绍：所学专业、工作经历跟项目的关系；团队成员在企业管理、技术开发、营销等方面存在哪些优势；团队内担任的职务、具体做出哪些成绩；指导老师的研究领域、工作经验和项目的关联、具体为项目带来哪些实际的帮助；至于担任学生干部和获得奖学金并不能说明什么，各取最高级别一项即可。主次有别、轻重有分，不要记流水账。比如，可以重点介绍某个成员曾任职某知名企业的管理层或核心技术人员在产品技术开发方面具有丰富的经验。

核心人物的介绍必须突出亮点、个性与项目的吻合度。

4）行业痛点

要突出痛点。要把市场真实需求与现有产品服务之间的差异讲清楚，最好能够结合创始人自身的生活、工作体验来描述行业痛点，并基于市场调查以及合理推断来预计市场规模。项目路演时，从最初的经历开始讲，然后介绍本行业或本项目的痛点，再给出自己的解决方案。

在路演时，一定要确保提到自己产品所解决的那个最初的行业痛点。需要在路演中提及的问题有：如何无意中发现这个痛点的，为什么要解决这个痛点，你的解决方案是最好的吗？当你募集到资金，能否帮助更多人解决问题等。告诉投资人自己是如何解决的，自己项目产品或服务能够解决这个行业痛点，并且是最好的解决方案，而在获得资金支持的情况下，可以帮助更多用户解决这一问题。

推出了什么样的产品，这个产品是怎样把问题解决掉的，产品是否成熟？

5）产品或服务

要突出特色。可以从产品的功能、价格、售后服务等角度来阐述新产品如何区别于其他公司，达到在解决行业痛点的同时，能够吸引消费者，从而在现有市场中占据一席之地。

投资人关心的不是创业者所画的“概念大饼”，而是实实在在的产品或服务，因此不要过多地阐述项目理念等抽象内容，也不必过分解释产品特性如何。要把握好投资人心态，投资人最关心的还是产品或服务是否能够赚到钱，是否能够扩大规模，因此要准确解释产品或服务与众不同之处。

服务项目包括产品特点（包括创新性、实用性、独创性和便利性）、产品的技术配置（亦即技术水平、技术的优势以及是否拥有关键的专利），以及产品的应用场景（包括如何操作、产生的效果、对社会产生的影响及实例分析）。

6）商业模式与盈利模式

要从资本视角来描述商业模式，即在“资本投入—产品生产—产品营销—回笼资金—再投入生产“这个过程中，讲述采用哪些方法、渠道来实现企业盈利或资本增值。商业模式包括战略思路（各阶段的利润来源、目标和计划）、推广渠道（通过哪些渠道和手段推广产品/服务，让客户了解和理解产品）、合作模式（如何与合作伙伴合作，让客户买单）。

如何提供产品或服务？对于硬件产品，需要介绍原材料采购、加工生产过程；对于系统软件或无形服务，需要介绍是采用外包服务商，还是公司内部技术人员提供。

产品营销。首先针对产品服务，确定目标客户群体；其次，介绍通过什么渠道、方法接触该客户群体；再次，如何将产品、服务销售给客户；最后，采用怎样的结算方式来收回货款。

盈利情况。企业从产品生产，最终到达消费者手中，并收回货款的整个过程，盈利或亏损多少钱，产品本身的毛利是多少，实现多少销量可以实现盈亏平衡？

投资者对你的投资，其实就是对未来收益的期待。因此，他们在路演时最关心的问题无疑就是公司的盈利手段是什么？或者公司目前是否已经开始盈利等情况。实际上，他们关心的是你的致胜策略。于是，请清晰阐述自己有哪些致胜策略，以及如何实施这些策略。

7）营销策略

要致力于让创新项目能够走向成功，一位企业家必须特别重视营销，这是一个关键性的环节。因此，很重要的一点是，他们必须展示出一流的营销观念、策略或秘诀，以吸引投资者的眼球。如果只是拥有出色的产品但无法将其卖出，那将无法赢得投资者的支持。

精确定位目标受众群。很多创业人士为了突出自家产品的巨大市场潜力，常向投资者提起“中国人山人海，仅抢单 1%的市场份额，就能前景无边”等超级梦幻的情节，然而富有经验的投资者并不会轻易相信这类设想，因此，创业者可以通过分析人口属性和心理特性来精确瞄准项目的目标用户，同时提供一定的用户数据，这样会更具有信服力。

如何获取顾客。要怎么吸引到你的顾客，得到一个用户要花多少钱，怎么样的推广才算是成功？

8）发展规划

基于企业当前的产品销售、技术开发等情况，对未来 2 到 3 年企业发展情况进行规划。比如新品研发的进度安排、市场营销的策略调整等。

9）融资需求和资金用途

清晰地说明你的融资需求，为实现规划的发展目标，准备出让多少股权，获得多少融资金额，未来的计划是什么，同时应列明资金的用途和方向。

10）财务预算

要对拿到的融资做详细的财务预算。投资人的钱并非拿来让创业者随意“烧”的，这笔资金创业者具体会怎么花，会以怎样的速度花这些钱，同时预计达到怎样的“里程碑”，都是投资人十分关心的。

创业者需要制定至少未来三年内的财务模式，包含运营成本、收入增长、利润、潜在利润等，这些都是投资判断其投资回报率高低的重要基础。

此外，创业者最好能提供准确的财务预测，这样可以给自己规避一些风险，特别是第一次创业或是在寻求天使投资时。创业者能规避掉的风险越多，获得风险投资的机会也就越大。

11）竞争分析

竞争对手分析也是路演中非常重要的一环。许多创业者在这部分都没有充分地准备翔实的数据，来说明他们和竞争对手的不同。

那么同学们可以讨论一下，你们觉得路演环节，有哪些成功的要点需要注意？

【探讨 21-2】 探讨答辩的技巧

答辩是创业大赛最后一个环节，虽然前面闯过了几道难关，但答辩环节依然有着“定生死”的重要性。答辩如果答得不好，哪怕前面做得再好，评委最后的评分也不会高。

以下是在答辩时要注意的一些要点：

1）心理

我们在内心深处必须燃烧着对成功的强烈渴望，并且坚信自己必然能成功。应该采用平和、乐观和无畏的态度来解决心理的紧张和不安。在这一解决方案当中，“渴望”“信任”和“优势”这三个要素至关重要。

渴望就是对成功的追求。信念就是深信自己要表达的理念是合理的，所使用的素材是真切且鲜明的。优势就是更多思考自身所具备的优势条件。

你无需过度在意个人的得与失。利用放松法，持续不断地提醒自己“保持轻松，保持轻松……”或者可以适度地活动身体来排除焦虑，或者深深地吸气再以均衡且慢速的方式呼出。

2）仪表

有的人在正式演讲的时候，穿着大裤衩就往台上冲，不修边幅随心所欲，对观众缺乏基本的礼貌。着装切记要符合标准，就算不是西装革履也要干净舒适，最起码要给观众留下一个好的印象。

有的人在演讲的过程中要不呆立不动，要不抖腿摇摆，小动作多。太呆板不好，给人拘束放不开的感觉；太活泼也不好，显得很不稳重。

你应该主动去和评审专家或者投资者打招呼，演讲完后要有礼貌的鞠躬，注意保持良好的个人修养，让人觉得你有教养有礼节。不论是聆听答辩教师的提问，还是回应他们的问题，你都需要表现得彬彬有礼。

3）清晰

听明白问题，抓住问题的主旨，弄清答辩教师出题的目的和意图，充分理解问题的根本所在，再作答，以免答非所问。

然后就是清晰地表达自己的想法。表达时要干脆利落，不要拖泥带水。不要出现结巴的现象，或者一句话重复很多次，这会令别人觉得讨厌。

4）自信

展现自我、信任自己是至关重要的。什么才是真正地展现自我呢？抛开你内心的自我否定，认可自己的才能，你就会充满信心，认为自己能够从演讲中得偿所愿。

你到台上就是要与大家分享你的故事，这就是你来此的目的。最重要的是如何阐明你的观点，以及全面公正地看待你的个人经历。

5）语速

说得太快，听者无法听清，对重要观点也无法产生深入的理解，而且，过快的讲话速度也造成一种过度焦虑、控制能力不足的误解。而太慢则会显得啰嗦，容易让人失去兴趣，过于缓慢的节奏也可能让人感到单调乏味。这种情况下，有必要适当加速讲解，以突显出清晰明确的要点，强调自己想要强调的地方。

6）回避

回避指的是在答辩过程中，尽可能不要提自己不行的地方。当然你肯定有，但尽量少说。

7）有所侧重

要多讲自己擅长的内容，主动将评审专家或投资人引向你擅长的地方。

8）突出关键词

在一句话里总是存在着一些核心词，可以利用音调的弱化或强化来强调这些词。当说到这些词的时候可以适当降低讲话节奏，让听者能够更为明了地理解，从而深刻记住。此外，适时地使用手势、暂停、重复等策略也有助于增强这一效果。

9）适当地停顿

为了确保听众充分理解你的信息，你需要给他们一定的时间来吸收，同时也要给自己调整节奏、整理思绪、观察反应的机会。避免过长或过频繁的停顿，以防出现演讲拖沓的情况，保持语言的连贯性和速度。

10）吐词清晰有力

发言的意义在于让他人清楚理解你的表述，因此不能模糊措辞，语言含糊会留下不自信的印象。要熟练利用腹部的气息，把自己想说的话说明白，直抵听众内心，这样的话语才显得有力量。

11）善用肢体语言

在发表演讲时，你的表态将给听者留下特定的感觉，如威严或者是胆怯。你需要让你的身体尽量放松，避免无谓的紧张。过分紧张不但会让你看起来笨拙、僵硬，还会对口腔的活动带来负面影响。你可以让你的双脚与肩同宽来支撑住你的身体，或者寻找一些方法来释放和缓解体内的紧张感，比如轻轻地把手放入口袋，稍微触碰桌边，或者握住麦克风等。

（1）手势。主要以常规行动为基础，适当进行调整和规划会更好。消除一些不适当的身体语言，尽可能降低过多手势的使用，以防给人留下不自然的印象。在指向听众或自我时，不建议使用手指，而应选择手掌。

（2）站姿。保持直身和松弛，不要摇摆不定。在想要传递信息给观众时，可以微微向前倾斜；而在想要表达神秘感或者想要营造某种深远思维的氛围，希望把观众一同引向某种情绪世界时，可以选择略微仰头、抬头看向蓝天的姿势。

（3）目光。眼神必须坚定，注视听众，但避免在某个地方逗留太长时间，以免让听众感到不舒服。同样，不应频繁撇开视线，尽量在一句话没有讲完之前不要转移视线，否则会给人一种飘忽和缺乏信心的印象。

同学们可以互相探讨一下，在答辩场合，有哪些可以在平时训练的常用技巧呢？

【知识梳理】

21.1 路演概述

路演就是利用直接的展览手法，以激起目标受众的注意，借此激发他们的兴趣，并最终实现销售目标。这种策略是在公众场所进行公开演讲，展示产品，推广理念，以及向别人推介自家的企业、组织、商品、思想。路演是一种有力的推广策略和有效的技巧宣讲。它兼具两大功能，首先是作为宣传手段，让项目得以广为人知；其次也可以做现场直销，获取目标客户。

企业或创业者代表在路演中向投资者或专家详细阐述项目性质、发展蓝图和融资策略。通过项目路演，投资者能够在平静的氛围中，倾听着主讲人生动热情的介绍，深度理解企业的项目，从而做出更加精确的决策。企业或创业者的代表能通过自己清晰的解说，以及与投资者的互动，帮助投资者与自己项目快速匹配，节省融资过程中的时间和精力。

项目路演的主要作用是传播信息、激发兴趣、说服决策，其好处在于可以同时让多个投资方认真地聆听你的讲解和说明，同时还可以有一个思考和交流的过程。大部分时候，投资人每日需要阅览的项目策划文件数量庞大，甚至一些投资人一天要查阅几百份的策划文件。因此，他们通常只能通过一些如市场占有率、盈利状况等明显的指标来选拔项目，这导致了许多具有优势的公司的优点难以被发现，从而错过了与投资人接触的机会。

21.2 路演的目的

提高创业项目成功率的一个常见手段是路演，不管核心成员有多么厉害，都要以项目为核心，路演便是体现的途径。对于创业者来说，通过路演活动能够让投资人对自己的项目印象深刻，并且有深入了解的想法。

为了让投资方更确定地把钱投给你，创业代表或企业做出一个充满热情和吸引力的演讲，然后把创业计划提纲或详细的创业计划提交给被吸引的投资人。把东西讲清楚，让别人能理解，钱去哪里了，能不能赚钱，利润怎么样等投资方比较关注的问题，把整个框架储存在客户心里，人家认可了、相信了才能给你投资。

路演时间都很短，所以在很短的时间内，如何把项目痛点表达清楚非常重要。要在短短几分钟之内，说清楚项目或者产品的优势、目前存在的问题，以及目前已有的解决方案等。

21.3 线上路演与线下路演的区别

大赛路演分为线上路演和线下路演，大部分情况下是线下路演，只有在一些不可抗力的情况下，才会线上路演。线上路演和线下路演各有优缺。

线上路演对于路演者来说，压力稍微小一点。因为是线上，路演者要按照大赛要求准备好场地、直播设备等。这些东西都有一些不可抗力，比如网络突然断了、电突然停了等。作为全省或者全国性的比赛，如果只有你遇到这种不可抗力，大概率就只能认倒霉了。但也因为是自己准备场地和直播设备，所以在着装造型方面要求不用太高（镜头能拍摄到上半身就可以）。同时，因为场地是自己准备的，所以路演练习的时候，有大把时间可以在场地上练习。所以路演的压力会比线下路演要小一些。线上路演还有一个减小压力的方面，那就是路演时不用直面评委。线上路演也需要展示 PPT，但因为技术的原因，PPT 的展示是由路演者这边来共享出去的，也就是路演者是对着自己电脑上的 PPT 一边控制一边路演。当然这些优势是针对在现场路演有胆怯心理的同学。如果有些同学本身就很适合在线下路演，那么实际上线上路演的优势反而在他身上体现不出来，甚至会是一些劣势。

线下路演对于路演者的整体状况要求更高，无论是着装还是体态。与线上路演隔着屏幕的感觉完全不同，线下路演是直面一排评委（一些大赛是没有观众的，只有评委在场，但是无论线上线下都是有直播的），压力可想而知。但线下路演的优势在于，更好地拉开参赛者素质的差距，线上路演因为隔着屏幕的原因，评委很难感受到参赛者的比赛素养，所以更多的精力是放在了项目本身上。而线下的路演，有时候 PPT 做得不是很完善，但依靠路演者的发挥可以挽救回来。

无论是线上路演还是线下路演，大体的准备是一致的，只是在细节上会有一些区别。同学们准备的时候还是要以线下路演为主。

21.4　路演的评审维度

评审维度分为对整个项目的评审以及对路演的评审，对整个项目的评审基本上在审核项目计划书的时候就有分层，能进入路演阶段的项目，虽然最后的评分也有对项目计划书的评审，但占比例更多的是对路演的评审。

谈及路演的目的，同学们都该清楚路演其实是给投资方听的演讲，虽然在大赛的体现是评委在评，但评委的评审维度也是站在投资方的角度来评审的。投资人关注什么，评委就关注什么。投资人一般关注以下几点：

- 市场大不大，增长快不快。
- 产品好不好，逻辑顺不顺。
- 数据涨不涨，指标硬不硬。
- 模式有没有，收入行不行。
- 团队齐不齐，老大强不强。
- 融资多不多，价格低不低。

（1）投资者一般会密切跟踪诸如用户总量、新进用户、网页浏览量与单一访问者比例、每日活跃用户数量、用户保留状况、用户的平均逗留时长、应用频率、竞争对手商品的情况，以及潜在的发展路径和空间等关键指标。对投资者来说，他们尤其喜欢看到具体的数字和图表，这可以依据不同的行业进行个性化的展示。

（2）盈利方案。也就是直观、信赖度高、具体准确且实实在在的盈利方案。对创业公司而言，没有什么比获得收益更为关键。

（3）在涉及资金利用和评估的问题上，创业者和投资者亦无法避免，必须直面这个问题。

（4）可能会在三到五年的时间里，将公司的价值增加数倍，无论其当前的价值是多少。

（5）创业计划书中对资金需求有认真规划，的确需要这么多钱。

（6）创业项目得到了其他投资者的参与，通常 VC 认为人多则风险分散，因此他们一般不太愿意成为交易中的独家投资者。

当然，因为是比赛而不是真实的拉投资（实际上也是真实的拉投资，如果是创业组在国赛上的分享，观众里也是有真实的投资人在），所以还有一些评审维度则是需要在比赛的规则中去察觉，比如互联网+创新创业大赛很重视的引领教育和社会价值这一块，也许投资商不太重视，但比赛的评委很重视，同学们一定要注意。

21.5 项目路演稿的结构

1. 路演稿作用

路演现场，项目路演时说什么极其重要，稍不注意说错一两句话都可能影响到评委对项目的评价，所以路演前务必要写好路演稿。

路演稿不仅能帮助我们从容完成路演，避免现场紧张乱说话，甚至无话可讲的状况，还能通过对内容的精心设计，让我们的路演更精彩，更打动人心。所以，顺利晋级省赛、国赛的项目，一定不要吝惜对路演稿的精力投入。

2. 路演稿内容构成

路演稿的内容结构可划分为三部分：开场→项目介绍→结尾。下面通过金奖项目的实例为大家拆解每部分具体怎么写。

1）开场词

路演的开场非常关键，它决定了听众对项目的第一印象。好的开场一定是能立马吸引人注意的，能让人乐意继续往下听的。设计项目路演的开场可以有以下几种方法：

（1）开门见山式（最常见）。

先问好，再介绍自己或项目情况，主要采用公司+路演人+学校+项目介绍形式展开项目介绍：介绍公司，介绍我担任什么（职位+姓名），来自哪里（学校），带来什么（项目介绍）。

金奖项目实例①：

来自第六届金奖项目【eDNA 精准生物监测与生态健康诊断】：我是××科技的创始人××，我来自××学校，今天给大家带来一项革命性的生物监测技术。

金奖项目实例②：

来自第六届金奖项目【5G 通信氮化镓功放芯片】：我是来自清华大学的××，也是××科技的创始人和 CEO，今天我带来的项目是……

（2）故弄玄虚式。

通过设置悬念来牢牢抓住听众的注意力，这个悬念可以是一个问题或一句话，也可以是在现场做一个实验（结果需要等路演结束时揭晓），还可以是其他创新方式。

金奖项目实例①：

来自第六届金奖项目【星网测通】：各位专家大家下午好，在随后的时间里，我想请大家和我一起，把眼光投向太空……

金奖项目实例②：

来自第五届金奖项目【声控大师—离线智能声控开关】：大家看到这个题目会非常奇怪...为什

么要搞一个离线智能声控开关呢...

（3）情景代入式。

讲个故事，让听众产生情感的共鸣，仿佛置身某个场景之中。有了这层共鸣后，后面的路演也更能打动听众。

金奖项目实例：

来自第六届金奖项目【NASH 美育】：各位评委好，我是 NASH 美育的项目负责人，首先我想先跟大家分享一个冷知识……

（4）视频导入式。

简单问好后，通过视频介绍，先引起评委兴趣且让评委对项目有直观的了解，后续介绍时会更得心应手。

金奖项目实例：

来自第六届金奖项目【磁晶科技——国内首创光电通信器件的核心材料供应商】：大家好，我是磁晶科技的联合创始人××（职位+姓名），接下来请大家通过一段视频来了解我们的项目……

2）项目介绍

项目介绍是路演稿最重要的内容，是评委了解项目并打分的主要依据。好的项目介绍，能让人对项目有清晰明了的了解。

要写好项目介绍部分的路演稿，内容要做到与路演 PPT 呼应，逻辑要做到清晰明了。有关各部分内容撰写，接下来结合往届金奖项目的路演稿，进行实例讲解。

3）市场痛点

市场痛点部分的路演稿，是项目介绍不可或缺的部分，要做到让评委认可，肯定项目存在的价值及意义，并对后续的路演有一定的期待。

可通过报告或数据等统计信息（背景说明），整理出行业存在的问题，并阐述解决问题的必要性和急切性（痛点介绍），最后引出本项目提出的解决方案以及具备的独特优势等信息（解决方案及优势）。

金奖项目示例：

来自第六届金奖项目【eDNA 精准生物监测与生态健康诊断】：××报告显示……作为一个负责任的大国……（大背景下的行业痛点说明）急需有效的生物监测技术……面对困难，我们建立起……（顺势提出解决方案）首先我们全球首创了……接着，我们构建了……让效率提升超过 300 倍……（详述项目优势）。

4）商业模式

商业模式是赛道评审要点明确的考核内容，好的商业模式是决定项目能否长远的因素之一。

项目运营模式、盈利模式等元素可放在商业模式板块介绍。注意，有些项目的商业模式以模型展示，需在路演稿中进行逻辑清晰的阐述，避免路演时因“即兴发挥”而出现“看图忘字”的情况。

金奖项目示例：

来自第五届金奖项目【超菌克星——细菌性疾病诊断全球领跑者】：我们的目标客户是医疗

卫生机构，销售模式参考打印机模式，以试剂盒为主，仪器为辅，前期我们通过学术推广对我们产品进行宣传，后续将实现直销和代销……

5）项目亮点

项目亮点必须要有，这是项目能脱颖而出的条件之一。根据往届金奖项目情况，亮点的来源大家可以参考以下几方面：

（1）国家助力成就项目亮点。

金奖项目示例：

来自第六届金奖项目【eDNA 精准生物监测与生态健康诊断】：我们首先获得了国家的独家授权，我们是国内唯一……也是国家环境监测总站唯一指定开展……国家还对我们投资 3000 万……

（2）竞品分析凸显项目亮点。

金奖项目示例：

来自第六届金奖项目【新“净”界——用“芯”打造空气净化安全网】：我们的产品性能上，除了在超微粒子的过滤……领先我们的竞争对手，同时我们的价格也仅为竞争对手的 50%……

（3）核心技术阐明项目亮点。

金奖项目示例：

来自第六届金奖项目【新“净”界—用“芯”打造空气净化安全网】：××技术发展至今，有三大核心技术常伴我身，一，率先突破了……；二，通过……实现了……；三，大大拓展了……

（4）专利证书侧面凸显亮点。

金奖项目示例：

来自第六届金奖项目【5G 通信氮化镓功放芯片】：目前公司已有跟产品相关的核心专利发明项目 x 项，在申请核心专利 x 项……

（5）获奖情况放大项目亮点。

金奖项目示例：

来自第六届金奖项目【5G 通信氮化镓功放芯片】：在 2020 年，我们获评了中关村高新技术企业，同时获得了多项创新创业大赛的奖项……

6）现状及规划

现状及规划也是路演稿必备的内容，其能让评委清晰地看到项目已获得价值&团队已做努力，也能侧面反映团队成员的商业思维。

这部分内容主要包括内容有：融资需求、股权分配，营收现状、未来规划等。需注意大多融资情况均以图示表达，路演稿中要有针对图示的讲解。

金奖项目示例：

来自第六届金奖项目【新“净”界—用“芯”打造空气净化安全网】：公司成立至今，从……成长为……未来我们会……预计营业收入可以突破××元，已达成了××元，计划释放××的股份，融资××元，目前已获得××集团的××元融资。

7）团队介绍

优秀、凝聚力强的团队是项目的核心竞争力来源，也是项目中唯一不能复制的存在，其重要性不言而喻。

如果团队有首席科学家、创业顾问等人员组成，且有较契合项目的身份背景、工作经历，建议详细介绍以凸显项目的专业性。

金奖项目示例：

来自第六届金奖项目【eDNA 精准生物监测与生态健康诊断】：我是公司的主要创始人……我的联合创始人是……他也是国际上最知名……我们还拥有一支……推广团队……

8）带动就业

带动就业是各赛道评审规则中明确会考核的要素，有带动就业的项目，更让人相信项目的影响力以及成就。

带动就业部分路演稿，可包括怎样做到的，具体的成效如何等要素。

金奖项目示例：

来自第六届金奖项目【eDNA 精准生物监测与生态健康诊断】：我们已经培养了××名实习生……直接带动就业××人，间接实现了××人完成就业，我们还创造了国内全新职业……

9）结尾词

与开头类似，结尾词的作用也不容忽视，一场高分路演一定是有头有尾，头尾分明的。

通过观看往届金奖项目路演后可以发现，很多优秀项目都会选择在介绍结束时，喊出自己的项目口号与愿景，大家在撰写自己路演稿时也可参考。

金奖项目示例①：

来自第六届金奖项目【eDNA 精准生物监测与生态健康诊断】：××科技，开创生态环境基因检测新时代，助力我国生态大保护！

金奖项目示例②：

来自第六届金奖项目【新“净”界—用“芯”打造空气净化安全网】：同呼吸，共担当，××引领专业净化，做健康空气的守护者，谢谢大家！

金奖项目示例③：

来自第六届金奖项目【星网测通】：星网测通，让全人类尽快用上太空 WiFi，让世界见证卫星互联网测量的中国力量，谢谢大家！

21.6　项目路演稿的用词和表达

合理的路演稿形式，能促使高效的路演练习，进而产生高分路演。其主要有两种形式，分别是文字版路演稿和表格式路演稿。文字版路演稿逻辑流畅且内容完整，但不太利于路演人练习。表格版路演稿框架清晰明了，但是需花费较多时间准备。二者各有利弊，各备赛团队可结合具体情况，进行路演稿的准备。但不管形式如何，为了呈现更好的路演效果实现路演目标，以下几点建议供大家参考。

1. 加入时间限制

路演有严格的时间要求，但很多团队由于时间把控失误，出现演讲太慢导致内容没讲完，只能草草结尾的情况，这其实非常影响评委对项目的印象的。再次提醒大家，路演时一定要把控好时间，不要超时！

建议各参赛团队在准备路演稿前，先明确所在地区的路演限制时间，一般为 5～8 分钟，再对每页 PPT 的演讲时间按照重要性进行初步规划，在每页路演 PPT 的路演稿部分加入演讲用时，让路演人开展时间及内容的辅助练习，规避正式路演时可能出现的突发状况。

例如：核心技术、商业模式等项目重点、亮点部分可多花时间讲解。

2. 加入动作语气标注

路演并不是路演人的独白，而是一场有情绪的演讲，这样的路演会很加分。可通过语气、语调、肢体动作来调动现场情绪。准备参赛时可根据路演稿对应内容，对情绪要求、肢体动作进行标注。

例如：讲到项目唯一性、卓越数据等亮点信息时，音量可以适当提高，自信地讲解；讲到商业模式时可适当放慢语速，给评委一定时间思考；讲到项目愿景时，情绪可适当激昂，辅以手部动作，展示出项目的宏大愿景。

PPT 内容不用全说。PPT 内容较多，但路演时间有限，不用将全部内容都叙述一遍，将每页重点阐述出来即可。路演本就考验大家在有限时间内传达重点信息的能力，如果全都念一遍，那路演稿、路演就没有意义了。

例如：讲到竞品分析时，可直接将自己的产品优势用百分比、提高倍数等数据表示出来，不用逐项进行对比再得出结论，那样很浪费时间。

3. 从事实出发

诚实是必须的，一定不能造假，要相信评委比你懂得多。如果造假，肯定会在答辩环节必定露出马脚。

例如：在竞品分析部分，实事求是地展示出自己的优势即可，不要出现过分比较、提高数据、试图猜测等情况。

4. 反复修

在真正路演前，路演稿肯定会反复修改。项目、PPT 的不断优化、路演人的练习反馈都会使路演稿反复修改。大赛未至，修改不止，好的路演稿都是不断修改而来的。

5. 熟记于心

路演人一定要对路演稿熟记于心，正式路演前要多背、多练，时间、内容、衔接语句等都要很熟练，以达到看见路演 PPT 页面，就能想起当前页面所要传达的重点、时长要求等。

21.7 项目路演的仪态

仪态是一个人姿势、举止、动作、气质等外在形象的总和。仪态之美有三重标准：一是文明礼貌，处处显得有修养，没有粗野的动作和行为；二是自然大方，不虚张声势，不装腔作势；三是仪态美观，这是高层次的要求，它要求一个人的仪态优雅脱俗，美观耐看，能给人留下美好的印象。

一个演讲者如果能够做到着装得体、谈吐大方、仪态从容，像一位绅士或淑女一般谦逊有礼，一举手、一投足间处处体现出谦让、体贴、礼貌。这样优秀的讲话者必然一出场便征服全场，让人感受到他无穷的魅力。

不管你的学历和资历有多高，别人只需看你讲话的姿态以及行为举止，就可以断定你有多少文化修养。所以，作为一个演讲者，行为一定要端庄、优雅，再配上过硬的资历学识，那么你将更有魅力。

总而言之，姿态语言传达出的信息往往比声音和语言本身更富有内涵。你的体态、表情、姿势、手势等，不仅能传达出丰富的信息，还是你个性魅力的展示，能让你独特的形象深入听众的心灵。

在当众讲话时，如何做到仪态大方呢？我们可以从以下几个方面入手，打造优雅大方的仪态。

1. 上台前的姿态

在上台讲话前，演讲者首先要注意自己所站的位置，最好站在所有听众都能看到你，同时便于你使用自己的笔记本电脑、麦克风、演示设备的位置上。如果条件允许，你可以站到讲台前面，让听众看到你的全身，这样可以拉近彼此的距离，还能给人一种自信大方的感觉。

其次要注意自己的站姿，一定要站直，挺胸收腹，不要站得歪歪扭扭，给人无精打采的感觉。不要摇晃身体或左右不停地换脚、频繁地来回踱步、抖脚等，以免影响自己优雅的站姿。

2. 台上的站姿与移动

演讲者在台上讲话时，站立的位置不要只考虑自己的方便，还要注重听众的视角，他们是否需要伸长脖子或站起来才能看到你。同时，讲话者在台上的站姿也要得当，要站得挺拔干练、生气勃勃，给人以美感。

如果讲话时间比较长，你可以在台上适当移动，不要总僵硬地站在一个地方，以免给人一种疲惫而没有活力的感觉。移动时，你应该注意步伐，不要粗鲁地跨着大步，应该让自己的步伐显得轻盈活泼、自然大方。同时，要注意照顾会场边上的听众，不要阻挡他们的视线，要适当地靠近他们，和他们更好地互动。

3. 头部的动作

聪明的演讲者可以通过头部活动来传递信息。头部的肢体语言也很有讲究。一般来说，演讲者的头部动作不宜过多，如果总是晃动头部，会给听众一种不稳重、心浮气躁的感觉。当要和一些听众进行眼神交流时，你不能只把头偏过去，而应将头部和肩膀、身体一起移动过去。

头部动作的表现形式有点头、摇头、低头、回头、仰头、偏头、垂头 7 种，每个动作所含的意义不尽相同，讲话者一定要灵活运用。头部动作的运用需要遵循一些原则。

第一，头部动作要尽量做到位。有些讲话者的动作含混不清，会造成听众理解困难。比如，是点头还是摇头，要做到准确无误，让听众正确领会你的意思。

第二，头部动作的运用也要配合其他语言，可以是有声语言，也可以是无声语言。比如，点头的时候说一声“嗯”，给听众传递的信息就会更加明确。

第三，头部动作使用频率不能过高。总是摇头晃脑会影响听众的注意力，也会让你的姿态显得不够优美稳重。

4. 检查肢体语言的毛病

讲话者上台讲话前应该常常照镜子，看看自己的仪态是否足够优美大方，还存在什么问题，或者将自己的演说过程拍摄下来，查看有没有不文明、不得体、不自然的情况，还可以请朋友、听众帮助你检查肢体语言上的问题。

当你给人一种懒惰、疲惫、虚弱的感觉，并得到听众如此评价时，你千万不要只顾着生气，要先寻找问题的根源。你的肢体语言中可能已经传递出类似消极、厌倦、冷淡这样的信息，你需要的是改正自己的缺点，完善和丰富你的体态语言，做到仪态大方、风度翩翩。

21.8 项目路演的注意事项

1. 路演时应该如何展示自己的项目

1）讲好故事

以一个动人的故事开始你的路演，这会从一开始就勾起听众的兴趣。而且如果你可以把你的故事和听众联系起来的话就更加完美了！你所讲的故事应该是有关于你的产品所要解决的问题。

讲故事是最能获得听众关注的方式，同时，这种方式也最能令创业者的路演变得令人难忘。在投资人面前，PPT、数字、图表其实都只是辅助工具，这些内容都是他们司空见惯的，但是创业者可以简洁且清晰地讲述自己的创业故事，从而引起投资人的关注与共鸣，让他们愿意为你投资。每个人都喜欢听好故事，即便是最看重数据的投资人也不例外。

2）抓住重点

对投资人来说，时间无疑是十分宝贵的资产，创业者需要紧抓重点，挑干货讲，专注于投资人最想听的诸如竞争力、商业模式、盈利方式、项目进展、产品情况等关键点上，啰里啰唆，逻辑混乱是路演中的大忌，这样的讲述方式不仅会令人昏昏欲睡，还会给投资人留下十分不好的负面印象。

3）描述要简洁清晰

一些创始人认为自己的产品将来可能发展成若干种可能，不希望开始阶段就界定产品范围，这是不正确的。你的主要目的不是说明自己的产品将会演变成什么样子，而是让投资人感觉产品有演进成长的可能性。

4）语速要清晰要慢

大部分人都没有优秀的演讲能力，但是控制语速能让你讲解得更清晰。讲得慢一些不容易犯错，如果你感觉自己的语速很慢，通常对听众来说是语速恰到好处。

5）态度热情而自信

创业热情对创业者来说是非常重要的，对自己的项目拥有无限热情、无限能量的创业者，在路演中会加分不少。同时，它也能够展现出创业者的自信，能够让投资人更加认可、更加相信你可以做好。

如果演讲人自己都不够自信，那凭什么要求投资人投资呢？投资人往往不了解技术，不太了解你的产品，他们下结论很大一方面要看你是否对自己的产品有自信。但凡事过犹不及，过度的自信便是自负，如此只会令投资人心生反感。自信并不是让你将“我们是最棒的”“我们的产品最好”挂在嘴边，否则投资人会认为你是个爱吹牛、“满嘴跑火车”的人。自信是言谈举止自然的流露，是含蓄的。还有一点要注意的，就是创业者一定要走出自己的舒适区。

6）要用数字说话

不要因为开始阶段用户量、访问量小就害怕说出来，找出四五个关键数字，让投资人记住，比你说半天干巴巴的话好用。

7）要让评委记住

评委听了太多的展示演讲，无法一一记住。你一定要想出一句足够吸引人的口号或者是句子，并在展示过程中多次提及，让投资人牢记。给他们留下印象你就成功了一半。如果你无法浓缩出一句这样的口号，那说明你没用心。

8）不要好几个人轮番上台

毕竟只有短短的几分钟时间，让创始人团队里最擅长展示的人上台，他可以提及自己的团队队友。

9）不要讲太多次要问题

短短的几分钟里，一定要将产品最亮、最核心的东西讲出来。不要花太多时间介绍自己的简历、竞争对手的情况，简单的一句话带过即可。

10）不要讲太多商业盈利模式

由于初始阶段的商业模式大部分都是不靠谱的，花太多时间讲解自己产品的盈利模式，一来是本末倒置，二来也容易将自己在商业模式上的弱势暴露出来。一定要讲你最擅长的部分，比如通过技术解决了用户的哪些问题。

11）不要夸大其辞

别担心自己的公司刚成立、自己只懂技术不懂商务。无需隐藏这些弱势，其实这些你以为是弱势的地方往往是投资人看中的优点。初始阶段产品都是不完善的，不要掩盖产品的不足，不要夸大其辞。

12）不要太独特

创业者在介绍时，不妨将侧重点更多地放在项目的“新”与市场现实的“旧”上面，如何保持平衡与互利状态，而不是不断重复“这是一个未被发掘的市场，这是一个可以颠覆行业的项目”。

2. 路演时应注意的问题

问题 1：条理散乱

创业者在项目路演时，内容讲得散乱、啰唆。这是很多创业者路演的问题。

原因：你在准备的时候，会觉得需要讲的内容很多，要讲团队，要讲产品，又要讲商业模式，不舍得删减，这就很容易造成信息量过大、过散，不够凝练。

对策：对于听众（投资人或评审专家或投资人）来说，在短短的几分钟内，他们能接收到的信息量其实很有限。所以，路演的时候，不能塞入太多的内容，如果内容确实丰富，一定要提炼、提炼、再提炼！

例如有一个生态食品创业项目，将亮点提炼为“四大亮点”，只有 12 个字：基地大、门店多、保障强、合作广。路演时一听就懂，然后再逐一介绍，现场观众就会听得认真。

问题 2：主角模糊

路演的主角模糊，常常是这两种情况：

≥80%的时间照着 PPT 念，≤20%的时间回头看观众。

这样的话，会让听众的注意力都集中在 PPT 上，而不是你本人身上。评委很容易只盯着 PPT 看。

PPT 仅仅是路演的辅助而已，不能喧宾夺主。想象一下，如果你上台只是念 PPT 或者念稿子的话，为什么还需要人们来现场听演讲呢？直接把书面材料或创业计划书发给投资方，让他们自行阅读不就可以了吗？

其实，决定路演效果的，正是创业者在台上的表现。

对策：创业者通过他的肢体语言、语音语调、神色感情来呈现演讲内容，从而打动投资人。

问题 3：过于理性

很多人在路演的时候，会罗列很多数据，逻辑也很严谨，但听起来就是觉得无聊、枯燥。

对策：路演时，需要理性跟感性相结合，如果你想打动投资人，要适当增加一些感性的内容，才能有情感上的共鸣。

评委不仅是听你的说明和介绍（当然主要是听这个），高手的创业路演应让他们有情感上的体验。

例如：有一个提供老年人服务的项目，原来的结束方式是最后说融资金额“这次我们融资金额大概是 × 万，出让股权 15%”，讲完就结束了。后来修改为在融资金额后加上自己的创业初衷：“我自己是独生子，我希望当我的父母满头银发、满脸皱纹的时候，即使我没有办法陪在他们身边，父母也能从这里得到完善的服务，这是我创办 × × 的初衷……”果然，正式路演问答时，这一段和投资人 A 产生了共鸣。A 说，他也是独生子，现在也不能陪在父母身边……最后果断投钱。有了情感上的共鸣，后面的事儿会好办很多。

问题 4：方法不当

很多创业者一提到准备路演，就开始做 PPT 。他们花了大部分时间做 PPT，却没有充分的时间去演练路演的全过程。

不管什么样的路演，大部分准备工作不应花在 PPT 上，而需要花费较多的时间进行内容构思、精心演练。这两样是重头戏，起码占准备工作 70%的时间。遗憾的是，不少人说业务忙、没时间，完整的练习都没有 3 遍，就上台了。

对策：路演内容确定后，至少完整排练 10 遍再上台。

问题 5：面面俱到

路演内容不分主次，平均用力，一一进行介绍。

对策：路演内容要分清主次，不是主要的内容只需要一两句话的介绍，点到即止，但也不能省略，因为他们同样重要。

问题 6：投身红海

红海战略主要是在已有已知的市场空间竞争，在这里你相对于你对手是成本比他低，或是比他更加可以达到差异化的战略两者取其一，游戏规则是已经定好的，按照这个游戏规则，循着这个游戏规则进行针锋相对的竞争，你所要分析的就是竞争态势和已有产业的条件，这是红海战略需要研究的变量和因素。相应的也有蓝海，蓝海战略不局限已有的产业边界，而是要打破这样的边界条件，有时候蓝海是在全新的一片市场天地中开辟的，但是很多时候蓝海可以在红海中开辟，比如星巴克咖啡，原来麦氏、雀巢这些厂商都是采取低成本，在价格上竞争，实际上咖啡已经商品化。星巴克一出现就击倒所有对手，就在原有红海中开辟了蓝海，几乎达到垄断地位的高度。

在路演过程中，投资人最希望看到的是创业项目的潜力和前景。有些创业者不顾市场已饱和，跻身于竞争激烈的行业，即使有短暂盈利，也不会长久。

对策：选择有潜力和前景的创业项目。

问题 7：不知所云

这是最常见的问题，也是最严重的问题之一。具体表现就是在路演的过程中，以自我为中心，演讲已完成，但评审专家或投资人还不知道你做的是什么，要干什么事。

对策：尽量用 3 句话表达清楚，让普通人能听懂你要干的是什么。

问题 8：展示技术

很多创业者通常讲起技术滔滔不绝，但讲解中完全不涉及运作情况、商业模式和财务数据，导致投资人评审专家或投资人无法作出判断。

对策：在 1 分钟之内，论述技术实验的基本原理、研究成果和应用即可。

问题 9：盲目乐观

表现为企业负责人对未来市场盲目乐观，自身预期远大于实际情况，导致评审专家及投资人没有沟通的欲望。

对策：客观冷静地评判项目，建议参赛之前和三位以上的投资人进行相关情况的沟通。

问题 10：超出时间

大赛的时间是严格控制的，选手务必在规定的时间内完成路演，否则，会影响到下一个环节的时间。通常，评审专家或投资人会认为不能严格把握时间的企业不守规矩，打分上一般会有所考量。

对策：多次练习，严格控制时间。

问题 11：弄虚作假

有少数参赛者，为了取得更好的名次或者吸引注意力，会编造数据或者提供假的证据，这在比赛中是坚决不允许的，基本上一有造假行为就会被发现。一经发现，就严重影响团队信誉。所以，这一点一定要注意。

对策：所以在跟投资人交流的过程中，要永远保持真实，实事求是，坦诚面对。

问题 12：答非所问

最后一个环节，一般是评审专家或投资人提问环节，需要选手作答。但是一部分选手往往会出现答非所问、有意拖延的情况。这样的回答往往没有太大作用，而且耽误时间。

对策：建议在 30 秒到 1 分钟的时间内，回答每个问题。一般来讲回答问题越多，越有利于展示企业形象，促进评审专家或投资人对企业产品的了解。

3. 路演时要注意的禁忌

1）对目标市场不了解

在路演中，有些创业者没有表现出任何市场调研的迹象，或者调研样本太少，真实性不够。还有就是对目标用户的定位不够，没有准确定位自己产品的用户群体。

2）没有将项目和市场分开。

很多行业市场庞大，不少涉足于这些庞大行业市场的创业者在路演过程中大谈行业市场，和自己的项目却没什么关系，会让投资方觉得创业者的项目比较空洞。

3）过多地使用专业术语

投资人也分为传统企业出身和新兴的投资机构出身，每个投资人都有自己擅长和不擅长的领域，过多地使用专业术语会阻碍投资人快速理解项目和做出判断。用通俗语言解释专业问题才是真本事。

4）少画大饼，多谈实际

不要随随便便地把平台、生态系统等挂在嘴边，给投资人画大饼，说自己家的平台多么地棒。平台不是一朝一夕能建设起来的。作为初创公司，首先要告诉投资人的是怎么卖产品，提升营业额。

5）只卖情怀，不谈产品

有情怀是件好事，但是商业投资是一件严肃的事情，投资人可没有这么多的时间听你讲故事。当然，内容充实的前提下，情怀也是件锦上添花的事。情怀对产品来说确实很重要，但情怀是要以产品质量为基础的。

6）全程读 PPT，过程很枯燥

路演全程都在照着 PPT 读，不和听众做视觉上的交流。

7）废话很多，实质内容很少

人在紧张的时候习惯把注意力转移到无关的事物上，通常说出的话都没有价值。如果你紧张到无法专注地完成路演，不妨留出更多的时间给投资人用来提问。

21.9 评审专家的提问示例

创赛评委高频问题合集
1. 项目有哪些创新/创新成果如何（商业模式、运营模式、营销推广等）？
2. 项目产品是自研吗？做它的动机是什么？
3. 和以往的产品/竞品比，差异在哪/区别是什么？你是如何做到的？
4. 相同的东西，别人多久会做出来？
5. 客户的哪个需求是别人没满足，但是被你们满足了的？
6. 如何保障项目持续增长？
7. 产品的应用场景有哪些？和别人相比好在哪？
8. 专利相关：取得了哪些专利？核心专利是什么？专利所属是你们吗？专利获得授权了吗？

9. 为什么项目能做成？有多大的把握？有哪些资源支持？
10. 项目的核心优势是什么？核心竞争力是什么？
11. 项目的收入来自哪里？财务报表制作依据是什么？
12. 营销策略是什么？（价格、销售、推广、渠道、文化、故事等）目前哪个渠道取得了哪些成效？
13. 销售额最高的是哪个产品？利润额最高的是哪个产品？
14. 哪个产品和服务的收益可复制？高增长？
15. 之后几年如何保障持续增长和稳定收益？
16. 覆盖了多少客户？客户是否有复购？是否愿意为你们推广产品？转化率多少？
17. 产品成本构成？收益是否覆盖成本？
18. 和某某客户合作到什么程度？
19. 市场上还有谁在做？你们的优势？
20. 市场规模多大？如何估算的？
21. 融资及出让股份怎么算的？
22. 项目目前处在什么阶段？做到什么程度了？项目何时盈利？何时收支平衡？
23. 是否成立公司？是否交税？是否发工资？
24. 项目团队有多少人，具体分工如何？
25. 团队的决策机制是怎样？
26. 举例说明各团队成员在项目中的贡献度。
27. 介绍下团队成员/主力成员。
28. 在这个项目中你负责什么？参与项目多长时间了？
29. 你的项目团队有哪些优势？在项目中怎么体现的？
30. 团队具备的资源和能力是否能支撑项目后续发展？
31. 项目的权益结构和股权结构是怎样的？
32. 介绍下外部专家等对项目的支持情况
33. 毕业后你们还会做这个项目吗？
34. 这个项目的公益性体现在哪里？
35. 服务了多少人？多少人从中受益？
36. 如何让更多人从项目中受益？
37. 项目的服务模式是怎样的？有何优势？
38. 项目落地过程中有风险/阻力吗？如何克服？
39. 如何解决项目持续发展中的资金和人员问题？
40. 项目是否复制到其他地方？是否具有示范效应？
41. 项目是否形成了成熟的运营模式？是怎样的？
42. 项目可持续性具体体现在哪？
43. 在某某上，如何确保项目能持续运营下去？
44. 请谈一谈在校期间，你是如何想到要做这个项目的？
45. 做这个项目，你最大的收获和成长是什么？
46. 做项目的过程中，你应用了哪些所学知识技能？解决了什么问题？

47. 团队成员都是哪些专业？有何特长？
48. 项目对当地的贡献是什么？
49. 项目进行前后，当地最大的改变是什么？有无数据证明？
50. 当地人是如何评价你们的？
51. 引入了哪些社会资源？
52. 项目中直接就业和带动就业的数字是怎么算出来的？
53. 目前多少员工？
54. 项目间接能带动多少人就业？带动的是哪些人？
55. 一句话说清楚你们的项目。
56. 项目名称是怎么来的？

21.10 路演答辩的步骤

大家首先要明确评委提问是结合大赛评审规则进行，大多是项目路演时没讲清楚，但这个问题对项目评审很重要，所以评委需要提问验证。项目能否有逻辑、有重点地回答出来，直接影响项目得分。

如何有逻辑、有重点地回答评委提问，给项目加分？

1）分析问题本质

分析评委提问问题本质，明确问题核心。例如“团队成员对项目的贡献”，整个问题本质考察项目团队维度，结合评审规则，从成员所学专业、团队分工、成果呈现几方面展开回答，契合大赛团队维度的评审要点。

2）回答问题思路

在回答评委提问时，注意结论前置，分享一个回答思路，大家可以借鉴以下思路：

（1）下结论，针对问题并结合项目先确定结论（中心），能否做到、能否实现、何时实现等；

（2）对结论进行论证，项目如何得出这个结论，依据是什么，是市场调研的结果还是技术创新的结果等，论证时多使用数据说明。

回答问题的模板建议用“总分总”的形式，例如：感谢评委老师的提问，针对这个问题我将从以下三个方面进行回答，一、二、三，以上三点就是我对这个问题的回答，总而言之……

这样的回答会让评委老师觉得更加有条理，同时也给予回答者思考的时间，在听到问题的时候，想可以从哪几个方面回答问题。在说第一个方面的时候，也可以思考一下第二个第三个方面怎么说。这样的答题模板是比较常用的，但是也需要答辩者可以多加练习，勤加思考。

21.11 路演答辩的原则

答辩三“不”原则。

不互撕：不要与评委互相纠缠起来，一场大赛的评委是固定的几个人，而项目则是五花八门的。赛事组也并不能保证每一个项目的技术点评委都是看得懂的。所以的确有时候会出现评委的质疑并不是非常合理。但是即使评委的质疑在你心中是不合理的，也应该是礼貌性地回答该问题，而不是与评委争辩。更不可以对评委恶语相加，怒怼评委。这些都是不可取的。

不隐瞒：作为大赛评委，因评分规则的关系，会非常注重盈利模式或者商业模式，通俗来说就是挣不挣钱，怎么挣的钱。而有一些项目可能盈利模式和商业模式不太能说得很细，或者压根没有考虑清楚，自己都是云里雾里。这个时候被评委质疑相关内容时，可能就会搪塞评委说，"这是我们比较核心的商业秘密，不太方便公开。"这是不可取的，作为大赛评委都是有分寸的，不会问得那么细的，但商业模式或盈利模式应该有的逻辑是需要参赛选手整理清楚的，不可能靠隐瞒（无论什么原因的隐瞒）将问题敷衍过去。

不质疑：作为参赛团队，也许你们的项目是比较新颖，或者比较创新的。对于新颖和创新的内容，也许大赛评委并不是那么了解。他们不了解就会提问，作为参赛人员就正常礼貌地回答。并不需要参赛人员去猜测大赛评委是否了解，然后去质疑地说，你们了解吗，你们知道吗？知不知道，了不了解，评委会自己开口问，不用你来质疑。

21.12　路演答辩的技巧

1. 路演答辩的准备

1）明确答辩目标

路演答辩想做好，首先要明确路演答辩想要达成的目标是什么，目标越清晰，路演材料的准备、呈现和提炼就越充分。创赛的路演答辩，不仅仅是去展示项目，把 PPT 做得好看就行。也不仅仅是去现场与评委老师"交流"观点就完事。创赛的路演答辩目标就两点，抓住这两点，你的路演答辩准备才不会跑偏。

一是展示你项目的商业价值，并让评委、投资人认可你的商业价值，这是核心。为了达成这个目标，在路演答辩时，一定要清晰展示出：① 项目是怎么挣到钱的？（产品/服务、需求/痛点，目标客户、营销模式、盈利情况、商业模式）；② 项目的核心优势是什么？（技术、团队、资源）；③ 项目未来如何更值钱？（商业模式、未来规划）。

这里有一个重要提醒，让评委认可商业价值，除了评委通过看你展示的内容判断，还有就是通过答辩环节你的回答来判断。所以答辩时不要一开始就站在评委的对立面去反驳他，越反驳越难说服。正确的做法是从评委的角度出发，弄懂评委真正想交流的问题是什么。回答时说事实、说数据，也不用强行"卖瓜"，评委能自己判断。

二是展示你项目符合大赛评审规则的加分项。创赛，归根结底还是一场比赛。想要赢，就严格按照它的评审规则来做。互联网+大赛的评审规则不管是项目刚开始做，还是到最后的决赛路演答辩，都应该是最重要的指导纲领。

路演答辩怎么准备、商业计划书怎么写、PPT 怎么做……都不用问别人，评审规则已经把重点写得清清楚楚。评委打分时也是严格按照评审规则来打分，所以不管是你的网评材料还是现场路演答辩 PPT，都要清晰展示评审规则里要求的必要内容。

在路演答辩时告诉评委，大赛要求的我都做到了，而且我还做得很好，我真实地做出了成绩。评委看到后，有理由不给高分吗？

2）路演答辩必做的 6 要素

第一要素：路演稿怎么写？朝着能达成路演目标的方向去写，写你的商业价值，写你符合大赛评审规则的加分点，这是核心内容。

路演稿谁写？团队的每一个成员都要写，每个人都先写出一稿来。写完后，大家互相看、互相改，结合彼此长处得出第一版路演稿。

如何让路演稿更好？反复改，好的路演稿都是改出来的。可以去看看往届大赛得奖项目如何路演的，学习他们的结构、表达，一定有值得学习借鉴的地方。

第二要素：路演 PPT。路演稿出来了，路演 PPT 的呈现结构也就出来了。按照路演稿，在 PPT 里填充能佐证路演稿内容的关键信息即可，如关键事例、模型、数据、照片等。PPT 上不要放大段大段的文字，路演 PPT 重在展示，不是要你详细说明。内容出来后，根据你项目的定位，去设计或找一个适合的 PPT 模板，对路演 PPT 进行美化。不用做到精美，但至少要排版清晰整齐，评委看着舒服。

第三要素：最终该让谁来路演？一定要是项目负责人吗？肯定不是。实际上最保险也是最正确的做法是，团队成员人人都准备路演，人人随时都可路演。不仅仅是因为我们要防患于未然，为应对突发状况才这样做，从能力成长的角度，我们也该培养团队每一个人具备路演的能力。即使他最终没有机会路演，但是他参与了、学会了、成长了，这是比比赛拿奖更值得团队自豪的事。

第四要素：路演设备大家一定要提前熟悉操作，路演时因为不熟悉操作现场出状况的团队不在少数，不仅浪费时间，而且有可能影响评委对你们第一印象的判断。线下路演，提前熟悉不同电脑系统 PPT 如何播放、激光翻页笔如何使用、话筒如何使用等。线上路演，提前熟悉 PPT 投屏操作，提前测试自己的麦克风、摄像头，调节好灯光，摄像头角度等。

第五要素：路演练习就是路演人在正式路演前要反复练习。首先要背稿，把路演稿背到滚瓜烂熟，张口就能来的地步。第二个是脱稿，背完稿之后向身边的同学、朋友、家人等去讲，达到能脱稿流利讲出的水平。最后要找到或自己制作真实的路演场景，去真实路演。比如，找没听过你项目的老师、同学，甚至路人甲、路人乙，向他们去路演你的项目，让他们提问你来回答。通过反复演练来提升路演人的路演水平。

第六要素：路演现场的准备主要在于做好心理上的准备。路演稿已经滚瓜烂熟了，路演 PPT 准备好了，路演人反复练习多次可随时路演，路演设备也都调试好了，现场再多人看着也没什么好恐惧的。把准备做充分，发挥出正常的能力水平，路演结果肯定不差。

2. 路演答辩其他注意事项

（1）回答评委切勿答非所问。没听懂、没听清问题时可以和评委确认“请问您是这个意思吗？”“麻烦您再说一下可以吗？”回答时，先想想评委提问大致想考察什么，多用事实、数据论证自己的观点。实在不知道如何回答，就如实告知评委，说一堆无关内容反而减分。

（2）回答评委时，这几句话不要说：“感谢评委的提问，你问的问题特别专业。”评委不会因为这句话给你加分，评委专不专业不需要我们去点评，直接回答评委问题即可。

（3）“评委老师你问的问题刚才我 PPT 里有，而且我也已经讲过了。”不要说这句话，他既然问你，说明这一点很重要。评委的潜台词是，这个问题很重要，刚才你没讲好，再给你一次机会，回答好了给你加分，回答不好坚持我的判断——减分。

（4）服装、礼仪不能忘。路演不管是线上还是线下，着装尽量正式，西服、衬衫等一定不会出错，如果有自己项目定制的服装也是可以的。线下路演还可以一个团队穿统一样式服装。路演答辩时注意礼仪，这些细节都是能加印象分的。

（5）要想出彩，请大胆创新。虽然创赛路演的流程大致是一样的，分配给每一个项目的时间也都是相等的，但别忘了，我们做的项目是不同的，我们每个团队都是有差异的，我们在路演时也是可以创新的。想要自己的项目在路演答辩时更出彩，多用心思考，在实现路演目标的前提下去大胆创新，展现出真正的创新创业者精神风貌。

【实践训练】

【训练 21】 模拟大赛路演及答辩

灵活应用创业路演的常用模式和常用技巧，各小组进行路演答辩模拟。

请各小组可以用各自小组自己的项目，也可以根据以下简略版计划书，并撰写路演稿制作路演 PPT，做好答辩准备。（如用参考计划书制作 PPT 进行路演，参考计划书中的融资金额和利润则由学生自己来定）以小组为单位，按照创新创业大赛正式路演要求，进行路演答辩的模拟。

参考计划书案例：

自媒体直播带货计划书

一、项目背景

直播带货定义：直播带货，是指通过一些互联网平台，使用直播技术进行商品线上展示、咨询答疑、导购销售的新型服务方式。

网红直播带货兴起的背景（原因）：

1. 互联网技术的发展

技术是推动电子商务快速发展的根本动力，对于在电商平台上衍生出的直播带货也是其出现和发展的根本支柱。在中国经济快速发展，通信技术不断提高，移动端设备大范围普及的大背景下，直播带货这一商业模式的出现有了技术基础。网络技术的发展打破了时间和空间的界限，传播内容较为丰富，网络传播的内容的种类也是多种多样的，能够满足不同用户之间的需求。网红平台极大地便捷了用户的生活，用户在一个平台上可以实现了解新闻、知识，观看娱乐性节目，购物等多种事情。因此人们也就越来越认可网络沟通、网络消费模式，网红经济由此发展起来。

2. 直播行业（经济）的兴起

网络直播最早始于 2005 年，真正兴起于 2014 年，YY、斗鱼、虎牙、映客等主流直播平台围绕游戏、秀场等内容布局泛娱乐直播业务。之后，以生活分享、即时娱乐为主要内容的快手、抖音在移动终端时代迅速占领中国市场。阿里也嗅到网络直播潜藏的巨大商机，陆续签下一批当红主播。2016 年 6 月，张大奕直播首秀，观看人数超过 41 万，成交额近 2000 万，刷新淘宝直播销售导流纪录，直播电商初露锋芒。2017 年 10 月，淘宝网薇娅直播五小时带货 7000 万。至此，网红直播成为电子商务的新发展力量。在今年疫情期间，直播带货又凭借着环境因素呈现爆发式增长。

3. 消费者购物体验的升级化

随着我国人均消费水平的提高，人们对消费的需求将不仅仅是单纯的购物，而需要更多的体验性和娱乐性。网络购物从最开始的图片+文字的展现方式到后面的视频展示，再到今天的真人实时互动的商品展示。这一方面得益于技术的推动，但更重要的是消费者对消费体验升级的诉求和社会资本力量的引领。可以预想到未来随着消费体验的进一步升级，人们将不再满足于网红的体验分享，而是期望自己的亲身体验。

4. 电子商务模式的发展

电商平台在中国的发展已经有近二十年，其模式也在不断地创新。曾先后提出过 B2C、B2B、C2B、C2C、B2M、C2M 等商业模式，而今天的直播带货其实是 C2M 商业模式的一种实践。伴随着中国物流产业的发展，供应链技术的提高为 C2M 这一商业模式的实践提供了物质基础。是一种新型的工业互联网电子商务的商业模式，是指现代制造业中由用户驱动生产的反向生产模式。

二、短视频及直播带货行业模式

1. 自媒体短视频传播带来的机遇

随着信息技术的不断发展，以移动网络为基础的短视频开始兴起与发展，并在短时间内成为家喻户晓的产品，像现阶段最火的抖音、快手等都是在此基础上应运而生的。例如 2018 年，短视频总播放量以平均每月 10% 的速度爆炸式地增长，同比增长率达到了 311.3%，领跑其他所有细分行业。在社交娱乐短视频兴起时，短视频新媒体呈现百花齐放之势。

短视频成为当前最为热门的传播形态，这主要源自其牢牢抓住了用户心理，让用户直接参与到视频创作之中，从过去的信息终端，变成信息始端，成为传播产品中的主角，刺激用户自发性传播的积极性。“点赞”与“留言”版块，又打破了交流墙，融入了社交元素，通过热门话题、转发分享等方式不断发酵、不断推广。

现今一条视频，一天“涨粉”好几万，甚至上百万的比比皆是，不断创造着一个又一个热门话题。可以预想到在未来几年里，短视频的占有率将会逐年增加，从而对曾经逐渐陷入僵局的视频传播领域进行迭代。

2. 直播带货在销售商品方面的分析

1）直播带货的主要特征分析

从现阶段直播带货所呈现的各种形势来看，如果依据现有营销渠道理论进行分析，它们概括起来具有以下 12 个特征：

（1）依托一定数量的“粉丝”群体和收视者而存在。

（2）直播收益与所依托的社交媒体、电商平台和通信传播媒体的通信流量相关联。

（3）直播内容中含有一定的产品和服务宣传成分。

（4）以直播工作室为信息源构建出在线营销场景。

（5）与所依托的传播媒体的产品和服务宣传相匹配。

（6）促销效果与直播者个人品牌效应具有直接关系。

（7）直播活动在组织带货活动的社交平台、电商平台或其他机构的平台上进行。

（8）直播内容中有时会提及活动的公益性质、产品和服务的无公害性。

（9）宣称所带产品和服务的价格通常比实体店铺或其他网上渠道低一些，即价格上具有竞争力。

（10）直播节目中含有一定的娱乐成分，有时“网红”、影视明星和其他社会知名人士会共同出场，为促销活动营造良好氛围。

（11）直播中经常穿插摇号、抽奖、送礼品等吸引消费者的活动。

（12）直播人员能够及时回答“粉丝”或新加入者的提问，具有社交媒体的交互性特征。

2）直播带货的营销动因分析

首先，在技术上，直播带货是在新媒体技术背景下产生的一种新型促销形式。它适应了技术发展与变革的内在要求，因而较大程度上解决了长期以来一直困扰市场营销向纵深领域发展的“供给和需求之间信息对称”问题。这种技术实现主要是通过实时提供产品功效和服务过程的画面、声音来传递的，而其他无法通过技术传递的消费感觉，则由直播人员在直播室通过对产品和服务的现场体验来向消费者进行讲解和分享，消费者通过洞察直播人员使用产品和服务时的感觉，以及参照直播场景陈设中各种要素，来对产品和服务的内在价值作出评价。因此，直播人员的表演、传播和销售能力对于消费者感知产品和服务的价值具有重要带动作用。这种类似在线娱乐节目的促销活动，由于具有场景式营销中的体验和互动氛围，因而能够充分展现出产品和服务的特点，从画面和声音两个维度上深度地与消费者进行沟通，进而充分地展现出直播带货中“带”的主要含义。因此，技术上的可行性使直播带货比电视、电台、报纸、互联网上的广告等促销形式更加便捷、生动和具有说服力。

其次，在竞争上，直播带货是作为一种新的竞争性促销方式出现的，它并没有沿袭传统媒体渠道如电视、电台和报纸的发展路径和竞争性促销活动组织方式，比如产品和品牌自下而上的层层选拔和评选，以及资源要素在营销渠道中的自上而下的逐级按计划配置和整合等，而是在传播媒体、品牌以及传播人员的选择上直接面向市场，淡化传统媒体及中间商的作用——脱媒，依托新的信息载体——新媒体，直接面对消费者群体进行传播。“网红”、影视明星和其他社会名人等背后的“粉丝”，就是直播带货的目标市场。因此，直播带货作为传播方式所选择的是差异化竞争，通过直接在线与消费者群体进行促销互动而完成销售目标。这种方式对于那些没有形成市场影响力的品牌产品，特别是处于地市级以下市场区域内的产品销售具有重要的带动作用。从近期热络的地方政府官员为促进地区经济发展而走进直播间带货，与“网红”一起主持地区名优产品促销活动，就可以发现这种促销模式的强大影响力。如果没有直播带货这种销售模式，一些贫困落后地区的名优土特产品可能会很难走进更广大的社会人群的消费范围。最后，在社会发展趋势上，直播带货反映了传媒渠道变化以及人群社会交往和生活消费方式的变化。目前来看，由于新一代消费者对网上交往和生活方式的依赖程度较高，因而直播带货所面对的主要群体以这些年轻消费者为主。智能手机和个人电脑的普及以及通信的快速发展，使新一代消费者更加乐意在线上购物。消费者社会生活方式的转变，使市场营销在社会人口统计特征上发生了根本性变化，消费者获取购物信息的渠道由电视、电台、报纸向手机、电脑转移，由此带动了网上购物和在线消费的热潮。因此，产品和服务信息向手机、电脑等载体上聚集所导致的工作、学习、生活、交流用具的变化，使消费者群体作为细分市场更多地集中在社交媒体空间中。“网红”作为产品和服务的“意见领袖”，具有了生存和发展的社会基础，同时也能够带来商业价值。这也是社交媒体、电商平台与“网红”合作，或挖掘其他社会名人商业价值的主要原因之一。

3）直播带货面临的主要问题及对策

主要问题：

直播带货究竟是一种短暂的消费时尚，还是一种可以长期存在的销售方式，目前还很难下结论。但是，它的出现无疑丰富了营销方式，活跃了市场，使市场在资源配置中发挥了更加重要的作用。由于这种销售方式对新媒体技术和社交网络的依赖性，当传播技术和社会交往方式发生变化时，即出现新的技术和社会交往方式，则直播带货会演变成另一种形式。就现阶段来看，这种销售方式应当解决好以下三个主要问题。

（1）直播者的身份和角色界定问题。在直播带货过程中，直播人员主要是以促销人员身份出现的。但是，在直播过程中，其角色有时会发生变化，既是促销活动的节目主持人，又会承担一些娱乐活动角色。这种身份变换，承担“传媒”“促销”“社会交往者”等多重角色，使直播带货中出现问题时很难进行责任划定。“传播”“社交”“娱乐”和“促销”功能的整合，也使这种促销模式复杂化。

（2）直播带货过程中的促销宣传问题。在这个过程中，直播者是作为促销人员或者消费者的意见领袖而出现的，因此不是广告代言人或者品牌形象代言人，这时就会引起促销宣传如何规范的问题。过分地宣传产品和服务的功效，把娱乐节目和商业宣传混杂在一起，可能误导消费者，进而导致夸大宣传。这不利于这种促销方式的发展。

（3）直播带货中可能涉及价格操纵问题。这意味着直播带货所推出的价格尽管比市场上的实际价格低，但是这种价格可能并不具有广泛性，而只是一次活动中所采用的，是出于品牌宣传需要或者维持媒体平台流量的专门设计。这种误导消费者的行为就会引发营销伦理问题。

应对对策：

针对直播带货中出现的上述问题，应当从规范直播人员行为、直播活动内容及直播促销方式的运营范围等方面进行着手，使之纳入健康、有序的发展轨道。具体而言，就是要把直播人员作为直播节目主持人的“信息传播者”角色，与作为营销渠道参与者的“产品促销者”角色进行区分，同时，还应当与作为社交网络的“意见领袖”角色进行区分。这就要求主播人员，特别是“网红”能够在承担不同角色时明确这些角色所对应的具体语言和行为规范要求，使之不超过法律界限并符合道德要求。因此，并不是所有的“网红”、影视明星或社会知名人士都适合从事直播带货活动。一般而言，这些具有社会知名度的人员应当在具有一定的市场法律法规基础知识、传播主持潜质及营销经验的前提下从事直播带货活动。这需要相关知识的储备和工作经验的累积，甚至需要接受专业培训和指导。而对于直播带货过程中的产品功效和价格宣传，有关部门应当加强监管。针对价格操纵、虚假销售等现象，则应当采取严厉措施进行处罚。

三、短视频及直播行业现状分析

1）直播电商的现状和未来发展趋势（见图 1）

近年来新型消费快速增长，主要特征是采取网络购物、移动支付、线上线下融合等新业态新模式。而直播电商是最近几年才火爆的新兴消费行业，指的是商家通过直播的形式，给观众推荐商品。在直播过程中，主播如同线下销售中的“导购”，其个人的销售能力对商品销售效果将产生极为重要的影响，实现线下导购的线上化。

直播电商最早起源于淘宝平台，而近年来随着抖音、快手等短视频应用的兴起，通过视频直播带货已成为增长最快的电商业态。

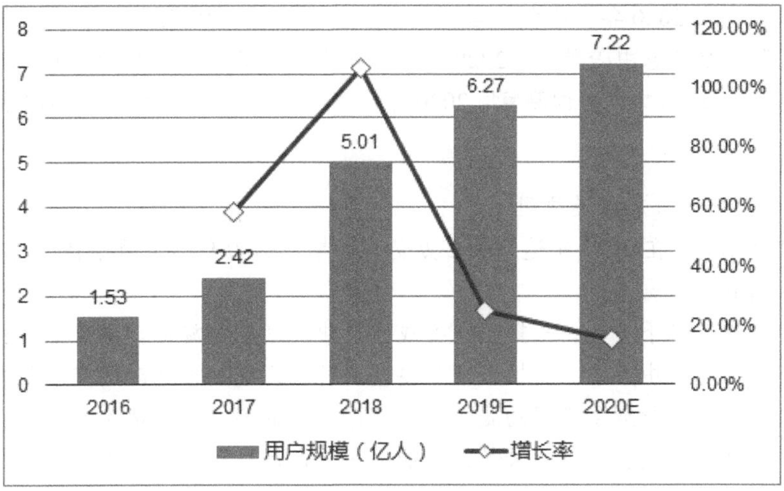

图 1　直播电商用户规模

直播电商把直播与电商有机结合，即通过直播的方式与用户直接建立起连接，更好地赢得用户的信任，而省去中间环节，显著降低交易成本和提升交易效率。这意味着必须在商业能力上下更大功夫。直播电商的价值链包括主播（MCN 机构）、平台方、品牌商家。直播电商本质是品牌方对私域流量渴望的体现。通过直播为电商带来流量，从而达到为电商销售的目的。

随着直播带货的井喷式增长，大量的资源开始涌入这一行业，有些主播在人力、物力、财力以及名气的加持下，轻而易举地就可以获得巨大的流量。

2）直播电商整体规模情况分析（见图 2）

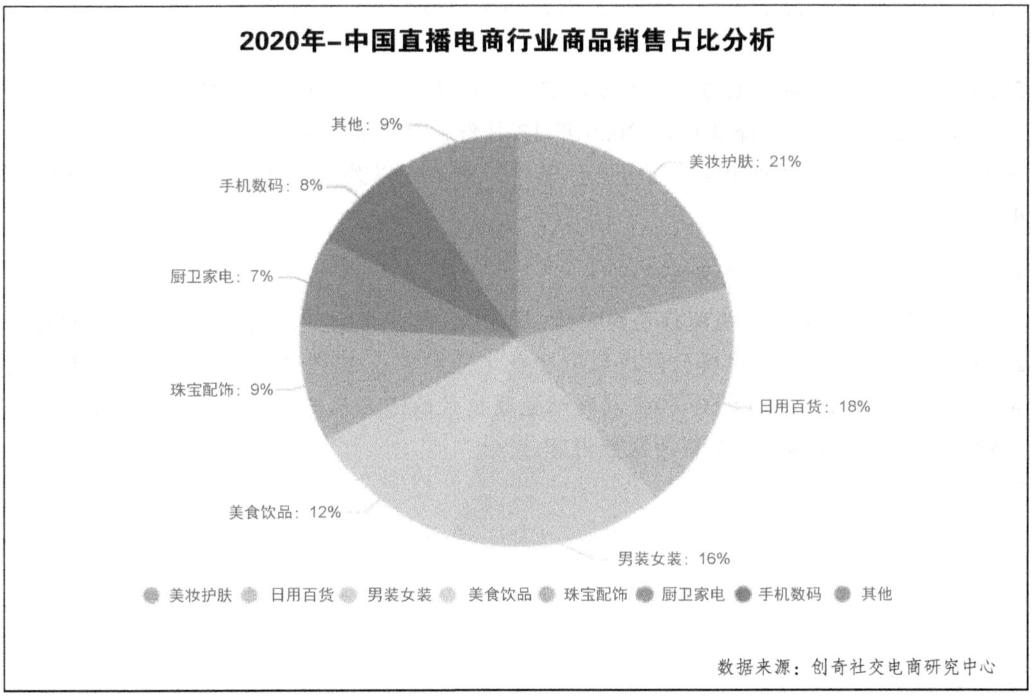

图 2　直播电商行业商品销售占比

据商务部数据，仅2020年上半年，全国电商直播就超过1000万场，相当于每天有5万多场直播；据中国互联网络信息中心数据，2020年上半年观看电商直播人数为5.62亿人，比2019年上半年增加1.29亿人；据艾媒咨询测算，2020年电商整体市场规模达到了9610亿元，同比大幅增长121.5%。

3）直播的电商平台未来发展预测

直播电商整体GMV在2021年达到近2万亿，年增速约为90%，且整体渗透率尚低于15%，未来仍存在较大增长空间。

直播电商已经进入了下半场，长期主义将成为行业发展的主旋律。只有坚持长期主义的直播电商，才能在激烈的竞争中胜出，直播电商想要基业长青，就必须和时间交个朋友。

对于直播公司来说，长期主义指的是，合作伙伴之间的利益和价值是长期的、良性的共创，这样不仅能够帮助彼此更快、更好地成长，还能更多地调动成员的自驱力。

4）直播电商行业社会环境分析

（1）居民收入水平。

据国家统计局网站消息，2020年，全国居民人均可支配收入32 189元，比上年名义增长3.7%，扣除价格因素，实际增长2.1%。其中，城镇居民人均可支配收入43 834元，增长（以下如无特别说明，均为同比名义增速）3.5%，扣除价格因素，实际增长 1.2%；农村居民人均可支配收入17 131元，增长6.9%，扣除价格因素，实际增长3.8%。

（2）居民消费水平。

2020年，全国居民人均消费支出21 210元，比上年名义下降1.6%，扣除价格因素，实际下降3.0%。其中，城镇居民人均消费支出27 007元，下降3.8%，扣除价格因素，实际下降6.0%；农村居民人均消费支出13 713元，增长2.9%，扣除价格因素，实际下降0.1%。

（3）消费观念升级。

2020年，社会消费品零售总额391 981亿元，比上年下降3.9%。其中，除汽车以外的消费品零售额352 566亿元，下降3.1%。2020年12月份，社会消费品零售总额40 566亿元，同比增长3.6%，增速比上月回落0.4个百分点。其中，除汽车以外的消费品零售额35 695亿元，增长3.4%。

5）短视频从发展到爆火的背后原因

如果说4G时代带动了短视频行业的兴起，那么5G时代将会带来视频行业更深刻的变革和普及，2020年中国短视频用户规模已经达到了8亿（见图3），短视频用户渗透率超70%，成为互联网第三大流量入口，而随着5G、AI及移动互联技术的进一步发展，几乎每个人都可以轻松成为视频创作者，并带来越来越丰富的视频内容。

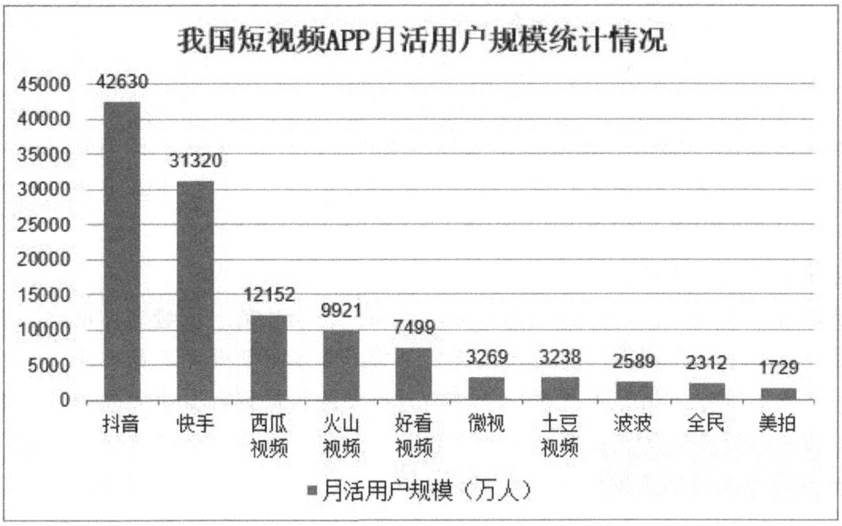

图 3 短视频 APP 月活用户规模统计情况

短视发展至今爆火的分析如下：

（1）传播工具的革新对于社会发展产生重要的影响。

短视频发展离不开媒介技术的支撑，网络传播速率的提升使短视频传播更为快速便捷，5G 时代短视频将得到进一步的发展，因此技术是助推的主要因素。

（2）媒体和受众之间的信息不对称，媒体比受众拥有较准确的信息。

媒体知道其发布的信息的价值，而受众在读信息前并不了解，会凭借着自己的兴趣进行选择。由于手机移动端和人们时间事件的碎片化，人们会选择短小，吸引人的信息来阅读，传媒为了迎合受众的阅读习惯，为了让信息的到达率更高，短视频应运而生，把信息中重点、精华部分剪辑成短视频，因而形成了更符合受众定位的新传播形态。

（3）短视频进入门槛的降低，用户大量参与“短视频”生产。

短视频为媒体带来了仅靠自身力量难以实现的视频内容生产的速度、广度与规模。用户可以在媒体平台上传自己制作的作品，依靠观看流量或者是平台补贴获取收益。这一方面提高了短视频生产的规模，另一方面也激发了用户生产的积极性，进一步推动着短视频的发展。

（4）短视频丰富的表意空间给受众提供了更优质的用户体验

短视频形式上采用生动、高效的表达方式，通过剪辑、加特效的方式丰富表达内容。通过对声音加速使得在短时间内可以传达更大的信息量，一般情况下新闻播报的语速在每分钟 300 字，短视频一般为 3～5 分钟，也就是 900~1500 字，如果对声音加速，一个短视频的字数在 2000 字左右。相对于文本，信息量要更大。并且这种对人视觉和听觉在短时间内的同时调动，在某种程度上弥补了文字和图片表意的单一性，其丰富的表现空间给观众提供了更优质的用户体验。

6）短视频直播带货行业未来发展分析

就目前来看，直播带货已经成为一种成熟的内容电商形式。头部主播例如李佳琦、薇娅、辛巴等人在不断地刷新带货销售额，不少明星、公众人物也纷纷加入了直播带货行列当中。

（1）直播带货达人发展前景。

直播带货的一个重要因素就是人。在未来，我们可以预测像李佳琦这样的头部网红会越来越少，毕竟绝大部分电商直播达人其实是在线导购，可替代性强。我们能看到的头部网红，都是依靠天赋和努力，再加上运气，从无数候选人当中慢慢熬出来的。一大批掌握了货源的短视频达人，一个直播间，只要多品类，那么无论它是店铺号还是达人号，本质上都是达人直播间。“种草博主”转型电商主播最快，“粉丝”自带购买属性。孵化“网红”，从选人才到做爆款内容，其实基础思路很通透了，翻来覆去就那么几招。要成为头部带货达人，得赶上年度大风口；要做到超头部，可以说是可遇不可求的。

（2）直播平台的发展趋势。

网红带货的品牌的同质化趋势越来越明显。如今，在李佳琦、薇娅等“网红”直播间里出现的商品，往往会在接下来几天内被其他达人反复带货。在经济前景不明朗、整体消费乏力的情况下，品牌商当然更愿意把营销开支花在极少数经过验证的头部网红身上。现阶段直播电商，确实很难帮助品牌溢价，更多地是完成高效率的销售转化。但在未来，伴随直播内容进一步丰富，场景更多样，新品更多，帮助品牌溢价和提高知名度是必然的事。现在的趋势是：“购物环境”变成了“社交+购物环境”。除非一个平台同时掌握了流量、网红和货源，它才能从网红带货行为当中赚取最大的利益。

（3）消费环境的发展趋势。

随着5G时代的全面来临，线下效率最高的是逛商业街超市，线上是逛淘宝、京东、拼多多，但有可能在下一个时代，效率高到打开任何一个APP都能购物，任何场景下都能搜到相关商品，云店铺会大量普及。我们可以想象一下，5G 对直播的早期影响是：多场景切换，高清缩放；中期是多智能终端切换，试妆试穿；后期是沉浸式虚拟逛街。

直播带货现在正处于风口期，即使在未来五年内，也是它快速发展的黄金时期。因此其发展趋势肯定是昂扬向上的。同时行业内也在不断催生出新的带货主播，可以预见今后会有更多的品牌方、优质商家看重直播带货所带来的巨大流量，甚至开始有意培养符合自身品牌形象的专职主播。大浪淘沙过后，消费者今后能看到的是更优质的内容以及更专业的主播，同时在选购商品上拥有更好的体验。

四、自有平台的建立和推广

1. 自有品牌优势

（1）渠道稳定。

众所周知，第三方直播平台的流量越来越向头部倾斜，品牌自建直播平台避免了第三方直播平台的流量挟制，减少为了增加店铺曝光而必须进行流量付费的成本支出；同时，品牌可以自由定制直播平台的规则和营销策略，比如说做多层级的直播分销等，而直播数据、会员数据等都由品牌自己管理，可以实现稳定的直播运营。

（2）更懂用户。

直播电商冲破了传统营销服务的局限，提高了线上线下的营销能力；通过把服务专家和销售经理前置，让其更近距离地面向广大消费者，而多样化、个性化的营销插件开发，让销售更具吸引力；当前，电商直播平台的同质化越来越严重，而更懂用户的差异化营销手段，能帮助企业获客和实现转化。

（3）私域运营。

直播活动的群聚氛围，可以提升用户的消费兴趣，基于不同场景化的直播，给用户提供更好的体验；加上通过直播管理后台的搭建，能有效地收集到这些消费者的数据，利于做市场调研，优化了产品和售后的服务。这些私域流量数据都能帮助品牌精准地掌握营销趋势和节奏，更好地获客。

直播不止能带货，品牌营销才是重点。

直播营销已成为一个大的趋势，但目前大部分直播其实都聚焦在带货上。品牌营销的作用在直播中目前其实是被低估了的，举个简单的例子，明星代言是传统广告最常用的一种营销方式，品牌给代言人一笔费用，代言人将自己的个性和标签赋予品牌，同时借助明星的知名度迅速打开市场，建立影响力。

从品牌营销的角度来看，明星一场直播要带几十种货，这样就将自己的标签分散在几十个品牌上，结果就是每一个品牌都没有真正沾上明星的特质。

抖快直播是有内容基因的电商，淘宝直播是促销基因的电商。在做内容的地方做品牌，在做销售的地方做促销。从而实现品效双向提升。而品牌内容决定直播营销的上限。放到更长的时间线来看，只有优质的内容与有吸引力的品牌相结合，才能实现长期高效地触达目标用户群体，完成对用户群体的营销和转化，同时促进品牌的增长。

2. 品牌整合发展

（1）平台运营模式。

① 内容生产模式。这种模式以内容生产为主，并逐步实现工业化、规模化和 IP 化。

② 运营模式。运营包括内容、平台和账户等方面，其中，内容运营包括内容策划、选题把控、内容传播；平台运营包括规划研究和内容分发；账号运营包括账号定位、“粉丝”管理、矩阵规划。随着移动互联红利的衰竭，用户越来越难增加，而运营的重要性则会越来越突出。

③ 营销模式。营销模式的核心是高效转化，即在建立系统全面的 KOL 资料库的基础上，综合多维度分析 KOL 并为品牌主推荐最佳的整合营销方案，在与运营团队充分沟通的基础上确认 KOL 名单，然后通过大批量的账号形成巨大的流量池，多渠道分发去触达潜在消费群体。

④ 电商模式。电商模式高度重视与粉丝的互动，通过“内容生产+电商”的方式实现高效率的销售转化。电商模式重点在于塑造强大的网红个人 IP 或内容 IP，找到与网红 IP 或内容 IP 调性符合的物品与粉丝，进而实现商品和用户需求的有效匹配。电商模式可以分为网红直播带货和内容驱动的内容电商模式。

⑤ 经纪模式。经纪模式下，采取“内容生产+KOL 传播”的方式实现组合式营销，发挥自身的资源优势帮助独家账号更好商业化，以实现互利共赢。

⑥ 知识付费模式。知识付费模式在广泛的用户中通过各种方式来筛选出高价值用户并沉淀为自身用户，并通过用户体验好、满足用户需求的内容来实现知识付费，更好地实现价值变现。

⑦ IP 授权和周边产品开发模式。通过高质量的内容生产打造高质量的 IP，然后再通过 IP 授权、周边产品开发等来实现商业价值变现。

（2）平台品牌联动优势分析。

① 强有力的直播平台能在短时间内实现巨大的销售，但销量大不一定利润多。企业往往会面临一些利润不重要但销量重要的情况。比如季度销售指标没有完成，直播带货的巨大销售规模就有帮助了。库存和尾货对企业来说是沉没成本，直播室的低价销售不会影响企业的价格体系。

② 直播可以帮助品牌所有者推广新产品。新产品上市的一项关键任务是吸引一批种子用户

购买，这一过程往往会投入大量的广告和促销资金。网络达人的推荐和现场演示，加上直播室的优惠价格，很容易引起消费者的尝试和购买。

③ 现场带货可引导消费者关注其官方旗舰店，提升店铺等级。由于网络名人主播的影响，消费者可能会关注品牌官方旗舰店。如果他们没有在直播室抢到中意商品，他们可能会在官方旗舰店下单。直播带来的销量大幅增加将提高店铺的评价指标，从而提高店铺在电商平台上的自然流量。

企业自播有机会实现一定规模的销售。如果企业的营销资源有限，实现销售将是一件具有挑战性的事情。如果企业能够创造有趣的内容来吸引消费者，也可以通过直播实现一定规模的销售。

④ 从客户的角度来看，直播可以帮助品牌所有者管理客户的生命周期：帮助品牌所有者获得新客户。可能因为价格高，或者因为品牌认知度不够，很多潜在客户没有考虑某个品牌。然而，由于网络名人主播的影响和低价的吸引，这些潜在客户在直播室下单，成为该品牌的新客户；加强与现有客户的互动。网络名人主播经常表扬推荐的品牌，让品牌的老客户感到骄傲。无论他们是否在直播室购买产品，他们都会加强与品牌的关系；可以培养更多的潜在客户，为未来的转型创造条件。达人直播可以“种草”潜在客户，即使不在直播室下单，也有可能在后面完成购买；向老客户推荐新产品。直播是向老客户推荐新产品的有效机会，也是一个“种草”的过程。

⑤ 就品牌而言，直播平台直播给品牌带来了短期的巨大曝光。在线粉丝数量动辄上十万上百万，给品牌和商品带来的曝光效果甚至优于广告。在 2020 年 5 月 21 日薇娅直播间推出了薇娅 5 块 2 毛 1 全场低价活动，包括冰箱、按摩椅等昂贵商品，被称为“实力宠粉”。现场邀请众多明星助阵，活动还包括唱歌、玩游戏等多种形式。当晚直播室观看人数突破 1 亿，创造了直播观看人数的新纪录。这种曝光相当于省台跨年晚会广告带来的曝光量。

（3）品牌主直播带货的局限性。

① 直播可以带来巨大的销量，但不一定能给品牌所有者带来利润。一方面，如果聘请第三方在线名人，品牌所有者需要支付场地费和佣金。另一方面，直播商品的价格往往远低于商品的正常销售价格。低价导致商品毛利非常有限，加上支付主播费用使品牌所有者很难盈利，除非毛利很高。根据艾传媒咨询《2020 年中国直播电商行业用户画像及行为洞察》的数据，25.6%的消费者在直播购物中经常取消订单或退货。如此高的退货率使得品牌所有者更难从直播销售中获利。

② 直播过度强调低价，对品牌价值是有害的。品牌价值的核心需求是差异化，创造品牌价值需要大量的时间和资金投入。如果品牌所有者不强调差异化，而是过度强调价格，这与企业的努力背道而驰，对品牌价值的伤害很大。

③ 直播室的“粉丝”往往忠诚于直播平台团队，而不是品牌。粉丝来到网络达人的直播室，往往是因为喜欢这个达人。和喜欢的达人互动，就像和偶像互动一样，是一种充满情感的行为。“粉丝”忠于自己喜欢的网络名人，是网络名人的私域流量。他们可能会在直播室下单购买一些品牌的商品，但这并不意味着他们将成为这些品牌的忠实用户。品牌想把网络达人的“粉丝”变成自己的忠实用户，还有很多工作要做。

通过比较以上优势和局限性，可以发现直播带货不能成为企业的常规销售手段，但直播带货在品牌曝光和新客户获取方面表现突出，直播商品被视为一种销售手段，但不能实现销售目标，而是实现了营销目标。直播往往是企业销售部门利用销售预算进行的，但实现了营销部门的工作目标。

3. 直播培训体系的建立

按照目前电商市场发展的需要，以及粉丝消费者对于直播的要求越来越高，要通过专业的知识型直播带货培训进行有效的实现。同时，互联网市场越来越规范，对于产品的质量、环保、健康，合法合规等内容也作出了明确的规定，所以要通过专业的带货主播培训学习，对于学生个人的素养进行深度地挖掘，培养学生的独立思维能力与学习能力，从而达到直播内容的娱乐性、互动性、可听性、可看性、变现性、“增粉性”，这才是真正的直播带货培训的要求。

4. 私域平台的推广，客户引流绑定

利用私域流量的平台生态属性进行传播与裂变，使产品更加地靠近流量，日常在微博、微信、抖音提供内容，与粉丝互动。直播前，各种图文、视频内容预热，告知用户将要直播的产品，并在直播后提供贴心服务。在团队运营方面，打造个人+助理主播（如朱萧木）的 IP，建立与用户的情感联系，形成有体系的营销矩阵。

5. 公域流量的精准导入

几乎所有的私域流量最初都来源于公域流量，核心问题在于从公域流量中高效地截出品牌专属的私域流量。

（1）注重短视频内容营销。

通过优秀的内容从公域流量中吸引用户，让真正感兴趣的用户成为粉丝，形成自己的私域流量是得长期做的事。

团队拥有优秀的短视频制作团体，长期进行日常制作和发布内容工作，品牌的粉丝数量基数大，当品牌进行直播的时候，这些粉丝自然而然就进来观看了。

同时，品牌在直播时会获得额外流量，一部分用户如果对直播内容感兴趣，就也成了品牌的粉丝，这些都成为品牌的私域流量。

（2）从明星、达人的公域中获取流量。

在传统广告时代，明星代言是一种常规营销方式，明星显然是有流量的，这一点在社交媒体时代尤为显著。通过邀请明星进行直播，撬动明星粉丝的能量，实现销售增长与粉丝积累。

利用直播快速、可见的特点，后续持续运营，转化明星粉丝流量。

（3）精准推荐。

精准广告依然是品牌获取精准私域流量的重要来源，通过数据运算投放，可以按照地域、属性等找到相对精准的用户群体，吸引他们成为粉丝。

经过运营和优化，在直播时能够达到预期的效果，如在 ROI 保持或降低的情况下，销售额获得了可见的增长，那么这种营销就是可持续的。

通过公域获得的“粉丝”，不断优化，让“粉丝”黏性越来越高，从而提升公域流量到私域流量转化的质量。

6. 私域“粉丝”的长期运营

（1）内容输出。

优质内容是从公域流量吸引粉丝的重要手段，本平台拥有优秀的直播团队，从日常至活动，可带动“粉丝”群体，增加“粉丝”黏性。

（2）提供福利或干货。

例如美妆品牌在进入抖音后，不急于卖货，而是先通过线上彩妆学院的直播，帮助用户学会如何使用彩妆。前一个半月每天开播3～4小时进行彩妆教学和“种草”测评，配合发布短视频，迅速积累“粉丝”。之后，发起主题超级挑战赛，期间直播间标题与挑战赛话题呼应，迅速带来“粉丝”增长。

五、投资计划

项目计划融资200万元，主要用于品牌搭建与日常运营使用，出让股权×%，具体使用情况如下：

融资金额使用计划表

类型		内容	预计金额（万元）	金额占比
品牌搭建	人员成本	专业团队扩充，创意、运营等优秀人才	30	15%
	品牌推广	扩大品牌知名度，前期品牌造势，主要通过平台营销工具扩大流量	60	30%
日常运营	房租成本	房租	15	7.5%
	器械成本	直播间搭建，摄影器械等	10	5%
	人员成本	摄影、剪辑、运营等人员	60	30%
	运营推广	常规推广与活动推广	15	7.5%
	不可预估开支	留存备用金	20	10%

六、利润分析

1. 利润组成分析

传统直播平台盈利模式存在类型单一，收入成本快速上升、平台同质化等问题，品牌化直播平台则可以发展多元盈利模式、通过构建良性主播生态链、降低收入成本、提高内容质量等措施获得稳定持续利润。

（1）广告收益。

建立自有品牌，积累粉丝流量，接取广告收益变现。

（2）主播礼物分成。

直播频道礼物分成。

（3）直播带货收益。

直播带货为主要收益部分。

（4）产品营销收益。

聘请专业人员拍摄杂志图、广告图以及产品图等。

（5）平台奖励。

平台给到公会或者直播公司的任务奖励。

2. 投资回报

第一年度收益计算如下表。

收益类型	第一季度（万元）	第二季度（万元）	第三季度（万元）	第四季度（万元）
广告				
礼物				
带货提成				
品牌营销				
平台奖励				
合计				
第一年度总计　万元				

根据测算，第一年度预计总计收益××万元，按照股份比例×%测算，年收益率为×%，预计本金回笼时间为×月

参考文献

[1] 周国元. 麦肯锡结构化战略思维[M]. 北京：人民邮电出版社，2021.

[2] 吴峥. 金字塔原理[M]. 南京：江苏凤凰文艺出版社，2021.

[3] 冈村拓朗. PDCA 循环工作法[M]. 朱悦纬，译. 北京：北京时代华文书局，2021.

[4] 成伟. 麦肯锡高效工作法[M]. 北京：中华工商联合出版社，2022.

[5] 艾森·拉塞尔. 麦肯锡方法：用简单的方法做复杂的事[M]. 张薇薇，译. 北京：机械工业出版社，2022.

[6] 任洁. 金字塔原理应用手册[M]. 北京：民主与建设出版社，2023.

[7] 张诚忠，牛一贺. 麦肯锡问题拆解法[M]. 北京：中华工商联合出版社，2024.

[8] 陈承欢，杨利军. 创新创业指导与训练[M]. 北京：电子工业出版社，2017.

[9] 劳本信. 创业之星实用教程[M]. 北京：电子工业出版社，2018.

[10] 辽宁省普通高等学校创新创业教育指导委员会. 创造性思维与创新方法[M]. 北京：高等教育出版社，2013.

[11] 李涛. 大学生创新创业导引：从问题到行动[M]. 北京：高等教育出版社，2016.

[12] 蒋晓明，王中军. 高职学生创新创业基础[M]. 北京：高等教育出版社，2017.

[13] 冯建平 等. 互联网+职业生涯规划与创新创业教育案例教程[M]. 北京：高等教育出版社，2017.

[14] 郭友鹏，高泽金. 大学生创新创业实务[M]. 北京：高等教育出版社，2017.

[15] 李茂国，冯林. 大学生创新方法应用案例与评析[M]. 北京：高等教育出版社，2018.

[16] 赵洁，石磊，丁丽娜. 创新思维与 TRIZ 创新方法[M]. 北京：人民邮电出版社，2018.

[17] 刘霞. 大学生创新创业基础与实践（慕课版）[M]. 北京：人民邮电出版社，2021.

[18] 刘建华，薛红志. 大学生创新创业[M]. 北京：人民邮电出版社，2023.

[19] 丹尼尔·卡尼曼. 思考，快与慢[M]. 胡晓娇，李爱民，何梦莹，译. 北京：中信出版社，2012.

[20] 周岭. 认知觉醒[M]. 北京：人民邮电出版社，2020.

[21] 史蒂芬·柯维. 高效能人士的七个习惯[M]. 高新勇，王亦兵，葛雪蕾，译. 北京：中国青年出版社，2020.

[22] 杨波. 创新思维训练手册[M]. 北京：清华大学出版社，2022.